neukirchener theologie

Heike Lindner /
Mirjam Zimmermann (Hg.)

Schülerfragen im (Religions-)Unterricht

Ein notwendiger Bildungsauftrag heute?!

Mit Beiträgen von
Gerhard Büttner, Ina Karg, Kristin König, Rainer Lachmann, Heike Lindner, Gesa Menzel, Kerstin Michalik, Karl Ernst Nipkow, Bernhard Petermann, Wilfried Plöger, Daniel Scholl, Michael Tilly, Peter Weber, Mirjam Zimmermann und Ruben Zimmermann

2011

Neukirchener Theologie

Mix
Produktgruppe aus vorbildlich bewirtschafteten Wäldern und anderen kontrollierten Herkünften
www.fsc.org Zert.-Nr. SGS-COC-005773
© 1996 Forest Stewardship Council
FSC

Dieses Buch wurde auf FSC-zertifiziertem Papier gedruckt. FSC (Forest Stewardship Council) ist eine nichtstaatliche, gemeinnützige Organisation, die sich für eine ökologische und sozialverantwortliche Nutzung der Wälder unserer Erde einsetzt.

Lektorat: Volker Hampel
DTP: Lea-Kristina Jurk
Umschlaggestaltung: Andreas Sonnhüter, Düsseldorf
Gesamtherstellung: Hubert & Co., Göttingen
Printed in Germany
ISBN 978–3–7887–2494–8
www.neukirchener-verlage.de

Bibliografische Information der Deutschen Nationalbibliothek

Die Deutsche Nationalbibliothek verzeichnet diese Publikation in der Deutschen Nationalbibliografie; detaillierte bibliografische Daten sind im Internet über http://dnb. d-nb.de abrufbar.

Vorwort

Die Beiträge der vorliegenden Publikation gehen auf Referate zurück, die bei der Tagung „Schülerfragen im (Religions-)Unterricht. Ein notwendiger Bildungsauftrag heute?!" vom 2.-3. Juli 2010 in der evangelischen Akademie Loccum gehalten wurden.
Die Tagung hatte eine religionspädagogische Ausrichtung. Gleichwohl wollten wir bewusst den Dialog mit anderen Disziplinen, sei es der Theologie/Judaistik, sei es der allgemeinen Pädagogik, Philosophie, Sprachwissenschaft suchen, die in den jeweiligen fachspezifischen Annäherungen je unterschiedliche Aspekte der Schülerfragen herausarbeiten konnten.
Auf diese Weise wurde deutlich, dass die Beschäftigung mit „Schülerfragen im Religionsunterricht" von vornherein ein interdisziplinäres Unternehmen sein muss.
Mit dem vorliegenden Buch soll eine breitere Leserschaft die Gelegenheit erhalten, in den durch die Tagung initiierten Diskurs über die „Schülerfrage" einzutreten und sich zu weiteren Fragen anregen zu lassen. Denn eines wurde vor allem deutlich: Die Diskussion über dieses komplexe Thema hat mit der Tagung (oder diesem Sammelband) gerade erst begonnen.
Aus lesetechnischen Gründen werden nicht durchgängig beide Geschlechtsformen ausgewiesen, bei Verwendung der einen ist aber auch immer die jeweils andere mitgemeint.
Wissenschaftliche Bücher nehmen sich zumindest im Vorwort den nötigen Raum für Danksagungen, die im Alltag leider oft zu kurz kommen.
Auch wir möchten uns für die Hilfe bei der Entstehung dieses Sammelbandes bei allen Beteiligten bedanken: Bei den Beiträgerinnen und den Beiträgern für ihre Teilnahme und den konstruktiven anregenden Austausch bei der Tagung, für die zuverlässige Ausarbeitung ihrer Beiträge und die gute Zusammenarbeit bei der Erstellung dieses Bandes; bei Frau Lea-Kristina Jurk und Herrn Tim Köppen für das Korrekturlesen und die wunderbare Unterstützung während der Tagung vor Ort; außerdem bei Frau Lea-Kristina Jurk für die Formatierungsarbeiten. Herr Dr. Volker Hampel vom Neukirchener Verlag stand uns stets beratend zur Seite, wofür wir ihm dankbar

sind. Finanziell wurde das Projekt von der Stiftung Radwerk getragen, die die Tagungskosten übernommen und den Druckkostenzuschuss finanziert hat. Für die Vermittlung danken wir Herrn Philipp Wietlake sehr herzlich.
Widmen möchten wir das Buch allen Schülerinnen und Schülern und allen Studierenden, die noch Fragen haben, die ihre Fragen stellen und nach Antworten suchen und natürlich allen Lehrenden, die ihre Klassen und ihre Studierenden dabei unterstützen.

Heike Lindner und Mirjam Zimmermann
Köln und Mainz im August 2011

Inhalt

III
Pädagogisch-psychologische Zugänge

IV
Empirische Zugänge

V
Religionspädagogische Zugänge

VI
Philosophische Zugänge

Register

Einführung

Fünfte Klasse Gymnasium, Unterrichtseinheit „Einführung in die Bibel“, eine Praktikantin möchte zum Einstieg Fragen sammeln, die die Kinder zu diesem Themenbereich haben. In Fünfergruppen sitzen die Schülerinnen und Schüler um DIN-A2-Plakate herum und sollen ihre Fragen notieren. Betretene Blicke, jeder will Schriftführer sein und die Fragen notieren, die Fragen, die keiner stellt. Minuten vergehen, es scheint keine Fragen zu geben. Vorsichtig beginnt ein Mädchen: „Wie viele Bibeln gibt es auf der Welt?, können wir doch schreiben“ oder „Wie groß ist die größte Bibel?“ – Gelangweilte Reaktionen der Angesprochenen, das sind doch keine richtigen Fragen. Wieder Schweigen, die anderen Plakate sind auch noch leer. Ich komme zu einer Gruppe dazu und ein Junge spricht mich direkt an: „Wir wissen keine Fragen, Fragen stellen doch normalerweise die Lehrer!“ Ich schaue in zustimmend nickende Gesichter der anderen Kinder.

„Wichtig ist, dass man nicht aufhört zu fragen!“, der Ausspruch wird Albert Einstein in den Mund gelegt. Diese Schülergruppe hat scheinbar noch nicht einmal angefangen zu fragen.

Solche und ähnliche Erfahrungen aus der Unterrichtsrealität haben uns bewogen, eine interdisziplinäre Tagung zum Thema: „Schülerfragen im (Religions-)Unterricht. Ein notwendiger Bildungsauftrag heute?!“ zu planen. Der *Leitgedanke* für diese Tagung kann dabei wie folgt zusammengefasst werden:

In der gegenwärtigen pädagogischen und religionspädagogischen Diskussion gelten in Reaktion auf internationale Vergleichsstudien, Kompetenz- und Standardbeschreibungen als unabdingbare Voraussetzung für die Planung, Durchführung und Evaluation von Bildungsprozessen. Dabei sind Niveaukonkretisierungen beschrieben, die die output-orientierten Unterrichtsprozesse nach vorgegebenen Intervallen (in der Regel am Ende einer Doppeljahrgangsstufe) strukturieren.

Nicht im Blick sind die Phänomene, die häufig am Anfang von Verstehensprozessen stehen, weil sie den Motivationsgrund für den Gebrauch des eigenen Verstandes und der eigenen kritischen Urteilskraft bilden: Fragen der Kinder und Jugendlichen spielen hierbei eine besondere Rolle, weil sie eine Sprachform darstellen, die bestimmte Inhalte mit Existenz, Reflexion und Dialogizität verbindet. Gemeint sind etwa Fragen nach Grund, Sinn und Ziel menschlichen Daseins, nach Problemen des Zusammenlebens, nach der Zukunft, Krankheit, Leiden, Sterben und Tod, nach dem Leben nach dem Tode, nach der Existenz Gottes.

Aber sind dies wirklich die Fragen von heutigen Kindern und Jugendlichen? Haben Jugendliche überhaupt noch Fragen, oder ist eine Förderung der Fragekompetenz für den (Religions-)Unterricht nicht dringend notwendig?

Die Tagung wollte Antworten darauf suchen, welche Bedeutung „Schülerfragen" für heutige Bildungsprozesse haben und wie mit ihnen umgegangen werden kann. Interdisziplinäre Zugänge sollten die Potenziale der Thematik für die aktuelle Bildungsdiskussion entfalten helfen.

Deshalb wurde die Tagung gegliedert in

1. *Historisch-pädagogische Zugänge*, die die Bedeutung von Fragen in geschichtlichen Kontexten (in der Jesustradition, im Judentum, im Kontext von Unterrichtkonzepten) zu klären versuchen.
2. *Sprachwissenschaftliche Zugänge*, die versuchen, Fragen als sprachliche Handlungen zu beschreiben beziehungsweise deutlich machen, dass Fragen stellen zu können eine Wissensbasis voraussetzt.
3. *Pädagogisch-psychologische Zugänge*, bei denen die Wahrheitsfrage im Fokus steht beziehungsweise überlegt wird, wie sinnvolles Lernen mit Fragen möglich ist.
4. *Empirische Zugänge*, die Fragen als Teil der Unterrichtsrealität empirisch zu erfassen versuchen. Dieser Teil enthält eine Zusammenschau vorliegender Untersuchungen, einen Beitrag, der die Praxis der Frageerziehung (im Religionsunterricht) beschreibt und einen, der die Fragen von Schülerinnen und Schülern zum Thema Religion erhebt und thematisch zu systematisieren versucht.
5. *Religionspädagogische Zugänge*, die die Rolle der Fragekompetenz im aktuellen Bildungsdiskurs und in der Kindertheologie beschreiben.
6. *Philosophische Zugänge*, die ganz grundsätzlich den Menschen als Fragewesen beschreiben und im zweiten Beitrag die Bedeutung von Fragen beim Philosophieren mit Kindern beleuchten.

1 Historisch-pädagogische Zugänge

Rainer Lachmann stellt in seinem Beitrag *Die Bedeutung der (Lehrer-)Frage im Kontext von Unterricht – ein geschichtlicher Rückblick* fünf historische Schlaglichter vor, die den Umgang mit der (Lehrer)Frage im Kontext von Unterricht kennzeichnen. Im Ersten Schlaglicht *Biblisches Fragen* werden die ritualisierte Frage (Dt 6,20), die kindliche Neugierfrage (Gen 22,7) und die Meisterfrage (Lk 2,46) erarbeitet, welche eine jüdische Erinnerungs- und Hoffnungskultur begründen und zum Anlass eines rabbinischen Lehrstücks werden. Das Zweite Schlaglicht *Die Katechismusfragen der Reformation* beleuchtet die Anfänge evangelischer Bildung, die in den Reformationskatechismen in einem Frage-Antwort-Schema gebaut sind und traditionsbildend wirken. Sie bergen viel Potenzial im Hinblick auf ein freies Gespräch für den Unterricht. Im Dritten Schlaglicht *Katechisierendes Fragen kontra sokratisches Fragen* wird erläutert, wie die Methodik der Katechismusfragen als zergliedernde Examenskatechese (heute vielleicht eher geläufig unter dem Stichwort *teaching for the test*) in der Zeit der Aufklärung in die sokratische Lehrart überführt wird: Das vormals deduktiv mechanische Memorieren des Lernstoffs wird zum induktiven, mäeutischen und entwickelnden Fragen und orientiert sich an den Voraussetzungen, den Erfahrungen, der Fassungskraft und der Kräfteentwicklung des Kindes. Von hier aus ist eine Brücke zum heutigen fragen-entwickelnden Gespräch zu schlagen (vgl. den Beitrag von Plöger/Scholl). Das Vierte Schlaglicht *Fragen zwischen Katechetik und Reformpädagogik* stellt das Weiterwirken dieser sokratischen Lehrmethode im 19. Jahrhundert dar. Die alte Katechismusfrage wird nun wieder im Sinne einer Lehrautorität herausgestellt: In Distanzierung von der examinierenden Fragekatechese setzen sich die Theologen für eine dialektisch-didaktische Methode ein, die als entwickelnde Fragemethode aufgefasst wird. Damit wird in Weiterführung der sokratischen Lehrart dem fragen-entwickelnden Gespräch ein fester Platz im Methodenrepertoire jedweder Katechetik oder Religionspädagogik gegeben. Bahnbrechend ist die Auffassung der liberalen Religionspädagogik zur Fragemethodik: In einem „wirklichen Gespräch“ sollen sich alle Teilnehmenden oder doch möglichst viele selbsttätig beteiligen. Diese reformpädagogischen Prinzipien der Selbsttätigkeit und Selbstständigkeit werden erstmals die Dominanz der Lehrerfrage in Frage stellen. Das Fünfte Schlaglicht *Fraglosigkeit und Fraglichkeit im Bildungshorizont von „Schülerfragen“* bescheinigt ein vereinzeltes Wiederaufkommen dieses Themas in den 1960er Jahren als ein Grundanliegen einer Theologie der Frage, welche religionspädagogisch Brücke schlägt zwischen *Christus quaerens* und *fides quaerens intellectum.*

Der Blick in die abendländische Geistesgeschichte muss beim fragenden Sokrates beginnen. *Ruben Zimmermann* zeigt in seinem Beitrag

trag *Fragen bei Sokrates und Jesus. Wege des Verstehens – Initiale des Weiterfragens*, warum die Fragekunst des Sokrates zu Recht als traditionsbildend angesehen wird. Durch beharrliches Fragen entlarvt Sokrates vorschnelle Lösungsansätze und verhilft seinen Gesprächspartnern zu einem eigenen, vertieften Verstehen. Die Untersuchung des *locus classicus* dieser geistigen „Hebammenkunst" im Menon 80d-86c führt vor Augen, dass der durch Fragen evozierte Erkenntnisfortschritt nicht einmal unbedingt in der Erweiterung des Wissens, sondern in einem größeren Bewusstseinsgrad über die eigene Wissensbegrenzung liegen kann. Weniger Beachtung findet in der Literatur *die Fragetechnik Jesu.* Dies ist verwunderlich, denn die erzählende Jesusüberlieferung bietet eine Fülle von unterschiedlichen Jesusfragen. Zimmermann konzentriert sich zunächst auf die Fragen Jesu in Parabeln der Logienquelle Q, die in Anknüpfung an und Übertragung von Alltagssituationen eine erschließende und ethische Funktion haben. Jesus überrascht seine Gesprächspartner ferner nicht selten mit Gegenfragen, was am Gleichnis vom barmherzigen Samariter (Lk 10,25-37) und an Beispielen aus dem Markusevangelium exemplarisch erläutert wird. Selbst an suggestiv gestellten rhetorischen Fragen kann man erkennen, dass die Parabeln keine fertigen Antworten liefern wollen, sondern gerade auf eine *Perpetuierung des Fragens* hinzielen. Die Jünger Jesu und spätere Rezipienten der Texte sollen also zu eigenem Fragen herausgefordert werden, und zwar letztlich zu Fragen über Gott und Christus als die übergeordneten Horizonte neutestamentlicher Fragen. Dass die Texte diese Funktion tatsächlich erfüllen, kann an der frühen Wirkungsgeschichte der Parabeln abgelesen werden. *Dieses rezeptionsästhetisch-hermeneutische Potenzial der Fragetexte* vermag zugleich eine Brücke von der Jesusfrage zur Schülerfrage zu schlagen. Das Eintreten in einen offenen Prozess des Fragens entlastet den Lehrer davon, die Jesusfrage imitieren zu müssen, vielmehr wird – so Zimmermann – in der Hinwendung zu den biblischen Fragetexten die Differenz zwischen Lehrer- und Schülerfrage nivelliert. Die prinzipielle Unabgeschlossenheit der neutestamentlichen Fragetexte soll aber nicht mit einer Antwortverweigerung verwechselt werden. Steht bei Sokrates die Kunst des Fragens selbst im Mittelpunkt, so zielen die Fragen Jesu auf Antworten, die zwar nicht allgemeingültig und zeitlos, aber sehr wohl je und je neu und subjektiv gefunden werden können.

Michael Tilly thematisiert in seinem Beitrag *Fragen im Judentum: Ursprung und Ritualisierung* Aspekte der Bedeutung und Funktion von Fragen in der jüdischen Tradition. Die halachische Kontroverse in der rabbinischen Traditionsliteratur zeigt verschiedene Fragefunktionen. Ergänzungs- und Entscheidungsfragen problematisieren und sichern das Verstehen hinsichtlich der Auslegung der Tora. Dabei wird die Spannung zwischen der jüdischen Traditionsgeschichte und den jeweiligen aktuellen Anforderungen jüdischen Lebens (Kasuistik) in den Blick genommen. Die rabbinische Frage verweist nicht auf eine eindeutige Antwort, sondern spiegelt vielmehr die prinzipielle Pluralität der Halacha wider. In der Toraauslegung dient die Frage dem Erkenntnisgewinn, der Horizonterweiterung und dem vertieften Verstehen. *Der didaktische Kontext* begegnet bereits im antiken jüdischen Schulunterricht. Hier führt die Lehrerfrage die Kinder beim Erlernen des Alphabets auch in ethische Sentenzen ein. Diese Lehrform erinnert an die Katechetik. *Ritualisiert wird die Frage im jüdischen Pessachfest* beim Sederabend. In einem alten Frage- und Antwortritual werden Erzählanlässe für eine generationenübergreifende Kommunikation sichtbar, welche die Grunderfahrungen jüdischer Heilsgeschichte thematisieren. Dabei können die Kinder sowohl eigenständig formulierte als auch vorformulierte Fragen stellen. Es folgt den Fragen eine Rezitation des Credos durch den Vater im Sinne einer theologischen *Didaktik der Erinnerung*, welche die Vergegenwärtigung der Heilsgeschichte zu ihrer Kernaufgabe macht. Damit sind Anschlussstellen für die Weiterentwicklung der Fragesystematik im Hinblick auf das heutige Theologisieren mit Kindern und Jugendlichen auch innerhalb der jüdischen Traditionsgeschichte gegeben.

2 Sprachwissenschaftliche Zugänge

Der Beitrag von *Ina Karg*[1] *Fragen und ihr kognitiv-kreatives Potenzial. Schülerarbeiten zu Ödön von Horváths Roman „Jugend ohne Gott"* hat die Intention zu zeigen, dass die Fähigkeit, sinnvolle Fragen zu stellen, grundsätzlich mit Wissen und Diskursfähigkeit zusammenhängt und dies auch für Unterrichtssituationen gilt. Diese entscheidende Einsicht wird eingangs anschaulich am Beispiel einer literarischen Figur vermittelt. Ein theoretisch angelegter Teil zu Qualität und Form von Fragen bietet die Grundlage für eine Überprüfung des Anspruches kreativer Aufgaben, Schülerinnen und Schüler „eigene Wege" bei den Fragestellungen, die sie an einen literarischen Text herantragen, gehen zu lassen. Diese Überprüfung erfolgt am Beispiel einer Fallstudie über die Arbeit einer Lerngruppe mit Ödön von Horváths Roman „Jugend ohne Gott" und lässt im Ergebnis eher Skepsis aufkommen. Dass und wie Fragestellungen hin-

[1] An dieser Stelle wird auf das Abstrakt der Autorin zurückgegriffen.

gegen im Unterricht entworfen und angesiedelt werden können, die zu einem transparenten und dem Gegenstand angemessenen Erkenntnisgewinn durch die Schülerinnen und Schüler führen, wird anhand eines *literaturdidaktischen Modells* von „professionellem Literaturunterricht“ gezeigt. Damit ergibt sich eine Rückbindung zu den zuvor formulierten Einsichten über das Fragen und seine Grundlegung in den Wissensvoraussetzungen und der Diskursfähigkeit. Diese Einsicht ließe sich an das eingangs genannte Beispiel anbinden, bei dem die Schülerinnen und Schüler im Laufe der Unterrichtseinheit zu Teilthemen, die erarbeitet worden waren, durchaus fundierte und vielfältige Fragen stellen konnten. Fraglich ist aber, ob nicht beide Phasen des Fragenstellens ihre Berechtigung haben: diejenige, die bei einer ersten fachlich oberflächlichen Themenbegegnung stattfindet, und diejenige, die sich bei vertiefter Beschäftigung ergibt. Die Qualität, Fragen zu stellen, verbessert sich in dem Maße, wie die Beschäftigung mit dem Thema vertieft wird, muss aber jeweils angeleitet und geübt werden.

Peter Weber analysiert in seinem Beitrag *Schüler fragen. Zur Beschreibung einer sprachlichen Handlung im Religionsunterricht* zufällig ausgewählte Gesprächsausschnitte, die im Rahmen des Konzepts „Theologisieren mit Kindern“ entstanden sind. Das Anliegen des religionspädagogischen Konzepts ist dadurch bestimmt, „die Fragen der Kinder sowie ihre Deutungen wahrzunehmen, ernst zu nehmen, aufzugreifen und zu fördern“ und sie bei der Suche nach Antworten auf entscheidbare und unentscheidbare Fragen zu unterstützen (Freudenberger-Lötz 2007, 21; 56). Der Autor analysiert so empirisch abgesichert *aus der Perspektive der linguistischen Unterrichtsanalyse*, ob und wie diese Ziele erreicht werden. Im Zentrum der Analyse stehen formale Aspekte des Gesprächsverlaufs, die Unterrichtsgegenstände (Glaubensvorstellungen und ethische Fragen) spielen keine Rolle. Allein das in den Transkriptionen dokumentierte sprachliche Verhalten der Lehrenden und Lernenden wird beschrieben und daran anschließend Merkmale des Diskurstyps *theologische Unterrichtsgespräche* unter sprachwissenschaftlichen Gesichtspunkten entfaltet, mit teilweise ernüchternden Ergebnissen: Zwei Drittel der Sprechbeiträge stammen von Lehrenden, selbstorientierte und mitschülerbezogene sprachliche Schülerhandlungen sind selten (14 %, 18 %), 114 Lehrerfragen stehen 18 Schülerfragen gegenüber. Deutlich wird auch, dass Schülerinnen und Schüler Fragen sehr unterschiedlich verwenden. So sprechen sie mit Hilfe von Fragen diskussionswürdige Themen an, benutzen sie als Aufforderung zur Zustimmung, als Mittel der Verständnissicherung oder Problematisierung. Eine als Frage formulierte Äußerung verweist also noch lange nicht auf eine Fragehaltung. Verschiedene zusammenfassende Hinweise zur Diskursanalyse (Kombination von Sprechhandlungen), der ethnomethodologischen Konversationsanalyse (Besonderheit der Gesprächsorganisation) und zur funktionalen Pragmatik (institutionelle Kommunikation und ihre Merkmale) unterstützen eine vom Autor empfohlene mögliche umfangreichere Arbeit, die dann ein größeres, vielleicht auch repräsentatives Textcorpus nach Formen und dem Umgang mit Schülerfragen durch linguistische Analyse untersuchen sollte, um zu sehen „wie die Wirklichkeit tatsächlich beschaffen ist, bevor man sich Gedanken darüber macht, wie sie sein sollte", so der Autor am Ende seines Beitrags.

3 Pädagogisch-psychologische Zugänge

Daniel Scholl und *Wilfried Plöger* betrachten in ihrem Beitrag *Sinnvolles Lernen und Gesprächsführung* die Schülerfrage vor allem im Kontext einer lerntheoretischen Systematisierung im Rahmen des Unterrichtsgesprächs und entwickeln daraus Lehr-Strategien für die Förderung der Fragehaltung von Schülerinnen und Schülern. Damit stellen sie eine moderne Weiterentwicklung der sokratischen Lehrmethode (siehe Beitrag von Rainer Lachmann) vor. Dabei gehen die Autoren von der Notwendigkeit aus, dass Schülerinnen und Schüler die Gelegenheit haben, *bedeutsame Fragen* im Unterricht zu stellen, welche ihnen eine entsprechende *Sinnorientierung* ermöglichen. Hierzu ist der Aufbau eines Vorwissens, eines Vorverständnisses für die Wissensgenerierung wichtig, welches jedoch durch das Fragestellen allein nicht geleistet werden kann.
Gestaltpsychologisch ist der Aufbau neuer emergenter Sinnstrukturen entscheidend, welche durch eine *aktive Fragehaltung* gefördert werden können. Im Sinne einer Aneignungsdidaktik geschieht Lernen nur in den psychischen Akten des Schülers, in dessen Denken, Fühlen und Wollen sich Prozesse der Beziehungsstiftung zum Unterrichtsinhalt als konstruktive Tätigkeit vollziehen. Im Unterrichtsgespräch kann die selbsttätige Aneignung von sinnorientiertem Wissen durch eine aktive Fragehaltung besonders gefördert werden. Dazu werden folgende *Gesprächsstrategien* vorgestellt, die die Lehrkraft hier einbringen kann: das *Akzentuieren* (Hinweise geben auf wichtige Informationen und angemessene Denkaktivitäten, Hinweise auf zu wenig beachtete Gesichtspunkte, Lenkung durch Denkanstöße beziehungsweise Impulse, Gewichten von Beiträgen, Präsentation bestimmter Aspekte, Zusammenfassen) und das *Problematisieren* (Bewusstmachen / Inszenieren einer Wissenslücke, In-Frage-stellen-Lassen, Nachhaken).

Durch diese wichtigen Strategien der Gesprächsführung werden Schüler und Schülerinnen dazu gebracht, ihre Beiträge selbst noch einmal zu überdenken, *eigene Fragen an die Sache zu richten* und dadurch den Gegenstand vertieft wahrzunehmen und kritisch zu hinterfragen.

Für *Karl Ernst Nipkow* schließen Schülerfragen eine notwendige Bildungsaufgabe in sich ein. „Was ist denn nun wahr?" ist eine der häufig anzutreffenden Fragen im Religionsunterricht, die aber selten systematisch durchdacht wurde. Mit seinem Beitrag *Was ist wahr? Zur Wahrheitsfrage auf dem Wege zu mehrperspektivischer Bildung in der Schule* stellt Nipkow die bisherigen didaktischen Umgangsformen mit bivalenten Denkstrukturen (eines Entweder-Oder, Ja-Nein, Richtig-Falsch) zur Disposition, da sie hinter das dialektische Denken zurückfallen, welches durch einen Dreischritt (These – Antithese – Synthese) gekennzeichnet ist. Das Strukturlernen (siehe Beitrag von Daniel Scholl / Wilfried Plöger) hilft hierzu, das bloße Lehrbuchwissen vor dem Hintergrund eines selbstständigen Denkens in ein mehrperspektivisches Urteilswissen zu überführen. Dies zeigt Karl Ernst Nipkow anhand der *Frage nach der Wahrheit*, die es bei Schülerinnen und Schülern in ihren unterschiedlichsten Facetten zu fördern gilt. Wird die Wahrheit als *Tatsachenwahrheit* aufgefasst, zielen die Fragen auf empirisch oder historisch nachweisbare und allgemein überprüfbare Fakten. Der zweite Aspekt ist der der *ästhetischen Wahrheit*, wie sie der biblischen Metaphern- oder allegorischen Sprache zu eigen ist. Drittens kommt Wahrheit auch in *lebenspraktischen Kontexten* vor, weshalb sich eine Unterscheidung von gelebter und gelehrter Religion anbietet. Dabei ist wichtig, was religiöse Gruppierungen im Kontext ihrer gelebten Religion selbst für wahr halten, was auch in biblizistischen Formen der Absolutsetzung religiöser Wahrheit zum Ausdruck kommt. Viertens ist der Wahrheitsbegriff *ethisch und moralisch* aufgeladen und füllt den Leitwert der Menschenwürde durch die Gedanken der Gottebenbildlichkeit und der Nächstenliebe. Fünftens kann Wahrheit auch im Sinne einer *geschichtlichen Wahrheit* aufgefasst werden – durch Erzählungen überliefert, welche eine bestimmte Geschichtsauffassung transportieren. Diese immer wiederkehrenden Erzählmuster müssen mit Alltagsgeschichten in Beziehung gesetzt werden, um verstehbar zu werden. *Soziale und persönliche Beziehungserfahrungen* spielen sechstens für den Wahrheitsbegriff eine Rolle, welcher entscheidend die Religion geprägt hat. Wahrheit wird siebtens auch *im Kontext von Subjektivität* und allgemeingültiger Bedeutung aufgefasst. Sie ist subjektive und objektive Wahrheit. Konzeptionell entfaltet Nipkow den neuen didaktischen Umgang mit der Wahrheitsfrage anhand der

Thematik „Glauben und Wissen". Systematisch unnötige gedankliche Barrieren können demzufolge mit einem *Denken in Komplementarität* überwunden werden. Dazu sind *Denkfiguren einer polyvalenten Logik* erforderlich. Das relations- und kontextbezogene Denken ist entwicklungsabhängig, wie anhand von fünf Niveaustufen gezeigt wird. Damit wird die von Jean Piaget formulierte Stufe des formalen Denkens in das postformale Denken überführt. Konflikte und Widersprüche im Denken auszuhalten und in eine mehrperspektivische Wahrnehmung einzuleiten sind wichtige didaktische Bausteine (vgl. im Beitrag Scholl/Plöger: Teil V. Ausgewählte Gesprächsstrategien – Methoden der Strukturierung im Unterrichtsgespräch).

4 Empirische Zugänge

Mirjam Zimmermann versucht in ihrem Beitrag *Schülerfragenorientierte (Religions-)Didaktik – eine ernüchternde Bilanz* eine Zusammenstellung der vorwiegend empirischen Literatur zum Thema. Ausgehend von der Tatsache, dass neuere Bildungspläne eine „frageorientierte Didaktik" im Blick haben, wird die Rückfrage nach dem Status quo von Fragen im Unterricht gestellt. Nach der Sichtung vorliegender Publikationen zum Thema kann auch im Jahr 2011 und mit Blick auf die Religionspädagogik den Wirtschaftspädagogen Seifried/Sembill (2005) zugestimmt werden, die beklagen, dass das Thema „Schülerfragen" ein brachliegendes didaktisches Feld sei. Im Beitrag selbst werden kurz *Studien zum Lehrerfrageverhalten* referiert, das in engem Zusammenhang mit den Schülerfragen steht. Nach einem Rekurs auf die Motivation zum Fragestellen, auf mögliche Klassifikationen von Schülerfragen und auf die Bedeutung von Schülerfragen werden Ergebnisse zur *Feststellung der Häufigkeit von Schülerfragen* in unterschiedlichen Unterrichtssettings referiert, entweder in der Perspektive eines Beobachters, der Selbstwahrnehmung der Lehrenden oder der Schülerinnen und Schüler selbst. In Bezug auf *Einflussbedingungen auf die Fragehäufigkeit* werden dann Umgebungsbedingungen wie Klassenklima, Persönlichkeitsmerkmale, motivationale Merkmale und Arten der Stoffdarbietung mit ihren jeweiligen Auswirkungen vorgestellt. Weiterhin wird die *Wahrnehmung von Schülerfragen durch Lehrende* in der Diskrepanz zwischen Selbst- und Fremdwahrnehmung referiert. Nach einem Verweis auf Programme zu einem Fragetraining für Schülerfragen und deren Wirksamkeit schließt der Beitrag mit einer Skizze methodischer Möglichkeiten und Thesen zur Implementierung einer Fragekultur im (Religions-)Unterricht, die aus der Empirie Folgerungen für die Didaktik ableiten. Erstaunlicherweise findet sich in der Vielzahl an empirischen Untersuchungen im Umfeld der Schülerfragen keine einzige, die sich auf den Religionsunterricht bezieht.

Der Beitrag von *Kristin König, Was Schülerinnen und Schüler im Religionsunterricht gerne fragen würden*, dem die Ergebnisse ihrer Masterarbeit aus dem Sommersemester 2009 zugrunde liegen, versucht dieses Desiderat zu bearbeiten. Die Autorin sammelt und systematisiert allgemeine Fragen, die Schülerinnen und Schüler im Religionsunterricht zum Thema Gott und Glauben haben. Weil vor allem in der Hauptschule eine Fragehaltung vermisst wird, hat sie sich weitgehend auf diese Gruppe festgelegt und 30 Grundschüler, 40 Sechstklässler und 43 Neuntklässler aufschreiben lassen, welche Fragen sie zu Gott, Glauben und Religionen haben, auf die sie sich zum Beispiel in Buchform Antworten wünschen würden. Oberthürs Einschätzung, dass die Fragen „überraschend eindeutig zu bestimmende, immer wiederkehrende Themen der Kinder“ enthielten, bestätigt sich im Abgleich mit der hier erstellten Systematik. Als Raster wählt Kristin König: 1. Fragen nach der eigenen Identität, 2. Geheimnisse des Unendlichen/Unvorstellbaren, 3. Zukunftsängste/Kriege, 4. Trauer, Leiden, Tod, 5. Leben nach dem Tod, 6. Die Existenz und Wirklichkeit Gottes, 7. Die Bibel, 8. Die Existenz und die Taten Jesu 9. Andere Religionen, 10. Der Glaube. Die Autorin kann aus der sicherlich nicht repräsentativen Stichproben-Befragung interessante Ergebnisse ableiten. So stellen die Schülerinnen und Schüler aller Klassen fast 50 Prozent ihrer Fragen zur „Existenz und Wirklichkeit Gottes“. Dies zeigt die Präsenz des Themas „Gott“ für die Schüler, während die Gottesfrage in den Lehrplänen aller Klassenstufen eher unterbelichtet erscheint. Je jünger die Kinder und Jugendlichen sind, desto mehr Fragen haben sie zu der Kategorie „Geheimnisse des Unendlichen/Unvorstellbaren“. Die Fragen zum „Leben nach dem Tod“ nehmen dagegen zu, je älter die Schüler sind; ein signifikanter Anstieg der Fragen nach „Leid, Trauer, Tod“ zeigt sich bei den Neuntklässlern. Im inhaltlichen Abgleich der Fragen kann festgestellt werden, dass eine große Bandbreite an Unterrichtsthemen durch die Schülerfragen fast vollständig strukturiert und erschlossen werden könnte, was bedeutet, dass Einheiten auch entlang der Schülerfragen konzipiert und damit die Interessen der Schülerinnen und Schüler genauer beachtet werden könnten.

Die Masterarbeit von *Gesa Menzel*, die dem Beitrag *Praxis der Frage(-erziehung) im Religionsunterricht – empirische Befunde* zu Grunde liegt, nimmt die Ergebnisse von Kristin König zum Ausgangspunkt. Diese konnte herausarbeiten, dass selbst Schülerinnen und Schüler unterschiedlicher Stufen der Grund- und Hauptschule zahlreiche Fragen zu Gott, Religion, dem christlichen Glauben, zu biblischen Geschichten und vielem mehr haben. Dies war Anlass zu einer Beschäftigung mit dem Problem, warum solche Fragen selten beziehungsweise nie im Religionsunterricht gestellt werden, wie die Autorin bei diversen Praktika feststellen konnte. Die auf diese ersten Beobachtungen folgende Masterarbeit setzte sich im Rahmen der *durchgeführten Studie* empirisch abgesichert damit auseinander, wie oft und welche Arten von Fragen im Religionsunterricht unterschiedlicher Schulformen und Klassenstufen gestellt werden, wie Lehrerinnen und Lehrer mit den (wenigen) Schülerfragen umgehen, und ob es Unterrichtsmethoden und -situationen gibt, in denen mehr Schülerfragen gestellt werden. Es wurden sechs Klassen jeweils drei Unterrichtseinheiten lang beobachtet und die Ergebnisse genau dokumentiert. Bei der Analyse der Fragen differenziert die Autorin zwischen organisatorischen, sachbezogenen, persönlichen und philosophischen Fragen. Als *Ergebnis* konnte festgehalten werden, dass die Grundschüler etwa dreimal so viele Fragen stellen wie die Schülerinnen und Schüler anderer Schulformen. Pro Unterrichtsstunde kann man im Durchschnitt von 0,1 Fragen pro Schüler und Schülerin ausgehen. Dieses Ergebnis lässt sich mit Statistiken vorangegangener Studien zum Frageverhalten von Schülerinnen und Schülern unabhängig vom Religionsunterricht vergleichen (vgl. Beitrag Mirjam Zimmermann), womit feststeht, dass auch im Religionsunterricht die Fragen der Schülerinnen und Schüler keine größere Rolle spielen als in anderen Fächern. In allen Lerngruppen dominieren mit 50-80 % die organisatorischen Fragen; philosophische und persönliche Fragen spielen kaum eine Rolle. Ferner konnte auch herausgearbeitet werden, dass es ein fragenförderliches Lehrerverhalten gibt: In schüleraktiven Unterrichtsphasen wurden mehr Fragen gestellt als in solchen mit Lehrerdominanz, und einige Methoden zeigten eine deutlich erhöhte Schülerfrageaktivität. Zusammenfassend wird deshalb festgehalten, dass in pädagogischen Kontexten auf das Thema Schülerfragen hin zum Beispiel auch in der Lehrerausbildung eine Sensibilisierung stattfinden müsse und methodische Anregungen gegeben werden sollten, wie das Frageverhalten von Schülerinnen und Schülern intensiviert werden kann.

5 Religionspädagogische Zugänge

Heike Lindner stellt das Thema mit ihrem Beitrag *„... wer nicht fragt, bleibt dumm!“ Religionspädagogische Untersuchungen zur Rolle der Fragekompetenz im heutigen Bildungsdiskurs* in einen bildungspolitischen und bildungstheoretischen Kontext. Nach Klärung der anthropologischen Voraussetzungen zum Frageverhalten bei Kindern und Jugendlichen kommt sie zu dem Ergebnis, dass das Neugierverhalten des Menschen Fragen hervorruft, mit denen er sich Zugang zur Welt verschafft. Allerdings stoßen die *Neugierfragen* häufig auch auf Widerstände seitens des Befragten, dem es schwer fällt Offenheit und Unabgeschlossenheit zugunsten des *Frag-Würdigen* durchzuhalten. Das Thema stellt deshalb auch die Machtfrage zur Disposition: Wenn zum Beispiel Erwachsene Kindern eine Antwort verweigern oder gar ihr Fragen abbrechen, so hat das häufig zur Folge, dass diese keine Fragen mehr stellen. Deshalb ist es didaktisch wichtig, Fragen zu fördern, weiterzuentwickeln und sich gemeinsam mit dem Kind auf die Suche nach Erkenntnis zu machen. Die Frage ist nicht nur Ausgangspunkt für den Weltzugang des Menschen, sondern auch für die christliche Glaubenshaltung, sie bahnt ein tieferes Verstehen an. Dazu verhilft die *genetische Didaktik* Martin Wagenscheins, die in Verbindung mit der Bibeldidaktik und der *Elementarisierungsdidaktik* auch die *biblischen Fragetraditionen* für den Religionsunterricht ins Spiel bringen kann. Die Autorin plädiert für die Aufnahme einer Fragekompetenz in den heutigen Diskurs um Bildungsstandards, da sie insbesondere zur Problemlösung und kritischen Urteilskraft beiträgt.

Gerhard Büttners Beitrag *Die Rolle der Frage in der Kindertheologie* beginnt mit dem Szenario eines üblichen Frage-Antwort-Spiels in der Schule. Was passiert aber, wenn der Schüler mehr Antworten kennt, als der angehende Lehrer gefragt hat? Diese paradoxe Situation entlarvt eine ungute Praxis im fragend-entwickelnden Unterrichtsgespräch, welche eine Begrenzung der Schüleräußerungen und ihrer Potenziale aufgrund eines unzureichenden Lehrerverhaltens zur Folge hat. Kinderfragen sollten also Ausgangspunkt des Unterrichts sein, auf sie soll die Lehrkraft aufmerksam werden, auch wenn sie nicht explizit geäußert werden. Eine der *Schlüsselfragen für den RU* ist die nach Gott im Angesicht von Leid, dem Bösen und dem Tod. Selbst als aporetische Frage hat sie eine Daseinsberechtigung, da sie im Übergang von der Kindheitsphase zur Jugendphase einen wichtigen theologischen Diskurs anregen kann. Auch mit einer komplexen Frage, wie der nach dem Sinn von Jesu Tod, können Kinder selbsttätig umgehen, ja sie brauchen theologisch anspruchsvolle Fragen, weil diese einen Nachdenkprozess auslösen. Für Erwachsene stellen Kinderfragen oft einen *Mehrwert* hinsichtlich einer Begegnung mit biblischen Texten dar: Einfach und punktgenau gestellt durchbrechen sie scheinbare Selbstverständlichkeiten der erwachsenen Rezeptionsgewohnheiten. Dies zeigt Gerhard Büttner anhand des konkreten Gebetsverständnisses von Kindern. Die *drei Grundtypen* „Theologie *von* Kindern", „Theologie *für* Kinder", „Theologie *mit* Kindern" erfordern jeweils eine unterschiedliche Fragemethodik; leitend ist dabei der lerntheoretische Anspruch, dass sich Schülerinnen und Schüler ihr Wissen letztlich selbst aus den dargebotenen Unterrichtsformen erarbeiten.

6 Philosophische Zugänge

Hans-Bernhard Petermann geht in seinem Beitrag *„Der Mensch als Fragewesen"* von der zentralen anthropologischen Überlegung aus, dass der Mensch wesentlich ein Fragender ist. Dabei bezieht er sich im Rahmen religionspädagogischer Überlegungen auf die von Karl Rahner bestimmte elementare Struktur menschlicher Religiosität, nach der der Mensch „Hörer des Wortes" ist und bei diesem Verstehen des zu Hörenden das Fragen notwendig dazugehört (Teil I). In heuristischer Absicht widmet er sich dann dem Problem, Fragen als solche differenziert wahrzunehmen und *Grundtypen des Fragens* zu unterscheiden. Dabei kommt er, wie zu erwarten, zu dem Ergebnis, dass es die auf „Orientierung und Sinn ausgerichteten Fragen" sind, die für den Religions-, den Philosophie- und den Ethikunterricht zentral sind (Teil II). Mit Bezug auf Platon, Bloch, Heidegger und Rahner entfaltet Petermann in Teil III die Struktur menschlichen Fragens und wagt abschließend mit Verweis auf Gen 3,1 einen eher spekulativen Blick nach dem Woher menschlichen Fragens. Schon in philosophiedidaktischer, aber auch in religionspädagogischer Perspektive kann er das Besondere der religiösen Frage an Beispielen von Abraham über Mose bis hin zu Marias Frage in Abgrenzung zu der von Zacharias (Lk 1) entfalten (Teil IV) und entwirft davon ausgehend *ein dreistufiges Modell des vorreflexiven, des verstehenden und des reflexiven Fragens.* Für jede dieser Ebenen wird in Anlehnung an Hegels Gedankenfortschritt zwischen drei Stufen unterschieden, so dass sich neun Frageformen herausbilden, die Petermann genauer erläutert (Teil V). Diese Systematik philosophischen Fragens verweist – Bezug nehmend auf die anfangs postulierte Fraglichkeit als Grundstruktur menschlicher Befindlichkeit – auf didaktisch-methodische Möglichkeiten, wie die Fraglichkeit unterrichtlich relevant werden kann. Dies wird abschließend in vier Thesen entfaltet (Teil VI).

Kerstin Michalik betrachtet in ihrem Beitrag *Waren Adam und Eva Vormenschen? Zur Bedeutung philosophischer Fragen für den Unterricht* die Rolle philosophischer Fragen von Kindern im Schulunterricht in Bezug auf allgemein vorherrschende Interaktionsmuster. Sie stellt fest, dass vorliegende Forschungen in der Regel die Lehrerfrage im konventionellen *Interaktionsschema* herausstellen: Lehrerfrage – Schülerantwort – Lehrerbewertung, was mögliche Förderungen der Schülerinnen und Schüler verhindert. Als bedeutsames intellektuelles Werkzeug ist das Fragen *bildungstheoretisch notwendig*, da es Nachdenklichkeit, kritisches Denken und eine skeptische Haltung fördert. Wenn davon auszugehen ist, dass Bildung ein Sich-Bilden bedeutet, um das eigene Selbst- und Weltverhältnis zu entwickeln, muss *die Kunst des Fragens und Weiterfragens* gefördert werden. So gesehen ist das Philosophieren mit Kindern ein Unterrichtsprinzip einer subjektorientierten Didaktik, denn es geht um die eigenen Erfahrungen, Gedanken und Assoziationen, Fragen und Deutungen der Kinder für einen Weltzugang und ein Weltverstehen. Es trägt dazu bei *subjektive Alltagserfahrungen und Weltdeutungen* der Kinder mit *objektiven Wissensbeständen* zu vermitteln. Deshalb muss die Haltung der Lehrkraft aufgeschlossen sein gegenüber einer Integration philosophischer, bildungswirksamer Gespräche in den Unterricht.

Rainer Lachmann

Die Bedeutung der (Lehrer-)Frage im Kontext von Unterricht – ein geschichtlicher Rückblick

1 Erstes Schlaglicht: Biblisches Fragen

Mit der Frage im Kontext biblischen Erziehens und Unterrichtens soll die schlaglichtartige Beschäftigung mit der inhaltlichen Fülle und beachtlichen Frag-Würdigkeit des Themas begonnen werden. Ausgangspunkt ist die *These,* dass in *Dt 6,20* gleichsam das Urdatum biblisch begründeter Kindesfrage zu sehen ist: „Wenn dich nun *dein Sohn morgen fragen wird*: Was sind das für Vermahnungen, Gebote und Rechte, die euch der Herr, unser Gott, geboten hat? / so sollst du deinem Sohn sagen: Wir waren Knechte des Pharao in Ägypten, und der Herr führte uns aus Ägypten mit mächtiger Hand…" Daraufhin erzählt der Vater seinem Kind die Heils-Geschichte Gottes mit seinem Volk Israel. Erzählend übermittelt er die Tradition von einer Generation zur anderen und begründet so die Erinnerungs- und Hoffnungskultur, die die jüdische Erziehung bis heute prägt. An ihrem Anfang aber steht die kindliche Frage, eine echte Frage, die Neugierfrage eines aufgeweckten Sohnes in einem bestimmten Alter (vgl. Gen 22,7 – typische Wissensfrage), der hier wissen will, was das für Gottes-Gebote sind, an die sich seine Eltern halten. Diese Frage verliert auch nichts von ihrer dynamischen Echtheit, wenn sie – wie bekannt – als Festgeschichte im Zuge der häuslichen Passahfeier ritualisiert und „performiert" wird. Auch im liturgischen Vollzug ist diese Frage des Sohnes, des Kindes, mehr als Ritus und Brauchtum; sie bleibt trotz oder bei all ihrer theologischen, rituellen und pädagogischen Fundamentalität und Formalität immer auch typische Kindesfrage und damit sicher mit einigem Recht biblisches Urdatum kindlichen Fragens.
Nach dieser „archetypischen" Belichtung darf zumindest ein Streiflicht auf das NT, auf *Jesus,* nicht fehlen. Elementar-exemplarischer Text ist hier die lukanische Geschichte vom „zwölfjährigen Jesus im Tempel" (2,41-52) mit seinem „fraglich" zentralen Vers 46: „Und es begab sich nach drei Tagen, da fanden sie ihn im Tempel sitzen, mitten unter den Lehrern, wie er ihnen zuhörte und sie *fragte*." In der Geschichte der Methodik begegnet dieser Text und Vers immer da, wo die Berechtigung des Fragens und Zweifelns im religiösen Bereich begründet werden musste. Der junge Jesus hatte den Lehrern

im Tempel nicht nur zugehört, sie nicht nur gefragt, sondern ihnen auch erstaunlich klug geantwortet. Hier fragt und antwortet kein Kind mehr, kein zwölfjähriger Junge, sondern in nuce bereits der Herr und vollmächtige Lehrer, als den ihn die Evangelien besonders in und mit seinen Streitgesprächen zeichneten. Wenn man will, kann man in religionsmethodischer Sicht schon hier eine bemerkenswerte Naht- oder Umbruchstelle angelegt sehen, wo die Schülerfragen sich gleichsam aus dem Methodenrepertoire des (Religions-)Unterrichts verabschieden und einer langen Phase beinahe uneingeschränkter Dominanz der Lehrerfrage das Feld überlassen. Jesus wird dabei zum Meisterlehrer, dessen Unterredungen mit seinen Freunden und Feinden nicht nur in der Aufklärung als methodische „Meisterstücke" gepriesen werden, „neben welchen die Sokratischen viel verliehren würden"; „hier ist (eben) mehr als Sokrates"![1]

2 Zweites Schlaglicht: Die Katechismusfragen der Reformation

In unserem historischen Streifzug überspringen wir *Aurelius Augustinus*, der in seiner didaktisch ungemein tiefgründigen Schrift „De catechizandis rudibus" (404) nicht nur entschieden und ausführlich für die Heiterkeit (hilaritas) als unentbehrliches Erfordernis eines guten Katecheten und guten Unterrichts plädiert, sondern sich auch ganz angelegentlich für die Möglichkeit von „Zwischenfragen" und Einwänden beim Vortrag einsetzt.[2] Ebenso wird die *Scholastik* ausgelassen, die mit ihrer ausgefeilten Disputationstechnik der methodischen Kultur der Frage und des Fragens im theologischen Lehrbetrieb ihren ganz eigenen Charakter verlieh.
Mit den sogenannten Katechismusfragen nehmen wir die Anfänge evangelischer Bildung im 16. Jahrhundert genauer in den Blick. Die *Reformationskatechismen*, die nach 1520 zahlreich entstanden, sind fast alle nach dem Frage-Antwort-Schema gebaut und wirkten von daher auch in methodischer Hinsicht ‚Traditions-bildend'. Das lässt sich besonders gut an dem in Frageform verfassten *Kleinen Katechismus Martin Luthers* verfolgen, der – nicht unbeeinflusst durch die Beicht- und Bekenntnisfragen der mittelalterlichen Beichtpraxis – geradezu zum katechetischen Erzbuch der Reformation wurde und sich dabei methodisch zur Musterform der „Fragebücher" und Fragart entwickelte, die sich über Orthodoxie, Pietismus, Neuluthertum bis in die jüngste Zeit katechetischer Katechismusrenaissance gehalten hat und wirksam ist.

[1] Salzmann (1780), 161.
[2] Augustinus (1985), 44f.

Luthers Katechismus-Fragen, sein berühmtes „*Was ist das?*" im *Kleinen Katechismus*, wird dabei – für gewöhnlich ungefragt – als Lehrerfrage verstanden. Es geht danach vorrangig um Examensfragen, die ihren Ort im Glaubens-, Lehr- und Visitationsexamen der reformatorischen Zeit haben und als Antwortkontrolle für das gedächtnismäßig gelernte Glaubenswissen benutzt werden. Insofern sind die Katechismusfragen an erster Stelle Muster für die Methode des frageweisen Examinierens, das ausschließlich vom Lehrer ausgeht und die Schüler (Auswendig-)Gelerntes antworten lässt. Wenn der Schweizer *Robert Morgenthaler* hier im Blick auf den Heidelberger Katechismus davon spricht, dass die „klassischen Katechismen" im Grunde nichts anderes seien, „als recht raffiniert aufgebaute Lehr- und Lernmaschinen, mit denen der Unterrichtsstoff in kleine und leicht zu vollziehende Lernschritte aufgegliedert und im Frage- und Antwortspiel dargeboten wird"[3], hat er deshalb wohl nicht ganz Unrecht.
Freilich ist im Heidelberger Katechismus der Schüler beziehungsweise das Kind selbst ganz direkt und unverwechselbar als gefragt angesprochen („Was ist *dein* einziger Trost im Leben und im Sterben?"). Das ist in Luthers Kleinem Katechismus mit seiner unspezifischen Frage „Was ist das?" nicht der Fall, und deshalb gibt diese in methodischer Hinsicht auch Raum für eine ganz andere, recht unkonventionelle Interpretation der Frage-Antwort-Form des Kleinen Katechismus: Danach handele es sich nämlich bei dieser um echtes Fragen von Kindern an den kursächsischen Hausvater, der auf die kindliche Frage „Was ist das?" mit dem Katechismus die Antwort gegeben habe. Wenn *Luther* 1526 in seinem berühmten Katechismusvotum in der „Deutschen Messe" davon spricht, dass die Schüler „nicht alleine die Worte auswendig lernen noch auswendig hersagen, wie bisher geschehen, sondern daß sie nach diesen von Stück zu Stück gefraget werden und antworten müssen, was ein jegliches bedeute und wie sie es verstehen",[4] dann hat solches Verständnis durchaus etwas für sich und man kann sich nur wundern, dass die neue religionsdidaktische Katechismuseuphorie diese so positive methodische ‚Vorlage' so gar nicht nutzt.[5]
Freilich lässt die Wirkungsgeschichte des Kleinen Katechismus dieses Verständnis der Katechismusfragen als Schülerfragen und das Frage-Antwort-Schema als freies Gespräch völlig aus dem Blick geraten. Hier wurden die Katechismusfragen, auch und nicht zuletzt in Luthers Fragen „Was ist das?" von Anfang an als Examensfragen, als examinierende Fragen des Lehrers an seine Schüler verstanden.

[3] Morgenthaler (1968), 80.
[4] Clemen (1959), 297f.
[5] Vgl. zum Beispiel Schoberth (2006).

Durch Prediger, Lehrer und Hausväter fragte und examinierte die Kirche als Hüterin der Lehre ihre Gemeindeglieder und diese hatten gemäß der auswendig gelernten Glaubensnorm des Katechismus zu antworten.

3 Drittes Schlaglicht: Katechisierendes Fragen kontra sokratisches Fragen

Luthers „Kleiner Katechismus" hatte didaktisch und methodisch sofort große Wirkung; er herrschte in den Schulstuben des 16. und 17. Jahrhunderts mit einer heute kaum mehr vorstellbaren Absolutheit und stofflichen Vollmacht. Das gilt insofern auch in methodischer Hinsicht, als die Katechismusfragen vorrangig zum *Muster für die Methode des examinierenden Fragens* wurden. Allerdings lassen sich in diesen Examensfragen – vielleicht sogar als kleine Wirkung des lutherischen Verstehensanliegens – auch bereits Elemente einer zergliedernden Methode angelegt sehen, die sich in der Folgezeit des 16. und 17. Jahrhunderts zur *Methode des sogenannten „Katechisierens"* weiterentwickeln sollte, die die orthodoxe Katechetik dominierte. Außer den Zergliederungsfragen war für sie ihr deduktiver Ansatz charakteristisch: Sie wird „als eine Unterredung über ein auswendig gelerntes Pensum" beziehungsweise „als fragweise Zergliederung positiv gegebener Stoffe" definiert und steht besonders anfangs der „zergliedernden Examenskatechese" mit ihren Examensfragen noch sehr nahe,[6] weil sowohl in der orthodoxen wie dann auch später in der pietistischen Katechetik es vorrangig der Katechismusstoff war, der durch das zergliedernde Fragen den Kindern und Jugendlichen beigebracht und abgeprüft werden sollte.
Erst später wurde dieses Verfahren auch in gleicher Weise auf biblische Geschichten angewandt. Berühmtestes Beispiel dafür sind die 1714 erstmals erschienenen *Biblischen Historien* von *Johann Hübner,* die als katechetischer Best- und Longseller auch methodisch zum verbreiteten Vorbild für das zergliedernd-fragende Katechisieren eines vorgegebenen biblischen Textes wurden. Nach der „Hübnerschen Methode" wird eine abgedruckte Bibelgeschichte in einem ersten das „Gedächtniß" übenden Schritt Satz für Satz durch Fragen zergliedert, deren sich „der Lehrmeister" bedient, „wenn er das Kind probiren will, ob es durch das offt / wiederholte Lesen etwas von der Historie gemercket, und dem Gedächtniß eingedrücket hat."

[6] Lachmann (2005), 259.

Konkret lauten dann zum Beispiel die zergliedernden „Deutlichen Fragen“ zur „1. Historie. Von dem Wercke der Schöpffung. 1. Mose I. und II. Cap.“ folgendermaßen:[7]

Zwey und funfzig
auserlesene
Biblische Historien
aus dem
Alten Testamente.

Die 1. Historie.
Von dem Wercke der Schöpffung.
1. Mose I. und II Cap.

1.2. AM Anfange schuff GOTT 3. 1. Mos. 1
Himmel und Erden. 4. Und v. 1.
die Erde war wüste und leer, v. 2.
und es war finster auf der Tieffe, 5. und
der Geist Gottes schwebte auf den Was-
sern. 6. Uber dem gantzen Wercke der

Deutliche Fragen.

1. Wer hat denn alles geschaffen?
2. Wenn ist das geschehen?
3. Was hat denn GOtt im Anfange geschaffen?
4. Wie sahe es im Anfange aus?
5. Was schwebete damahls auf den Wassern?
6. Wie lange brachte GOtt mit dem Wercke der Schöpffung zu?

A Schöpf-

[7] Hübner (1731), Vorrede und 1f.

Die 1. Historie[8]

Schöpfung brachte Gott sechs Tage zu. 7. Am ersten Tag war das Licht erschaffen. 8. Am andern die Feste des Himmels, oder das Firmament. 9. Am dritten Tage das Erdreich mit seinen Gewächsen. 10. Am vierten Sonne, Mond und Sterne. 11. Am fünften Tage die Fische und die Vögel. 12. Am sechsten die Tiere und die Menschen. 13. Und Gott sahe an alles, was er gemacht hatte, und siehe da, es war alles sehr gut. 14. Am siebten Tage darauf ruhete Gott der Herr von allen seinen Werken, die Er gemacht hatte.

7. Was schuf Gott am ersten Tage?
8. Was denn am andern?
9. Was am dritten?
10. Was denn am vierten?
11. Was am fünften Tage?
12. Was schuf Gott endlich am sechsten Tage?
13. Wie war denn das Werk der Schöpfung geraten?
14. Was machte Gott denn am siebenden Tage?

Nützliche Lehren.

I. Gott der Herr hat Himmel und Erden, und alles, was darinnen ist, aus nichts erschaffen: Was hat man daraus zu lernen?
Man kann die grosse Allmacht Gottes daraus erkennen lernen.

II. Alles, was Gott in den sechs Tagen gemacht hatte, das war sehr gut: Was hat man daraus zu lernen?
[…]

Zur didaktisch-methodischen Ehrenrettung Hübners muss betont werden, dass er es nicht bei diesem zergliedernden Fragen und Memorieren beließ, sondern darüber hinaus durch „nützliche Lehren" auch noch den „Verstand" und durch „Gottselige Gedancken" den „Willen" des Kindes üben wollte.

Die Hochzeit des zergliedernden Fragens qua Katechisieren fand ihr Ende mit dem stürmischen Methodenaufbruch und -umbruch, den die Aufklärung mit ihrer methodischen Modetheorie und -praxis, der sogenannten *Sokratik* beziehungsweise „sokratischen Lehrart", mit sich brachte. Grundlegende Anregungen gingen dabei von *J. Lorenz von Mosheim* (1693-1755) aus, der vor allem den Namen und das Vorbild des Sokrates ins Gespräch brachte und für die religiöse Unterweisung der Jugend die fragende Unterrichtsmethode des Sokrates empfahl. Etwa seit den siebziger Jahren des 18. Jahrhunderts gewann dann das sokratische Fragen und Unterrichten unter maßgeblichem Einfluss der Philanthropen, vor allem *Carl Friedrich Bahrdts*, zunehmende Anerkennung und Geltung in der aufklärerisch-religionspädagogischen Landschaft, die sie – gerade auch religionsunterrichtlich – relativ unbestritten bis in die ersten Jahrzehnte des 19. Jahrhunderts auch behalten sollte.

[8] Fortsetzung des Originals als transkribierter Auszug aus Hübner (1731), 2.

Was war nun an der *Sokratik* und ihrer sokratischen Fragart das Neue und Bewegende, das sie so unbestritten zur dominierenden Methode der Aufklärung werden ließ? Die Art und Weise, wie ein führender Philanthrop, *Christian Gotthilf Salzmann* (1744-1811), das sokratische Fragen bestimmt und beschreibt, gibt darauf eine Antwort: Eine „Sokratische Unterredung“ ist – so definiert er in seinem religionspädagogischen Hauptwerk – „eine Unterredung, durch welche man andern ihre wahre Meynung ablocket“. Dabei „fängt man von einer gleichgültigen Sache an zu sprechen, läßt das Kind darüber urtheilen, faßt das Kind bey dem gefällten Urtheile, macht es auf die Folgen aufmerksam, die in diesem Urtheile wie Keime verschlossen liegen, macht ihm Einwendungen, und läßt sie sich beantworten.“[9] Diese Beschreibung sokratischen Fragens und Antwortens veranschaulicht Salzmann durch zwei „Exempel“: eins für die „gewöhnliche katechetische Methode“ und in bewusster Absetzung davon ein zweites für die andere, die sokratische Methode.[10]

Exempel der gewöhnlichen katechetischen Methode.[11]

	Wir sind, mein lieber Fritz, stehen geblieben bey der Gefälligkeit. Was ist denn die Gefälligkeit?
Fritz	stocket.
Lehrer.	Besinne dich doch! Was ist denn die Gefälligkeit?
Fritz.	Wenn man gefällig ist.
Lehr.	Recht, wenn man gefällig ist. Wenn man gefällig ist, da hat man die Gefälligkeit. Aber was ist denn die Gefälligkeit selbst? Es ist eine Bemühung –
Fr.	Es ist eine Bemühung –
Lehr.	Dich in allen billigen Dingen –
Fr.	Dich in allen billigen Dingen –
Lehr.	Es ist eine Bemühung, sich in allen billigen Dingen nach anderer Willen zu richten. Was ist also die Gefälligkeit?
Fr.	Es ist ein Bemühung, sich in allen Dingen –
Lehr.	Nicht in allen Dingen, in allen billigen Dingen nach anderer Menschen Willen zu richten. Noch einmal. Was ist die Gefälligkeit?
Fr.	Sie ist eine Bemühung…
Lehr.	Nach wessen seinem Willen muß man sich also richten?
Fr.	Nach anderer Menschen Willen.
Lehr.	In allen Dingen?
Fr.	Nein, in allen billigen Dingen.
Lehr.	Hat man Nutzen davon?
Fr.	Ja.
Lehr.	Erwirbt man sich dadurch Freunde?
Fr.	Ja.
Lehr.	Siehe also, was Gefälligkeit für eine schöne Tugend ist!

9 Salzmann (1780), 154.
10 Vgl. ebd., 155-160.
11 Transkribierter Auszug ebd. 155f und 156-160.

Exempel der andern Methode

Lehr. Ey, wie so freundlich, mein Fritzchen? Er hat gewiß ein klein Präsentchen gegeben.
Fr. Nein, wirklich nicht.
Lehr. Nun da ist doch wenigstens ein Sommervogel ausgebrochen. Ja, ja! Ich denke, ich habe es errathen.
Fr. Ein Sommervogel? Gewiss nicht, die Püppchen liegen noch alle in guter Ruhe.
Lehr. Da möchte ich doch wirklich wissen, warum Fritzchen so vergnügt ist!
Fr. Ich will es Ihnen nur sagen: Die Mama hat mir erlaubet, diesen Abend bey Karlchen zu gehen.
Lehr. Drum! Ich dachte ja wohl, daß es so etwas sein müßte. Aber warum kommt denn Karlchen nicht zu dir? Du bist ja erst vor Kurzem bey ihm gewesen.
Fr. Ja, er ist unpäßlich. Er darf nicht ausgehen.
Lehr. Unpäßlich? Der arme Karl. Wenn er nicht etwa gar stirbt.
Fr. Warum denn nicht gar? Karlchen wird auch nicht sterben.
Lehr. Der kleine Ludwig ist doch auch gestorben, das weißt du ja.
Fr. Ah! Machen Sie mir doch nicht Angst!
Lehr. Ich will dir gar nicht Angst machen. Aber wenn nun Karlchen stürbe, was wolltest du wohl anfangen?
Fr. Er wird auch nicht sterben.
Lehr. Wir wollen es nicht hoffen. Wenn er aber stürbe?
Fr. Da gäbe ich mich in meinem Leben nicht zufrieden.
Lehr. Da würdest du wohl den ganzen Tag auf deiner Stube bleiben.
Fr. Das wär mir ohnmöglich, da müßte ich bey den kleinen Allexander gehen.
(Das war der Satz, den ich haben wollte: Der Mensch kann ohne Freund nicht recht glücklich seyn.)
Lehr. Nun da würdest du Karlchen bald vergessen.
Fr. In meinem Leben nicht.
Lehr. Alexander ist doch ein allerliebster Junge.
Fr. Das ist wahr. Aber Karlchen! Karlchen! In der ganzen Welt gefällt es mir nicht so wie bey ihm.
Lehr. Da möchte ich doch nur wissen, warum es dir bey Karlchen eben so gefiele?
Fr. Ja Karlchen hat hübsche Spielsachen. Wenn Sie es nur sehen sollten! eine ganze Schachtel voll bleyerne Soldaten – Damenbrett – eine Armbrust – ein –
Lehr. Der arme Alexander! Warum kauft ihm sein Papa nicht auch solches Spielzeug?
Fr. Er hat des Zeuges genug. Er hat noch mehr, als Karlchen.
Lehr. Da hast du also Karlchen wohl seines Spielwerkes wegen nicht lieb.
Fr. Freylich.
Lehr. Und warum hängest du denn so an ihm?
Fr. Ich weiß es selber nicht. Vielleicht weil er mir allemal etwas Gutes vorsetzet.
Lehr. Das thut aber Alexander wohl auch.
Fr. Das ist wahr. Er brachte mir letzthin einen ganzen Teller voll Feigen. So etwas Delikates habe ich bey Karlchen nicht bekommen.
Lehr. Da möchte ich doch wirklich wissen, warum du nun eben Karlchen so gut bist?

Fr. Ach es ist gar ein guter Junge. Wenn ich zu ihm komme, so läuft er mir entgegen, küsset mich und fragt: nun, mein lieber Fritze, was wollen wir denn spielen? im Damenbrete? kegeln? nach dem Vogel schießen? sag nur, was du am liebsten spielst!

Lehr. Thut das denn Alexander nicht?

Fr. Ach der! der will, ich soll allemal mit ihm im Damenbrete spielen. Und wenn ich das nicht tue, so hängt er das Maul.

Lehr. Nun sind wir auf das Fleckchen gekommen. Nach wessen seinem Willen richtet sich Karlchen, nach seinem oder deinem Willen?

Fr. Nach meinem Willen.

Lehr. Wann macht man sich also beliebt, wenn man seinem eigenen Kopfe in allen Stücken folget, oder wenn man sich nach anderer Willen richtet?

Fr. Wenn man sich nah anderer Willen richtet.
(Wieder einen Schritt näher!)

Lehr. Das ist Gefälligkeit, mein liebes Fritzchen, wenn man sich bemühet, sich nach anderer Willen zu richten. Ist das nun wohl etwas Gutes?

Fr. Ey freylich.

Lehr. Wozu nützet es denn?

Fr. Man mache ich dadurch bey andern beliebt.
(Wieder einen Schritt näher!)

Lehr. Also wird sich Fritzchen künftig wohl bemühen, sich nach anderer Willen zu richten?

Fr. Ja, das will sich wirklich thun.

Lehr. Aber, wie kam es denn, daß Alexander ohnlängst so böse von dir ging?

Fr. Ey, er wollte mich bereden, ich sollte von meiner Mama Weinstöcken Trauben abschneiden, und ihm geben, das wollte ich nicht thun.

Lehr. Und gestern war er ja auch misvergnügt.

Fr. Freylich! denken Sie nur, er verlangte, ich sollte ihm den kleinen Atlas schenken, den mir meine Mama gekaufet hat.

Lehr. Und warum hast du ihm denn nicht ein paar Trauben abgeschnitten?

Fr. Das wäre ja unrecht gewesen. Da hätte ich ja gestohlen.

Lehr. Aber den Atlas hättest du ihm ja geben können. Der gehörete dir ja zu.

Fr. Woraus hätte ich denn die Geographie lernen sollen?

Lehr. Du hast recht gethan. Worinne muß man sich denn also nach anderer Willen richten? In billigen oder unbilligen Dingen?

Fr. In billigen Dingen.

Noch einige Fragen – und Fritze hat auch den Begriff von Billigkeit. Ich breche aber hier ab, um des Raumes zu schonen, und überlasse es jedem prüfenden Leser zur eigenen Überlegung, welche von beyden Methoden den Vorzug habe. Beyläufig erinnere ich nur dieses, daß ich glaube, die letztere Methode könne eben sowohl die Christliche, als die Sokrarische genennet werden. Hätte es der göttlichen Weißheit gefallen, die Unterredungen, die Christus, halb mit seinen Freunden, halb mit seinen Feinden gehalten hat, ausführlich aufzeichnen zu lassen: ich vermuthe, wir würden Meisterstücke haben, neben welchen die Sokrarische viel verlieren würden. [...]

Diese Beispiele machen hinreichend deutlich, worin man das Charakteristische der sokratischen Lehrart in ihrer bewussten Absetzung von „der gewöhnlichen katechetischen Methode“ zu sehen hat: Entgegen deren bis dahin gebräuchlichem deduktiv an vorgegebenen Stoffen orientierten mechanischem Memorieren und mehr oder weni-

ger unbeholfenem Fragen des Examinierens und Katechisierens ist das sokratische Fragen durch und durch induktiv, mäeutisch entbindend und entwickelnd angelegt und durchgängig orientiert an den Voraussetzungen und Erfahrungen sowie der Fassungskraft und Kräfteentwicklung der Kinder.
Bei solchem sokratischen Fragen ist das anthropologisch-pädagogische Interesse leitend und schlägt ein Stück weit die Begeisterung durch an der mit der Aufklärung neu entdeckten Wissenschaft der „Kinderkenntniß", der Pädagogik, die konvergiert mit dem theologischen Interesse der aufklärerischen Neologie und ihrem Verständnis von Religion als einer „Angelegenheit des Menschen" *(J.J. Spalding)*. In gewisser Weise sind hier Sokratik und sokratisches Fragen involviert in die Anfänge einer genuinen pädagogisch und theologisch begründeten Religionsdidaktik. „Kindvergessen" jedenfalls konnte und durfte eine Sokratik, die sich als „lebendiges, Denken voraussetzendes Frage- und Antwortverfahren" verstand und betätigte, niemals sein. Bei aller Kritik an ihren Auswüchsen und Umsetzungsschwierigkeiten *kann deshalb die sokratische Lehr- und Frageart durchaus als historisch würdiger Vorläufer und Wegbereiter der auch heute noch ungebrochen aktuellen Methode des fragend-entwickelnden Gesprächs gelten.*[12]
Dessen ungeachtet muss abschließend noch einmal darauf hingewiesen werden, dass es sich bei der sokratischen Methode – kaum anders als beim herkömmlichen Examinieren und Katechisieren – um ein absolut Lehrer-geleitetes, ja nicht selten Lehrer-gegängeltes Fragen handelt, in dem Schülerfragen keinen Platz haben und finden. Bei aller von ihren Verfechtern häufig doch recht lautstark proklamierten sokratischen Förderung und Stärkung der Denkfähigkeit und Selbsttätigkeit des Kindes zeitigte die aufklärerische Entdeckung des Kindes in methodisch-sokratischer Hinsicht auch nicht ansatzweise die Entdeckung der Schülerfrage als „wirksamer" Methode kindgerechten (Religions-)Unterrichts.

4 Viertes Schlaglicht: Fragen zwischen Katechetik und Reformpädagogik

In engem Verbund mit der zunehmend an Bedeutung verlierenden aufklärerisch-rationalistischen Theologie kam in den dreißiger und vierziger Jahren des 19. Jahrhunderts auch die sokratische Lehrart an ihr Ende. Freilich wirkte sie, ohne ausdrücklich als solche ausge-

[12] Lachmann (2002), 143-171, bes. 145ff.; außerdem Adam/Lachmann (2010), 118f.

wiesen zu werden, durchaus beachtenswert weiter, und zwar vor allem in pädagogischen und pädagogisch aufgeschlossenen Kreisen. Bestes Beispiel ist hier *Friedrich Adolph Wilhelm Diesterweg (1790-1866)*, der sich ausführlich über den „Unterricht in Fragen und Antworten“, den „Frageunterricht“, auslässt und dabei ganz neue Töne anschlägt, wenn er sagt: „Die Fragen können sowohl vom Lehrer als vom Schüler ausgehen“, und er dann – nicht genug an innovatorisch Anstößigem – feststellt: „Wo letzteres“ – also das Fragen von Schülern – „geschieht, da ist Leben, geistiges Leben in der Schule.“[13]
Diesterweg stimmt hier ein in das Votum des zu seiner Zeit ungemein populären und publizistisch fruchtbaren Praktischen Theologen und Schulmanns *Gustav Friedrich Dinter* (1760-1831), der sich – nicht ohne warnenden Vorbehalt für die Schullehrer vor einem *zu* „freien Lauf“ der Frage – dennoch für „die freie Kinderfrage, die unabgefragte Meinungsäußerung“, ja sogar den Einwand der Schüler im Unterricht einsetzen kann.[14]
Solch methodisch progressives Wetterleuchten blieb allerdings im 19. Jahrhundert vereinzelt und beschränkt auf sokratisch aufklärungsfreundliche (Religions-)Pädagogen. Der Mainstream methodischer Auffassungen und Entwicklungen dagegen war gerade auch in katechetischer Hinsicht eher restaurativ und wenig innovatorisch ausgerichtet. So plädierte etwa *Christian Palmer (1811-1875)*, einer der Wortführer kirchlich-konfessioneller Katechetik im 19. Jahrhundert, dafür, dass die „Evangelische Katechetik“ endlich „wieder mit theologisch-kirchlichem Geist getauft“ werden müsse, und polemisierte dann im gleichen Atemzug gegen die „Unterrichtskünstler“, welche die Katechetik „auf die Stufe einer bloß formalistischen Fragekunst“ degradiert hätten.[15] Dazu passt dann Palmers warmes und ausführliches Eintreten für die „katechetische Frage“ als wichtigem Anliegen und didaktischem Recht des Lehrers: „die Frage des Lehrers und die Antwort des Schülers ist gleichsam der lebendige Athemzug der Katechese, der Rhythmus des kirchlichen Unterrichts“. Deshalb kann im „planmäßig angelegtem Unterricht […] auf des Kindes Frage nicht gewartet werden, denn *ignoti nulla cupido*.“ Würde aus den Kinderfragen im Unterricht „ein stehender Gebrauch“, so „würde dies zeigen, daß Naseweisheit und Schwatzhaftigkeit an die Stelle der Lernbegierde getreten ist.“[16]
In diesem Punkt – der beinahe verklärenden Hochschätzung der Katechismusfrage – mit Christian Palmer einig ist der Erlanger Prak-

[13] Diesterweg (1958), 135.
[14] Bastian (1970), 300.
[15] Palmer (1875), IV.
[16] Palmer (1875), 97-136, bes. 98; vgl. auch Bastian (1970), 299.

tische Theologe *Gerhard von Zezschwitz* (1825-1886), der neben Palmer mit Abstand profilierteste Vertreter der kirchlichen Katechetik im 19. Jahrhundert, wenn er die Katechismusfrage als „eine Wohltat" preist, „mit der die glaubensfordernde Lehrautorität beim Adepten die Imitation herausfordert."[17] Dessen ungeachtet kann eine Fragen-orientierte wissenschaftliche Untersuchung in religionsdidaktischer Hinsicht an v. Zezschwitz nicht vorübergehen, denn wie kein anderer Religionspädagoge hat er in seinem voluminösen „System der christlich kirchlichen Katechetik" eine eigenständige Theorie unterrichtlichen Fragens beziehungsweise, wie er es nennt, über „die erotematische [= fragende] Unterrichtsform" entwickelt, die sich durchaus auch kritisch gegen die einseitige Bevorzugung von Examens- und Zergliederungsfragen im Religionsunterricht wenden kann. Zwar hält v. Zezschwitz theologisch entschieden an der Priorität der von ihm so genannten „akroamatisch-vortragenden" [= zum Anhören bestimmt] qua „offenbarungsmäßig-positiven" Lehrweise fest, doch gesteht er ihr gegenüber und ihr zugute der erotematischen Unterrichtsform eine wichtige ergänzende und unterstützende Funktion zu. In sanfter Distanzierung von der examinierenden und katechisierenden Fragart herkömmlicher Katechetik setzt er sich dabei für die „dialektisch-didaktische Methode" ein. Darunter versteht er als „entwickelnde Fragemethode" die „frag- oder gesprächsweise Entwicklung", die er als „centrale Methode des eigentlichen Lehrverfahrens auch für den Christenthumsunterricht" ausweist.[18] In gewisser Weise rehabilitierte von Zezschwitz damit unter unverdächtigem Namen die sokratische Lehrart und verschaffte dem fragendentwickelnden Gespräch fortan einen festen und unverzichtbaren Platz im Methodenrepertoire jedweder Katechetik oder Religionspädagogik.[19]

Im Wirkungs- und Dunstkreis reformpädagogischen Aufbruchs erfolgte um die Jahrhundertwende eine radikale „Wetterwende", die in Gestalt liberaler Religionspädagogik auch religionsmethodisch ihre besonderen Blüten trieb und dies nicht zuletzt im Blick auf die Frage und das Fragen. Man konnte sich nicht genugtun, um immer wieder und in immer wieder neuen Bildern die überholte kirchliche Katechetik und ihre seelenlose Fragemechanik zu verwerfen. *Friedrich Niebergall* (1866-1932), einer der klügsten und profiliertesten Köpfe unter den liberalen Religionspädagogen, tat sich dabei mit besonders originellen und treffenden Bildern hervor, die bei aller karikatures-

17 Nach Bastian (1970), 298f.

18 Von Zezschwitz (1874), 9.

19 Lachmann (2010), 119f.

ken Übertreibung wesentliche Kritikpunkte an den traditionellen Fragemethoden der Katechetik bildhaft eingängig belegen.
Das soll an einer kleinen Blütenlese aus Niebergalls 1922 erschienenem Buch „Der neue Religionsunterricht“ veranschaulicht werden:

> „Die mit unermüdlicher Geduld angelegte Fragemaschine (der Zergliederung) hilft die großen Klötze zersägen“ (170) / Kein von Klasse und Schülern erarbeitetes Ergebnis „von der Blendwerkart der alten Weise, wo der Lehrer der beste ist, der seine Meinung seinen Schülern aufzudrängen weiß: Knechtung im (fragenden) Gewand der Freiheit“ (181) / „Die Stopf= und Stoffmethode muß damit bis in ihre feinsten Auswirkungen verbannt werden“ (180) / „Die ganze Freudigkeit, die dem Gegenstand gebührt, die so gar leicht verloren geht, wenn der Schüler bloß Mund für den Löffel ist, soll wieder gewonnen werden, in dem das Wort vom Selberessen wirklich im Unterricht auch der Religion beherzigt wird.“ (180) // „Nicht weniger ist es eine Torheit, in ein seit Jahrzehnten festgefügtes Schulsystem, das brav nach der alten Memorier= und Katechetenweise geleitet worden ist, mit der neuen Art (der Arbeitsschule) einzubrechen; denn es fehlen die geistigen und moralischen Voraussetzungen völlig, so daß es oft zu einem Krach kommen muß. (188)

Niebergalls treffsichere Kritik an den herkömmlichen Fragemethoden der Katechetik blieb, wie gerade das letzte Zitat deutlich machte, stets verbunden mit nüchtern realistischer religionspädagogischer Urteilsfähigkeit, die ein mögliches „Chaos von Fragen, Einwänden und Zwiegesprächen“ durch eine „fest umrissene Stoff“-bindung zu vermeiden suchte. Umso ernster ist von daher Niebergalls beinahe schon visionäres Plädoyer für das „wirkliche Gespräch“ im Religionsunterricht zu nehmen, wo nicht nur wie beim „Blitz und Donner der Kunstkatechese“ der „eine fragt und der andere antwortet“, sondern wo „sich wirklich alle oder möglichst viele selbsttätig beteiligen.“ Und das wäre dann nach Niebergall tatsächlich „die völlige Revolutionierung des Schulstaates in der Weise, daß die Schüler fragen und der Lehrer antwortet; denn sie sind es ja doch, die wissen sollen und wissen wollen, und er ist es, der Antwort und Weisung zu geben imstande sein soll“.[20]
Unter dem Einfluss der reformpädagogischen Prinzipien der Selbsttätigkeit und Selbständigkeit wird damit erstmals in der Geschichte der Religionspädagogik die absolute Dominanz der Lehrerfrage radikal in ‚Frage‘ gestellt und darüber der Schülerfrage die Ehre didaktisch-methodischer Priorität im Unterrichtsgeschehen zugestanden und eingeräumt. Hier artikulierte besonders die Arbeitsschulbewegung ihren „Protest gegen die Diktatur der fragenden Lehrform“. *Hugo Gaudig* nennt sie „das fragwürdigste Mittel der Geistesbildung“ und diffamiert sie schlicht als „eine Brutalität“, der entgegen es

[20] Niebergall (1922), 180f.

gilt, die Fragenatur des Schülers zu fördern und so die natürlich-ursprüngliche Schülerfrage im Unterricht zu bilden.[21]
Religionspädagogisch ist es hier unter anderen *Otto Eberhard*, der im Kontext des Arbeitsschulgedankens die Schülerfrage und die „freie Aussprache" favorisiert und salonfähig gemacht hat. Bezeichnenderweise – wie Niebergall – in scharfer Absetzung von „dem Muster der Dinterschen Katechese" und ihrem „formalistischen Virtuosentum" plädiert er religionsunterrichtlich für die wirkliche „Eigentätigkeit" der Schüler, die „an die Stelle geistiger Narkose oder drohender Verkalkung" in der herkömmlichen Fragemethode tritt.
Nicht „zwangsläufig, nicht abgesteckt und abgequält oder zögernd unter dem Einfluß des Gesichtsbarometers des Lehrers, nicht durch einzelne Fragen oder Befehlsworte abgedrungen und abgezwungen vollzieht sich (jetzt) der Vorgang, sondern es kommt alles von selbst, es quillt aus dem anfangs noch überfließenden und ungeregelten Fragesprudel der Kinderstube und wird allmählich durch die Fragezucht zur Bildungskraft entwickelt". Geradezu hymnische Töne für einen „eigenbewegten" Religionsunterricht in „freier geistiger Tätigkeit."[22]
Ernüchterung greift demgegenüber dann allerdings recht schnell wieder Platz, wenn man sich in der „Neuen Folge des arbeitsschulmäßigen Religionsunterrichts" das allererste „Stundenbild" zu „Amos" genauer anschaut: Sein Arbeitsweg der „Aussprache" ist massiv bestimmt und strukturiert durch vier (Lehrer-)Fragen.[23]

5 Fünftes Schlaglicht: Fraglosigkeit und Fraglichkeit im Bildungshorizont von „Schülerfragen" – ein rückblickender Ausblick

„Die Entwicklung, welche die Religionspädagogik seit den 30er Jahren des vorigen Jahrhunderts in Richtung *Verkündigungskonzeption und Evangelische Unterweisung* nahm, war der Pflege und Übung religionsunterrichtlicher Gesprächskultur vor allem in ihren freieren Formen wenig zuträglich und förderlich."[24]
Werner Lochs 1964 erhobener Vorwurf der „Verleugnung des Kindes in der Evangelischen Pädagogik" schloss im Grunde auch die Verleugnung echter, das heißt religionsunterrichtlich voll- und gleichgewichtig gewerteter Schülerfragen mit ein. Wenn überhaupt standen diese in der Evangelischen Unterweisung – mehr oder weni-

[21] Gaudig (1922), 1f.; vgl. Lachmann (2010), 120f.
[22] Eberhard (1924), 12ff.
[23] Eberhard (1925), 1f.
[24] Lachmann (2010), 121.

ger instrumentalisiert – im Dienste des Verkündigens und Hörens des „Wortes Gottes im Unterricht."[25] Fast wie karikiert beziehungsweise pervertiert übertrieben klingt das dann bei *Julius Schieder*, wenn er in der „Oppositionsstufe" seines „Katechismusunterrichts" die Schülerfragen als Fragen des „natürlichen Menschen" unter das „Straßen-Ich" subsumiert, das „gegen die Verkündigung-Gottes opponiert" und deshalb „niedergekämpft" werden muss.[26]

Erst mit der *religionspädagogischen Wende* Ende der 60er Jahre des vorigen Jahrhunderts erfolgte dann unter den übergreifenden didaktischen Maßgaben der Problem-, Erfahrungs- und Schülerorientierung auch in methodischer Hinsicht ein ungemein kreativer Neuaufbruch, wobei besonders die sogenannte Diskussion zum schillernden Zauberwort religionspädagogischen Fortschritts wurde. In ihrem Zusammenhang und vor allem im methodischen Kontext des sogenannten „Schülergesprächs" spielten dann natürlich auch die Schülerfragen eine Rolle, freilich meist nur peripher und nebenbei, ohne dass sie eigens thematisiert wurden. Das geschieht meines Wissens im methodisch-kreativen Neuaufbruch der Problemorientierung ausdrücklich und ausführlicher nur mit einem Aufsatz von *Dietrich Zillessen*, der sich unter der Überschrift „Gelegenheitsfragen – Gelegenheitsunterricht" recht praktisch und bezeichnenderweise ganz lehrerorientiert mit Schülerfragen auseinandersetzt, sie situativ analysiert, motivmäßig kategorisiert und unterrichtlich bedenkt.[27] Zur grundsätzlichen religionspädagogischen Frage wird die Schülerfrage hier ebenso wenig wie an anderen Stellen der reichen Methodenproduktion dieser Jahre – und ich nehme mich da nicht aus.

Das muss erstaunen, auch angesichts eines Werkes, in dem es zentral und fundiert um die Frage geht, angesichts *Hans-Dieter Bastians „Theologie der Frage"* (München 1969), das religionspädagogisch kaum rezipiert und diskutiert wurde. Zu Unrecht, setzte er sich doch ausführlich mit der „Religionspädagogik der Frage" auseinander und kam gerade über die historische Betrachtung der Frage von der Scholastik bis in die Gegenwart nicht zuletzt in religionsunterrichtlicher Hinsicht zu bemerkenswert frag-würdigen Ergebnissen. Bastian beruft sich dabei auf *Walter Neidhart*, den berühmten religionspädagogischen Vor- und Querdenker aus der Schweiz, der – damals gleichsam als einsamer und einziger Rufer in der methodischen Wüste – bereits 1960 in seiner *„Psychologie des Religionsunterrichts"* der Schülerfrage exponiert theologische, psychologische und pädago-

[25] Vgl. Garlichs (1968), 72-80.
[26] Schieder (1951), 22.
[27] Vgl. Zilleßen (1976), 105-111.

gische Aufmerksamkeit gewidmet hat[28] – meines Erachtens das Beste, was bis heute zur Schülerfrage religionspädagogisch geschrieben worden ist. Bastian lobt an Neidhart besonders seine „Demaskierung der unlauteren Methode, mit der dogmatischen Gottesfrage alle empirischen Fragegestalten aus dem Feld zu schlagen“,[29] und kommt von daher zum Grundanliegen seiner „Theologie der Frage“ und seiner grundlegend fraglichen Kritik an Kirche und kirchlichem Unterricht: Sie wollen „vom Vorrecht der Antwort nicht lassen“, womit im Letzten „das Fragen hinfällig und sinnlos“ wird, auch religionsunterrichtlich.[30] Damit ist Bastian mit seinem Fragen nach Frage und Schülerfrage in eine theologisch-religionspädagogische Tiefenschicht geraten, die ihn für sein Konzept zu einer „entschlossenen Absage an die Theologie des Imperativs“ bringt, „die den Glauben nicht als Fragen, sondern als ‚Gehorsam‘ interpretiert“. Seine „Theologie der Frage“ würdigt demgegenüber „religionspädagogisch den Kontakt zwischen *Christus quaerens* und *fides quaerens intellectum*“, würdigt die Begegnung des biblischen Gottes als „Christus quaerens mit dem animal quaerens cur“[31] – eine eminent bedenkliche Position im thematischen Horizont von „(Schüler-)fragen im Religionsunterricht“, besonders für eine Religionspädagogik, die theologisch und pädagogisch verantwortet sein will.
Ein genialer Zeitzeuge für eine solche theologisch und pädagogisch fragende Religionspädagogik war zweifellos *Peter Biehl*, mit dessen profilierter Religionspädagogik des „Fragen-Lernens“ (gegen einen „Religionsunterricht, der fertige Antworten auf Fragen vermittelt, die gar keiner gestellt hat“) diese historische Tour d'Horizon des religionsunterrichtlichen Fragens enden soll. Biehl schreibt:

> Der Religionsunterricht ist der Ort, an dem wir gemeinsam das Fragen lernen. Es ist eine der wichtigsten Aufgaben des Religionsunterrichts. Ohne dieses Fragen-Lernen können Schülerinnen und Schüler auch nicht nach Gott fragen, die Wirklichkeit Gottes auf nichts mehr beziehen. Zum Fragen-lernen gehört das Abschiednehmen vom Bescheidwissen. Es hinterfragt Selbstverständlichkeiten. Dem Fragen-Können entspricht ein Lernverständnis, das den Blick schärft für Wahrnehmungen; es umfasst Staunen, Stutzen, Entdecken, Imaginieren, Mit-Leiden, weil nach dem Anderen gefragt wird, Deuten, Vergleichen, die Fähigkeit, Dinge aus verschiedenen Perspektiven zu sehen, […] die Wahrnehmung von Brüchen und Widersprüchen. Fragen-Lernen bedeutet eine ‚Entselbstverständlichung' (Rumpf) des Lebens.[32]

[28] Vgl. Neidhart (1967), 220-241.
[29] Bastian (1969), 315.
[30] Ebd., 305.
[31] Ebd., 317.
[32] Biehl (2002), 141.

Und mit dieser Kultur des Fragen-Lernens befindet sich der Religionsunterricht „durchaus im Rahmen des Bildungsauftrags der Schule“, zu dessen „Maßstäben der Bildung“ Biehl unter Berufung auf *Hartmut von Hentig* „die ‚Wachheit für letzte Fragen‘“ rechnet.[33]

Literatur

Adam, Gottfried / Lachmann, Rainer (Hg.): Methodisches Kompendium für den Religionsunterricht. 1. Basisband, Göttingen ⁵2010.

Augustinus, Aurelius: Vom ersten katechetischen Unterricht. Neu übersetzt von Werner Steinmann, München 1985.

Bastian, Hans-Dieter: Theologie der Frage, München ²1970.

Biehl, Peter: Didaktische Ansätze für den Religionsunterricht. Bestandsaufnahme und Perspektiven, in: Wermke, Michael (Hg.): Aus gutem Grund: Religionsunterricht, Göttingen 2002, 140-151.

Clemen, Otto: Luthers Werke in Auswahl. 3. Band, Berlin ⁵1959.

Diesterweg, Friedrich Adolph Wilhelm: Wegweiser zur Bildung für deutsche Lehrer, hrsg. von Julius Scheveling, Paderborn 1958.

Eberhard, Otto: Arbeitsschulmäßiger Religionsunterricht, Stuttgart 1924.

Eberhard, Otto: Lebendiger Religionsunterricht, Stuttgart 1925.

Garlichs, G.: Schülerfragen im Religionsunterricht, in: Bohnsack, Rolf / Gerdes, Hayo / Heeger, Hellmut (Hg.): Gottes Wort in der Evangelischen Unterweisung. Festschrift für Gerhard Bohne, Berlin 1968, 72-80.

Gaudig, Hugo: Didaktische Ketzereien, Leipzig ⁵1922.

Hübner, Johann: Zweymal zwey und funffzig auserlesene biblische Historien aus dem Alten und Neuen Testamente, Nachdruck der Ausgabe Leipzig 1731, eingeleitet, kommentiert und herausgegeben von Rainer Lachmann und Christine Reents, Hildesheim / Zürich / New York 1986.

Lachmann, Rainer: Die Religions-Pädagogik Christian Gotthilf Salzmanns, Jena 2005.

Lachmann, Rainer: Gesprächsmethoden im Religionsunterricht, in: Adam, Gottfried/ ders. (Hg.): Methodisches Kompendium für den Religionsunterricht. 1. Basis band, Göttingen ⁵2010.

Lachmann, Rainer: Wechselnde Moden in der Religionspädagogik, in: ders. (Hg.): Religionspädagogische Spuren. Jena ²2002, 143-171.

Morgenthaler, Robert: Strukturwandel in der Kirche, in: Strukturprobleme der Kirche. Studientage für die Pfarrer, Bern 1968, Heft 6.

Neidhart, Walter: Psychologie des Religionsunterrichts, Zürich / Stuttgart ²1967.

Niebergall, Friedrich: Der neue Religionsunterricht, Langensalza 1922.

Palmer, Christian: Evangelische Katechetik, Stuttgart ⁶1875.

Salzmann, Christian Gotthilf: Ueber die wirksamsten Mittel Kindern Religion beyzubringen, Leipzig 1780.

Schieder, Julius: Katechismus-Unterricht, München ⁶1951.

Schoberth, Ingrid: Religionsunterricht mit Luthers Katechismus, Göttingen 2006.

Zezschwitz, Gerhard von: System der christlich kirchlichen Katechetik II, Leipzig ²1874.

[33] Ebd., 140-151, bes. 141.

Zilleßen, Dietrich: Gelegenheitsfragen, Gelegenheitsunterricht, in: ders. (Hg.): Religionspädagogisches Praktikum, Frankfurt a.M. / Berlin / München 1976, 105-111.

Ruben Zimmermann

Fragen bei Sokrates und Jesus

Wege des Verstehens – Initiale des Weiterfragens

Was hat ein Beitrag über Sokrates und Jesus in einem Band zu Schülerfragen im Religionsunterricht zu tun? Es leuchtet ein, einen Aufsatz zum Thema „Fragen" mit einer Frage zu beginnen. Die Frage ist zugleich programmatisch als sie einen hermeneutischen Horizont aufspannt:

Gewiss, christlicher Religionsunterricht hat immer mit Jesus zu tun. Auch Sokrates und Jesus in einem Atemzug zu nennen, ist keineswegs neu und ungewöhnlich.[1] Bereits die als „Apologeten" bezeichneten Theologen des zweiten und dritten Jahrhunderts haben Parallelen gesehen, sei es im gewaltsamen Tod, der mit dem Vorwurf der Gotteslästerung oder gar Gottlosigkeit, der ἀσέβεια (*asebeia*), verbunden war, sei es im Zeugnis für die Wahrheit – man könnte auch sagen – mit Blick auf die „Frage nach der Wahrheit"[2]. So ist die Parallele schon bei Justin dem Martyrer (Mitte 2. Jh.) erkennbar, indem seine Schriften „Apologie" und „Dialog" heißen, oder er die Evangelien ἀπομνημονεύματα (*apomnemoneumata* Erinnerungsschriften) nennt, was unschwer als Anspielung an die Sokrates-Schrift von Xenophon unter dem gleichen Titel erkannt werden kann.[3] Der Vergleich zwischen Sokrates und Christus wird dann explizit in den Märtyrerakten des Apollonius und bei Clemens von Alexandrien ausgeführt.[4] Ausgerechnet die Fragetechnik, die ebenfalls beide vereint, wird kaum oder gar nicht bei diesen Parallelisierungen untersucht. Dies ist verwunderlich, ist es doch gerade die unmittelbare Kom-

[1] Vgl. Harnack (1901); Benz (1950/51); Skarsaune (1996); Stegemann (1999). Stegemann sieht zwischen Paulus und Sokrates stärkere Gegensätze, indem ersterer Antworten gebe, letzterer Fragen stelle, sieht aber in der pragmatischen Funktion beide Sprechakte vereint: „Sokratisches Fragen geht für mich nicht nur den Antworten voraus, sondern folgt ihnen auch […]. Sie zwingt mich zum Fragen, gerade weil sie Antworten gibt. Paulus, ja, Christus selbst braucht Sokrates." (ebd., 130).

[2] Vgl. den Aufsatztitel bei Gerd Theißen, Die Frage nach der Wahrheit. Sokrates und Jesus vor ihren Richtern, siehe Theißen (2002); ferner auch den Beitrag von K. E. Nipkow in diesem Band.

[3] Justin parallelisiert aber vor allem das Geschick der wegen Gottlosigkeitsvorwürfen verfolgten Christen mit dem des Sokrates.

[4] Vgl. zum Beispiel die Übertragung des Platon-Wortes in Res publica II, 361 von Sokrates als dem „gepfählten Gerechten" auf die Kreuzigung Jesu (Clemens Strom V, 14 § 108, 2f.); dazu mit Nennung weiterer Stellen Benz (1950/51), 215ff.

munikation, das dialogische Gespräch, das heißt die auf schriftliche Fixierung verzichtende direkte Auseinandersetzung mit Mitmenschen, die beide Gestalten kennzeichnet.
Doch mag man auch die Fragekunst von Sokrates und Jesus anerkennen und differenziert herausarbeiten, so ist damit noch nicht die Ausgangsfrage beantwortet, wie von den beiden Meistern zur „Schülerfrage“ zu kommen ist. Sokrates und Jesus mögen noch als Vorbilder der Lehrerfrage taugen. Aber können wir ernsthaft intendieren, dass sich Schüler im Sinne des Modelllernen daran orientieren? Könnte etwa das schonungslose Rückfragen und Infragestellen beispielsweise des Sokrates nicht extrem unangenehm sein – zumindest für uns als Lehrkräfte? Sollten wir nicht umgekehrt tunlichst darum bemüht sein, diese entkleidende und radikale Form des Fragens aus dem Unterricht zu verbannen, da sie jede Form von Unterrichtsplanung zu durchkreuzen vermag?
Was hat also ein Beitrag über Sokrates und Jesus in einem Band zu Schülerfragen im Religionsunterricht zu tun? Die Ausgangsfrage ist gerade in ihrer Komplexität programmatisch. Sie macht deutlich, dass ‚Fragen‘ Unverständnis und Verstehenswillen gleichermaßen zum Ausdruck bringen. Wer fragt, möchte in der Regel eine Antwort, will Neues erfahren, Unklares begreifen und schon Bekanntes besser und umfassender verstehen. Fragen sind also Wege vom Unverständnis zum Verstehen. Doch nicht immer kann der Fragende mit einer schnellen Antwort befriedigt werden. Vielfach passt die Antwort nicht. Nicht selten macht erst die Antwort dem Fragenden deutlich, dass er dies gar nicht erfragen wollte, dass sein Fragen tiefer wurzelt, das Problem umfassender ist. So führt die Antwort zu neuen Fragen, führt zu einem Prozess des weitergehenden Fragens und Antwortens. Fragen markieren somit eine Suchbewegung, sind selbst Teil des Verstehens und nicht nur Vehikel. Sie tragen den Keim des Verstehens bereits in sich und sind doch bleibender Ausdruck des Nicht-Verstehens. Verweilen wir deshalb in hermeneutischer Perspektive bei den Fragen selbst. Inwiefern können sie Verstehenswege sein? Inwiefern führen sie zum Verstehen, sind zugleich Ausdruck bleibenden Nicht-Verstehens und werden in ihrer Dynamik bereits selbst das Ziel des hermeneutischen Prozesses?

1 Frage und Verstehenskunst bei Sokrates

Man mag Sokrates in Antike und Neuzeit kontrovers beurteilt haben. In einem war sich die Rezeption dieser Gestalt doch einig: Die Philosophie des Sokrates vollzieht sich im Gespräch,[5] und zwar so, dass Sokrates Fragen stellte und die Antwort nutzte, um erneut zu fragen, so dass sich im Wechsel von Frage und Antwort ein Prozess ereignete, bei dem die Gesprächspartner selbst zur Erkenntnis gelangten. Die Art der Gesprächsführung wird *dialektike techne* (διαλεκτική τέχνη) genannt und sie wird im kollektiven Gedächtnis der abendländischen Geistesgeschichte zu Recht mit dem Namen Sokrates verbunden, denn Sokrates unterscheidet sich hierbei bewusst vom sophistischen Gespräch, bei dem der Sophist als der Antwortende auftritt.

In den platonischen Dialogen wird diese Form der Fragetechnik traditionsbildend entfaltet:[6] Im Dialog „Theaitetos" (Theai 148e-151d) verschafft Platon Sokrates die wirkmächtige Selbstbezeichnung ein „geistiger Geburtshelfer" zu sein. Im Gespräch mit Theaitetos erinnert Sokrates daran, dass er Sohn einer Hebamme sei und verblüfft seinen Gesprächspartner mit der Feststellung, dass auch er dieselbe Kunst ausübe (Theai 149a). Seine Hebammenkunst (μαιευτική τέχνη *maieutike techne*) unterscheide sich aber darin von der anderer Hebammen, dass er Männern Geburtshilfe leiste und dabei für ihre gebärenden Seelen – nicht Leiber – Sorge trage. Es sei die Kunst, dass die Gesprächspartner allein aus sich selbst viel Schönes entdecken und hervorbringen. „Die Geburtshilfe indes leisten dabei der Gott und ich." (Theai 150e). Sokrates erfülle diese Aufgabe gerade durch Fragen (καὶ ἅ ἄν ἐρωτῶ – *kai ha an eroto* was ich dich frage …, Theai 151c) sowie durch Infragestellungen und Verwerfungen erster Denk- und Lösungsversuche, was bisweilen auch den Zorn der Gesprächspartner auslösen kann. Das Vorgehen müsse aber – vergleichbar den Geburtswehen – Schmerzen in Kauf nehmen, um schließlich eine rechte Geburt und Wahres hervorzubringen (Theai 151c).

Diese Hebammenkunst wird dann in Platons „Menon" exemplarisch erläutert (Menon 80d-86c):[7] Der junge Adelige Menon wünscht Belehrung über die Tugend von Sokrates. Der Meister gibt aber vor, selbst nichts zu wissen und will sich stattdessen gemeinsam mit dem Schüler auf die Suche machen. Sokrates bringt Menon hierbei in immer größere Verwirrung, zeigt ihm die Widersprüche seiner Thesen auf, bis Menon ärgerlich wird und Sokrates scherzhaft mit einem Zit-

[5] Bereits Aristoteles spricht vom *dialogos Sokratikos* (διάλογος Σωκρατικός) beziehungsweise von der sokratischen Redeweise (λόγος Σωκρατικός *logos sokratikos*), die ihn in Gesprächen verwickelt zeigt, als handle es sich um eine Gattung sua generis, vgl. Arist Poet. 1447a 18-b 13; Rhet 1417a 18-21; vgl. hier Patzer (1999), 50-76.

[6] Vgl. dazu Schmitt (1999), 30-49.

[7] Dazu auch Schmitt (1999), 34f.

terrochen vergleicht. Er fördere nicht die Erkenntnis, sondern lasse erstarren, wirft er ihm vor (Menon 79e-80b).
Daraufhin erläutert Sokrates den Sinn seines Vorgehens. Durch verunsicherndes Fragen wolle er dem Gesprächspartner zur eigenen Erkenntnis verhelfen. Sokrates spitzt diese „Auto-Didaktik" dahingehend zu, dass er behauptet, es gebe gar keine Belehrung durch andere, sondern nur eigene Erinnerung (οὔ φημι διδαχὴν εἶναι ἀλλ' ἀνάμνησιν *ou phemi didachen einai all' anamnesin,* Menon 82a). Um diese These zu beweisen, lässt Sokrates einen jungen Sklaven des Menon kommen und bittet ihn, die Fläche eines Quadrats auszurechnen. Er stellt diesem weiterhin die Aufgabe das Quadrat mit der doppelten Fläche zu finden. Der Sklave ist schnell der Überzeugung, er kenne die gesuchte Lösung, indem er die Seiten verdopple. Nur durch Fragen führt Sokrates den Sklaven zur Erkenntnis, dass dies falsch sei. Der Junge erkennt auch, dass die 1,5fache Seitenlänge nicht zum gewünschten Ergebnis führt. Schließlich muss der Sklave einsehen: „Ich weiß es nicht" (ἔγωγε οὐκ οἶδα *egoge ouk oida,* Menon 84a).
Das Besondere – und für uns vielleicht Überraschende – an der hier vorgeführten Gesprächsführung ist nicht ein Erkenntnisgewinn im Sinne einer fertigen Antwort. Im Gegenteil. Der Erkenntnisfortschritt liegt zunächst nicht in der Erweiterung des Wissens selbst, sondern in einem größeren Reflexionsgrad über das Nicht-Wissen, wie im zwischengeschalteten Reflexionsdialog zwischen Sokrates und Menon deutlich wird:

> Sokrates: Siehst du wohl, Menon, wie weit er schon fortgeht im Erinnern? Denn zuerst wusste er zwar auch keineswegs, welches die Seite des achtfüßigen Vierecks ist, wie er es auch jetzt noch nicht weiß, allein er glaubte damals, es zu wissen, und antwortete dreist fort als ein Wissender und glaubte nicht, in Verlegenheit zu kommen. Nun aber glaubt er schon in Verlegenheit zu sein, und wie er es nicht weiß, so glaubt er es auch nicht zu wissen.[8]

Erkenntnis zum Nicht-Wissen. In dieser Weise ist das Gesprächsergebnis zutiefst sokratisch. Auf die im Untertitel meines Beitrags fokussierte hermeneutische Dimension bezogen, müssen wir festhalten: Die Frage ist bei Sokrates auch ein „Weg zum Nicht-Verstehen". Diese Einsicht bleibt aber ebenso hermeneutisch. Zumindest dann, wenn wir der skeptischen Tradition der Hermeneutik folgen, wie sie etwa Odo Marquard formuliert: „Der Kern der Hermeneutik sei Skepsis und die aktuelle Form der Skepsis sei Hermeneutik." So

[8] Menon 84afin; Übersetzung F.D.E. Schleiermacher.

in seinem Essay: „Die Frage nach der Frage, auf die die Hermeneutik die Antwort ist“[9].
Doch kann uns das in didaktischer Perspektive befriedigen? Muss diese permanente Kunst des Hinterfragens, des Aufhebens von bekannt geglaubten Sachverhalten, ja letztlich der Verrätselung und Verwirrung nicht wie ein Spiel wirken, das gerade keine Lebensgewissheit und Identität vermittelt, wie sie zum Beispiel als erklärte Teil-Kompetenz religiöser Kompetenz gefordert wird?
Im Religionsunterricht kann – und nach reformatorischer Tradition – soll es gerade um Gewissheit gehen. Der Heilige Geist, der nach den Abschiedsreden des Johannesevangeliums als „Hermeneut“ in alle Wahrheit leitet,[10] sei – so könnte man mit Luther Sokrates und Marquard entgegenhalten – gerade kein Skeptiker (M. Luther, WA 18, 605, 32-34).
Lassen wir Sokrates zunächst damit auf sich beruhen und wenden uns Jesus zu. Wird die Fragetechnik bei Jesus vielleicht weniger in negierender, sondern eher in positionierender, sinnstiftender Weise angewandt?

2 Frage und Verstehenskunst bei Jesus und im Neuen Testament

2.1 Fragen im Neuen Testament – eine allgemeine Annäherung

Bereits die Suche nach Fragen bei Jesus – oder allgemeiner im Neuen Testament gestaltet sich als schwierig, wie auch die spärliche Literatur zum Thema belegt.[11]
Zunächst müssen wir die Frage stellen, was überhaupt eine Frage ist. Die Interpunktion, wie sie in den Übersetzungen dargeboten wird, findet sich nicht in den ältesten Handschriften, die in Majuskeln oder Minuskeln fortlaufend den griechischen Text präsentieren.[12]
Einigermaßen sicheren Grund hat man, wenn man sich an den im Griechischen durchaus häufigen Fragepartikeln orientiert, so etwa die p-Fragen wie πῶς (*pos* – wie), πότε (*pote* – wann), ποῦ (*pou* – wo), πόθεν (*pothen* – woher), ποῖ (*poi* – wohin), die Interrogativpronomen wie ποῖος (*poios* – welcher) oder Interrogativ-Adjektive wie πόσος (*posos* – wieviel). Ebenso klar sind Fragen zu bestimmen,

9 Marquard (1981), 117.
10 Vgl. Joh 16,13: „Wenn aber jener, der Geist der Wahrheit, kommen wird, wird er euch in alle Wahrheit leiten.“; ferner Joh 14,16; 14,26.
11 Vgl. die Beiträge von Neyrey (1998); Müller (2003); Wanak (2009); Leutzsch (2010); von Bendemann (2010).
12 Aland (1989), 290f.

die mit den Fragepartikeln τίς (*tis* – wer) und τί (*ti* – was) eingeleitet werden.
Die weitere Suche gestaltet sich aber deshalb schwierig, weil im neutestamentlichen Koine-Griechisch, wie auch im klassischen Griechisch, Fragen weder durch Fragepartikel noch durch eine bestimmte Wortstellung markiert sein müssen (siehe BDR § 440). Ob ein Satz eine Frage darstellt, kann deshalb vielfach nur über Kontext und Sinn des Satzes entschieden werden, was zu divergierenden Einschätzungen führt.[13]
In der erzählenden Literatur – und die ist für mich im Folgenden einzig im Blick – kann man sich ferner an den einleitenden Verben orientieren. Obgleich auch das unspezifische λέγειν (*legein* – sagen) für die Frageeinleitung verwendet wird, finden sich nicht selten explizite *verba quaerendi*, wie zum Beispiel ἐρωτᾶν (*erotan* – fragen) und häufiger noch Komposita wie ἐπερωτᾶν (*eperotan* – fragen).
Versucht man auf diese Weise die Fragen der Evangelien systematisch zu erfassen, so kann man näherungsweise bei Matthäus 167, bei Markus 110, bei Lukas 151 und bei Johannes 171 Fragen identifizieren.[14] Die absolute Zahl muss dabei freilich mit der Länge der jeweiligen Schrift in Beziehung gesetzt werden, so dass man bei Johannes die meisten und bei Markus (als kürzestem Evangelium) die zweitmeisten Fragen im Verhältnis zur Schriftlänge finden kann.
Ungeachtet der redaktionellen und literarisch ausgearbeiteten Darbietung der Jesusgeschichte in den jeweiligen Evangelien[15] stimmen sie doch dahingehend überein, dass vielfach Jesus der Fragesteller ist. Jesus wird als eine Gestalt erinnert, die Fragen gestellt hat. Wenden wir uns diesem Aspekt nun anhand einiger Fallbeispiele näher zu.

[13] Hinzu kommen die verschiedenen Formen der „indirekten Frage“, vgl. dazu Schmidt (1999), 289-300.

[14] Dazu von Bendemann (2010), 420f.

[15] Dabei zeigt sich, dass alle Evangelisten auf je eigene Weise Fragetechniken verwenden. So spielen im Markusevangelium zum Beispiel ‚Gegenfragen‘ eine entscheidende Rolle, vgl. dazu Leutzsch (2010), 411-415; ähnlich von Bendemann (2010), 432: „Durch die kunstvolle Ausgestaltung mit Fragen gewinnt der Text vielmehr selbst Fragecharakter im Blick auf seine Leserinnen und Leser.“ Für Müller sind Fragen im Lukasevangelium „ein besonderes Stilmittel, das der szenischen und dramatischen Gestaltung […]“ sowie der „hörerpragmatischen Orientierung“ dient. Siehe Müller (2003), 28.

2.2 Der fragende Jesus: Fragen in Parabeln der Logienquelle

Es gilt nach wie vor als eine der konsensfähigen Einschätzungen der historischen Jesusforschung, dass Jesus Gleichnisse[16] erzählt hat.[17] Auf unserer Spurensuche nach Jesus als Fragesteller ist es deshalb sinnvoll zunächst die Gleichnisse als Beispiel heranzuziehen. Innerhalb der verschiedenen Erinnerungsschriften kommen wir mit der so genannten Logienquelle Q an eine postulierbare Quelle, die bereits wenige Jahrzehnte nach dem Reden und Wirken Jesu relativ fixiert gewesen sein dürfte.[18] In der aus der Matthäus- und Lukasüberlieferung rekonstruierbaren Fassung[19] können wir 28 Gleichnisse erkennen,[20] in denen sich häufig Fragen finden, wie die folgende Überblicksdarstellung zeigt:

> Q/Lk 6,39: Kann etwa ein Blinder einen Blinden führen? Werden nicht beide in eine Grube fallen?
>
> Q/Lk 6,41f.: Was siehst du den Splitter im Auge deines Bruders, aber den Balken in deinem Auge bemerkst du nicht? Wie kannst du zu deinem Bruder sagen: Lass mich den Splitter aus deinem Auge herausziehen, und siehst selbst nicht den Balken in deinem Auge?
>
> Q/Lk 6,44: Lesen sie etwa aus Dornen Feigen zusammen oder aus Disteln Trauben?
>
> Q/Lk 7,31: Wem soll ich dieses Geschlecht vergleichen und wem ist es gleich?
>
> Q/Lk 11,11f.: Wer ist unter euch ein Mensch, den sein Sohn um Brot bittet: Wird er ihm etwa einen Stein geben? Oder er wird auch um einen Fisch bitten: Wird er ihm etwa eine Schlange geben?
>
> Q/Lk 12,24-28: Seid ihr nicht mehr wert als die Vögel? Und was sorgt ihr euch um Kleidung?
> (…) Wenn aber Gott das Gras auf dem Feld, das heute dasteht und morgen in den Ofen geworfen wird, so anzieht – um wie viel mehr nicht euch, ihr Kleingläubigen?

[16] Der Begriff „Parabel" wird als gattungsspezifischer Terminus technicus parallel zu dem Traditionsbegriff „Gleichnis" verwandt, vgl. dazu Zimmermann (2008c).

[17] Zum Thema Gleichnisse und historische Jesusforschung siehe Zimmermann (2008b).

[18] Siehe Hoffmann/Heil (2009); Kloppenborg (2008).

[19] Vgl. die Rekonstruktionsversuche bei Robinson/Hoffmann/Kloppenborg (2000); der griechische Text der deutschen Studienausgabe von Hoffmann/Heil (2009) entspricht dieser Ausgabe. Die im Folgenden verwandte Zählung richtet sich ebenfalls nach dieser Ausgabe, wobei die lukanische Verszählung als Basis angenommen wird. Einen etwas anderen Rekonstruktionsversuch bietet Fleddermann (2005).

[20] Nach der neueren Gattungsdiskussion zu den Gleichnissen werden auch Miniaturparabeln zu den Gleichnissen gerechnet; vgl. Kern (2007a), 49-60.

Q/Lk 12,42: Wer also ist der treue und kluge Sklave, den der Herr über seine Dienerschaft eingesetzt hat, damit er ihnen zur rechten Zeit ihre Speise gebe?

Q/Lk 12,56: Das Aussehen des Himmels wisst ihr zu beurteilen, die Zeit aber könnt ihr nicht beurteilen?

Q/Lk 13,18: Wem ist die Königsherrschaft Gottes gleich, und wem soll ich sie vergleichen?

Q/Lk 13,20: (Und noch einmal:) Wem soll ich die Königsherrschaft Gottes vergleichen?

Q/Lk 14,34: Wenn aber das Salz dumm wird, womit wird man würzen?

Q/Lk 15,4: Welcher Mensch von euch, der hundert Schafe hat und eines verloren hat, wird nicht die neunundneunzig in den Bergen lassen und losgehen, um das Verlorene zu suchen?

Die Auflistung zeigt, dass die Fragen eine sehr unterschiedliche Funktion und Stellung in den Parabeln haben.[21]
Die klassische *Einleitungsfrage* findet sich in den Parabeln zu Senfkorn (Q/Lk 13,18) und Sauerteig (Q/Lk 13,20f.). Wie eine Überschrift wird durch die Frage ein metaphorisches Transfersignal gesetzt, das unmissverständlich den Verstehensschlüssel gleich zu Beginn der Parabel an die Hand gibt. Es geht beim folgenden Text nicht um spezifische Fragen der Aussaat oder der Teigzubereitung. Vielmehr werden die genannten Bereiche aus dem Lebensalltag der Adressaten dazu benutzt, um Aussagen über die Königsherrschaft Gottes zu formulieren. Dieses ‚Reich Gottes' ist der eigentliche Zielpunkt, es näher zu bestimmen ist die Aufgabe der folgenden Parabel. Dass Jesus diese Zuordnung hier als Frage formuliert, ist gleichwohl markant: Während im Matthäusevangelium offenbar schon ein klares Reich-Gottes-Konzept vorausgesetzt werden kann, muss dies in der Logienquelle erst noch gefunden werden. Die Reich-Gottes-Botschaft wird für die Verkündigung Jesu mit gutem Grund als zentral erachtet.[22] Dies gilt umso mehr, als sie kaum auf ein geprägtes alttestamentliches oder frühjüdisches Konzept zurückgreifen konnte.[23]

[21] Mit Blick auf die Jesusüberlieferung im weiteren Sinn unterscheidet Wanak acht Kategorien von Jesusfragen: 1) Questions for Focus and Clarification; 2) Questions from Deep Disappointment; 3) Questions Challenging Tradition and Authority; 4) Questions about his own Nature and Identity; 5) Questions Challenging Values; 6) Questions that are Evasive; 7) Questions to Activate Faith and Commitment; 8) Deeply penetrating Questions; vgl. Wanak (2009), 170-177.

[22] Innerhalb der Logienquelle ist von der βασιλεία (*basileia* Königsherrschaft) noch in Q 4,5; 6,20; 7,28; 10,9; 11,2.17.18.20; 11,52; 12,31; 13,18.20.28; 16,16 die Rede.

[23] Vgl. Vanoni/Heininger (2002).

Gleichwohl bedarf es einer Näherbestimmung, was damit eigentlich gemeint ist. In anderen Worten: Es ist ‚fraglich', was die Königsherrschaft eigentlich ist, wie sie zeitlich und räumlich eingeordnet werden kann, wer in ihrem Machtbereich regiert oder dazu gehört. Diese offenbar virulenten Fragen werden durch die Parabeleinleitungen aufgegriffen und durch die Parabel ‚beantwortet'. Allerdings ist diese Antwort ihrerseits deutungsbedürftig und offen: Was bedeutet es, die Königsherrschaft Gottes mit dem Vorgang der Sauerteigverarbeitung zu vergleichen? Geht es um die Kraft des Kleinen, geht es um die zeitliche Dimension, oder gar um das Wirken im Verborgenen?[24] Antworten durch Parabeln sind keine Definitionen, keine Festlegungen. Sie lassen vielmehr Raum für weitere Fragen, ja provozieren sie sogar regelrecht. So verwundert nicht, dass in vielen Parabeln selbst Fragen auftauchen:

Zum Teil besteht das gesamte Gleichnis aus nichts anderem als aus einer Frage: So lesen wir in Q/Lk 6,39 zwei Fragen, die die ganze Miniaturparabel ausmachen. Man hat in Zweifel gezogen, ob das für die Parabel konstitutive Kriterium der Narrativität hier überhaupt noch als erfüllt gelten kann. Im strengen Sinne *erzählt* wird hier nicht. Gleichwohl aktivieren gerade diese Fragen den Rezipienten in besonderer Weise.[25] Reduziert man einen Text nicht auf seinen grammatisch propositionalen Gehalt, sondern bezieht die pragmatische Dimension mit ein, so setzen gerade diese Fragen einen hermeneutischen Prozess in Gang, der eine zweistufige Erzählung mit mehreren Personen erkennen lässt. Der Rezipient stellt sich vor, wie ein Blinder einen anderen Blinden an die Hand nimmt und führt. Im Versuch, sich diesen zaghaften Versuch wechselseitiger Hilfe der Hilflosen vorzustellen, kommt man jedoch immer wieder an den Punkt, der das unweigerliche Scheitern vor Augen führt. Wie wollen die beiden ans Ziel kommen? Was ist, wenn Hindernisse im Weg stehen? Früher oder später müssen sie scheitern. Ja, sie fallen am Ende beide in die Grube. Auf diese Weise wird eine kleine Handlungsfolge vorgestellt, die sich vor dem inneren Auge des Rezipienten abspielt.

Die Fragen haben in der genannten Parabel die Funktion, mit Hilfe des Rezipienten die verborgenen und nur angelegten Dimensionen der Parabel zur Entfaltung zu bringen. So erkennt man den narrativen, fiktionalen und appellativen Charakter dieses Textes.[26] Die

[24] Dazu Ostmeyer (2007).

[25] Vgl. Kern (2007b), 61-67.

[26] Im Kompendium der Gleichnisse Jesu werden sechs Merkmale genannt, die eine Parabel ausmachen: „Eine Parabel ist ein kurzer narrativer (1), fiktionaler (2) Text, der in der erzählten Welt auf die bekannte Realität (3) bezogen ist, aber durch implizite oder explizite Transfersignale zu erkennen gibt, dass die Bedeutung des Er-

Fragen werden somit zu Brücken vom Text zur Welt des Rezipienten. Sie erfüllen eine pragmatisch-hermeneutische Funktion, die den Leser als unverzichtbares Element dieser Texte aufwertet.
Neben solchen extrem leserorientierten Fragegleichnissen gibt es Parabeln, die Fragen stellen und sie auch gleich selbst beantworten beziehungsweise den in der Frage implizierten Appell noch explizit imperativisch ausführen. So etwa bei dem sprichwörtlich gewordenen Gleichnis vom Splitter im Auge:

> Was siehst du den Splitter im Auge deines Bruders, aber den Balken in deinem Auge bemerkst du nicht? Wie kannst du zu deinem Bruder sagen:
> ‚Lass mich den Splitter aus deinem Auge herausziehen' und siehe da, der Balken ist in deinem Auge? (Q/Lk 6,41f.)

Die kontrastive Gegenüberstellung von Splitter und Balken sowie die in wahrstem Sinne des Wortes in Frage gestellte Aufforderung an den Bruder erlauben nur einen möglichen Handlungsappell, der dann auch noch explizit genannt wird:

> Du Heuchler! Zieh erst den Balken aus deinem Auge, und dann wirst du deutlich genug sehen, um den Splitter aus dem Auge deines Bruders zu ziehen (Q/Lk 6,42b).

Die Fragen in der Parabel haben hier eine unmittelbar *ethische Funktion*. Sie wollen den Rezipienten auf das rechte Tun hinweisen, indem sie das vorausgesetzte Tun „in Frage stellen" und somit erst den Blick frei legen für das gebotene Tun. Die aus dem Alltag entliehene Erfahrung von Splittern wird durch den theologischen Kontext zugleich auf eine grundsätzliche Ebene angehoben: Erst muss man sein eigenes Leben und Handeln in Ordnung bringen, dann mag man anderen Ratschläge und Hilfestellungen geben.
Eine ähnliche, auf universelle Geltung zielende Konstellation findet sich auch in einer Gruppe von Gleichnissen, die immer mit der gleichen Frage beginnen, die so genannten τίς ἐξ ὑμῶν (*tis ex hymon* wer von Euch)-Gleichnisse.[27] Innerhalb der Q-Texte finden wir dreimal diese Einleitung (Q/Lk 11,11; 12,25; 15,4-7)[28] zu Parabeln, die ebenfalls Erfahrungswissen der Rezipientengruppe abrufen wollen, sei es aus dem Bereich der Tierbeobachtung, der Familiengemeinschaft oder der Schafhaltung.

zählten vom Wortlaut des Textes zu unterscheiden ist (4). In seiner Appellstruktur (5) fordert er einen Leser bzw. eine Leserin auf, einen metaphorischen Bedeutungstransfer zu vollziehen, der durch Ko- und Kontextinformationen (6) gelenkt wird." Zimmermann (2007a), 25.

27 Immer noch instruktiv Greeven (1952).

28 Vgl. ferner Lk 14,5; 17,7.

Die Adressaten werden dabei in der zweiten Person als eine homogene Gruppe angesprochen. Die Frage: „Wer von Euch?" suggeriert nur eine scheinbare Absonderung aus dieser Gruppe. Denn schon die Fragepartikel τίς (*tis* wer) und mehr noch die spezifische Frageform setzen eine Beliebigkeit voraus. Jeder der Angesprochenen ist gemeint, jeder würde in der gleichen Weise antworten, denn hier wird an das anerkannte Alltagswissen, an das übliche Verhalten appelliert: „Wer würde nicht so handeln?" oder bei negativer Erwartung: „Wer würde etwa so handeln?" Entsprechend müssen die Antworten lauten: „Jeder von uns würde das tun!" Oder: „Keiner von uns würde das tun!"[29]

Das allgemein akzeptierte und bekannte Alltagsethos wird dann dazu genutzt auf theologische Aussagen hinzuweisen. In der metaphorischen Übertragung wird die Unbekümmertheit der Lilien und Raben auf die Sorge um Nahrung und Kleidung der Menschen übertragen (zu Q/Lk 12,22-31).[30]

Das selbstverständlich erhörte Bitten eines Kindes um Grundnahrungsmittel soll den Jünger zum Gebet ermutigen (zu Q/Lk 11,9-13). Das Suchen eines einzigen verlorenen Schafes aus der Herde wird dann zum Bild des göttlichen Hirten, der jedem einzelnen Verlorenen nachgeht (zu Q/Lk 15,5-7). Die Beispiele lassen sich um andere, formal variierte Frageparabeln ergänzen, die jedoch gleichermaßen eine *Erkenntnisfunktion* erfüllen: So wird mit der Verwendung des Salzes (Q/Lk 14,34f.) an die Identität der Jünger appelliert, oder die Wetterbeobachtung (Q/Lk 12,56) wird auf einen eschatologischen Horizont hin ausgerichtet.

In allen Fällen wird an Alltagswissen beziehungsweise Alltagsethos erinnert, das so selbstverständlich ist, dass man keine Sekunde zögern würde, um das richtige Tun zu benennen. Durch die Anknüpfung an diesen Erfahrungsschatz kann dann die unbekannte Rede vom Reich Gottes oder von Gott verständlich werden. Was in steiler Theologie formuliert eher unglaublich wirkt, etwa dass Gott der Schöpfer für jeden einzelnen Menschen sorgt, oder, dass er die

[29] Vgl. etwa die fünf Gleichnisse des Lukas mit entsprechenden Antworten: Lk 11,5-8: „Wer von euch …?" (Antwort positiv: er wird aufstehen und seinem Freund geben); Lk 14,28-30: „denn wer von euch … wird nicht … rechnen?" (Antwort: jeder wird rechnen); Lk 14,31-32: „oder welcher König … wird sich nicht beraten …?" (Antwort: jeder König wird sich beraten); Lk 15,8-10: „oder welche Frau …?" (Antwort positiv: sie wird suchen, bis sie das Geldstück findet); Lk 17,7-10: „Wer von euch, der einen Sklaven hat, … wird …?" (Antwort: niemand).

[30] Die hier genannten Beispiele dürfen nicht mit einem *tertium comparationis* verwechselt werden, als ob es jeweils nur einen Vergleichspunkt oder ein Substitut gäbe, auf das das Gleichnis hinauslaufe. Vielmehr gilt auch hier die prinzipielle Deutungsvielfalt der Texte.

so vielen unterschiedlichen Gebete erhört, oder, dass er sich angesichts der großen Zahl der Gläubigen noch um einen einzelnen kümmern kann, wird im Vergleich mit Alltagsszenen nachvollziehbar. Wenn aber schon die Menschen so handeln können, „um wieviel mehr (πόσῳ μᾶλλον *poso mallon*) wird der Vater vom Himmel" (Q/Lk 11,13) dann in der Lage sein, so zu handeln. Die rhetorischen Fragen erfüllen hierbei folglich eine Erkenntnisfunktion, die theologische Einsicht und Glauben ermöglicht.

In den τίς ἐξ ὑμῶν (*tis ex hymon* wer von Euch)-Gleichnissen begegnet eine Frageform, die dann auch in einem weiteren Sinn charakteristisch für die Fragetechnik Jesu ist. Er stellt *rhetorische Fragen*, die eine bestimmte Antwort schon voraussetzen.[31] Sie aktivieren nicht nur den Leser, sondern sie verlangen eine ganz bestimmte Reaktion. So lassen Fragen mit der Interrogativpartikel μήτι (*meti* – doch etwa; Q/Lk 6,39; 6,44) eine negative (zum Beispiel „Natürlich nicht!"), oder mit der Partikel οὐχί (*ouchi* nicht, Q/Lk 6,39; 12,23; 15,4) eine positiv affirmative Antwort (zum Beispiel „Doch, klar!") erwarten.[32] Dem Leser wird durch diese Fragetechnik die Antwort quasi schon in den Mund gelegt: Natürlich wird man seinem Kind keine Schlange geben (Q/Lk 11,11f.). Es ist doch klar, dass ein Mensch (vor Gott) mehr wert ist, als ein Vogel (Q/Lk 12,24-28). Oder: Jeder weiß, dass ein Blinder keinen anderen führen kann (Q/Lk 6,39) oder, dass Salz angesichts seiner chemischen Beschaffenheit gar nicht salzlos werden kann (Q/Lk 14,34f.).

Handelt es sich folglich gar nicht um echte Fragen, die eine freie Antwort erwarten? Sind diese Fragen nicht lediglich Sprachspiele, die zwar rezipientenorientiert operieren, aber letztlich in ihrer engen Antworterwartung gerade nicht eine eigene und kreative Antwort des Angesprochenen erwarten? Sind diese rhetorischen Frage-Gleichnisse dann nicht insgesamt eher langweilig und unproduktiv?

Die suggerierte Klarheit dieser Fragen ist jedoch trügerisch. Kaum einer der vermutlich adressierten Kleinbauern hatte hundert Schafe. Und ob ein Hirte tatsächlich neunundneunzig Schafe zurücklassen würde, um ein einziges zu suchen, ist keineswegs selbstverständlich. Was etwa, wenn dann der Wolf kommt und nicht nur eines, sondern gleich mehrere andere Schafe reißt? Wäre es also nicht in hohem

[31] Müller sieht in den rhetorischen Fragen eine der drei Hauptfragetypen Jesu (neben den Entscheidungsfragen und Ergänzungsfragen); vgl. Müller, (2003), 30f.

[32] Vgl. auch die entsprechende Frageform in der Parabel vom Licht unter dem Scheffel: Zündet man etwa μήτι (*meti*) die Leuchte, damit sie unter den Scheffel gestellt wird oder unter das Bett? Nicht, damit sie auf den Leuchter gestellt wird? (Mk 4,21). Mit οὐχί (*ouchi* nicht) eingeleitete Fragen in Parabeln ferner in Mt 13,27; 18,12; 20,13; Lk 14,28.31; 15,8; 17,8.

Maße unvernünftig, ja ein dummer Hirte, wer so töricht handeln würde?

Und zugegeben: Natürlich kann ein Landwirt Schlüsse aus der Wetterbeobachtung ziehen. Aber muss er deshalb auch in der Lage sein, die Zeichen der Endzeit zu erkennen (Q/Lk 12,56)? Oder was ist, wenn die Beschaffenheit des Salzes im antiken Palästina so schlecht war, dass es tatsächlich unbrauchbar werden konnte (Q/Lk 14, 34f.)?[33]

Ziehen wir die *Rezeption* in veränderten Kontexten mit ein, dann zerrinnt die erhoffte Klarheit in den Händen. Wer von uns hat etwa hundert Schafe – oder bereitet einen Kriegszug vor? In der Industriegesellschaft sind auch die Verhaltensmuster von Raben und Lilien keineswegs selbstverständlich bekannt und kaum einer weiß noch, wie ein Senfkorn aussieht, geschweige denn wächst. Sind diese Texte deshalb wirkungslos oder gar aufgrund der veränderten Kontexte sinnlos?

Doch man muss nicht bis in die gegenwärtige Rezeption hineingehen. Bereits die früheste Überlieferung dieser Texte in Kontexten, die sich nur unwesentlich voneinander unterschieden, macht deutlich, dass sie keineswegs eindeutige Antworten hervorgebracht haben, man denke etwa an die unterschiedlichen Fassungen des Gastmahlgleichnisses bei Mt 22,1-14 und Lk 14,12-24.

Gleichnisse sind – anders als es die Auslegungstradition seit Jülicher propagiert hatte – alles andere als eindeutig und klar. Sie fordern heraus. Sie tun dies mit einleitenden, direkten und indirekten, ja selbst mit den rhetorischen Fragen. Gerade auch die Suggestivfragen erweisen sich beim nochmaligen Lesen als subtile und raffinierte Herausforderungen, die die scheinbaren Selbstverständlichkeiten neu in die Diskussion bringen wollen.

2.3 Zum Beispiel: Lk 10,25-37 – und die Kunst der „Gegenfrage“

Im Folgenden soll eine Parabel näher in den Blick genommen werden, die in ein Geflecht aus Fragen und Gegenfragen eingewoben ist und letztlich zur Umkehrung der entscheidenden Frage führt.

Im zehnten Kapitel des Lukasevangeliums lesen wir von einem jüdischen Gesetzeslehrer, der eine – so kommentiert es der Evangelist – provozierende Frage (ἐκπειράζων αὐτόν *ekpeirazon auton* – ihn auf die Probe stellend) an Jesus richtet: „Was muss ich tun, dass ich das ewige Leben erbe?“ (V 25). Daraufhin entwickelt sich ein längerer

[33] Vgl. Leonhardt-Balzer (2007), 200-204. Sie verweist etwa auf rabbinische Texte, die von unreinem Salz und seinem Wegwerfen sprechen (siehe Chul 113a).

Dialog, der besonders durch Fragen gekennzeichnet ist.[34] Auf die Frage des Gesetzeslehrers ‚antwortet' Jesus unmittelbar mit einer ‚Gegenfrage', die wiederum zu einer Frage des ersten führt. Bevor nun in paralleler Struktur die Gegenfrage Jesu folgt, erzählt er zunächst eine Parabel, die aber die Gegenfrage auf eine subtile und tiefsinnige Weise vorbereitet. Die mehrfachen Fragen und Gegenfragen lassen somit eine parallel gestaltete Doppelstruktur des Sinnabschnitts erkennen:

1. Teil	**2. Teil**
V 25: Frage des Gesetzeslehrers	V 29: Frage des Gesetzeslehrers
V 26: Gegenfrage Jesu	V 30-36: Parabel mit Gegenfrage Jesu
V 27f.: Antwort des Gesetzeslehrers (als Zitat) und Handlungsappell Jesu	V 37: Antwort des Gesetzeslehrers und Handlungsappell Jesu

Tab. Doppel-Struktur von Lk 10,25-37 als Frage-Antwort-Diskurs

Die Auseinandersetzung Jesu mit dem Gelehrten ist ganz auf dem Boden jüdischer Gesetzes-Diskussionen zu verstehen. Dass Jesus mit einer Gegenfrage antwortet, gehört hier sogar zu einem Charakteristikum jüdischer Halacha.[35] Jesus verweist mit seiner Gegenfrage auf die Tora: „Was steht im Gesetz geschrieben, wie liest du?" (Lk 10, 26). Der Gesetzeslehrer zitiert daraufhin zwei Gebote der Tora (Lk 10,27): Zunächst verweist er auf das so genannte Schema Israel aus Dtn 6,4: „Du sollst den Herrn, deinen Gott, lieben von ganzem Herzen, von ganzer Seele, von allen Kräften und von ganzem Gemüt." Er kombiniert es sodann mit dem Liebesgebot aus Lev 19,18, das verkürzt wiedergegeben wird: „und deinen Nächsten wie dich selbst". Gottesliebe und Nächstenliebe, das ist die Summe der ganzen Tora, danach ist zu leben. Die Kombination der beiden Liebesgebote zum so genannten „Doppelgebot der Liebe" ist im Judentum nicht unbekannt. Bereits im Alten Testament kann man der Einschätzung von Mathys folgend die Anlagen für eine Zusammenschau von Dtn 6,5 und Lev 19,18 erkennen.[36] Vor allem in den Testamenten der 12 Patriarchen finden sich dann explizit analoge Verknüpfungen von Gottesliebe und Menschenliebe (TestIss 5,2; 7,6; TestSeb 5,1; Test Dan 5,3; TestBen 3,1-3). In dieser Grundüberzeugung kann schnell Konsens hergestellt werden. Doch wie so oft, stecken die Probleme im Detail. Um wirklich handeln zu können, muss der Gesetzeslehrer

[34] Vgl. Einzelheiten zum Folgenden bei Zimmermann (2007b).
[35] Für Martin Leutzsch wird die Gegenfrage zumindest in Moderne und 20. Jh. zum „Ausdruck eines Nationalcharakters", als „Hetero- oder Autostereotyp des ‚typisch Jüdischen'"; vgl. Leutzsch (2010), 412.
[36] Vgl. Mathys (1986), 150-154.

erst noch genauer fragen: „Wer ist denn nun mein Nächster?“ (V 29: τίς ἐστίν μου πλησίον; *tis estin mou plēsion*). Statt einer Definition oder einem neuen Verweis auf die Tora erzählt Jesus eine Geschichte: Die bekannte Parabel vom „barmherzigen Samariter“. Mit der Parabel möchte Jesus offenbar genau die Frage des Gesetzeslehrers nach dem Nächsten beantworten. Aber möchte er das wirklich?

Am Ende der Parabel gibt Jesus keine Antwort, sondern stellt wieder eine Frage, die überraschenderweise die Ausgangsfrage auf den Kopf stellt. „Wer ist mein Nächster?“, hatte der Schriftgelehrte gefragt. „Wer ist dem zum Nächsten geworden, der unter die Räuber gefallen ist?“, fragt Jesus zurück. Oder zugespitzt: Nicht: „Wer ist mein Nächster?“ – sondern: „Wem bin ich der Nächste?“, muss die richtige Frage lauten. Die Frage des Nächsten oder präziser: Die Frage der Nächstenliebe kann nicht objektbezogen, sondern nur subjektbezogen gestellt werden. Darin spiegelt sich zugleich eine sehr grundsätzliche Einsicht christlicher Theologie und auch eine bleibende Differenz zur Philosophie: Die Hermeneutik der Frage ist philosophisch betrachtet objektbezogen, theologisch betrachtet aber zutiefst subjektbezogen.[37]

An einem an der Parabel vom barmherzigen Samariter erkennbaren Aspekt der Fragetechnik Jesu möchte ich noch einen Moment verweilen: Jesus stellt nicht nur Fragen oder stellt in Frage. Er antwortet auf Fragen mit *Gegenfragen*, wie sich besonders am Markusevangelium zeigen lässt.[38]

Die Intention dieses Kommunikationsmittels ist wiederum vielfältig: Zunächst verfolgt sie eine Irritationsstrategie.[39] Mit Fragen stellt er die Frage der Fragenden in Frage. Er entlarvt etwa die Frage nach der Ehescheidung (Mk 10,2) als Fangfrage, die Jesu Toraobservanz überprüfen möchte.[40] In der Gegenfrage (Mk 10,3: Was hat Euch Mose vorgeschrieben?) spricht Jesus seine Gegner auf ihre eigene Kenntnis und mehr noch auf das rechte Verstehen der Tora an.

[37] Gottes Frage in der Genesis lautet nicht: „Was ist der Mensch?“ – sondern: „Adam, wo bist du?“

[38] Vgl. hierzu besonders den Beitrag von Leutzsch (2010), 405-417. Leutzsch nennt als Beispiele aus dem Markusevangelium Mk 2,1-12 (Gelähmter); 2,18f. (Fastenfrage); 10,2f. (Ehescheidung); 10,17f. (Ewiges Leben); 11,27-33 (Legitimation der Tempelaktion); 12,13-17 (Kaisersteuer); 12,18-27 (Sadduzäerfrage).

[39] So auch Leutzsch 2010, 412: „Die Gegenfrage Jesu in Mk 10,18 verstehe ich als professionelle Äußerung eines Lehrers in einer Lehrsituation, als initiales Mittel einer umfassenden Irritationsstrategie Jesu und der Erzählerin in Mk 10,17-31.“

[40] Dem Leser wird hier schon zu Beginn offen benannt, dass sie ihm damit eine Falle stellen wollten (vgl. Mk 10,2b).

Damit wird zugleich die (Auslegungs-)Autorität und „Definitionsmacht“[41] der Gesprächspartner in Frage gestellt. Sie fragen an anderer Stelle nach der Legitimation der Tempelaktion (Mk 11,27-33). „Mit welchem Recht tust du das alles? Wer hat dir die Vollmacht gegeben, das zu tun?“ (Mk 11,28). Jesus will nun erst antworten, wenn die Gesprächspartner seine Gegenfrage nach der Vollmacht des Täufers beantwortet haben. Auf subtile Weise wird damit zugleich die Frage nach der Vollmacht des Fragens gestellt. Wer gibt den Hohepriestern, Schriftgelehrten und Ältesten überhaupt das Recht oder gar Privileg des Fragens?

Zugleich wirft er die Fragenden auf die Begrenzung ihres eigenen Vorwissens und theologischen Horizonts zurück. Bei der Frage nach der Kaisersteuer (Mk 12,13-17) macht die Gegenfrage Jesu deutlich, dass es um weit mehr als um die politische Haltung gegenüber der Besatzungsmacht geht. Denn es steht die theologisch brisante Frage nach dem ersten Gebot auf dem Spiel: Gott oder Kaiser.

Schließlich dient die Gegenfrage dem theologischen oder genauer christologischen Erkenntnisgewinn. Bei der Frage nach Jesu Recht der Sündenvergebung an den Gelähmten (Mk 2,7: Wer kann Sünden vergeben außer Gott allein?) reagiert Jesus mit der scheinbar auf Rangordnung zielenden Gegenfrage: „Was ist leichter zu dem Gelähmten zu sagen: Dir sind deine Sünden vergeben, oder zu sagen: Steh auf, nimm dein Bett und geh umher?“ (Mk 2,9). Die Ausgangsfrage der Schriftgelehrten wird damit mit der Heilung verknüpft und durch die Heilungshandlung auf eine überraschende Weise beantwortet und theologisch erweitert: Jesus kann offenbar Sünden vergeben!

Mit Leutzsch lässt sich wie folgt resümieren: „Die markinische Gegenfrage soll die Aufmerksamkeit der Fragenden auf Gott richten, auf die Schrift, auf Jesu Autorität und Funktion. (…) Didaktisch operiert (sie) mit Irritation. So dient sie der Horizonterweiterung“[42]. Das Rückfragen Jesu bleibt aber in dieser theologischen Intention nicht auf Gegner beschränkt. Horizonterweiterung und Glaubensvertiefung brauchen gerade auch Jünger und Jesus nahe Menschen. Auch sie werden den „Überraschungsstrategien und Plötzlichkeitseffekten“[43] der Fragen Jesu ausgesetzt. Wie provozierend, ja schmerzlich dieses Fragen sein kann, wird besonders dann deutlich, wenn Jesus vertrauten Menschen mit seiner Frage regelrecht das Wort abschneidet:

[41] Auch dieser Begriff bei Leutzsch (2010), 414: „Sie entzieht den Fragenden Definitionsmacht.“
[42] Leutzsch (2010), 414f.
[43] Ebd., 415.

So herrscht er als verlorenes Kind seine suchenden Eltern an: „Wusstet ihr nicht, dass ich in dem von meinem Vater sein muss?" (Lk 2,41-52). Seiner ihn aufsuchenden Familie lässt er distanziert die Frage ausrichten: „Wer ist meine Mutter, und wer sind meine Brüder?" (Mk 3,31-35). Die implizite Frage von Jesu Mutter, ob er nicht dem Weinnotstand auf der Hochzeit zu Kana Abhilfe schaffen könne, quittiert er schroff: „Was geht's dich an, Frau?" (Joh 2,4). Gleichwohl steht hier kein psychologischer Mutter-Sohn-Konflikt im Hintergrund; vielmehr nennt Jesus mit der Erklärung, dass seine Stunde noch nicht gekommen sei, den tieferen Grund seiner Gegenfrage.
Die Fragen Jesu sind so betrachtet nicht nur überraschend und verblüffend. Sie sind auch schonungslos und schmerzlich. Sie sind kein rhetorisches Beiwerk, sondern wollen ins Zentrum der Existenz und des Glaubens führen. Der fragende Jesus stellt somit eine Zumutung dar – zumindest für diejenigen, die sich in ihrem vorgefassten Jesusbild nicht in Frage stellen lassen wollen.

2.4 Perpetuierung des Fragens: Die Jüngerfrage als Brücke zur Schülerfrage

Die Untersuchung der Fragetechnik Jesu inspiriert zweifellos eine Didaktik der Lehrerfrage. In welcher Beziehung stehen jedoch die Schülerfragen zum Frageverhalten Jesu?
Kommen wir noch einmal auf die Gleichnisse Jesu zurück. Die Parabel erfüllt – wie wir etwa bei Lk 10,25-37 gesehen haben – weniger die Funktion eine sofortige und klare Antwort zu geben, als gerade die Ausgangsfrage zu problematisieren und zur ihrer Re-Formulierung zu verhelfen. Parabeln wollen demnach nicht, wie frühere Substitutionstheorien (im Anschluss an Jülicher) postuliert hatten, einen theologischen Spitzensatz oder gar einen Vergleichspunkt (*tertium comparationis*) auf anschauliche Weise zum Besten geben. Sie dienen vielmehr dazu, die Fragen zu überdenken oder neue Fragen stellen zu lernen. Wenn Crossan die Parabeln als „discussion starter"[44] betrachtet hatte, so möchte ich im Kontext dieser Fragestellung zuspitzend von Parabeln als „Frage-Starter" sprechen.
Besonders im Markusevangelium wird die Wirkung der Gleichnisse auf einer Meta-Ebene thematisiert. Die Jünger verstehen die Gleichnisse nicht und wollen eine Aufklärung im kleinen Kreis. Im Anschluss an das Sämann-Gleichnis stellen sie Jesus erneut Fragen: „Und als er allein war, *fragen* ihn die um ihn mit den Zwölf nach den Gleichnissen" (Mk 4,10). Die Antwort Jesu wiederum ist alles

[44] Crossan (2002), 253.

andere als eindeutig: „Euch ist das Geheimnis der Königsherrschaft Gottes gegeben; jenen aber, denen draußen, geschieht alles in Gleichnissen,[12] damit ‚Sehende sehen und nicht schauen und Hörende hören und nicht verstehen, damit sie nicht etwa umkehren und ihnen erlassen werde.'" (Mk 4,11f.).

Wird mit dieser so genannten „Geheimnistheorie" die Gleichnisrede als bewusst verschleiernde Rätselrede legitimiert, als „paradoxe Intervention"[45] rezeptionsästhetisch erklärt oder wird damit auf Redaktionsebene die Ablehnung Jesu *ex eventu* verarbeitet?[46] Die im Markustext durch die Jünger präfigurierten Adressaten des Markusevangeliums könnten damit auch zu legitimen Interpreten der Worte Jesu erklärt werden. „Die Jünger bzw. die späteren christlichen Gemeinschaftsbildungen (könnten somit) indirekt als ein ‚fruchtbarer Acker' bezeichnet werden, auf dem sich die Botschaft Jesu in Predigt, Lehre und Mission entfalten kann."[47]

Ich möchte diese eher historische Einschätzung von Popkes erzählpragmatisch zuspitzen: Die Jünger und späteren Rezipienten werden nicht als diejenigen herausgehoben, die die Geheimnisse der Parabeln tatsächlich auflösen oder in univoke Sprache umsetzen könnten. Sachgemäßes Verstehen der Gleichnisse besteht vielmehr darin, sie weiterzuerzählen, ihr Fragepotenzial aufrecht zu erhalten, mit ihnen weiterhin nach der kontextbezogenen Wahrheit des Evangeliums zu fragen.

Eine solche *Perpetuierung der Frage* entspricht dem Wesen der Parabeltexte selbst. Es gilt als eines der wesentlichen Merkmale von Gleichnissen, dass sie deutungsoffen sind. Bildersprache ist äquivoke, mehrdeutige Sprache. Die Interpretation – oder präziser: die Interpreten dieser Texte stehen immer in der Versuchung diese prinzipielle Offenheit dem derzeitigen Einsichtsvermögen und einer bestimmten Auslegung zu unterwerfen. In dem bewusst als Gemeinschaftswerk konzipierten *Kompendium der Gleichnisse Jesu* verzichteten die Autoren hingegen auf eine einseitige, verengende Auslegung. Stattdessen entfalteten sie die Verstehenshorizonte einer Parabel, die je für sich plausibel sind. Eine solche Deutungsvielfalt ist nicht mit Beliebigkeit zu verwechseln. Ich spreche deshalb lieber von einem „Spielfeld" beziehungsweise „Spielraum des Verstehens"[48]. Innerhalb bestimmter, zum Beispiel philologischer und historischer Grenzen gibt es eine Fülle von Spiel- und das heißt hier: Verstehens-

[45] Lehnert (1999), 21f., der besonders die rezeptionsästhetische Wirkung des Verstockungsmotivs aus Jes 6 untersucht.
[46] Vgl. dazu Erlemann (2008); Popkes (2008).
[47] Popkes (2008), 303, der hier eine These von Räisänen (1973), 62 aufgreift.
[48] Zimmermann (2008a).

möglichkeiten der Parabeln. Aber der Ball kann auch ins „Aus" gehen. Es gibt durchaus auch Missverstehen und falsches Verstehen der Texte und ihrer Botschaft.

Das Aushalten von Deutungsvielfalt ist jedoch kein postmodernes Gebot, das den Texten des Neuen Testaments übergestülpt würde. Die Deutungsvielfalt entspricht vielmehr dem Deutungsprozess von Gleichnissen in der frühen Christenheit selbst.

So zeigt sich zum Beispiel, dass die Evangelisten Matthäus, Lukas oder Thomas die Parabel vom verlorenen Schaf (Q/Lk 15,4-7) ganz unterschiedlich weitererzählten: Bei Lukas wurde das Schafsgleichnis in eine Reihe mit anderen Gleichnissen des Verlorenen (vgl. Lk 15,3-7: Verlorenes Schaf; Lk 15,8-10: Verlorene Münze; Lk 15,11-32: Verlorener Sohn) gestellt. Jeweils dominiert die Freude über die verlorenen und wiedergefundenen Einzelnen, was zugleich nach der Einleitung in Lk 15,1f. als eine Annahme der Sünder verstanden wird. Der Blick wird somit auf den barmherzigen Gott gelenkt, dessen bedingungslose Zuwendung im Bild des guten Hirten, einer fürsorglichen Frau oder eines treuen Vaters besser zu verstehen ist. Bei Matthäus wird die Parabel vom verlorenen Schaf hingegen in die „Gemeinderede" (Mt 18,1-35) integriert (Mt 18,12-14) und durch den Appell gegenüber den „Kleinen" (V. 10.14) gerahmt. Hier steht die Zuwendung der Gemeinde an die sozial Marginalisierten oder eventuell an die Glaubensschwachen im Vordergrund.[49] Im Thomasevangelium (Log 107) wird das verlorene Schaf als das „größte" bezeichnet und repräsentiert damit vermutlich den Lichtfunken als Teil der Gnostikerseele, die es zu Gott zurückzuführen gilt.

Aber welche Fassung des Gleichnisses ist nun die richtige? Welche birgt die Wahrheit des Glaubens? Gewiss nicht die älteste, von einem historisch arbeitenden Exegeten im 20. Jahrhundert (re-)konstruierte Fassung. Gewiss auch nicht eine, die zufällig einer aktuell konsensfähigen Theologie entspricht. Auch die weitergehenden Fassungen der Parabeln bleiben umstritten, sind nur wiederum Deutungsangebote, die neue Fragen hervorrufen. So sehen wir: Gleichnisse als Fragetexte – und dann auch die Fragen in den Gleichnissen – sollen keine abschließenden Antworten liefern, sondern neue Fragen aufwerfen, ja das Fragen selbst wachhalten.

2.5 Die Gottes- beziehungsweise Christusfrage als Horizont allen Fragens

Die Einleitungsfrage der Q-Parabeln in Q/Lk 13,18 und 13,20 verknüpfte Alltagswissen mit der Königsherrschaft Gottes. Besonders

[49] Einzelheiten bei Oveja (2007), 213f.

im Matthäusevangelium wird diese Zuordnung stereotyp fort-geschrieben, so dass man von einer Dominanz der Reich-Gottes-Gleichnisse sprechen kann.[50]
Reich oder Herrschaftsbereich Gottes offenbaren letztlich einen Teil des Wesens Gottes. Andere Parabeln lassen sich noch unmittelbarer auf Gott beziehen und metaphorisieren ihn als „barmherzigen Vater" (Lk 15,11-32), „Weinbergbesitzer" (Mt 20,1-16) oder „Ernteherrn" (Q/Lk 10,2). Neben dem „Bild Gottes" wird vielfach auch ein „Bild Christi"[51] durch die Erzählung vor Augen gemalt. Auch die Gegenfragen hatten das Ziel den Blick auf Gott und / oder Jesus zu lenken.
Fragen im Neuen Testament sind also keineswegs auf eine Kommunikationstechnik, auf eine Gattung oder auf ethische Aspekte zu reduzieren. Sie greifen in den Kernbereich neutestamentlicher Theologie, in die Christologie. So möchte ich zuletzt Fragen fokussieren, die gerade diesen theologisch-christologischen Fernhorizont thematisieren.
Gilt es als ein Konsens der Jesusforschung, dass Jesus aus dem Jüngerkreis des Täufers herausgewachsen ist,[52] so verwundert uns, dass gerade Johannes der Täufer Jesus offenbar nicht zu (er-)kennen scheint. So müssen wir die Frage des Täufers verstehen, der aus dem Gefängnis heraus zu Jesus schicken lässt: „Bist du es, der kommen soll – oder sollen wir auf einen anderen warten?" (Lk 7,19f.).
Selbst die mit Jesus in unmittelbarer Nähe lebenden Menschen müssen immer wieder die Frage nach Jesu Bedeutung stellen (vgl. auch Joh 14,7f.) oder sie wird ihnen gestellt: So wird bereits die christologische Kernfrage im Markusevangelium als Frage an die Jünger herangetragen und dann auch persönlich zugespitzt:

> „Was glauben die Leute, wer ich bin?" (Mk 8,27)
> (…) Und wer glaubt ihr, dass ich bin?" (Mk 8,29)

Die Frage wird bei Markus und dann ausgeweitet und bestätigend auch vom propetrinischen Evangelisten Matthäus modellhaft beantwortet:

> „Da antwortete Simon Petrus und sprach: Du bist Christus, des lebendigen Gottes Sohn!" (Mt 16,16)

[50] Vgl. Mt 13,24-30; 44-46; 47-50; 52; 18,23-25; 20,1-16; 21,28-32; 22,1-14; 25,1-13.
[51] Vgl. die Titel bei Erlemann (1988) und Erlemann (2003).
[52] So etwa G. Theißen / A. Merz, Der historische Jesus. Ein Lehrbuch, Göttingen (^{3}2001), 184-198 unter der Überschrift: „Jesus und sein Lehrer: Johannes der Täufer".

Doch diese Antwort verwehrt nicht weiteres Fragen, im Gegenteil. Das spätere Johannesevangelium verbindet die Antwort des Petrus explizit wiederum mit einer Frage: „Herr, wohin sollen wir gehen?" (Joh 6,68). Die Frage Jesu wie auch erste gegebene Antworten provozieren also auch neue Fragen, setzen Jüngerfragen frei. Und gerade dies ist offenbar intendiert.

Im Johannesevangelium wird die Fragedimension ohnehin noch einmal auf eine neue Ebene gebracht. Strittige Fragen zu Jesu Person werden reflektiert, im Laufe der Überlieferung gefundene Antworten werden hier wieder in Frage gestellt und sollen erneut diskutiert werden. So wird zum Beispiel zur Herkunft Jesu gefragt: „Was kann aus Nazareth schon Gutes kommen?" (Joh 1,46). Zur Vaterschaft Jesu fragen die Pharisäer: Ist dieser nicht Jesus, Josefs Sohn, dessen Vater und Mutter wir kennen? (Joh 6,42; vgl. Joh 1,45). Aber auch Jesustitel wie „Kyrios" oder „Sohn" (Gottes) werden remetaphorisiert, um jenseits eines stereotypen Gebrauchs ihren Bildgehalt in Erinnerung zu rufen.[53]

Ein markantes Beispiel dieser Infragestellungen sind die so genannten *Missverständnisse.* Dabei handelt es sich um einen literarischen Kunstgriff, mit dem auf Erzählebene ein Missverstehen von Jesu Worten und Person ausgesprochen wird, um damit überspitzt eigene Fragen des Lesers anzusprechen. Die Missverständnisse greifen theologische Probleme auf, um sie wieder in Frage zu stellen und einem vertieften Verstehen zuzuführen:

Dass Jesus zum Beispiel einen „neuen Tempel" errichten werde, führt zu der Gegenfrage: „Wie kannst du sagen, dass du in drei Tagen einen Tempel baust, wo der Tempel doch 46 Jahre lang gebaut wurde?" (Joh 2,20). Als Jesus von einer Wiedergeburt des Gläubigen in Wasser und Geist spricht, vermutlich eine Anspielung auf Tauftheologie und Praxis, löst dies die Frage des Nikodemus aus:

„Wie kann ein Mensch geboren werden, der ein Greis ist? Kann er etwa in den Leib seiner Mutter zum zweiten (Mal) hineinkommen und geboren werden?" (Joh 3,4). Eucharistische Theologie und wahrscheinlich auch Praxis provoziert die Frage der Juden: „Wie kann der uns sein Fleisch zu essen geben?" (Joh 6,52).

Nicht nur Fragen, sondern auch Antworten provozieren also neue Fragen. Die hier naiv erscheinenden Gegenfragen haben erzählpragmatische Funktion: Sie sollen den Leser zu einem vertieften Verstehen führen. „Wie kann man so töricht und unverständig sein, so zu fragen?", wird der Leser oder die Hörerin fragen. Aber damit wird

[53] Vgl. dazu Zimmermann (2004), 167-196. Der Begriff der „Remetaphorisierung" erkalteter beziehungsweise lexikalisierter Metaphern ist von H. Blumenberg übernommen.

die Frage in den Raum der aktuellen Rezeption verlagert: Wie soll man selbst besser fragen? Wie kann man die Worte vom Tempel, von der Wiedergeburt oder vom Leib Jesu besser verstehen? Wie kann *ich* sie verstehen?
Mit dieser Wendung zum Subjektiven kommt die erzählpragmatische Strategie der Fragen der Missverständnisse zu ihrem Ziel: Mit Johanna Rahner kann man sagen: Sie produzieren Missverständnisse, um besser zu verstehen, tiefer zu verstehen.[54] Oder zugespitzt: Die missverständlichen Fragen verhelfen zu den richtigen, tieferen Fragen.
Dabei geht es – das mag die Johanneische Christologie vor Augen führen – nicht um die Fragetechnik selbst, nicht um eine Endlosschleife des Infragestellens. Ziel der Frage im Neuen Testament ist die Verlagerung der Frage vom Objekt zum Subjekt des Glaubens. Verstehen vollzieht sich nicht allgemein und prinzipiell, sondern immer nur persönlich. Entsprechend bestimmt Ulrich Körtner – in Abwandlung des Diktums von Marquard – die Hermeneutik als „die Frage nach der Frage, auf die die Theologie die Antwort ist“[55]. Es geht bei einer Fragehermeneutik so gesehen letztlich um Theologie im eigentlichen Sinn, um die Frage nach Gott, die – entsprechend der biblischen Tradition – nur existentiell, persönlich gestellt werden kann, aber auch muss.

3 Skizzen einer Bibeldidaktik der Frage

Jesus stellte als Lehrer Fragen. Der dadurch intendierte Erkenntnisgewinn und die Horizonterweiterung können als Lernen in einem weiteren Sinn betrachtet werden. Folgerichtig spricht Leutzsch von einer „Didaktik“ der Frage, konkret von einer „Didaktik der Verblüffung“[56]. Auch Lee Wanak leitet aus der Fragetechnik Jesu eine „Didaktik des Lehrens“ ab: „How do Jesus Questions Teach us to Teach?“[57]
Zur Frage(technik) Jesu können wir folgende Aspekte festhalten:
– Die Fragen Jesu im Gleichnis setzen bei Alltagserfahrungen der Menschen an; sie machen Selbstverständlichkeiten zum Ausgangspunkt eines Verstehensprozesses.

[54] Vgl. Rahner (1999), 212-219.
[55] Körtner (2008), 1.
[56] So die Zwischenüberschrift bei Leutzsch (2010), 414f.
[57] Vgl. Wanak (2009), 177f. Wanak leitet zehn „universal principles“ ab, die man aus Jesu Fragen deduzieren könne.

– Fragen Jesu sind überraschend, provozierend, entkleidend, manchmal sogar schmerzlich.
– Sie werden suggestiv gestellt, um scheinbare Selbstverständlichkeiten zu hinterfragen.
– Besonders die Gegenfragen entziehen dem Fragenden das Privileg der Macht des Fragens und werfen ihn stattdessen auf die Begrenzung seines eigenen Horizonts zurück.
– Fragen im Gleichnis dienen der Selbst-Erziehung, sie sind Initiale einer „Auto-Didaktik“[58].
– Fragen im Bibeltext aktivieren den Rezipienten; sie bilden eine Brücke vom Text zur Gegenwart
– Der Leser wird durch die Fragen in den Text hineingezogen – oder umgekehrt betrachtet: Durch die Fragen gelangt der Text mitten in die Gegenwart des Rezipienten hinein.
– Fragen haben eine ethische Ausrichtung, wenn sie Alltagswissen und -handeln befragen.
– Fragen erfüllen eine Erkenntnisfunktion und wollen ins Zentrum des Glaubens führen.
– Fragen, Rück- und Gegenfragen in den Evangelien zielen auf die Gottes- und Christusfrage.

Eine an den Fragen Jesu orientierte „Didaktik der Frage“ sollte gleichwohl nicht als eine Didaktik der Lehrerfrage missverstanden werden. Zumindest nicht im herkömmlichen Sinn. Die Fragen Jesu zum Beispiel im Gleichnis wollen keine vorschnellen Antworten, sie wollen wieder Fragen. Es wäre deshalb verfehlt, würde man behaupten, dass nur durch eine bestimmte Fragetechnik der Lehrenden Schülerfragen provoziert, evoziert, ja überhaupt erst ermöglicht werden. Stattdessen führt die Hinwendung zu den biblischen Fragen zu einer offenen Suchbewegung. Meine These lautet deshalb, dass durch die Beschäftigung mit der Fragetechnik Jesu im Neuen Testament die Differenz und auch Hierarchie zwischen Schüler- und Lehrerfrage nivelliert wird.

Die Auseinandersetzung mit der Frage Jesu, mit Fragen im Neuen Testament kann im Sinne von Baldermann eine *Sprachlehre des Fragens* hervorrufen, die jedoch nur aneignend erlernt werden kann. Im Blick auf den Schüler bleibt die Didaktik deshalb nicht an einem bestimmten Bildungsinhalt stehen. Die Fragen Jesu in Gleichnissen und überhaupt im Neuen Testament sollen in ihrer rezeptionsästhetischen Ausrichtung wahrgenommen werden, das heißt wahr-genommen im eigentlichen Sinn. Diese Wahrheit kann aber nicht im Text

[58] Vgl. diesen Begriff bei Crossan (2002), der von einem Prozess des „self-education“ spricht. Vgl. ferner Crossan (2002), 253: „Parables were the special pedagogy of Jesus’ Kingdom of God.“

oder in der Historie, sondern nur im Rezipienten selbst zur Entfaltung kommen, als eine pragmatische Lebenswahrheit.[59]
Ziel einer Fragedidaktik muss sein, in den Prozess des Fragens hineinzuführen. Im Sinne Jesu muss diese ‚Verwicklungsdidaktik' auch provozieren, irritieren, ja manchmal sogar weh tun. Auf keinen Fall kann sie zu ‚soft' und ‚unberührt' verlaufen.
Die Fragetechnik Jesu und der neutestamentlichen Autoren möchte so gesehen keine vorgefassten Antworten produzieren. Sie möchte – zugespitzt formuliert – vielmehr neue Fragen heraufbeschwören, einen Frageprozess anregen, dessen Antworten nie absolut, nie allgemein, nie abschließend, sondern immer zutiefst subjektbezogen gefunden werden müssen.
Wie sehr diese ergebnisoffene Fragerichtung sogar den wissenschaftlichen Diskurs befördert, markiert die neuerdings gegründete Zeitschrift „Journal of Unsolved Questions"[60]. Nicht die Ergebnis- und Anwendungsorientiertheit allein bringt wissenschaftliche Erkenntnis voran, sondern sogar die ungelösten Fragen. Um wie viel mehr gilt dies für Lebensfragen oder gar Glaubensfragen.
Kommen wir zuletzt noch einmal auf Sokrates im Gegenüber zu Jesus zurück: Sokrates, der Mäutiker, der permanent in Frage stellt; Jesus der fragende Lehrer, der zu Antworten verhilft – diese einfache Zuordnung geht nicht auf. Die Jesusbotschaft zeichnet sich gerade auch durch ihre Unabgeschlossenheit aus. Die Fragen Jesu wollen den Prozess des Fragens anregen. Umgekehrt geht es auch Sokrates nicht nur um die eigene Aktivität des Denkens, sondern letztlich um die Kompetenz der Wahrheitsreflexion, die jede und jeder in sich selbst trägt.[61] Gleichwohl bleiben Differenzen zwischen Sokrates und Jesus und mehr noch zwischen den Rezeptionsdiskursen, die sich mit den Namen dieser Fragenden verbinden. Die Jesusfrage findet nicht in Fragekompetenz ihr Ziel. Sie sucht Antworten – zwar keine allgemeingültigen, aber tragfähige, lebensfähige, subjektive Antworten. Sie wird von der Hoffnung gespeist, dass der Prozess des

[59] Vgl. dazu die didaktische Beschäftigung mit der Wahrheitsfrage in Mirjam und Ruben Zimmermann (2003), 16-29.

[60] Vgl. dazu die Pressemeldung an der Johannes Gutenberg-Universität vom 17. Februar 2011. Leibnizpreisträger Jürgen Gauss, Professor für Theoretische Chemie an der Johannes Gutenberg-Universität Mainz, konstatiert: „Ungelöste Fragen sind der Motor der Wissenschaft. Daher ist es mehr als angebracht, dass eine wissenschaftliche Zeitschrift sich darauf spezialisiert." Am 1. Januar 2011 ist die erste Ausgabe des Journals of Unsolved Questions (JUnQ) erschienen. Das weltweit einmalige Projekt haben Doktoranden der Graduiertenschule der Exzellenz „Materials Science in Mainz" (MAINZ) im Rahmen eines Think-Tank-Innovationslabors ins Leben gerufen. Derzeit arbeiten Wissenschaftler aus Mainz, Prag und Tübingen in der Redaktion.

[61] So Schmitt (1999), 35.

Fragens selbst getragen bleibt von einer alles fundierenden Zusage, die durch den Menschen letztlich nicht in Frage gestellt werden kann.
Was hat nun ein Beitrag über Sokrates und Jesus in einem Band zu Schülerfragen im Religionsunterricht zu tun? Ich hoffe, Fragehorizonte dieser Frage sind durch meine Ausführungen nun hinreichend eröffnet. Antworten zu finden muss freilich nach dem Gesagten jedem Leser und jeder Rezipientin selbst überlassen bleiben.

Literatur

Aland, Kurt und Barbara: Der Text des Neuen Testaments. Eine Einführung in die wiss. Ausgaben, Stuttgart ^{2}1989.

Bendemann, Reinard von: „Was wollt ihr, dass ich euch tue?“ (Mk 10,36). Zur Gestalt und Funktion von Fragen im Markusevangelium, in: Schiffner, Kerstin / Leibold, Steffen / Frettlöh, Magdalene u.a. (Hg.): Fragen wider die Antworten, FSJürgen Ebach, Gütersloh 2010, 418-432.

Benz, Ernst: Christus und Sokrates in der alten Kirche, in: ZNW 43 (1950/51), 195-224.

Crossan, John Dominic: The Parables of Jesus, in: Interp. 56 (2002), 247-259.

Erlemann, Kurt: Das Bild Gottes in den synoptischen Gleichnissen, BWANT 126, Stuttgart 1988.

Erlemann, Kurt: Die Selbstpräsentation Jesu in den synoptischen Gleichnissen, in: Frey, Jörg / Rohls, Jan / Zimmermann, Ruben (Hg.): Metaphorik und Christologie, TBT 120, Berlin / New York 2003, 37-52.

Erlemann, Kurt: Die eschatologisch-kritische Funktion der synoptischen Parabeln, in: Zimmermann, Ruben (Hg.): Hermeneutik der Gleichnisse Jesu, WUNT 231, Tübingen 2008, 283-293.

Fleddermann, Harry T.: Q. A reconstruction and commentary. Biblical tools and studies 1, Leuven u.a. 2005.

Greeven, Heinrich: „Wer unter euch ...?“, in: WuD 3 (1952), 86-101.

Harnack, Adolf von: Sokrates in der alten Kirche, Gießen 1901.

Hoffmann, Paul / Heil, Christoph: Die Spruchquelle Q. Studienausgabe. Griechisch und Deutsch, Darmstadt / Leuven ^{3}2009.

Kern, Gabi: Parabeln in der Logienquelle, in: Zimmermann, Ruben u.a. (Hg.): Kompendium der Gleichnisse Jesu, Gütersloh 2007, 49-60 (= Kern 2007a).

Kern, Gabi: Absturzgefahr (Vom Blinden als Blindenführer) Q 6,39 (Mt 15,14 / Lk 6,39 / EvThom 34), in: Zimmermann, Ruben u.a. (Hg.): Kompendium der Gleichnisse Jesu, Gütersloh 2007, 61-67 (= Kern 2007b).

Kloppenborg, John S.: Q, the earliest Gospel: An Introduction to the Original Stories and Sayings of Jesus, Louisville / KY 2008.

Körtner, Ulrich H.J.: Die Frage nach der Frage, auf die die Theologie die Antwort ist, in: ders. (Hg.): Hermeneutische Theologie. Zugänge zur Interpretation des christlichen Glaubens und seiner Lebenspraxis, Neukirchen-Vluyn 2008, 1-17.

Lehnert, Volker A.: Die Provokation Israels. Die paradoxe Funktion von Jes 6,9-10 bei Markus und Lukas. Ein textpragmatischer Versuch im Kontext gegenwärtiger Rezeptionsästhetik und Lesertheorie, Neukirchen-Vluyn 1999.

Leonhardt-Balzer, Jutta: Vom Wirken des Salzes (Vom Salz) Q 14,34f. (Mk 9,49f. / Mt 5,13 / Lk 14,34f.), in: Zimmermann, Ruben u.a. (Hg.): Kompendium der Gleichnisse Jesu, Gütersloh 2007, 200-204.

Leutzsch, Martin: „?"-„?" Biblische Theologie der Gegenfrage, in: Schiffner, Kerstin u.a. (Hg.): Fragen wider die Antworten, FS Jürgen Ebach, Gütersloh 2010, 405-417.
Marquard, Odo: Abschied vom Prinzipiellen. Philosophische Studien, Stuttgart 1981.
Mathys, Hans-Peter: Liebe deinen Nächsten wie dich selbst. Untersuchungen zum alttestamentlichen Gebot der Nächstenliebe (Lev 19,18), OBO 71, Fribourg 1986.
Müller, Christoph G.: Leserorientierte Fragen im Erzählwerk des Lukas, in: ThGl 93 (2003), 28-47.
Neyrey, Jerome H.: S.J., Questions, *Chreiai*, and Challenges to Honor: The Interface of Rhetoric and Culture in Mark's Gospel, in: CBQ 60 (1998), 657-681.
Ostmeyer, Karl-Heinrich: Gott knetet nicht (Vom Sauerteig) – Q 13,20f., in: Zimmermann, R. u.a. (Hg.): Kompendium der Gleichnisse Jesu, Gütersloh 2007, 185-192.
Oveja, Animosa: Neunundneunzig sind nicht genug! (Vom Verlorenen Schaf) Q 15,4-5a.7 par, in: Zimmermann, Ruben u.a. (Hg.): Kompendium der Gleichnisse Jesu, Gütersloh 2007, 205-219.
Patzer, Andreas: Der Xenophontische Sokrates als Dialektiker, in: Pestalozzi, Karl (Hg.): Der fragende Sokrates, Colloquium Rauricum Bd. 6, Stuttgart / Leipzig 1999, 50-76.
Pestalozzi, Karl (Hg.): Der fragende Sokrates, Colloquium Rauricum Bd. 6, Stuttgart / Leipzig 1999.
Platon: Werke in acht Bänden, Griechisch und Deutsch, Bd. 2, hrsg. von Gunther Eigler, dt. Übersetzung von Friedrich D. E. Schleiermacher, Darmstadt 1990.
Popkes, Enno Edzard: ‚Das Mysterion der Botschaft Jesu'. Beobachtungen zur synoptischen Parabeltheorie und ihren Analogien im Johannesevangelium und Thomasevangelium, in: Zimmermann, Ruben (Hg.): Hermeneutik der Gleichnisse Jesu, WUNT 231, Tübingen 2008, 294-320.
Räisänen, Heikki: Die Parabeltheorie im Markusevangelium, SESJ 26, Helsinki 1973.
Rahner, Johanna: Missverstehen, um zu verstehen. Zur Funktion der Missverständnisse im Johannesevangelium, in: BZ 43 (1999), 212-219.
Robinson, J.M. / Hoffmann, P. / Kloppenborg, J.S. (Hg.): The Critical Edition of Q. Synopsis including the Gospels of Matthew and Luke, Mark and Thomas with English, German, and French translations of Q and Thomas, Hermeneia, Minneapolis / Leuven 2000.
Schmidt, Daryl D.: Greek indirect questions. A model for a new reference grammar, Forum, New Series 2,2 (1999), 289-300.
Schmitt, Arbogast: Sokratisches Fragen im Platonischen Dialog, in: Pestalozzi, Karl (Hg.): Der fragende Sokrates, Colloquium Rauricum Bd. 6, Stuttgart / Leipzig 1999, 30-49.
Skarsaune, Oskar: Judaism and Hellnism in Justin Martyr, Elucidated From his portrait of Socrates, in: Geschichte – Tradition – Reflexion. FS M. Hengel, Bd. III, hrsg. von H. Cancik, H. Lichtenberger, P. Schäfer, Bd. III: Frühes Christentum, hrsg. von H. Lichtenberger, Tübingen 1996, 584-611.
Stegemann, Ekkehard W.: Paulus und Sokrates, in: Pestalozzi, Karl (Hg.): Der fragende Sokrates, Colloquium Rauricum Bd. 6, Stuttgart / Leipzig 1999, 115-131.
Theißen, Gerd / Merz, Annette: Der historische Jesus. Ein Lehrbuch, Göttingen [3]2001.

Theißen, Gerd: Die Frage nach der Wahrheit. Sokrates und Jesus vor ihren Richtern, in: ders. (Hg.): Erlösungsbilder: Predigten und Meditationen, Gütersloh 2002, 114-121.

Vanoni, Gottfried / Heininger, Bernd: Das Reich Gottes, Neue Echter Bibel. Themen Bd. 4, Würzburg 2002.

Wanak, L.: Jesus' Questions, in: Evangelical Review of Theology 33 (2009), 167-178.

Zimmermann, Mirjam und Ruben: Die Bibel – vom Textsinn zum Lebenssinn, RU praktisch Sek. II, Göttingen 2003.

Zimmermann, Ruben: Christologie der Bilder im Johannesevangelium, WUNT 171, Tübingen 2004.

Zimmermann, Ruben: Die Gleichnisse Jesu. Eine Leseanleitung zum Kompendium, in: ders. u.a. (Hg.): Kompendium der Gleichnisse Jesu, Gütersloh 2007, 3-46 (= Zimmermann 2007a).

Zimmermann, Ruben: Berührende Liebe (Der barmherzige Samariter) Lk 10,30-35; in: ders. u.a. (Hg.): Kompendium der Gleichnisse Jesu, Gütersloh 2007, 538-555 (= Zimmermann 2007b).

Zimmermann, Ruben: Im Spielraum des Verstehens. Chancen einer integrativen Gleichnishermeneutik, in: ders. (Hg.): Hermeneutik der Gleichnisse Jesu, WUNT 231, Tübingen 2008, 3-24 (= Zimmermann 2008a).

Zimmermann, Ruben: Gleichnisse als Medien der Jesuserinnerung. Die Historizität der Jesusparabeln im Horizont der Gedächtnisforschung, in: ders. (Hg.): Hermeneutik der Gleichnisse Jesu. Methodische Neuansätze zum Verstehen urchristlicher Parabeltexte, WUNT 231, Tübingen 2008, 87-121 (= Zimmermann 2008b).

Zimmermann, Ruben: Parabeln – sonst nichts! Gattungsbestimmung jenseits der Klassifikation in „Bildwort", „Gleichnis", „Parabel" und „Beispielerzählung", in: ders. (Hg.): Hermeneutik der Gleichnisse Jesu. Methodische Neuansätze zum Verstehen urchristlicher Parabeltexte, WUNT 231, Tübingen 2008, 383-419 (= Zimmermann 2008c).

Michael Tilly

Fragen im Judentum: Ursprung und Ritualisierung

1 Fragen und die „Didaktik des Erinnerns“

Die Kinderfrage in der deuteronomischen Moserede (Dtn 6,20-25) vermittelt seit biblischer Zeit zwischen der Alters- und Generationendifferenz im Judentum. Sie bezeugt die Unverzichtbarkeit von Überlieferung und Lehre und zugleich die Vorstellung, dass Religion lehrbar und lernbar ist.[1] Die Frage des Sohnes nach dem Sinn der Gebote und Gebräuche wird mit dem Verweis auf den Exodus, die Befreiung und die Landgabe beantwortet. Sie provoziert somit eine „Ätiologie der Gesetzesobservanz“,[2] das heißt die theologische Fundierung des Sinns der Tora als Gottesgebot und Lebensordnung in der Geschichte und in der Gegenwart des Gottesvolkes Israel. Dtn 6,20-25 setzt sich mit dem gravierenden Problem des Generationenbruchs und des Traditionsabrisses angesichts der Exilssituation auseinander.[3] Auch in Ex 12,26f.; 13,14 und Jos 4,6.21 erinnern und vergegenwärtigen solche Fragen und Antworten im Generationenverbund die Grunderfahrung der jüdischen Heilsgeschichte. Die Frage wird dabei immer wieder zum Ausdruck des lebendigen Interesses und die Antwort zu ihrem verlebendigenden Zeugnis.
Die Intention dieses judaistischen Beitrags zum Thema des vorliegenden Bandes besteht darin, einige wesentliche Aspekte der Bedeutung und Funktion von Fragen in der jüdischen Tradition zu skizzieren. Nacheinander angesprochen werden die Bereiche der rabbinischen Traditionsliteratur, des jüdischen Schulwesens seit der Antike und der Liturgie des häuslichen Sederabends in Geschichte und Gegenwart. Als *übergreifende Fragestellung* bleibt dabei durchweg das Verhältnis der Frageform zur Orientierung an der Tora im Blick. Es ist zu zeigen, dass sich gerade in diesem Punkt wichtige historisch-pädagogische und theologische Aspekte begegnen.

1 Vgl. Jungbauer (2001), 84-87; Finsterbusch (2005).
2 Soggin (1960), 342.
3 Vgl. Finsterbusch (2005), 249-255.

2 Fragen in der rabbinischen Tradition

Der jüdische Gelehrte Benno Jacob (1862-1945) schreibt in seinem monumentalen Exoduskommentar: „Umfassend ist die Rolle der Frage im Judentum. Der Talmud fängt in Mischna und Gemara mit einer solchen an, er besteht größtenteils aus Fragen mit Antworten."[4] Bei den jüdischen Gelehrten der talmudischen Epoche begegnet uns die typische Abfolge קושיא („schwere Frage") – תירוצא („Lösung"). Auch die Struktur der Lehrkontroversen der spätmittelalterlichen Talmudausleger lautet: ופריך („und er fragte") משני („und er antwortete"). Ebenso folgen die rabbinischen Responsen dem Muster שאלות („Fragen") – ותשובות („Antworten").[5]
Betrachtet man indes *die kontextuelle Bedeutung von Fragen* als besondere literarisch-rhetorische Form der halachischen Kontroverse und Begriffsbildung in der rabbinischen Traditionsliteratur, lassen sich *verschiedene Fragefunktionen* unterscheiden. Zunächst begegnen in tannaitischen und amoräischen Texten durchweg *Ergänzungs- und Entscheidungsfragen*, deren Funktion in der Problematisierung und Verständnissicherung halachischer Aussagen und Entscheidungen besteht. Die Antwort auf die Frage füllt dabei eine Leerstelle aus, die in der Frage selbst enthalten ist.

> Womit darf eine Frau [am Sabbat] hinausgehen und womit darf sie nicht hinausgehen? Eine Frau darf nicht hinausgehen mit wollenen Bändern oder mit leinenen Bändern oder mit einem Band an ihrem Kopf. (M Schab VI 1)

In diesem ersten Beispiel geht es um das biblische Verbot, am Sabbat eine Last zu tragen (Ex 16,29). Die Frage signalisiert eine Wissensdivergenz (das heißt ein Informationsdefizit des impliziten Lesers) und sie bezweckt zugleich einen Wissenstransfer. Durch Fragen wie diese versuchten die Rabbinen, in kasuistischer Weise alle nur irgend denkbaren Fälle zu behandeln, um den Geltungsbereich eines Toragebotes bis in die Extreme auszuloten. Als permanent neu zu formulierendes System der toragemäßen Weisungen und Entscheidungen, Regeln und Normen, die für Juden zu einer bestimmten Zeit an einem bestimmten Ort gelten, ihr Leben bestimmen und heilsstiftend strukturieren, stand das Interrogatum, nämlich die Halacha, immer in der Spannung zwischen ihrer Verankerung in der jüdischen Tradition und ihrer Offenheit gegenüber den Anforderungen und Bedürfnissen des jüdischen Lebens in der Gegenwart. Die Halacha ist somit nicht statisch, sondern ein vergegenwärtigender dynamischer Prozess. Sie

4 Jacob (1997), 342.
5 Vgl. Sion (1995), 127-130.

verändert und entwickelt sich fortwährend. In der *Form kasuistischen Rechts*, das heißt in fragwürdige Einzelfälle zergliedernd und nicht von allgemeinen Grundsätzen ausgehend, entstanden so immer neue Torainterpretationen, Regeln und Bräuche, die als regionales Gewohnheitsrecht („*Minhag*") weitergegeben und bereits früh ausgewählt und zu schriftlichen, geordneten Sammlungen zusammengestellt wurden, die in die rabbinische Traditionsliteratur mündeten.[6] Zum wichtigsten Ort der Auslegung der Tora und der Tradierung dieser religiösen Überlieferung wurden die rabbinischen Schulen. Hier geben die Rabbinen ihr Wissen bis heute an ihre Schüler weiter, die öffentlich lehren und oft ihrerseits später an anderen Orten selbst Schulen gründen. Sie sorgen auf diese Weise für die Verbreitung der religiösen Traditionen und für deren Weitergabe an die nächsten Generationen.

> [Was ist] mit Ackerstücken mit Getreide, die zwischen Ölbäumen [liegen]? Die Schule Schammais sagt: [Man gibt] die Ackerecke von jedem einzelnen [Stück]. Die Schule Hillels sagt: Von einem [Stück] für das Ganze. Aber [die Schule Schammais] räumt ein, dass man, wenn die Anfänge der Reihen aneinanderstoßen, eine Ackerecke von einem [Stück] für das Ganze gibt. (M Pea III 1)

In diesem *zweiten Beispiel* geht es darum, wie die Fläche des gemäß Lev 19,9 den Armen zu überlassenden Teils des fruchttragenden Ackers zu berechnen ist. Der Fragende ist hier zunächst über die richtige Antwort ungewiss. Vielmehr werden in der Mischna zwei differente Antworten unvermittelt und ohne Wertung nebeneinander geboten. Die halachischen Entscheidungen der Schule Hillels stehen wie hier auch an zahlreichen anderen Stellen in direktem Gegensatz zu den Entscheidungen der Schule Schammais. In den überlieferten Kontroversen beider rabbinischer Schulen – sie bestanden im 1. Jahrhundert n.Chr. – vertritt die erstere oft den erleichternden Standpunkt, die letztere hingegen den erschwerenden Standpunkt. Diese Meinungsverschiedenheiten beider Schulen galten bald als derart häufig, dass es in T Chagiga II 9 heißt: „Aus der einen Lehre sind zwei entstanden."

Die Funktion der rabbinischen Frage ist in M Pea III 1 keine eindeutige definierende Antwort, sondern *der Aufweis einer prinzipiellen Pluralität der Halacha*. Jeder jüdische Gelehrte kann etwas zum halachischen Prozess beitragen, wovon die anderen Gelehrten nichts wissen. Die theologische Basis derartiger Interrogationen ist der prinzipiell universale Geltungsanspruch der jüdischen Religion. Deren unbedingte Grundlage und Voraussetzung ist die Tora. Sie gilt als Zeichen der Erwählung und Verpflichtung Israels, als offenbarter

[6] Vgl. Tilly (2010), 109-113.

allumfassender Gotteswillen, als präexistentes Werkzeug und Bauplan der Schöpfung und als der einzige Weg des Frommen zum individuellen und kollektiven Heil. Die Zahl der Gebote und Verbote in der schriftlichen Tora beträgt nach traditioneller rabbinischer Zählung 613. Den 365 Verboten (so viele wie die Zahl der Tage im Sonnenjahr) stehen 248 Gebote gegenüber (so viele wie die Anzahl der Knochen im menschlichen Körper). Diese idealen Zahlen sollen versinnbildlichen, dass sich die in der Tora enthaltene Lebensweisung Gottes prinzipiell und ausnahmslos auf den gesamten Kosmos und auf das gesamte Leben des Menschen erstreckt.[7]
Das Bedürfnis nach einer lebensnahen, kulturkompatiblen und rational begründbaren Deutung der Toragebote führte bereits in der hellenistisch-römischen Antike dazu, dass dem hebräischen Text der Tora *ein prinzipieller Sinnüberschuss* zuerkannt wurde, dessen Annahme seine fortwährend aktualisierende, kreative Auslegung und Anwendung mittels der Anwendung geeigneter Methoden der Allegorese und des Analogieschlusses ermöglichte. Diese Entwicklung mündete in *das Konzept der zweifachen Tora* – demzufolge außer der schriftlichen Tora (dem Pentateuch) – von Moses am Sinai auch die Weisungen der mündlichen Tora empfangen und an Josua, von ihm an die Richter Israels, von diesen an die Propheten, von hier aus an die Versammlung der Weisen (vgl. Neh 8) und schließlich an die Rabbinen weitergegeben wurden („Traditionskette"), die sie lehrten, sammelten und literarisch fixierten. Das Selbstverständnis, mit der Ordination ein Glied in der langen und ununterbrochenen Kette der Tradenten der unveränderten „mündlichen Tora" zu werden, findet man bei traditionellen Rabbinern bis auf den heutigen Tag. In diesem Kontext dient *die Frage vor allem dazu, Erkenntnisse zu gewinnen, den Horizont zu erweitern und das Verständnis zu vertiefen.*

> [Hillel] sagt: Wenn ich nicht für mich bin, wer ist dann für mich? Und wenn ich [nur] für mich bin, was bin ich? Und wenn nicht jetzt, wann [dann]? (M Av I 14)

Die Frage des bedeutenden rabbinischen Gelehrten Hillel d. Ä. in diesem dritten Beispiel zielt auf die unbedingte Pflicht zu einer Lebensführung gemäß der Tora. Es geht um die Verantwortung des jüdischen Frommen, aber auch um die Grenzen dieser Verantwortung. Die Frage zielt in ihrer Offenheit auf eine Bewegung des Denkens. Auf den ersten Blick ist hier eine Ähnlichkeit zur sokratischen beziehungsweise zur erotematischen (Fragen vortragenden) Lehrform wahrnehmbar. Hierbei soll das Gegenüber durch gezielte Fragen so in den Dialog einbezogen werden, dass es selbst zu Erkennt-

[7] Vgl. ebd., 93-96.

nissen gelangt.[8] Jedoch besteht auch ein bedeutender *Gegensatz zwischen der rabbinischen Frage und dem sokratischen Dialog.* Während dieser nämlich in der provozierten Antwort eine Erinnerung an bereits Gewusstes zu wecken beabsichtigt, zielt die rabbinische Frage auf noch nicht Gewusstes, das heißt auf einen offenen Raum, der sich der Eindeutigkeit entzieht. Diesem Charakteristikum entspricht der prinzipielle semantische „Mehrwert" der Tora, die stets mehr enthält als das, was Menschen je über sie aussagen können. Die wesentliche Funktion solcher Fragen besteht also vor allem darin, Selbstverständlichkeiten immer wieder in Frage zu stellen und auf diese Weise vorgefertigte Sinnstrukturen zu erschüttern.

3 Fragen im jüdischen Schulunterricht

Die Form der *Frage* begegnet nicht nur in der rabbinischen Literatur, sondern auch als didaktisches Instrument der Bildung und Erziehung bereits im antiken jüdischen Schulunterricht. Die Einführung der öffentlichen Elementarschulen im antiken Judentum wird von der späteren rabbinischen Überlieferung dem Hohenpriester Jehoschua' ben Gamla (ca. 63-65 n.Chr.) zugeschrieben (b BB 21a). Von einem allgemeinen Unterricht im Lesen und Schreiben und von seiner hohen Bedeutung im Judentum berichtet auch Flavius Josephus (Ap 2,204).

Die Knaben lernten in der Schule zunächst das hebräische Alphabet, um dann anhand biblischer Texte Lesen und Schreiben einzuüben (vgl. 2. Tim 3,15). Begonnen wurde die Lektüre – ganz im Gegensatz zu heutigen didaktischen Gepflogenheiten – mit einem besonders schwierigen und für die Kinder unverständlichen Text, dem biblischen Buch Leviticus. Die jüdischen Quellen selbst konstruieren als Erklärung hierfür Zusammenhänge zwischen der Heiligkeit des Tempels und des Volkes. Im Hintergrund stand jedoch die (auch in griechischen Schulen übliche) Vorstellung, *dass das, was am mühevollsten sich anzueignen ist, auch am einfachsten behalten und nicht so schnell wieder vergessen wird.* Die Erziehung in der jüdischen Oberschicht erfolgte durch Privatlehrer, darunter nicht selten gebildete Sklaven. Kinder von besitzlosen Tagelöhnern oder Sklaven hatten hingegen überhaupt keine Möglichkeit zum Schulbesuch. Ihre Unterweisung übernahm bestenfalls der Vater. Es ist anzumerken, dass die Kindheit in der Antike nicht als ein qualifizierter Lebensabschnitt galt, der durch freies Spielen und Lernen gekennzeichnet ist. Vielmehr galt Griechen und Römern die Kindheit nur als ein Durch-

[8] Vgl. Birnbacher (2008).

gangsstadium auf dem Weg von der Unmündigkeit zu einem vollwertigen Bürger. Im zeitgenössischen Judentum wurden Kinder vor allem als zukünftige torakundige beziehungsweise gebärfähige Mitglieder der Heilsgemeinde Israels wahrgenommen.[9]
Bereits *das Erlernen des Alphabets* bot Gelegenheit, die Kinder in Frageform mit ethischen Sentenzen bekannt zu machen. Die Fragen des Lehrers boten zum Beispiel die Möglichkeit, den Schülern *abstrakte ethische Sentenzen* beizubringen, indem man die Buchstaben der hebräischen Quadratschrift entweder als Abkürzungen oder ihrer Form nach als Entsprechung eines Sachverhalts betrachtete. Ein prägnantes Beispiel hierfür überliefert b Schab 104a:

> Die Schüler sprachen zu R. Jehoschua b. Levi: Es sind soeben Knaben ins Lehrhaus gekommen und haben Dinge gesagt, dergleichen selbst in den Tagen Jehoschuas, des Sohns Nuns, nicht gesagt worden sind. Gimel Daleth (ג ד) – sei wohltätig gegen die Armen. Weshalb ist das Füßchen des Gimel zum Daleth gewendet? – Weil dieser sich an ihn zu wenden hat. Weshalb ist das Gesicht des Daleth vom Gimel abgewendet? – Weil er ihm heimlich zu geben hat, damit dieser nicht beschämt werde.
> Qoph Resch (ק ר) – Heiliger und Frevler. Weshalb ist das Gesicht des Qoph vom Resch abgewendet? – Der Heilige, gepriesen sei er, sagt: Ich kann den Frevler nicht ansehen. Weshalb ist das Häkchen des Qoph zum Resch gewendet? – Der Heilige, gepriesen sei er, sagt: Kehrt er um, so winde ich ihm einen Kranz.
> Scheqer (שקר) und Emet (אמת) – Lüge und Wahrheit. Weshalb besteht das Wort Scheqer aus nebeneinander stehenden Buchstaben und das Wort Emet aus voneinander entfernten Buchstaben? – Die Lüge ist leicht zu finden, die Wahrheit ist nicht leicht zu finden. Weshalb steht das Wort Scheqer auf einem Fuß, während Emet wie auf Ziegelsteinen sitzt? – Die Wahrheit steht fest; die Lüge steht nicht fest.

Gleichsam *in Form eines Katechismus* werden den Kindern hier die Fragen und die Antworten zugleich gelehrt. Das Nachfragen des Lehrers ermöglichte dabei immer wieder eine direkte Einflussnahme auf die Folgeäußerung der Schüler; die Art und der Inhalt der Antworten konnten somit determiniert werden. Auffallend ist hier die – auch im Midrasch, der rabbinischen Schriftauslegung, begegnende – Annahme, dass nicht nur der semantische Gehalt eines Wortes Sinn vermittelt, sondern bereits *seine einzelnen Buchstaben* beziehungsweise deren äußere graphische Gestalt. Ebenso wie in der rabbinischen Kontroverse fußt die didaktische Form der Frage auch hier auf der grundlegenden Überzeugung, die Tora als Ganze und selbst die Form der 22 hebräischen Buchstaben, aus denen ihr Inhalt zusammengesetzt ist, seien gottgewollt, allumfassend und von unmittelbarer Relevanz für das Leben des jüdischen Frommen.

[9] Vgl. Mayer (1995), 4-13; Millard (2000); Ego/Merkel (2005); Vegge (2006).

Für das neuzeitliche Judentum bedeutete die Epoche der Aufklärung die Lockerung aller religiösen Bindungen und die Infragestellung der identitätstiftenden Traditionen (insbesondere der o.g. Vorstellung, in der Tora sei alle denkmögliche Erkenntnis enthalten) zugunsten einer immer stärker werdenden Orientierung am Individuum und an der menschlichen Vernunft.[10] So zeigt die Erziehungsprogrammatik des Hebraisten und Pädagogen Elia Morpurgo (1740-1830) in besonders deutlicher Weise das Bestreben anhand von Fragen und Antworten nicht allein die Pietät gegenüber der bestimmenden Tradition, sondern auch eine *vernunftgemäße sittliche Gesinnung* zu vermitteln:

> Lehrer: Was ist die Weisheit?
> Ruben: Der Weisheit Anfang ist die Furcht des Ewigen (Ps 111,10).
> Lehrer: Und was ist die Furcht des Ewigen?
> Ruben: Die Furcht des Ewigen ist Weisheit.
> Lehrer: Du gleichst in meinen Augen einem Sophisten, wenn du die Frage mit der Frage selbst beantwortest.
> Ruben: Diese beiden Dinge sind miteinander verbunden wie die Glut mit der Kohle und wie die Seele mit dem Leib. Der Weise soll sich seiner Weisheit nicht rühmen, er habe denn den Ewigen erkannt und verstanden. Und gottesfürchtig soll niemand genannt werden als der Weise, der seinen Gott erkennt.[11]

Bei Morpurgos Zeitgenossen, dem Dessauer Sprachlehrer und Schulbuchautor Salomon Lax (geb. vor 1770), weicht die traditionelle rabbinische Frage wieder *der sokratischen* beziehungsweise erotematischen *Lehrform*:

> Auch hoffte ich dadurch selbst das Kind zu reizen, den Lehrer über das, was ihm unverständlich ist, zu fragen, damit es durch die Antworten des Lehrers zu einem immer höheren Grade der Anschaulichkeit der Begriffe emporstiege, und so die großen Wahrheiten der Religion gleichsam aus sich selbst schöpfen möchte.[12]

Insgesamt ist an dieser Stelle als *Zwischenergebnis* festzuhalten: Auch in der Form und Funktion der Frage in der Geschichte des jüdischen Schulunterrichts sind allgemeine Entwicklungslinien der jüdischen Religion ausgehend von der Vorstellung einer grundsätzlichen Orientierung an der allumfassend normativ gedachten Tora hin zu einer – diese prinzipielle Normativität relativierenden – Orientierung an der menschlichen Vernunft zu erkennen.[13]

[10] Vgl. Lohmann (2005).
[11] Morpurgo (1786), 131-137.
[12] Lax (1807).
[13] Vgl. Krochmalnik (2009), 36-38.

4 Das Frageritual beim Sederabend

Das Hauptereignis des jüdischen Pesachfestes ist die gemeinsame, häusliche Mahlzeit nach dem Synagogenbesuch, *der Sederabend.* Die rabbinische Pesach-Haggada, die genaue Beschreibung des Verlaufs eines solchen häuslichen Sederabends, ist ein Zeugnis spätantiker jüdischer Frömmigkeit. Die jüdische folkloristische Tradition schmückte die Sederfeier über die Jahrhunderte mit vielen Legenden, Refraindichtungen und volkstümlichen Liedern aus. Nach solchen Haggadot feiern traditionelle jüdische Familien noch heute ihr Pesachfest.[14]

Im Zentrum des Sederabends steht die Feier der Identität des Judentums. Wie alle jüdischen Feste dient Pesach der Vermittlung der jüdischen Tradition. Bereits M Pes X 5 hält fest, in jeder Generation solle sich jeder Mensch so betrachten, als sei er selbst aus Ägypten gezogen. Die Liturgie des Sederabends sieht vor, dass die anwesenden Kinder nach der Bedeutung verschiedener Aspekte des Pesachfestes fragen. *In diesem alten Frage- und Antwortritual werden Grunderfahrungen der jüdischen Heilsgeschichte mittels generationenübergreifender Kommunikation erfahrbar.* Der jüngste Knabe stellt vier Fragen über die symbolischen Speisen und Riten des Sederabends. Für diejenigen Kinder, die noch nicht imstande sind, selbstständige Fragen zu stellen, gibt es vorformulierte Fragen. Eine verbreitete Form des Frage- und Antwortrituals lautet:

> Was unterscheidet diese Nacht von allen übrigen Nächten? In allen anderen Nächten können wir Gesäuertes und Ungesäuertes essen, in dieser Nacht nur Ungesäuertes.
> Was unterscheidet diese Nacht von allen übrigen Nächten? In allen anderen Nächten können wir beliebige Kräuter essen, in dieser Nacht nur bittere Kräuter.
> Was unterscheidet diese Nacht von allen übrigen Nächten? In allen anderen Nächten brauchen wir nicht einzutunken, auch nicht ein einziges Mal, in dieser Nacht zweimal.
> Was unterscheidet diese Nacht von allen übrigen Nächten? In allen anderen Nächten können wir sitzend oder angelehnt essen, in dieser Nacht nur links angelehnt.[15]

Die vier Fragen des Kindes geben dem Vater Gelegenheit, als explizite Antwort die Grunddaten des heilsgeschichtlichen Credos zu rezitieren. *Implizite Antworten auf die Kinderfragen* geben aber auch das weitere Ritual, die Liturgie und das Liedgut der Feier. Auch diese Fragen dienen somit der umfassenden Vergegenwärtigung des Exodus als der entscheidenden Erlösungstat Gottes. Somit werden

14 Vgl. Gal-Ed (2001), 35-67.
15 Vgl. Shire (2001).

die Vergangenheit, die Gegenwart und die Zukunft des Gottesvolkes Israel mittels *generationenübergreifender Kommunikation* immer wieder aufs Neue erfahrbar. Das gemeinsam begangene, zeremonielle Pesachmahl stärkt und erneuert das Zusammengehörigkeitsgefühl der jüdischen Familie und der jüdischen Gemeinde, indem es den Feiernden in jedem Jahr von neuem ermöglicht, gemeinsam den Weg der Exodusgeneration in symbolischen Handlungen mitzugehen. Zugleich gibt das Fest aber auch dem Vertrauen in die Zukunft und der Hoffnung auf Erlösung Ausdruck.[16]
Der tannaitische Midrasch Mechilta Bo 18 zu Ex 13,14 bezieht die viermalige Erzählpflicht des jüdischen Vaters auf vier verschiedene Typen von Fragenden:

> Vier Söhne gibt es: der eine ist der Weise, der andere ist der Frevler, der dritte ist der Einfältige und der vierte ist der, welcher nicht zu fragen versteht. Der Weise, was spricht er? Was bedeuten die Zeugnisse, die Satzungen und die Vorschriften, welche der Ewige, unser Gott, uns befohlen hat? (…) Der Frevler, was spricht er? Was bedeutet dieser Dienst euch? (Ex 12,26)". „Euch" und nicht ihm. (…) Der Einfältige, was spricht er? „Was ist dieses?" Du aber sollst zu ihm sprechen: „Mit starker Hand hat der Ewige uns herausgeführt aus Ägypten, aus dem Haus der Knechte (Ex 13,14)". Und derjenige, der nicht zu fragen versteht, eröffne du ihm, denn es heißt: „Und du sollst deinem Sohn erzählen an diesem Tage" (Ex 13,8).

Die vier verschiedenen Arten des Traditionsempfangs durch den Weisen, den Frevler, den Einfältigen und den Unreifen entsprechen in ihrer Reihung einem abnehmenden Interesse am Ritual des Sederabends. Zugleich bietet diese Reihung aber auch reizvolle Ansätze zu einer Wahrnehmung von Analogien in den Entwicklungsphasen der kindlichen Aufnahmefähigkeit.[17] *Das Kind, das noch nicht zu fragen weiß, wird zu Fragen angeregt*, der Einfältige stellt neugierige Fragen, der Frevler stellt polemische Fragen, der Weise schließlich stellt kundige Fragen.
Hinsichtlich der Bedeutung von Fragen während der Sederfeier ist noch hinzuweisen auf die Verdienstlichkeit von שנוים („Veränderungen"). Diese absichtlichen Variationen der Tischsitten während des Sederabends sollen die anwesenden Kinder gewollt irritieren. Die Änderungen sollen ihnen auffallen und sie zu Fragen anregen. Ihr didaktisches Ziel besteht darin, eine persönliche Auseinandersetzung der Kinder mit dem Gegenstand der Feier zu provozieren.

16 Vgl. Trepp (2004), 161-171.
17 Vgl. Krochmalnik (2009), 57-90.

5 Zusammenfassung

Bereits in den jüdischen Heiligen Schriften dienten Fragen als Elemente einer *Didaktik des Erinnerns* der Vergegenwärtigung der Heilsgeschichte. In den halachischen Kontroversen der Rabbinen erhielten sie eine wichtige Funktion beim Wissenstransfer und beim Aufweis der prinzipiellen Pluralität sowohl der Halacha als auch der Vorläufigkeit aller menschlichen Wirklichkeitserfahrung. Auch im traditionellen jüdischen Schulunterricht spiegeln Fragen und Antworten in erster Linie die Orientierung an der Tora als dem Bauplan der Welt wider. Erst die jüdische Aufklärung rezipierte hingegen die eigentlichen hermeneutischen Voraussetzungen der sokratischen Lehrform. Bereits die antiken jüdischen Gelehrten nahmen eine Entsprechung zwischen den Möglichkeiten kindlicher Fragen und der Entwicklung des menschlichen Intellekts wahr. Das Fragenritual beim Sederabend sichert auch in der Gegenwart die notwendige Weitergabe der lebensstiftenden religiösen Tradition des Judentums über die Generationen hinweg.

Literatur

Birnbacher, Dieter: Das sokratische Gespräch (Reclams Universal-Bibliothek 18230), Stuttgart [2]2008.

Ego, Beate / Merkel, Helmut (Hg.): Religiöses Lernen in der biblischen, frühjüdischen und frühchristlichen Überlieferung (WUNT 180), Tübingen 2005.

Finsterbusch, Karin: Weisung für Israel. Studien zu religiösem Lehren und Lernen im Deuteronomium und in seinem Umfeld (FAT 44), Tübingen 2005.

Gal-Ed, Efrat: Das Buch der jüdischen Jahresfeste, Leipzig / Frankfurt am Main 2001.

Jacob, Benno: Das Buch Exodus, Stuttgart 1997.

Jungbauer, Harry: „Ehre Vater und Mutter“: der Weg des Elterngebots in der biblischen Tradition (WUNT II 146), Tübingen 2001, 84-87.

Krochmalnik, Daniel: Der „Lerner“ und der Lehrer. Geschichte eines ungleichen Paares, in: Schröder, Bernd u.a. (Hg.): Was ist ein guter Religionslehrer? Antworten von Juden, Christen und Muslimen (Religionspädagogische Gespräche 1), Berlin 2009, 57-90.

Krochmalnik, Daniel: Grundprinzipien des jüdischen Religionsunterrichts, in: epd-Dokumentation 2 (2009), 36-38.

Lax, Salomon: Elementarunterricht aus der Religion aus der Natur und der heiligen Geschichte besonders für jüdische Schulen und Privatunterricht, Leipzig 1807 [unpaginierte Vorrede].

Lohmann, Uta / Lohmann, Ingrid (Hg.): „Lerne Vernunft!“ Jüdische Erziehungsprogramme zwischen Tradition und Modernisierung (Jüdische Bildungsgeschichte in Deutschland 6), Münster u.a. 2005.

Mayer, Günter: Erziehung und Schule im antiken Judentum, in: Forschungsmagazin der Johannes Gutenberg-Universität Mainz 11/1 (1995), 4-13.

Millard, Alan Ralph: Pergament und Papyrus, Tafeln und Ton: Lesen und Schreiben zur Zeit Jesu, Gießen / Basel 2000.

Morpurgo, Elia: דברי חכמה ומוסר, in: המאסף 3 (1786), 131-137.
Shire, Michael: Die Pessach-Haggada, Berlin ²2001.
Sion, Avi: Judaic Logic. A Formal Analysis of Biblical, Talmudic and Rabbinic Logic, Genf 1995.
Soggin, Jan Alberto: Kultätiologische Sagen und Katechese im Hexateuch, in: VT 10 (1960), 341-347.
Tilly, Michael: Das Judentum (Marix Wissen), Wiesbaden ³2010.
Trepp, Leo: Der jüdische Gottesdienst. Gestalt und Entwicklung, Stuttgart ²2004.
Vegge, Tor: Paulus und das antike Schulwesen (BZNW 134), Berlin / New York 2006.

Ina Karg

Fragen und ihr kognitiv-kreatives Potenzial – Schülerarbeiten zu Ödön von Horváths Roman „Jugend ohne Gott“

Der Beitrag hat die Intention zu zeigen, dass Fragen zu stellen grundsätzlich mit Wissen und Diskursfähigkeit zusammenhängt und dies auch für Unterrichtssituationen gilt. Diese entscheidende Einsicht wird eingangs anschaulich am Beispiel einer literarischen Figur vermittelt. Ein theoretisch angelegter Teil zu Qualität und Form von Fragen bietet die Grundlage für eine Überprüfung des Anspruches kreativer Aufgaben, Schüler „eigene Wege“ bei den Fragestellungen, die sie an einen literarischen Text herantragen, gehen zu lassen. Diese Überprüfung erfolgt am Beispiel einer Fallstudie über die Arbeit einer Lerngruppe mit Ödön von Horváths Roman „Jugend ohne Gott“ und lässt im Ergebnis eher Skepsis aufkommen. Dass und wie Fragestellungen hingegen im Unterricht entworfen und angesiedelt werden können, die zu einem transparenten und dem Gegenstand angemessenen Erkenntnisgewinn durch die Schüler führen, wird anhand eines literaturdidaktischen Modells von „professionellem Literaturunterricht“ gezeigt. Damit ergibt sich eine Rückbindung zu den eingangs formulierten Einsichten über das Fragen und seine Grundlegung in den Wissensvoraussetzungen und der Diskursfähigkeit.

1 Ein prominenter Frager der deutschen Literaturgeschichte

In der deutschen Literaturgeschichte gibt es eine sehr prominente Figur, für die das Fragen zu einem Problem wurde – sowohl für die Figur selbst im Verlauf der Geschichte, die über sie erzählt wird und in der sie eine tragende Rolle spielt, als auch für diejenigen, die sich wissenschaftlich mit ihr lange und ausführlich beschäftigt haben. Gemeint ist Parzival, der Protagonist im gleichnamigen Roman Wolframs von Eschenbach, dessen Entstehung man kurz nach 1200 anzusetzen hat. Bekannt ist Parzival landläufig eher als „Gralsucher“. Doch in der deutschen Version Wolframs sucht er nicht den Gral,[1]

[1] Vgl. Haug (1990); Karg (1993).

sondern es geht um etwas anderes, nämlich das Fragen. Eine bedeutsame Stelle lautet:

> irn sult niht vil gevrâgen:
> ouch sol iuch niht betrâgen
> bedâhter gegenrede, diu gê
> rehte als jenes vrâgen stê,
> der iuch wil mit worten spehen[2]

> (Ihr sollt nicht viel fragen: Allerdings solltet ihr mit einer Antwort, die ihr gebt, genau auf das eingehen, was derjenige fragt, der etwas von euch wissen will. Übersetzung IK)

Wer hier spricht, ist ein Lehrer, der seinem Schüler Instruktionen über Kommunikationsmaximen in der Gesellschaft gibt. Er heißt Gurnemanz und sein Schüler ist ebenjener Parzival, der an dieser Stelle der Geschichte, die uns Wolfram erzählt, noch jung ist. Seine Mutter hatte ihn vor dem tödlichen Schicksal seines Vaters Gahmuret bewahren wollen und ihn daher fern der höfisch-ritterlichen Gesellschaft aufwachsen lassen. Doch fasziniert von einer Begegnung mit Rittern, auf die er zufällig im Wald trifft, verlässt der Junge seine Mutter, die ihm nur noch eine Reihe von Lehren mit auf den Weg geben kann, zum Beispiel die, dem Rat eines alten, weisen Mannes zu folgen.

Auf den stößt er dann in Person des Gurnemanz, der ihm die genannte Instruktion gibt. Gerade die darin enthaltenen Regeln erweisen sich aber dann als besonders desaströs: Gurnemanz rät ihm, wie wir lesen können, nicht so viel zu fragen, und so bleibt der brave Junge dann auch stumm, als man ihn vor den kranken König auf der Gralsburg führt. Er versäumt es, mit einer Frage, die man von ihm erwartet, den dahinsiechenden Burgherrn von seinem Leiden zu erlösen, er irrt dann jahrelang umher, kann die Burg nicht mehr finden, auf der wiederum deren Ritterschaft zunehmend in Trauer und Klagen versinkt.

Man hat in der mediävistischen Literaturwissenschaft viel über den Sinn dieser missglückten Instruktion durch Lehrinstanzen spekuliert. Mangelt es ihm an Mitleid? Er hat anderen Personen auf seinem Weg schon Mitleid entgegen gebracht. Versteht Parzival die Regeln falsch? Eigentlich sind sie klar formuliert. Dass eine Verstehensleistung in einer Welt funktioniert und in einer anderen nicht und dass sich Verstehensleistungen stets in Anwendungssituationen zu bewähren haben, kann man aus dem Erzählgeschehen zwar ableiten; ob da-

[2] Wolfram von Eschenbach: Parzival, hrsg. von Karl Lachmann, Berlin/Leipzig 1926 Pz, 171, 17ff.

mit eine Hierarchie der Welten – Gralswelt/Artuswelt – verbunden ist, sei dahingestellt. Interessant ist immerhin, dass der jugendliche Protagonist, um die richtige Frage in der relevanten Situation erst dann stellen kann, wenn er etwas durchlaufen hat, das als „Reflexionsaventiure" bezeichnet werden kann:[3] Auf seinem âventiure-Weg trifft er nämlich auf eine weitere Lehrperson. Sie heißt Trevrizent und klärt ihn darüber auf, warum der kranke König auf der Gralsburg leidet und was es mit dem Gral auf sich hat. Einen ganzen Kosmos von Zusammenhängen welt- und familiengeschichtlicher Art bekommt Parzival nun von seinem Mentor erläutert. Dabei wird ihm vor allem seine eigene Involviertheit in das Geschehen klar, denn er gehört zu einer weit verzweigten Familie, deren Angehörige in allen Handlungssträngen des epischen Kosmos dieses 25000 Verse langen Romans und allen seinen erzählten Welten vertreten sind und eine Rolle spielen. Parzival wird damit diskursfähig und das heißt: Zunächst kann er gar nicht *wissen*, dass er überhaupt etwas fragen soll, geschweige denn was. Auch der Leser oder Hörer der Geschichte weiß das nicht, denn bis zum Schluss sagt uns der Erzähler immer nur, dass eine Frage versäumt wurde. Man muss also erst etwas wissen, um überhaupt fragen zu können, und wenn es zunächst nur das Wissen ist, dass man ein Wissensdefizit hat.

2 Einige Überlegungen zu einer „Theorie des Fragens"

Die meistverbreitete Auffassung vom Fragen ist, dass man etwas nicht weiß und danach fragt. Fragen dienen demzufolge dazu, ein kognitives Defizit auszugleichen. Dass dies nicht ganz so einfach ist, zeigt schon die Tatsache, dass man sich von der Antike bis heute in verschiedenen Disziplinen mit der Thematik befasst hat: in der jüdisch-christlichen Religion, wo beispielsweise – und unter vielen anderen – die alttestamentarische Geschichte von Hiob die Frage nach Gott und seiner Gerechtigkeit anstößt; in der Philosophie, wo wir von Aristoteles erfahren, dass thaumázein, das fragende Staunen, der Beginn philosophischen Denkens ist; in der Psychologie, die sich dafür interessiert, was alles mitspielt und in uns vorgeht, wenn wir Fragen stellen und sie zu beantworten suchen; in der Logik, die Wahrheitswerten bei Unsicherheit nachgeht; beim Sprachenlernen, wenn wir merken, dass die Formen von Fragen in jeder Sprache neu zu lernen sind; in der Sprachwissenschaft, wo Austin und Searle deutlich gemacht haben, dass wir mit Sprache handeln, aber auch etwas bewirken, wenn wir stumm bleiben, damit bei unserem Gegen-

[3] Vgl. Karg (1993).

über Irritationen hervorrufen und Fragen „im Raum stehen". Wer unterrichtet, kennt nur allzu gut die klassische Schulsituation, wenn Schüler stumm bleiben und Lehrer verzweifelt versuchen, mit neuen Fragen die Lerngruppe zu aktivieren. Und so hat sich spätestens mit Reinstein 1874 schließlich auch die Pädagogik des Fragens angenommen.

Vor diesem Hintergrund und aus den Einsichten heraus, die Parzivals Geschichte vermittelt, wäre ein fachdidaktisches Modell anzuvisieren. Dabei soll zunächst eine Unterscheidung getroffen werden: *Eine* Art von Fragen beruht auf der Voraussetzung, dass derjenige, der sie stellt, erst wissen muss, dass er etwas nicht weiß, dass er weiß, dass er überhaupt etwas wissen will und was. Das heißt der Fragesteller braucht Wissen über Nichtwissen, er muss Vorwissen haben und muss kommunikations- und diskursfähig sein. Dies hat er entweder durch Erfahrung gelernt, was mitunter schmerzlich sein kann, oder man hat es ihm vermittelt. Auf jeden Fall aber hat dies mit dem Umfeld des Fragers zu tun, nämlich wie dieses Umfeld nicht nur seine Wissensbestände aufbaut und sichert, sondern auch, wie es Situationen bestimmt, die sprachlich – eben auch mit dem Instrument der Frage – zu bewältigen sind. Erforderliches Vorwissen kann bewusst, aber auch unbewusst sein: Auf jeden Fall steuern Vorannahmen und wissendes Nichtwissen Fragen: „Fragen beruhen auf Vor-Urteilen, die ein Problem inszenieren, erscheinen wie Vor-Stufen zu Behauptungen"[4] und Fragen müssen nicht immer in Frageform gestellt werden. Vorurteil ist in diesem Sinne allerdings nicht etwa falsches oder unbegründetes Urteil, sondern Bedingung für Verständigung, die vom Weltwissen, Gegenstandswissen und Wissen um das Kommunikationsverhalten der Partner abhängt und die regelt, wie sie sprachlich zu bewältigende Situationen erfolgreich gestalten – oder eben nicht. Diese Einsicht beinhaltet einen didaktischen Wert in einem sehr grundsätzlichen Sinne, als wir in unserem Bildungsauftrag gehalten sind, Schülern eine Einführung in die Konventionen einer Sprechergemeinschaft zu vermitteln, die aber nicht immer und nicht unmittelbar als Regeln abstrahierbar sind. Sprachlich zu bewältigende Situationen haben eine Tiefendimension: Parzival muss Erfahrung, Reflexion und Instruktion zusammenbringen – und all dies entzündet sich an der „Frage".

Wenn in sprachlich zu bewältigenden Situationen „Fragen" eine prominente Rolle spielen, so führt dies noch enger an das Thema der Fragen im Unterricht heran, insofern man eine zweite Art von Fragen unterscheiden muss: Im Unterricht sind Fragen auch einer Kommunikationssituation geschuldet und unterliegen Gepflogenheiten. Mit-

[4] Confais (1995), 10.

unter sind diese allerdings sehr starr und gleichen einem Ritual. Vor allem aber beruhen sie nicht auf Wissenslücken der Lehrperson über den Unterrichtsgegenstand, sondern allenfalls über den Kenntnisstand der Schüler. Die Frage: Wer hat den Roman „Jugend ohne Gott" geschrieben? ist demnach nicht der Absicht geschuldet, eine Wissenslücke der Lehrperson bezüglich des Verfassers eines literarischen Textes auszugleichen, sondern ihr Aufschluss darüber zu geben, ob bei den Schülern das Wissen vorhanden ist. Abgesehen davon finden wir uns damit eher einer Quizsituation ausgesetzt als einer Unterrichtskommunikation. Lehrerfragen beruhen daher zwar auch auf Vorannahmen, nicht aber auf Wissenslücken der Lehrperson bezüglich des Gegenstandes des Unterrichts. Außer im Falle von einsinnigen Wissensabfragen haben Fragen im Unterricht einen anderen Status. Sie sind Impulse zur Einsicht in Gegenstände und Sachverhalte. Seit dem 18. Jahrhundert hat sich die Frage im Unterricht als Methode zum Erkenntnisgewinn schrittweise etabliert: Zunächst wurde geraten, den instruierenden Lehrervortrag durch Nachfragen der Lehrperson an ihre Schüler zu unterbrechen, um sich Aufschluss darüber zu verschaffen und sich dessen zu versichern, dass sie den Äußerungen folgen und sie verstehen können. Die Vorstellung dabei ist, dass das Wissen des Lehrers an die Schüler weitergegeben wird. Aus heutiger Sicht ist dies jedoch ein allzu schlichtes Modell lehrhafter Instruktion. Daher wurde das Verfahren im Laufe der Zeit aufgebrochen und der Unterricht als Gespräch konzipiert. Durch geschicktes Fragen des Lehrers sollen die Schüler nun zu Einsichten über den zu vermittelnden Gegenstand und Sachverhalt gelangen. Bekannt geworden ist dies als fragend-entwickelndes Verfahren, das sich an das Modell der Sokratischen Dialoge und ihrer Maieutik anlehnt.[5] Seinem Anspruch nach ist das fragend-entwickelnde Verfahren daher keine Wissensvermittlung im Sinne der Belehrung oder des schlichten Transfers von Wissensbestand vom Lehrer auf Schüler, sondern ein geleitetes eigenes Entdecken, das zudem als „regressive Abstraktion" angelegt sein kann, wenn Schüler vom Besonderen zum Allgemeinen geführt werden und zur Begriffsbildung und der Einsicht in sie gelangen sollen.

Dennoch hat das fragend-entwickelnde Verfahren bekanntlich Skeptiker und Kritiker auf den Plan gerufen. Der Vorwurf besteht darin, dass es heißt, Schüler sollen hier nicht anders als beim ausschließlichen oder nur gelegentlich durch Bestätigung fordernden Nachfragen, das den Lehrervortrag unterbricht, wiederum auch nur an das herangeführt werden, was Wissensbestand und Einsicht des Lehrers ist. „Eigene" Erkenntnisse seien nicht möglich, da der Lehrer die

[5] Vgl. Birnbacher (2002).

Schüler steuert und sie auf etwas hinführt, das er ihnen über diese Hinführung aufzwingt. Wiederum könnten Schüler nur das erkennen, was die Lehrerfrage ermöglicht. Die Lehrerfrage ist, so besehen, also gar keine echte Frage, sondern nur eine in Frageform verpackte Instruktion. Auf der Grundlage neuerer kognitionspsychologisch-konstruktivistischer Lerntheorien entlarvt man daher diese Verpackung des Stoffes in die Form der Frage und wendet ein, dass damit auch gar nicht die Voraussetzungen geschaffen werden, unter denen Fragen sinnvoll beantwortet werden könnten. Es komme, so die Kritik, zu „Ratesituationen“ statt zu Erkenntnissen, ja mitunter auch zu peinlichem Schweigen. Es ist nicht in Abrede zu stellen, dass dem mitunter so ist.[6]
Man hat sich daher andere Verfahren und andere Aufgaben überlegt: Aufgaben mit mehr „kreativem“ Potenzial und mit der Möglichkeit – so die Intention – „eigener Zugänge“ zur Erkenntnis über den Gegenstand durch die Schüler. Vor allem für den Literaturunterricht werden seit geraumer Zeit in der deutschen Literaturdidaktik andere Vorgehensweisen vorgeschlagen, mit Hilfe derer man zu vermeiden sucht, dass durch das fragend-entwickelnde Gespräch von der Lehrperson vorgefertigtes Wissen, vorgegebene Einsichten und gewollte Antworten von den Schülern lediglich nachvollzogen werden.[7] Der kreative Anspruch und der Erfolg „eigener Zugänge“ ist jedoch zu prüfen. Darum geht es im Folgenden. Der Blick soll auf eine Lerngruppe gerichtet werden, die von ihrer Lehrperson Aufgaben zu Ödön von Horvaths Roman „Jugend ohne Gott“ bekommen hat, die sich an die literaturdidaktischen Vorstellungen eines handlungs- und produktionsorientierten Unterrichts anschließen.

3 Aufgabe und Schülerarbeiten

Ödön von Horvaths „Jugend ohne Gott“ ist ein Roman, der 1938 verfasst wurde. Der Inhalt sei kurz zusammengefasst: Ein Lehrer bekommt in seiner Klasse, das heißt mit dem Vater des Schülers N, Schwierigkeiten, da er rassistische Aussagen über „Neger“ in einem Aufsatz dieses Schülers nicht zugelassen hat. Die Schüler der Klasse stellen sich gegen den Lehrer und verlangen vom Direktor der Schule, dass sie eine andere Lehrkraft bekommen. Dieser allerdings wehrt das Ansinnen ab. Zur Eskalation kommt es auf einem Zeltlager, als ebendieser Schüler N ermordet wird. Die mögliche Motivation des potenziellen Täters hat als Hintergrund einen Vertrauensbruch, der

[6] Vgl. vor allem Haas/Menzel/Spinner (1994).
[7] Grundlegend: Haas/Menzel/Spinner (1994).

darin besteht, dass das Tagebuch des Schülers Z gelesen wurde. Dieser Z verdächtigt N (den Rassisten), der mit ihm ein Zelt teilt, denn beide hatten bereits ständig Streit miteinander. Daher ist es naheliegend, Z als Mörder des N zu verdächtigen, als dieser tot aufgefunden wird. Es kommt zum Prozess. Doch nicht Z hatte das Tagebuch gelesen, sondern der Lehrer, der sich damit Aufschluss über merkwürdige Vorgänge im Zeltlager erhoffte. Dass er dies erst sehr spät im Verlauf der Aufklärungen des Mordfalls zugibt, führt zu seiner Entlassung aus dem Schuldienst. Über die oberflächliche Aufklärung hinaus steht aber die Schuldfrage im Raum. Der Lehrer hat eine Art Vertrauensperson, Julius Caesar, eine etwas heruntergekommene Persönlichkeit, mit dem er sich bereits vor dem Zeltlager getroffen hat, mit dem er sich über seine Situation und über grundsätzliche menschliche und theologische Fragen austauscht und der aufgrund der Umstände und Erscheinungen vom „Zeitalter der Fische“, in dem sie leben, spricht. Noch vor dem Zeltlager war ein Schüler gestorben, was den Lehrer über die Gerechtigkeit Gottes reflektieren lässt; die Frage bespricht er auch mit dem Ortspfarrer; an den Schülern beobachtet er überhaupt keine moralischen Bedenken oder Skrupel: die neue Zeit menschlicher Kälte scheint sie zu faszinieren. Zeichen dafür ist das Fischgesicht des Schülers T.

Im Sinne neuer kreativer Verfahren, handlungs- und produktionsorientierter Methoden sowie kognitionspsychologisch-konstruktivistischer Lerntheorien, hat die Lehrperson ihren Schülern einer 10. Klasse eines Gymnasiums folgende Aufgabe gestellt:

Situation:
Nach dem Ende des Prozesses kehrt der Lehrer nicht nach Hause zurück, sondern geht noch in die Bar, in der er wieder Julius Caesar trifft (anderer Ablauf des Kapitels „Der Fisch“, ab S. 101, Z. 33). Es entwickelt sich ein ähnliches Gespräch wie beim ersten Mal.

1. Aufgabe: Schreibe dieses Gespräch, in dem sich der Lehrer mit seinem Verhalten im Zeltlager und im Prozess auseinander setzt.

Folgende Punkte sind dabei zu berücksichtigen:

1) Es soll fast ausschließlich der Lehrer sprechen; er hält im Prinzip einen Monolog, den Julius Caesar durch gelegentliche Nachfragen oder Einwände unterbrechen kann.
2) Im Mittelpunkt soll die Frage der Schuld beziehungsweise Mitschuld am Tod des N. stehen.

> 3) Beziehe deine Kenntnisse über die Figur des Julius Caesar sowie das erste Gespräch der beiden ein (v.a. S. 26, Z. 18ff.)
>
> 2. Aufgabe: Erläutere in einem Kommentar zu dem von dir verfassten Gespräch die Aussagen des Lehrers und ggf. Julius Caesars. Benenne wichtige Textstellen, auf die sich deine Textproduktion stützt.

Zunächst sei die Aufgabenstellung betrachtet:
Bei genauerem Hinsehen erkennt man, dass die Lehrperson Fragen sehr wohl an ihre Schüler stellt. Sie lassen sich etwa folgendermaßen ausfiltern:

- Ist der Lehrer schuldig am Tod des N.?
- Implizit fragt sie auch: Wie „geht" es dem Lehrer?

Verpackt sind beide Fragen in der Aufgabenstellung, dem Arbeitsauftrag, der nicht in der Frageform formuliert ist. Dies ist kompatibel mit sprachwissenschaftlichen Aussagen, die einerseits von der Frage-*form* und anderseits von der *Fraglichkeit* einer Äußerung ausgehen. Die Lehrperson erfragt also etwas, obwohl sie es nicht in einem Fragesatz formuliert. Sie umgeht damit zwar die Form des fragend-entwickelnden Verfahrens, stellt aber dennoch implizit Fragen an die Schüler. Ferner sei vorläufig auch bereits festgehalten, dass die Lehrperson eine bestimmte Auffassung vom Gegenstand, vom Unterricht und von den Schülern hat, auch wenn sie auf den ersten Blick gesehen „kreative" Aufgaben im Sinne der kognitionspsychologisch-konstruktivistischen Lerntheorien und der literaturdidaktischen Forderung nach „eigenen Wegen" der Lernenden stellt.
Wie reagieren nun die Schüler darauf? Von ihnen liegen 18 Arbeiten vor, die sich folgendermaßen sortieren, beschreiben und anhand von Beispielen veranschaulichen lassen (Zahlenangaben sind Codenummern der Schülerarbeiten):
Was die Schüler den Text „fragen", legen sie Julius Caesar in den Mund.
Dabei tauchen alle Formen von Fragen auf:

- Wortfragen: *Was wollen Sie tun?, Warum? Wer sollte es sonst gewesen sein? (mehrfach)*
- Satzfragen: *War es so? Wurde der Z für seine Tat verurteilt? (mehrfach)*
- Entscheidungsfragen: *Was macht Sie sicher, dass der dritte den N getötet hat? Sieht es nicht eindeutig so aus als wenn der Z der Täter ist? (11)*
- Suggestivfragen: *Meinen Sie wirklich? Oder etwa nicht? (3); Sieht es nicht eindeutig so aus als wenn der Z der Täter wäre? (10)*

– Nachfragen: *Einem Zeltlager? (8); Ein Fotoapparat? (8)*
– gar keine Frageformen: *Sie sagen, Sie seien mitschuldig am Tod, aber wir haben noch keinen Schuldigen. (1;) Das ist doch auch schon bei anderen Zeltlagern vorgekommen. (3)*
– gar keine „Fragen“:
  - Innerer Monolog des Lehrers; Julius Caesar kommentiert die Aussage des Lehrers auf einer höheren Ebene („Fische“) *(10)*
  - Fragen des Lehrers an sich selbst *(17)*

Die Fragen, die die Schüler Julius Caesar stellen lassen, beziehen sich auf

1. den Inhalt: *Was ist geschehen; Wie ging es dann weiter (4)* – die Arbeit *(4)* ist fast ausschließlich auf diese Art und Weise formuliert.
2. eine mögliche Aufklärung des Mordes: *Sie sagen, Sie seien mitschuldig am Tod, aber wir haben noch keinen Schuldigen. (2); Wie kam der Sinneswandel, wenn ich fragen darf? (6); Haben sie diesen schon verurteilt?(7); Wer sollte es denn sonst gewesen sein? Er hatte doch einen guten Grund. (13)*
3. die Gefühlswelt des Lehrers
   – Erleichterung, dass der jemanden zum Reden hat: *JC: Was ist denn bloß in Sie gefahren? (18)*
   – Selbstmitleid des Lehrers, das ihm Julius Caesar austreiben will: *Hören Sie mit dem Selbstmitleid auf! (1)*
   – Schuld (Kästchen geöffnet, nicht ausgesagt, zu spät die Wahrheit gesagt, Tod):
   (1): *Glauben Sie, es wäre nicht geschehen, wenn Sie nicht das Kästchen erbrochen hätten*?
   – der Lehrer versteht sich selbst nicht, daher sagt JC: *Aber denken Sie, dass Ihnen Selbstvorwürfe weiterhelfen? (9);*
   – Julius Caesar beruhigt den Lehrer: *Ich bin mir sicher, dass Sie keine Schuld haben. (5)*

Zieht man Bilanz, so zeigen die Arbeiten Folgendes:
– Im Mittelpunkt steht das Geschehen, die Arbeitslosigkeit und die Psyche des Lehrers – dieser wird nicht als literarische Figur wahrgenommen, sondern als Person des eigenen Alltags: Die Schüler tragen ihr Wissen von möglichen Motivationen und psychischen Befindlichkeiten an die Figur als Mensch ihrer eigenen Umgebung heran.
– Eine Logik des Geschehens wird konstruiert
  - als kohärentes Verhalten der [literarischen] Figur gemäß der den Schülern bekannten Alltagslogik
  - als Kriminalgeschichte

– Die religiöse Dimension wird sehr wenig thematisiert: Die Arbeiten *(6)* und *(8)* bringen Zitate aus dem Text; in Arbeit *(17)* heißt es: *„Gott wirds schon richten."*

– Damit hängt zusammen, dass „Schuld" unterschiedlich gesehen wird:

- dass der Lehrer das Tagebuch des Z gelesen hat,
- dies verschwiegen beziehungsweise dass er zu spät die Wahrheit gesagt hat und
- als Schuld am Tod des Schülers N
    - Ein Zusammenhang zwischen diesen Aspekten der Schuldfrage wird manchmal hergestellt, manchmal aber auch nicht, allenfalls aber nur implizit angenommen; eine weitere Dimension von Schuld – besser: die Verantwortung des Lehrers im Sinne gesellschaftlicher Verantwortung wird nur bei einer Arbeit *(9)* angesprochen. Im Mittelpunkt hingegen steht die Psyche des Lehrers.

– Zusätzlich zu den „Fragen" der Lehrperson wird nach einem möglichen Täter gefragt, den manche als den Schüler vermuten, der als „Fisch" bezeichnet wird. Hier geht es jedoch nur um die Physiognomie im Sinne einer Täter-Erkennung. In nur einer Arbeit (14) wird dem Fischmotiv nachgegangen.

– Unklar bleibt, was es mit dem Zeitalter der Fische auf sich hat; nicht wahrgenommen wird die Fiktionalität des Romangeschehens und der Text als Literatur.

Die Aussagen zu Aufgabe 2, das heißt die von der Lehrperson verlangte Kommentierung der kreativen Aufgabe, bestätigen noch einmal, dass die Schüler im Handlungsgeschehen mitleben, sich in die Figuren als Personen hineinversetzen, Alltagslogik ihrer Erfahrungswelt von hier und heute anwenden und als literarisches Schema nur den Kriminalroman oder den Fernsehfilm erkennen und damit arbeiten. Textstellen werden der zuvor angesetzten Handlungs- und Figurenlogik unterworfen.

Wenn man nun diesen Befund vor dem Hintergrund der Kritik am fragend-entwickelnden Verfahren vergegenwärtigt, so sieht man: Es kommt nicht zu mehr an Nutzung von kreativem Potenzial durch die andere Aufgabenstellung, sondern zu weniger Erkenntnis über den Gegenstand. Abgesehen davon geben Lehrerfragen den Schülern auch hier vor, welche Art von Fragen sie an den Gegenstand richten sollen. Dabei ist unerheblich, ob diese „Fragen" in der Frageform gestellt sind oder eine andere sprachliche Form haben.

Vieles bleibt den Schülern dabei unklar, und sie wollen es auch gar nicht wissen, das heißt sie kommen gar nicht auf die Idee, danach zu fragen: Sie akzeptieren, dass der Text keine Auflösung des Falles benennt; sie gehen Andeutungen im Text nicht nach, sondern spekulie-

ren mit Hilfe eigener Erfahrung von Kenntnissen außerhalb der Lektüre und außerhalb des Unterrichts, das heißt ihrer Welterfahrung und Kenntnis von Kriminalfilmen, und sie lösen Symbole nicht auf, ja nehmen sie gar nicht als solche wahr.
Wie ist dies zu beurteilen?
Einerseits zeigen die Schüler damit ein Leseverhalten, das die amerikanische Leseprozessforschung als „literary mode" oder „literary condition" bezeichnet hat: Lesen wird dort verstanden als ein Prozess, bei dem Textimpuls und Vorwissen in einem komplexen und beim Durchgang durch den Text zunehmend komplexer werdenden Zusammenspiel miteinander verarbeitet werden und ein so genanntes „Situationsmodell" kreiert wird: ein Situationsmodell ist das, was der Leser als Ergebnis seines Lesevorgangs festhalten kann. Bei einem Text, den ein Leser als „literarischen" rezipiert, kann es dem Modell zufolge dazu kommen, dass mehrere solche Situationsmodelle gebildet werden und nebeneinander stehen bleiben können.[8] Das Vorgehen der Schüler kann mit dieser Modellierung des „literarischen Lesens" beschrieben werden.
Andererseits wird dabei deutlich, dass das Situationsmodell (oder die Situationsmodelle) dadurch zustande kommen, dass die Handlung als die der eigenen Wirklichkeit wahrgenommen wird, nicht als eine, die durch eine Textstruktur, Symbolhaftigkeit und literarische und rhetorische Muster vermittelt ist. Schüler identifizieren sich mit Personen, statt Figuren in einem Text zu erkennen, der sich in eine literarische Tradition einreiht und als solcher nicht einfach eine Beschreibung von Wirklichkeit ist, sondern – vorläufig formuliert – potenzielle Referenzen auf eine Wirklichkeit hat.
Die Lehrperson hat mit ihrer kreativen Aufgabe genau das initiiert, was die Schüler tun. Sie hat das umgesetzt, was seit etwa 30 Jahren in der deutschen Literaturdidaktik als handlungs- und produktionsorientierter Literaturunterricht empfohlen wird. Diese Verfahren beruhen genau auf dem, was sich an den Arbeiten der Schüler zeigt: Die unmittelbare Identifikation mit den Personen, der Handlung und ihre Anreicherung mit eigenem Wissen und eigenen Erfahrungen. Dass man dies tun soll, ist gemeinsame Auffassung von Schülern und Lehrperson – und damit sind es dann letztlich doch gerade nicht die eigenen Wege der Schüler, sondern auch nur wiederum die vorgegebenen der Lehrperson. Es ist zu hoffen, dass sie immerhin die unterschiedlichen Anreicherungen aus dem Alltagsleben, die die Schüler vornehmen, akzeptiert und nicht etwa meint, nur ihre Anreicherungen aus ihrem Alltagsleben seien korrekt.

[8] Vgl. Zwaan (1995).

Die Frage ist aber nun: Kann man in zukünftiger fachdidaktischer Modellierung von Literaturunterricht dabei stehen bleiben?
Kreative Aufgaben gehen von einem solchen „literary mode“ auf der Ebene von Figuren als psychologisch motivierte Personen und Handlungen unter Ansatz eines Alltagsmodells aus. Sie verhindern aber, dass bestimmte Fragen überhaupt gestellt werden. Dazu würde zum Beispiel die Frage gehören, warum die Figuren teilweise keine Namen haben, sondern mit Buchstaben identifiziert werden, welche Art von Sprache hier verwendet wird, warum eine solche Geschichte erzählt wird und warum gerade zu dieser Zeit. Damit solche Fragen überhaupt gestellt werden können, müsste anders angesetzt werden.

4 „Professioneller“ Literaturunterricht

Die Profession, das heißt der literaturwissenschaftliche Diskurs – die Art und Weise, wie wissenschaftlich das verhandelt wird, was man als Literatur rezipiert –, spricht angesichts literarischer Texte von Polyvalenz. Das scheint zunächst kompatibel mit dem empirischen Befund des „literary mode“ der Leseforschung und dem Vorgehen der Schüler bei ihrer kreativen Aufgabe. Es ist jedoch bei weitem nicht dasselbe.
Polyvalenz der Literatur hat man als Textqualität bestimmen wollen und von einer poetischen Sprache (Jakobson) oder von „Überstrukturiertheit“ gesprochen. Seit den Arbeiten von Schmidt 1980, von Heydebrand/Winko 1995, oder Worthmann 2004, Winko 2009, Jannidis 2009 und anderen ist jedoch davon auszugehen, dass es nicht darum geht, was Literatur *ist,* sondern darum, was als Literatur *gilt.* Von Heydebrand/Winko weisen beispielsweise darauf hin, „daß „Literatur“ keine Menge von Texten, sondern ein „gesellschaftliches Handlungssystem“ bezeichnet,[9] das sich mit der Entstehung von autonom sich verstehender Literatur in der zweiten Hälfte des 18. Jahrhunderts herausgebildet hat und sich anschließend in professionellem Gespräch und ebensolcher Vermittlung zeigt: im Verlagswesen, in der Literaturkritik, in der Literaturwissenschaft. Es sollte auch Grundannahme für den Unterricht sein. Der professionelle Rezeptionsmodus ist dabei eine Rezeptionsweise, die sich grob gesprochen als „analysierende Rezeption“ versteht, bei der die Leser aus einer dem Textinhalt, der Handlung und den Figuren gegenüber distanzierten Haltung heraus vor allem an den formalen Strukturen des Textes interessiert sind. Sie ist gerade keine „involvierte Rezeption“, bei der sich die Leser kognitiv und emotional in die erzählte Hand-

[9] Heydebrand/Winko (1995), 40.

lung hineinversetzen, so dass sie gleichsam im Gelesenen „mitleben".[10] Diese Grundannahme hat lange unbefragt den Literaturunterricht bestimmt und wurde im fragend-entwickelnden Analyseverfahren, solange es überlegt organisiert wurde, auch zum Erkenntnisgewinn über den Gegenstand Literatur umgesetzt. Die kreativen Aufgaben setzen anders an – so besehen unprofessionell, wenn man so will, und dem eigenen Anspruch nicht gerecht werdend, da die Schüler zu lediglich sehr eingeschränkten Fragestellungen kommen. Gibt es einen Weg aus dem Dilemma? Immerhin sprechen auch Literaturdidaktiker vom „kulturellen Handlungsfeld ‚Literatur'".[11]

Im Folgenden wird der Versuch unternommen, „professionellen Literaturunterricht" in diesem Sinne zu skizzieren und zugleich die unterrichtliche Umsetzung und Organisation mitzudenken. Das Modell eines professionell angelegten Literaturunterrichts würde in den Fragestellungen von Anfang an breiter angelegt sein, als dies sowohl die Fragen des traditionellen Unterrichtsgesprächs als auch die so genannten kreativen Aufgaben sein können. Es würde den Schülern zunächst sehr wohl eigene Zugänge ermöglichen, sie aber damit und dabei nicht alleine lassen, sondern auch Wissen vermitteln, um sie weitere Fragen stellen lassen zu können. Drei Phasen wären anzusetzen:

In einer ersten Phase wird „alles zugelassen". Es werden kreative Impulse zu verschiedenen Textstellen, Ereignissen oder Figuren gegeben oder ein ganzes Fragenbombardement *gleichzeitig* zur Verfügung gestellt. Letzteres wäre nicht etwa eine didaktisch-pädagogische Fehlleistung, sondern im Gegenteil ein Instrument, um absichtsvoll die Irritation hervorzurufen, die eben damit nicht für den Erkenntnisgewinn hinderlich ist, sondern das Fragenpotenzial darstellt, das zu Einsichten führen kann. Unterrichtsorganisatorisch wäre an Gruppenarbeiten zu denken und wäre das gesamte Arsenal der handlungs- und produktionsorientierten Verfahren zu nutzen: Rollenspiele, Dialoge, Pantomimen, zusätzliche Kapitel zum Roman zu schreiben oder sich alternative Handlungsführungen auszudenken. Dies wäre jedoch nicht schon der Unterricht selbst, sondern die Verfahren hätten den Status von Methoden zum Erkenntnisgewinn. Dafür sind jedoch weitere Phasen anzusetzen. Der Sinn dieser ersten Phase besteht darin, eine Art „Verhandlungsbühne" aufzubauen, die der Lehrperson die Möglichkeit der Diagnose bietet: Sie „befragt" die Angebote, die die Lerngruppe mit diesen Aufgaben macht, wie es oben für die Schülerarbeiten zu Horváths Roman vorgenommen und vorgestellt wurde. In diesem konkreten Fall kann man diagnosti-

10 Worthmann (2004).
11 Abraham/Kepser (2009).

zieren, dass die Schüler den Text als eine Kriminalgeschichte lesen und für die Figurenwahrnehmung ihre eigene Alltagslogik ansetzen.
Eine zweite Phase soll dazu dienen, dass Schüler Wissen über Kontexte erwerben. Dazu gehören Informationen über den Autor, über die Entstehungszeit, über die Prinzipien und Möglichkeiten literarischer Genres und Verfahren wie die Parabel, den Kriminalroman, den Tagebuchroman, den inneren Monolog, über Erzählsituationen, Perspektiven und Fokalisierungen. Fragen dienen hier dazu, das kognitive Defizit zu finden und mit Aufgaben die Schüler dazu anzuleiten, es auszugleichen und sich einen Wissensbestand aufzubauen: Organisatorisch kann dies als Arbeit in der Bibliothek, mit Handbüchern oder durch eine Internetrecherche erfolgen. Diese Phase dient zur Informationsbeschaffung und -sortierung. Die beschaffte und geordnete Information wird als erarbeitete Wissenskomponente in Wandzeitungen, Postern, Folien oder Expertenecken präsentiert und so der gesamten Lerngruppe zur Verfügung gestellt.
In einer dritten Phase werden die vorläufigen Sinnzumessungen der ersten Phase, die zunächst zugelassen sind, mit dem Wissen abgeglichen, das nun erworben ist. Damit lassen sich andere Fragen an den Text stellen und andere Dimensionen öffnen als die der Personen- und Handlungsebene und etwas anderes erreichen, als dass sich die Schüler in die Handlung und Personen hineinversetzen, wie sie ihnen (vermeintlich) der Text anbietet. Dann erst ist zu fragen, ob es nicht um viel mehr geht als die Aufklärung eines Mordes oder inwieweit klare Zeitbezüge erkennbar sind, die Geschichte aber darin dennoch nicht aufgeht. Um diese Fragen überhaupt stellen und sie dann auch bearbeiten zu können, braucht man Wissen, das über das hinausgeht, was einer eigenen Alltagserfahrung geschuldet ist.
Damit ergibt sich die Möglichkeit einer Rückkopplung zum Anfang dieses Beitrags: Was dieses Modell professionell sich verstehenden Literaturunterrichts erreichen soll, ist zu zeigen und zu garantieren, dass Fragen, in welcher Form auch immer, im Diskurs angesiedelt sind, und dass Fragen zu stellen – auch an Texte, die man als literarische rezipiert – bedeutet, Diskursfähigkeit erworben zu haben. Sie hat mit kulturellen Praktiken einer Sprecher- und Kulturgemeinschaft zu tun, und „professioneller Literaturunterricht" ist damit einer, der die kompetente Teilhabe an den gesellschaftlichen Gesprächen über Literatur z.B. beim Theaterbesuch, Besuch eines Literaturhauses und bei der eigenen Lektüre als kulturelle Praktiken ermöglicht.
Auf der Grundlage von Wissenserwerb, der Schülern eine distanziert-reflektierende und analysierende Zugehensweise ermöglicht, werden zwar die „offenen Fragen" des Zwaanschen „literary mode"[12]

[12] Zwaan (1996).

nicht geschlossen, aber es werden andere gestellt, die nicht bei der achselzuckend-lakonischen Akzeptanz der Auffassung, einen literarischen Text könne man eben vielfältig „interpretieren", stehen bleibt. Eine Lehrperson, die so vorgeht, wird dann auch nicht ihr willkürliches „Situationsmodell" gegen das der Schüler ausspielen oder hilflos alles zulassen. Sie hat durch das Unterrichtsverfahren, das einem hermeneutischen Modell des zirkulären, besser: spiralförmigen Verstehens geschuldet ist, die Möglichkeit einer Kontrolle über die Verstehensvorgänge ihrer Schüler. Sie kann in Lernsituationen eingreifen und steuern, wo dies erforderlich ist, und kann in Prüfungssituationen Kompetenz erkennen.

Das Vorgehen ist vergleichbar dem Parzival-Modell, das sich aus der mittelalterlichen Geschichte des verzweifelten Fragers abstrahieren ließ. Er musste auch erst wissend werden, um fragen zu können. Im Modell des professionellen Literaturunterrichts kommt erst in der dritten Phase, das heißt nach dem Wissenserwerb eine dem Gegenstand adäquate Fragestellung auf. Wichtig ist dabei jedoch auch der Lernprozess, den jemand durchlaufen hat und mit dem er diskursfähig geworden ist, diskursfähig im Sinne einer Teilhabe an hier in unserem Fall professionell verantwortbarer Kommunikation mit und über Texte im gesellschaftlichen System Literatur.

Literatur

Ausgaben

Wolfram von Eschenbach: Parzival, hrsg. v. Karl Lachmann, Berlin / Leipzig 1926.

Ödön von Horváth: Jugend ohne Gott. Text und Kommentar, Frankfurt 1999.

Fragen

Birnbacher, Dieter: Das sokratische Gespräch, Stuttgart 2002 (Universal-Bibliothek 18230).

Confais, Jean-Paul: Frage, Fragesatz, Fraglichkeit, in: Schecker, Michael (Hg.): Fragen und Fragesätze im Deutschen, Tübingen 1995, 1-12.

Dalmas, Martine: Was üblicherweise einer Frage vorausgeht, in: Schecker, Michael (Hg.): Fragen und Fragesätze im Deutschen, Tübingen 1995, 257-269.

Dillon, Jim D.: Questioning in Education, in: Meyer, Michel (Hg.): Questions and Questioning, Berlin 1988, 98-117.

Krohn, Dieter: Das Sokratische Gespräch – Möglichkeiten in philosophischer und pädagogischer Praxis, Frankfurt am Main 1999.

Meyer, Michel: Toward a history of the question, in: ders. (Hg.): Questions and Questioning, Berlin 1988, 1-35.

Reinstein, Alwin: Die Frage im Unterricht, Leipzig 1874.

Reis, Marga / Rosengren, Inger (Hg.): Fragesätze und Fragen. Referate anläßlich der 12. Jahrestagung der Deutschen Gesellschaft für Sprachwissenschaft, Saarbrücken 1990, Tübingen 1991.

Rost-Roth, Martina: Nachfragen. Formen und Funktionen äußerungsbezogener Interrogationen, Berlin 2006.

Literaturwissenschaft

Baumann, Peter: Ödön von Horváth: „Jugend ohne Gott“ – Autor mit Gott? Analyse der Religionsthematik anhand ausgewählter Werke, Bern 2003, v.a. 243-314.

Haug, Walter: Parzival ohne Illusionen, in: ders. (Hg.): Brechungen auf dem Weg zur Individualität. Kleine Schriften zur Literatur des Mittelalters III, Tübingen 1995, 125-149.

Heydebrand, Renate von / Winko, Simone: Einführung in die Wertung von Literatur Paderborn 1996.

Jannidis, Fotis: Polyvalenz – Konvention – Autonomie, in: Jannidis, Fotis u.a. (Hg.): Regeln der Bedeutung. Zur Theorie der Bedeutung literarischer Texte, Berlin 2003, 305-328.

Karg, Ina: ...sîn süeze sûrez ungemach... Erzählen von der Minne in Wolframs Parzival, Göppingen 1993 (Göppinger Arbeiten zur Germanistik 591).

Keufgens, Norbert (Hg.): Ödön von Horváth: Jugend ohne Gott. Erläuterungen und Dokumente, Stuttgart 1998 (Universal-Bibliothek 16010).

Krischke, Traugott (Hg.): Materialien zu Ödön von Horváth, Frankfurt am Main 1970 (edition suhrkamp 436).

Schmidt, Siegfried J.: Grundriß der empirischen Literaturwissenschaft. Der gesellschaftliche Handlungsbereich Literatur, Braunschweig 1980.

Winko, Simone u.a. (Hg.): Grenzen der Literatur. Zu Begriff und Phänomen des Literarischen, Berlin u.a. 2009.

Worthmann, Friederike: Literarische Wertungen. Vorschläge für ein deskriptives Modell, Wiesbaden 2004.

Fachdidaktik

Abraham, Ulf / Kepser, Matthis: Literaturdidaktik Deutsch. Eine Einführung. (ESV basics, Bd. 42), Berlin ^{3}2009.

Haas, Gerhard / Menzel, Wolfgang / Spinner, Kaspar H.: Handlungs- und produktionsorientierter Literaturunterricht, in: Praxis Deutsch (1994), Heft 123, 17-25.

Peter Weber

Schüler fragen – Zur Beschreibung einer sprachlichen Handlung im Religionsunterricht

Auftrag und Anliegen des Religionsunterrichts ist es, mit den Schülern die großen Fragen des Lebens zu besprechen: die Fragen nach dem Sinn des Lebens, nach dem richtigen Handeln, nach der Hoffnung, nach Gott. Als Ziel des Religionsunterrichts wird in diesem Sinne in aktuellen Lehrplänen der Erwerb von Kompetenzen beschrieben, so zum Beispiel im Bildungsplan für die Haupt- und Werkrealschule in Baden-Württemberg (2004):

> Die religiöse Kompetenz […] umschreibt die Fähigkeit, die religiöse Dimension des Lebens zu entdecken und menschliche Grunderfahrungen religiös zu verstehen und zu deuten. Die Schülerinnen und Schüler werden deshalb dazu angeregt und darin unterstützt, nach Lebenssinn und Lebenshoffnung, nach dem, was uns trägt, zu <u>fragen</u> und zu suchen und religiöse Spuren in ihrer Alltagswelt zu entdecken. […] Dabei lernen sie auch zu <u>fragen</u>, wie durch die Beziehung zu Gott und zu Jesus Christus das eigene Leben und Handeln geprägt wird [...][1]

Im Rahmen dieser Definition von religiöser Kompetenz bezeichnet das Verb ‚fragen' die sprachliche Handlung, die Lernende im Unterrichtsgespräch ausführen sollen, nämlich von sich aus *Fragen „mit religiösem Tiefgang" zu stellen*. In den im Bildungsplan sich anschließenden Listen der Teilkompetenzen werden dagegen mit dem Substantiv ‚Frage' Unterrichtsgegenstände bezeichnet, mit denen die Schüler konfrontiert werden und mit denen sie in angemessener Weise umgehen sollen:

> [Die Schüler] „wissen um verschiedene Deutungen auf <u>Fragen</u> nach Anfang, Weg und Vollendung der Welt und können das Besondere der biblisch-christlichen Botschaft ausdrücken […] [Sie] wissen, dass Kirche für religiöse <u>Fragen</u> und Erfahrungen Raum bietet […] [Sie] kennen christliche Positionen zu ethischen Fragen […][2]

Wenn es hier heißt, dass Lernende Wissen über Deutungen und Positionen erwerben, also Antworten kennen lernen sollen, dann wird der Terminus Frage zum Synonym für Thema. Die Lernenden sprechen

[1] Bildungsplan 2004, 34f.; Hervorhebungen von mir.
[2] Ebd., 41ff.; Hervorhebungen von mir.

über (Glaubens-) Fragen, stellen sie aber nicht mehr unbedingt selber. Der Begriff Fragen wird also mit unterschiedlicher Bedeutung verwendet. Im Folgenden stehen nicht Unterrichtsinhalte im Mittelpunkt (Schülerfragen als in den Richtlinien vorgeschriebene Lerngegenstände), sondern Schülerhandlungen, und damit das, was im Unterricht tatsächlich passiert (Schüler fragen).

Was tun wir, wenn wir fragen? Wir richten eine Frage an einen Gesprächspartner, wenn wir glauben, dass er uns das mitteilen kann, was wir wissen wollen. Eine Frage ist dann als sprachliche Handlung (Sprechakt) eine Aufforderung, einen Wissenstransfer einzuleiten; sie wird durch eine auffällige grammatische Form (Fragesatz) markiert und steht in einer engen Verbindung zu einer bestimmten Anschlusshandlung des Hörers (zum Beispiel Antwort als Teil einer Paarsequenz oder des Handlungsmusters Frage-Antwort). Fragehandlungen sind auch mit anderen Äußerungsformen als Fragesätzen möglich (Frage in Form eines Aussagesatzes: „Ich wüsste gerne, wann du kommst.“), und mit Fragesätzen können auch andere Handlungen ausgeführt werden als Aufforderungen zum Wissenstransfer (zum Beispiel Bitte in Form eines Fragesatzes: „Kannst du mir bitte das Salz reichen?“).

Welche Rolle spielen Fragen im Schulunterricht? Da in der Regel die Schüler ein Wissensdefizit haben was die schulischen Lerninhalte betrifft, sollte man annehmen, dass sie im Unterricht viele Fragen stellen. Stattdessen formulieren aber die Lehrenden in der Regel weitaus mehr Fragen. Und das auch und vor allem dann, wenn sie die Antworten schon kennen. Gleichzeitig werden Schülerfragen in der Didaktik als sehr wünschenswert bezeichnet, gelten sie doch als Indiz für Interesse und Initiative auf Schülerseite und als wichtige Voraussetzung für erhöhte Lerneffekte. Die Aufnahme von Schülerfragen durch die Lehrenden wird oft als Merkmal für offenen, schülerorientierten Unterricht gesehen.

Nicht nur in den Richtlinien für den Religionsunterricht, auch in der Didaktik des Fachs ist das Interesse groß, dass Schüler Fragen im Unterricht artikulieren. Man möchte Lernende dazu anhalten, ihre religiösen Vorstellungen zu thematisieren, um von diesen individuellen Fragen ausgehend vertiefende Lernprozesse in Gang setzen zu können. Das Führen von Gesprächen zu theologischen Themen mit Schülern wird (mit einer Wortneuschöpfung parallel zum Begriff Philosophieren) meist als *‚Theologisieren mit Kindern‘* bezeichnet.

> Es ist das zentrale Anliegen theologischer Gespräche mit Kindern, die Fragen der Kinder sowie ihre Deutungen wahrzunehmen, ernst zu nehmen, aufzugreifen und zu fördern. […] Hinter diesem Ansatz steht die Auffassung, dass die religiöse Entwicklung von Kindern nur dann angemessen begleitet werden kann, wenn ein vom Kind ausgehender, aktiver Erwerb theologischer Deutungsmög-

> lichkeiten angestrebt wird; gleichwohl muss dieser Prozess durch vielfältige Anregungen unterstützt werden.[3]

Die ‚Fragen der Kinder' stehen also im Zentrum dieses didaktischen Konzepts, das Selbstorientierung und Initiative der Lernenden in besonderem Maße fördern will. Im Folgenden werden erste Beobachtungen und Überlegungen zur Frage, ob und wie diese Ziele im Unterricht erreicht werden können, aus der Perspektive der linguistischen Unterrichtsanalyse angestellt. Die Darstellung ist empirisch orientiert und deskriptiv. Sie fokussiert formale Aspekte des Verlaufs von Unterrichtsgesprächen, sie macht keine Aussagen zu deren Inhalt und sucht auch keine Antworten auf normative Fragen. Die Ausführungen beziehen sich auf eine Beispielsammlung von Unterrichtsgesprächen, die als erstes vorgestellt wird (1). Danach wird das dort dokumentierte sprachliche Verhalten sowohl der Lernenden (2) als auch der Lehrenden beschrieben (3), da beides in engem Zusammenhang miteinander steht und das Lehrerverhalten den Rahmen absteckt, innerhalb dessen Schülerverhalten möglich ist. Anschließend werden Merkmale des Diskurstyps ‚theologische Unterrichtsgespräche' unter sprachwissenschaftlichen Gesichtspunkten beleuchtet (4). Das Fazit gibt Hinweise, wie eine genauere Untersuchung zum Thema mit den Mitteln der linguistischen Unterrichtsanalyse aussehen könnte (5).

1 Transkriptgestützte Analyse theologischer Unterrichtsgespräche

Freudenberger-Lötz hat untersucht, wie Lehramtsstudenten lernen können, mit Schülern zu theologisieren. Zur Dokumentation der Ergebnisse wurden *Religionsunterrichtsstunden der Studierenden in verschiedenen Grundschulklassen* mit Videokameras aufgezeichnet und transkribiert. Die Stunden sind methodisch abwechslungsreich gestaltet und lassen durchweg eine intensive Auseinandersetzung der Schüler mit anspruchsvollen Themen erkennen. Die 18 im Buch veröffentlichten Transkriptausschnitte sind unterschiedlich lang und stammen aus Gesprächen verschiedener Konstellationen (Plenum, Gruppe, Einzelgespräch), die sich durch den Wechsel von Methoden und Sozialformen innerhalb der Unterrichtsstunden ergaben. Auch wenn bis auf zwei Ausnahmen (T 2 und T 15) keine Gespräche ohne Lehrende dokumentiert sind, so hatten die Lernenden doch auch Gelegenheit, nur miteinander zu kommunizieren. Die Unterrichtsgegenstände, die mit den Schülern bearbeitet werden, sind erstens Texte

[3] Freudenberger-Lötz (2007), 21.

(Lernende erläutern ihr Textverständnis, sie fantasieren Textfortsetzungen), zweitens Glaubensvorstellungen (Schüler erläutern ihre Gottes-, Engels- und Teufelsvorstellungen) und drittens ethische Fragen (Eine einzelne Schülerin erörtert im Dialog mit der Lehrerin einen Gewissenskonflikt.). Die folgende Gesprächssequenz[4] ist diesem Transkriptkorpus entnommen und dient der Autorin als *einleitendes Beispiel* in die Thematik. Es ist ein Ausschnitt aus einer Unterrichtsstunde zum Thema ‚Jona' in einer Klasse des 2. Schuljahrs.[5]

T 1

[1]	L:	Gott hat zu Jona gesprochen und hat zu ihm gesagt, er soll nach Ninive gehen. [...] Was denkt ihr, wie fühlt er sich, wenn Gott so was zu ihm sagt? Wie fühlt man sich da, wenn man so was machen muss?
[2]	Christoph:	Ängstlich.
[3]	L:	Ängstlich, genau.
[4]	Sibylle:	Ich wusste gar nicht, dass Gott sprechen kann.
[5]	Kian:	Gott kann doch gar nicht sprechen, oder?
[6]	Schüler:	Doch, doch.
[7]	L:	Er hat zu Jona gesprochen.
[8]	Young-Kwang:	Denkst du, Gott hat keinen Mund?
[9]	Sibylle:	Kann des sein, dass er 'ne Wolke ist?
[10]	L:	Genau, des stellt sich jeder ein bisschen anders vor.
[11]	Kian:	Nein. Ich stell mir 'nen ganz normalen Mensch vor.
[12]	Richard:	Meine Schwester stellt sich Gott als äh/ wie ein Licht vor.
[13]	L:	Wie ein Licht, mhm. Der Jona wusste vielleicht auch nicht, dass Gott zu ihm sprechen kann, und dann spricht er plötzlich, und dann sagt er auch noch so was! Wie ist des für ihn?
[14]	Ruben:	Komisch […].
[15]	Hannelore:	Merkwürdig.

Im Hinblick darauf, wie Schüler im Unterricht Fragen stellen, ist diese Passage mehrfach interessant. Sie zeigt ein fragend-entwickelndes Unterrichtsgespräch [1] – [3] und [13] – [15], in dem die Lehrerin mit den Lernenden an der Interpretation eines Bibeltextes arbeitet. Während die Lehrerin die Befindlichkeit des Propheten Jona in der Bibelszene erörtern möchte, unterbrechen plötzlich die Lernenden diese Betrachtungen und diskutieren Aspekte ihrer persönlichen

[4] Aus Freudenberger-Lötz (2007), 15; von mir T 1 genannt.
[5] Die Nummerierung der Sprecherbeiträge stammt ebenfalls von mir.

Gottesvorstellung, obwohl das so nicht vorgesehen war. Den Themenwechsel initiiert Sibylle in [4] durch eine Äußerung in Form einer Aussage, mit der sie die Frage aufwirft, wie man sich Gott vorstellen kann („Ich wusste gar nicht, dass Gott sprechen kann."). Andere Schüler schließen spontan ihre Überlegungen an, mehrfach in Frageform ([5], [8] und [9]). Es zeigt sich, dass hier das Interesse der Lernenden an eigenen Überlegungen stärker ist als das an der Textarbeit. Sie sind offensichtlich zu originellem religiösem Denken in der Lage ([8]: „Denkst du, Gott hat keinen Mund?"), das auch zu Spekulationen führen kann ([9]: „Kann des sein, dass er 'ne Wolke ist?"). Die Lernenden sind bereit, eigene Glaubensvorstellungen zu artikulieren ([11]: „Nein. Ich stell mir 'nen ganz normalen Mensch vor.") und Alltagserfahrungen einzubringen [12]: „Meine Schwester stellt sich Gott als äh/ wie ein Licht vor."). Interessant ist weiterhin, dass für die Zeit, in der die Lernenden die Themensteuerung der Lehrerin ignorieren, aus dem Lehrer-Schüler-Gespräch ein Kreisgespräch wird. Die Schüler adressieren sich untereinander, sie fühlen sich nicht mehr von der Rederechtszuweisung durch die Lehrerin abhängig, und nehmen inhaltlich mit jedem Beitrag Bezug zu Äußerungen der Mitschüler. Dabei betonen sie Unterschiede ([4] – [5], [5] – [8], [9] – [11]), unterstützen Positionen [6] oder ergänzen neue Aspekte ([9], [12]), das heißt die Lernenden erörtern ihr Thema selbstständig. Ist der Rahmen des Gesprächsausschnitts geprägt durch Lehrerbezug und Objektorientierung, so kennzeichnen den Mittelteil Schülerbezug und Selbstorientierung. Trotz des Engagements der Lernenden im Mittelteil wird dieser Wortwechsel von der Lehrerin nur als Nebensequenz innerhalb des von ihr geplanten Unterrichtsgesprächs gesehen und nicht ausgebaut. Freudenberger-Lötz kritisiert in ihrem Kommentar dieses Lehrerverhalten und bedauert die verpasste Gelegenheit, engagiert vorgetragene Schülerfragen zum Unterrichtsgegenstand zu machen und das Potenzial der Schülerinitiative zu nutzen.

> Es wäre in dieser Situation sinnvoll und wünschenswert, an die Gedanken der Kinder anzuknüpfen, die unterschiedlichen Vorstellungen ins Gespräch zu bringen und den Kindern Anregungen zu geben, die geäußerten Vorstellungen weiterzuentwickeln.[6]

Das Beispiel T 1 macht deutlich, wie sehr Initiative und Selbstorientierung der Schüler, und damit auch ihre Fragen, die gewohnte Kommunikationssituation im Unterricht verändern und von den Lehrenden besondere Flexibilität erfordern. Unter welchen Umständen stel-

[6] Freudenberger-Lötz (2007), 15.

len Schüler Fragen? Was machen sie damit und wie reagieren die Lehrenden darauf? Das Korpus der in Freudenberger-Lötz abgedruckten Transkripte wird im Folgenden als *Stichprobe von Unterrichtsausschnitten* genutzt, um diese Fragen zu untersuchen. Das Material bietet sich deshalb an, weil es empirisch erhoben wurde und man einen guten Einblick in den Unterrichtsverlauf erhält. Zu den Zielen aller Unterrichtsstunden gehört die Schüleraktivierung und alle Transkriptausschnitte sind unter dem Gesichtspunkt zusammengestellt, Aspekte der Gesprächsführung zu illustrieren. Auf die einzelnen Transkripte wird mit den von mir vergebenen Siglen T 1 bis T 18 verwiesen, bei Zitaten folgt in Klammern die Seitenzahl des Buches. Die Stichprobe ist zwar nicht repräsentativ, sie ist aber auch nicht ungeeignet. Immerhin bemühen sich die Lehrenden um genau das, was hier untersucht werden soll: theologische Unterrichtsgespräche, die in besonderem Maße die Aktivierung und Selbstorientierung der Lernenden intendieren. Zwar haben die Unterrichtsstunden keinen Vorbildcharakter – die Lehrenden sind Studierende und haben wenig oder gar keine Unterrichtserfahrung (T 9-11 werden von der Autorin ausdrücklich als Negativbeispiele bezeichnet) – trotzdem sind die dokumentierten Stunden interessant: Es ist authentischer Unterrichtsalltag. Allerdings handelt es sich nicht um ‚normale' Stunden, da die Lehrenden nur in Kleingruppen unterrichtet haben, so dass die dokumentierten Stunden sich deutlich von Unterricht im Klassenverband unterscheiden. Ein Problem für die vorliegenden Beobachtungen stellt lediglich die Ausschnitthaftigkeit der Transkripte dar, aufgrund derer die Einbettung der Gesprächspassagen – die Autorin nennt sie „relevante Gesprächssequenzen" – nicht immer erkennbar ist.

Freudenberger-Lötz beschreibt *das pädagogische Konzept, das den Unterrichtsstunden zugrunde liegt*, folgendermaßen. Bei theologischen Unterrichtsgesprächen ist es die Aufgabe der Lehrkraft, die Lernenden bei der selbstständigen Suche nach Antworten auf entscheidbare, vor allem aber auch sogenannte „unentscheidbare Fragen" zu unterstützen.[7] Dabei werden vornehmlich „anregende Lernlandschaften" im Sinne des pädagogischen Konstruktivismus als Kombination von konstruktivistischen und instruktivistischen Unterrichtselementen eingesetzt und unterschiedliche Methoden, Sozial- und Gesprächsformen zum Einsatz gebracht. Im Klassengespräch sollen die Lehrenden Dialog und Reflexion fördern, sich aber damit zurückhalten, fertige Lösungen anzubieten.[8] Einerseits sollen sie darauf achten, reichlich Raum für Schüleräußerungen zu schaffen (positive

[7] Vgl. ebd., 56.
[8] Vgl. ebd., 69.

Gesprächsatmosphäre herstellen, auf Schülerbeiträge eingehen, möglichst viele Schüler beteiligen), andererseits aber auch Impulse zu setzen und das Gespräch (im Sinne eines sokratischen Dialoges) zu lenken.

> Im konkreten Gesprächsverlauf kommt es vor allem darauf an, die vorbereiteten Impulse geschickt zu den Äußerungen der Schüler/innen in Beziehung zu setzen und nicht einfach nacheinander abzuhandeln. Das macht die Kunst der Gesprächsführung aus.[9]

Da die Autorin weiß, dass die Gefahr groß ist, dass die Lehrkraft sich im Unterrichtsgespräch entweder zu stark zurückhält und die Schüler ‚im eigenen Saft schmoren lässt' oder sie im anderen Extrem nur als Stichwortlieferanten in einem lernzielorientierten Unterricht zu Wort kommen lässt, versucht sie, drei Rollen zu definieren: Die Lehrkraft ist je nach den Erfordernissen der Situation entweder aufmerksame Gesprächsbeobachterin (sie nimmt Theologie von Kindern wahr), stimulierende Gesprächspartnerin (sie macht Theologie mit Kindern) oder begleitende Expertin (sie vermittelt Theologie für Kinder).[10] Im Unterricht ist einerseits Schülerinitiative erwünscht, andererseits wird viel Wert auf detaillierte Stundenplanung nach klassischem Muster gelegt. Zwar werden dabei Schülerinteressen berücksichtigt, aber das Thema steht in der Regel vorher fest, die Art der Bearbeitung ist genau durchdacht und auf mögliche Schülerreaktionen abgestimmt.

> In einem ersten Schritt soll überlegt werden, wie das Thema so angeboten werden kann, dass die Kinder eine Fragehaltung entwickeln. […] Liegt die Ausrichtung des Gespräches fest, plant die Lehrkraft die methodische Gestaltung sowie die Impulsgebung des Unterrichts. Wichtig ist an dieser Stelle der Rückbezug zu den ersten drei Fragen der Ausarbeitung: Werden möglichst viele oder nur spezifische Facetten des Themas abgedeckt? Wie stehen die vorgesehenen Impulse zu den erwarteten Deutungskompetenzen der Kinder? An welchen Stellen ist mit kontroversen Diskussionen zu rechnen? Wo sind größere Planungsunsicherheiten zu erkennen?[11]

Zwar soll der Unterricht die Lernenden dazu animieren, Fragen zu stellen und eine Fragehaltung zu entwickeln.[12] Dabei ist aber weniger an Schülerfragen als spontane Ereignisse im Unterrichtsgespräch gedacht als vielmehr an Themenvorschläge im Vorfeld (Schülerfragen zu Beginn des Unterrichts mündlich gestellt oder in einer „Fragenbox" gesammelt). Es werden aber auch vom Lehrenden The-

[9] Ebd., 117.
[10] Vgl. ebd., 129f.
[11] Ebd., 137f.
[12] Vgl. ebd, 123.

men, die mit der Lebenswirklichkeit oder den Interessen der Kinder in Beziehung stehen beziehungsweise mit diesen in Beziehung gebracht werden können, eingeführt.

> Die Aufgabe der Lehrkraft in der einleitenden Phase ist es, einen ‚packenden Anstoß' seitens der Schüler/innen aufzugreifen bzw. selbst ein Thema so zu präsentieren, dass es einen ‚packenden Anstoß' liefert, der die Schüler/innen in Staunen, Unruhe und Verblüffung versetzt und sie herausfordert, eine persönliche Beziehung zum Gegenstand aufzubauen und eine spezifische Fragehaltung zu entwickeln.[13]

Als *Beispiel für ein gelungenes Unterrichtsgespräch* wird ein sogenanntes Expertengespräch zum Gleichnis vom verlorenen Schaf präsentiert,[14] an dem Folgendes auffällt. Nachdem sich die Schüler zunächst in Einzelarbeit mit dem Gleichnis beschäftigt haben, bespricht die Lehrkraft in der Gesamtgruppe die Ergebnisse. Sie fragt danach, wer mit der Figur des Hirten gemeint sein könnte. In diesem ersten Teil des Gesprächs sammelt die Lehrkraft die Schülerbeiträge ohne sie zu kommentieren ([1]-[11]): Die Lernenden rufen sich der Reihe nach selber auf, ihr Redeanteil macht 97 % aus, der der Lehrkraft 3 %. Im zweiten Teil möchte die Lehrkraft die Bedeutung der Figur des Schafes klären und fordert die Schüler auf, verwandte Jesusgeschichten zu nennen ([12]-[34]): Hier lenkt die Lehrkraft das Gespräch sehr stark, ihr Redeanteil beträgt 68 %, der der Lernenden lediglich 32 %. Manchmal adressiert sie bestimmte Lernende und strukturiert das Gespräch mit ihren Fragen und Impulsen nach dem Muster ‚Aufgabe stellen / Aufgabe lösen'. In [12] formuliert sie ihre Aufgabe, die sie in [20] und [32] wiederholt:

> Wen hat er denn gesucht? Wenn ich da mal anknüpfen kann. Wen hat Jesus gesucht als Hirte? Fällt dir jemand ein? [Tobias: die Sünder] Ja. Fällt dir jemand konkretes ein, ihr kennt manche Geschichten.[15]

Die Lehrkraft kommentiert umgehend alle Lösungsvorschläge (viermal „Mmh", viermal „genau", einmal „Klasse", einmal „richtig", einmal „interessante, spannende Sache"). Darüber hinaus fordert sie die Schüler auf, ihre eigenen Aussagen zu ergänzen, zu erläutern, zu präzisieren und zu begründen. An einer Stelle gibt sie eine Hilfestellung [18]:

> Und dann hat er 'nen wichtigen Satz gesagt, Jesus, kennt ihr den noch? [Schüler/innen überlegen] »Diesem Haus - [Schüler/innen: Ach so!] […].[16]

[13] Ebd., 123.
[14] Ebd., 172ff.
[15] Ebd., 172.
[16] Ebd.

Positiv fällt im ersten Teil die starke Schülerpräsenz auf, problematisch ist allerdings (nach Ansicht der Autorin) der fehlende Input von Seiten der Lehrkraft, wodurch den Lernenden wichtige Informationen vorenthalten bleiben. Der zweite Teil des Gesprächs weist sämtliche Merkmale des gelenkten Unterrichtsgesprächs auf, einschließlich Schülerpassivität, ein Vorteil stellt aber die Horizonterweiterung der Lernenden dar. In den insgesamt 34 Äußerungen stellt die Lehrkraft 15 Fragen, Schülerfragen gibt es nicht.
Sowohl das Beispiel T 1 als auch das Expertengespräch zum Gleichnis vom verlorenen Schaf und die theoretischen Ausführungen von Freudenberger-Lötz werfen die Frage auf, welche Rolle das gelenkte Unterrichtsgespräch im Rahmen des Theologisierens mit Kindern spielt und inwiefern es Initiative und Selbstorientierung der Lernenden, und damit Schülerfragen, ermöglicht.

2 Sprachliches Handeln von Lernenden im Religionsunterricht

In den Transkriptausschnitten des Korpus finden sich 405 Sprecherbeiträge (turns), gut zwei Drittel davon stammen von Lernenden, sie bestehen aus einzelnen oder mehreren Äußerungsbestandteilen (‚Sätzen').
Die sprachlichen Schülerhandlungen kann man inhaltlich und formal dahin gehend unterscheiden, ob sie entweder eher *objektorientiert* (1) oder eher *selbstorientiert* (2) sind und ob sie entweder *mitschülerbezogen* (3) oder *lehrerbezogen* (4) formuliert werden.
(1) Objektorientierte sprachliche Schülerhandlungen (67 %) sind: (Text-)Kenntnisse einbringen und präzisieren, Textverständnis oder Glaubensvorstellungen erläutern, kontrovers argumentieren, theologische Fragen stellen und beantworten.
(2) Selbstorientierte sprachliche Schülerhandlungen (14 %) sind: Textfortsetzung fantasieren, eigene Gefühlslage beschreiben, persönliche Erfahrungen einbringen, sich positionieren.
(3) Mitschülerbezogene sprachliche Schülerhandlungen (18 %) sind: Themen untereinander erörtern, Schülerbeiträge bearbeiten.
(4) Lehrerbezogene sprachliche Schülerhandlungen (1 %) sind: Fragen des Lehrenden beantworten, raten.
In zwei Dritteln der Fälle führen die Lernenden objektorientierte sprachliche Handlungen aus: im Wesentlichen erläutern sie (62 %), das Stellen theologischer Fragen tritt selten auf (4 %). Die explizit selbstorientierten und mitschülerbezogenen sprachlichen Handlungen teilen sich das restliche Drittel, direkt lehrerbezogene sind ganz selten. Die Arbeit in den aufgezeichneten Unterrichtsausschnitten besteht also für die Lernenden im Wesentlichen in der Auseinander-

setzung mit den Unterrichtsgegenständen, an die sie gegebenenfalls ihre persönlichen Gedanken anschließen.
Zu den sprachlichen Schülerhandlungen gehören auch Fragen. Ihre Anzahl im Korpus ist aber viel niedriger als die der Lehrerfragen: 114 Lehrerfragen stehen lediglich 18 Schülerfragen gegenüber. Für die unterschiedlichen Arten von Handlungen, die mit Fragen ausgeführt werden können, steht zur Realisierung eine Reihe von Fragesatztypen zur Verfügung. In den 18 Fragen, die die Lernenden in den Gesprächsausschnitten des Korpus stellen, lassen sich folgende Formen unterscheiden: Ergänzungsfrage (sechsmal), Entscheidungsfrage (fünfmal), deliberative Frage (zweimal), Kontaktfrage (zweimal), Nachfrage (zweimal) und rhetorische Frage (einmal). Diese Frageformen werden zu unterschiedlichen kommunikativen Zwecken eingesetzt.
In T 17 (S. 292) [3] fragt die Lehrerin: „Ihr meint, Engel werden von Gott geschickt oder Engel kommen von selbst“, worauf Jenny mit der Äußerung reagiert: [4] „Woher sollen die eigentlich kommen?“ Dieser Satz zeigt die Hauptmerkmale einer *Ergänzungsfrage*: w-Phrase im Vorfeld (Interrogativpronomen ‚woher‘) und Verbzweitstellung. Normalerweise möchte der Sprecher mit einer Ergänzungsfrage den Hörer veranlassen, über eine Komponente eines gegebenen Sachverhaltes Auskunft zu geben und erwartet eine Phrase als Antwort. In [4] ist aber unklar, wen Jenny adressiert und ob sie überhaupt eine Antwort erwartet. Zusammen mit einer Mitschülerin stellt sie nämlich im Anschluss drei weitere Fragen desselben Typs und nennt so Themen, die ihrer Meinung nach einer Erörterung wert wären. Zwei weitere Ergänzungsfragen werden in anderer Funktion verwendet. In T 3 (S. 167) [4] äußert Tobias A: „… wahrscheinlich hat Gott alle lieb […]“, worauf Lukas sagt [5]: „Und warum hat er dann bei der Sintflut ganz viele Menschen getötet?“ Er benutzt seine Ergänzungsfrage also zur Einführung eines Gegenargumentes.
In T 1 [9] formuliert Sibylle mit Blick auf ihre Gottesvorstellung: „Kann des sein, dass er ‘ne Wolke ist?“ Dieser Satz (vermutlich steigend intoniert) ist eine *Entscheidungsfrage*, weil das finite Verb an der Satzspitze steht und eine Antwort mit Ja oder Nein oder mit einer eingeschränkten Zustimmung ausgeführt werden kann. Normalerweise wird mithilfe einer Entscheidungsfrage ein Sachverhalt in Frage gestellt, hier formuliert Sibylle aber eher eine Vermutung und bemüht sich um die Zustimmung der Lehrerin, die diesem Anliegen auch Folge leistet [10]: „Genau, des stellt sich jeder ein bisschen anders vor.“ Eine Entscheidungsfrage kann auch als Konstativsatz mit Verbzweitstellung und Frageintonation geäußert werden, wie in T 13 (S. 263) [1], Ann-Marie: „Vielleicht ist der Teufel auch ein Guter?“ Damit bekommt der von Ann-Marie unvermittelt einge-

brachte Gedanke – durch die Abtönungspartikel ‚vielleicht' als zur Diskussion gestellte These markiert – die zusätzliche Komponente ‚positive Vermutung'.

In T 17 (S. 292) [10] sagt Jenny: „Oder ob's überhaupt den Gott gibt?" und stellt damit eine *deliberative* (nachdenkliche) *Frage*. Diese ist gekennzeichnet durch ihre Nebensatzform mit häufig auftretendem einleitendem ‚ob', die Verbletztstellung mit akzentuiertem Vollverb und die Frageintonation. Hier wird ein Problem ausgesprochen und der mentalen Bearbeitung durch andere oder mit anderen zugänglich gemacht. Zweck ist die – eventuell kooperative – Problemlösung.

In T 1 [4] drückt Sibylle ihre Verwunderung darüber aus, dass sich Gott in einem Bibeltext in direkter Rede an einen Menschen wendet: „Ich wusste gar nicht, dass Gott sprechen kann." Kian stellt die biblische Aussage in Frage [5]: „Gott kann doch gar nicht sprechen, oder?" Er verwendet hier eine *Kontaktfrage*, das heißt er hängt an einen Aussagesatz das formelhafte ‚oder' mit steigender Intonation an und will sich so der Zustimmung des Hörers versichern.

In T 9 (S. 228) [41] fordert die Lehrerin die Schüler dazu auf, ihre Jenseitsvorstellungen zu artikulieren. Sie formuliert zunächst eine Frage und tut dann ihre eigenen Vorstellungen kund: „Habt ihr irgendwelche Vorstellungen? Was dann passiert? … ich hab zum Beispiel die Vorstellung, dass, wenn ich mal irgendwann hinunter geweht werde oder praktisch sterbe, dann/ dass danach schon noch was kommt. Ihr nicht?" Josephine reagiert mit [42]: „Dass ich vielleicht wieder neu geboren werde?" Josephine greift in ihrer Antwort die Satzkonstruktion der Lehrerin auf, lässt den Hauptsatz weg und formuliert den dass-Satz als *Nachfrage*, die gleichzeitig eine Gegenfrage zur noch im Raum stehenden Lehrerfrage ist ([41]: „Habt ihr irgendwelche Vorstellungen?"). Nachfragen haben steigende Intonation und wiederholen meist Elemente der Bezugsäußerung. Sie dienen der Verständnissicherung oder Problematisierung, wenn sie einen Zweifel an der Vorgängerhandlung ausdrücken.

In T 1 [5] bezweifelt Kian, dass Gott sprechen kann: „Gott kann doch gar nicht sprechen, oder?", worauf ihm Young-Kwang widerspricht [8]: „Denkst du, Gott hat keinen Mund?" Da Young-Kwang offensichtlich überzeugt ist, dass Gott sprechen kann, erwartet er nicht wirklich eine Antwort, weil diese seiner Meinung nach evident ist. Er benutzt hier also eine *rhetorische* Frage.

Es zeigt sich, dass die Lernenden Fragen sehr unterschiedlich verwenden. In erster Linie sprechen sie mit Hilfe von Fragen Themen an, die ihrer Meinung nach diskussionswürdig sind. Sie werfen eine Streitfrage (eine quaestio disputata) in der Gruppe auf und gehen nicht unbedingt davon aus, dass der Lehrende ihnen eine eindeutige

Antwort gibt. Sie benutzen Fragen aber auch zur Argumentation, als Aufforderung zur Zustimmung und als Mittel der Verständnissicherung und Problematisierung. Dass durch Schülerfragen Themenwechsel im lehrergelenkten Unterrichtsgespräch initiiert werden, wie in T 1, ist die Ausnahme.

Nach Wuttke (2005) zeigen aktuelle Ergebnisse der empirischen Unterrichtsforschung, dass *Schülerfragen insgesamt selten und meistens wenig anspruchsvoll* sind:

> Schülerfragen (alle Schüler der Klasse) nehmen maximal 13 % [des Unterrichtsgesprächs, P. W.] ein und bestehen in der Regel aus kurzen Fragewörten (‚wann', ‚wo', ‚was', ‚wobei') oder aus Rückfragen (‚wie war das?', ‚wer, ich?' […]) […] Schüler fragen insbesondere nach Vorgehensweisen und Abläufen im Unterricht („Kommt das in der Klausur?" […]) Weiterhin holen sie allgemeine Information zu Lerninhalten ein („wie berechnet man noch einmal einen Dreisatz?") und stellen Klärungsfragen, mit denen weitere Informationen zu bereits besprochenen Inhalten eingeholt werden.[17]

Dafür, dass Lernende wenig Fragen stellen, gibt es sicher viele Gründe: Große Klassen machen es besonders für Schüler mit geringem Selbstvertrauen schwierig, sich zu äußern und die Leistungsorientierung der Schule versetzt die Lernenden in eine permanente Beurteilungssituation. Aber großen Einfluss dürfte auch das Lehrerverhalten haben. Die Gesprächssituation, die der Lehrende im Frontalunterricht schafft, weist nicht nur einen hohen Lehrersprechanteil auf, sondern ist in der Regel auch nicht schüler-, sondern stoff- und lernzielorientiert; sie legt Lernende auf passives Verhalten fest und kann so massive Motivationsprobleme erzeugen. Wuttke weist zudem darauf hin, dass die meisten Lehrerfragen wenig anspruchsvoll sind und damit ein „schlechtes Scaffolding-Frageverhalten" darstellen, das heißt den Lernenden wenig Hilfestellung bieten bei der Entwicklung eigener Fragen. Zudem sei es ohne beträchtliche Vorkenntnisse für Lernende schwierig, wissensgenerierende Fragen zu stellen.[18] Dass Schülerfragen positive Auswirkungen auf den Lernprozess haben, wird übrigens häufig angenommen, ist aber bisher nicht wissenschaftlich bewiesen. Belegt ist weder die These, dass in Klassen mit höherer Schülerfragequote besser gelernt würde, noch die Annahme, dass qualitativ hochwertige Schülerfragen einen eindeutigen lernförderlichen Effekt haben.[19]

Zusammenfassend lässt sich zum sprachlichen Verhalten der Schüler in den Gesprächsausschnitten des Korpus sagen, dass es geprägt ist

[17] Wuttke (2005), 143.

[18] Vgl. ebd., 148.

[19] Vgl. ebd., 145.

von sachorientierter Auseinandersetzung mit den Unterrichtsthemen, allerdings aus individualistischer Perspektive, und einer geringen Anzahl von Fragen. Das Lehrerverhalten setzt hier (wie auch in den Unterrichtsgesprächen anderer Fächer) den Rahmen für die Entfaltungsmöglichkeiten der Lernenden.

3 Sprachliches Handeln von Lehrenden im Religionsunterricht

Der Lehreranteil an der Gesamtmenge der Redebeiträge im Korpus macht im Schnitt etwa ein Drittel aus, ist aber in den einzelnen Gesprächen sehr unterschiedlich ausgeprägt: In einem Drittel der Ausschnitte liegt der Lehreranteil unter 20 %, in einem weiteren Drittel zwischen 20 und 40 %, im dritten Drittel zwischen 40 und 50 %.
Die im Korpus dokumentierten sprachlichen Lehrerhandlungen beziehen sich zum einen auf die *Gesprächsorganisation*, zum anderen auf die *Themenbearbeitung*. Die am häufigsten vorkommenden Handlungen sind: Rederechtsverteilung regeln, Lernende zu sprachlichen Handlungen auffordern und Schüleräußerungen bearbeiten (wiederholen beziehungsweise paraphrasieren, ergänzen beziehungsweise erläutern, akzeptieren, kommentieren, honorieren oder bezweifeln). Eine Ausnahme bildet die persönliche Äußerung eines Lehrenden zur eigenen Jenseitsvorstellung.
Dadurch dass *in fast allen Lehreräußerungen (knapp 90 %) Fragen* auftauchen, nehmen die Lehrenden viel stärkeren Einfluss auf den Gesprächsverlauf als die Lernenden. In knapp der Hälfte der Gespräche stellen nur Lehrende Fragen, in einem weiteren Drittel stellen Lehrende mehr Fragen als Lernende. Im Extremfall (T 8, S. 204) machen die Lehrerfragen fast die Hälfte sämtlicher Sprecherbeiträge im Gespräch aus. Diese Dominanz der Lehrerfragen ist nicht ungewöhnlich. Heckt geht davon aus, dass Lehrende im Frontalunterricht im Schnitt zwei bis vier Fragen pro Minute stellen.[20] Ein Viertel der Lehrerfragen ist mit mindestens einer weiteren Frage unmittelbar verbunden, es handelt sich also um sogenannte ‚Kettenfragen'. Diese schrittweise Präzisierung ist ein Hinweis darauf, dass die Lehrenden mit ihren Fragen nicht ein spontanes Wissensbedürfnis äußern, sondern sich in der komplexen Situation der Aufgabenplanung und damit der Steuerung des Unterrichtsgesprächs insgesamt befinden.
Die Lehrenden stellen zu etwa gleichen Teilen Ergänzungsfragen (zum Beispiel in T 1 [1]: „L: Wie fühlt man sich da, wenn man so was machen muss?") und Entscheidungsfragen (zum Beispiel in T 14, S. 276 [27]: „Hat jeder Mensch einen Schutzengel?"), eine Alter-

[20] Heckt (2006), 19.

nativfrage kommt nur einmal vor. Dabei ist das Niveau der Fragen sehr unterschiedlich ausgeprägt. Nach Heckt stellen Lehrende in der Regel 80 % Wissens- und Erinnerungsfragen und lediglich 20 % intellektuelle Prozesse fördernde Fragen.[21] Diese Angaben decken sich mit denen bei Wuttke.[22] Nach Wuttke wird meist die Bloomsche Lernzieltaxonomie im kognitiven Bereich herangezogen, um Lehrerfragen in solche niederer Ordnung (Wissen, Verstehen, Anwenden) und höherer Ordnung (Analyse, Synthese, Beurteilung) einzuteilen.[23] Die Lehrerfragen im Korpus sind diesen Komplexitätsstufen nicht leicht zuzuordnen, da häufig nicht eindeutig zu bestimmen ist, welche kognitive Leistung die Schüler erbringen sollen. Auffällig ist aber eine breite Spannweite der Fragen von solchen mit beliebiger Antwortmöglichkeit (vgl. T 14, S. 275 [11]: „Glaubt ihr alle, es gibt Engel?“) über Wissensfragen (mit Hilfestellung vgl. T 7, S. 173 [18]: „Und dann hat er 'nen wichtigen Satz gesagt, Jesus, kennt ihr den noch? ‚Diesem Haus –“) bis hin zu fast nicht zu beantwortenden Fragen (vgl. T 8, S. 204 [1]: „Ist es für euch einleuchtend, dass Jesus wahrer Mensch und wahrer Gott war, oder glaubt ihr, dass er eher Gott war oder eher Mensch?“).
Mit ihren Fragen veranlassen die Lehrenden unterschiedliche Formen von sprachlichen Schülerhandlungen, die entweder eher objektorientiert (1) oder eher selbstorientiert (2) sind.
(1) Zu den objektorientierten Schülerhandlungen gehören: Textkenntnisse einbringen und Verständnisprobleme äußern; Textverständnis oder Glaubensvorstellungen erläutern oder begründen; Widersprüche bei Glaubensvorstellungen auflösen.
(2) Selbstorientierte Schülerhandlungen sind: Textfortsetzungen fantasieren; persönliche Erfahrungen einbringen; Textauswahl begründen; sich hinsichtlich Glaubensvorstellungen positionieren; Texte bewerten.
In knapp 80 % der Fälle intendieren die Lehrenden objektorientierte Schülerhandlungen, vor allem sollen die Lernenden Erläuterungen abgeben. Bei den selbstorientierten Schülerhandlungen dominiert das Sich-Positionieren. Lehrende verlangen also in erster Linie eine kognitive Auseinandersetzung mit dem Unterrichtsstoff, selbstorientierte Äußerungen der Lernenden werden nicht eindeutig gefördert. Schülerfragen werden nicht systematisch elizitiert, dreimal tauchen sie als Reaktion auf eine Lehrerfrage auf, neunmal als Reaktion auf Mitschüleräußerungen.

21 Ebd., 19.
22 Vgl. Wuttke (2005), 143.
23 Vgl. ebd., 145.

Wie reagieren Lehrende auf Schülerfragen? Die Gesprächssituationen werden von den einzelnen Lehrkräften sehr unterschiedlich gestaltet: Manche Lehrende schalten sich gar nicht ein, andere initiieren und moderieren Gesprächssequenzen, wieder andere geben ständig Rückmeldung und lenken kleinschrittig auf ein Ziel hin. Der Lehrende übernimmt in der Regel die Themeninitiierung (zum Beispiel in T 12 (S. 258) [1]: „L: Jetzt interessiert mich mal: Wie stellt ihr euch denn den Teufel vor?"). Auch wenn Lernenden gelegentlich Fragestellungen problematisieren, bleiben diese eingebettet in den lehrerzentrierten Globalzusammenhang des Unterrichtsgesprächs (wie in T 1). Andere Gesprächssequenzen fallen wegen ihrer großen Offenheit auf. Wenn Lehrende subjektive Beiträge der Schüler abfragen (‚sammeln'), kommt es häufig vor, dass diese nichts Neues zu sagen haben, zum Beispiel in T 6 (S. 171) [10]: „Gregor: Ähm. Wie der Marlon und der Manuel." In solchen offenen Gesprächssequenzen machen Lehrende keine übergreifende Zielangabe deutlich, sie halten sich selbst mit Input zurück. In den Lehreräußerungen der Feedback-Komponente gibt es dann kein Richtig oder Falsch, kein Einbauen der Schüleräußerungen in einen weiterführenden Gedankengang, keine Bestätigung der Zielerreichung, keine klärenden Abschlussstatements. Eine Progression und ein Lerneffekt für die Lernenden ist dann nicht erkennbar.

Insgesamt lässt sich sagen, dass Fragen in den Gesprächsausschnitten des Korpus für die Lehrenden das wesentliche Mittel sind, um gewünschte Schülerhandlungen zu veranlassen. Zwar ist das Gesprächsverhalten der verschiedenen Lehrenden sehr unterschiedlich, trotzdem bestimmt es immer den Handlungsspielraum der Lernenden: Entweder dominiert die Steuerungsfunktion des Lehrenden oder das Unterrichtsgespräch ist offen für alles.

4 Merkmale des Diskurstyps ‚theologische Unterrichtsgespräche' aus linguistischer Sicht

Im Folgenden werden die Beobachtungen zum sprachlichen Schüler- und Lehrerverhalten in theologischen Unterrichtsgesprächen, die in den beiden vorangegangenen Abschnitten am Korpus gemacht wurden, mit den Ergebnissen der linguistischen Unterrichtsforschung folgender Richtungen konfrontiert: Diskursanalyse (1), ethnomethodologische Konversationsanalyse (2) und Funktionale Pragmatik (3). Die Diskursanalyse fokussiert den Sequenzcharakter von Lehrer-Schüler-Äußerungen, die ethnomethodologische Konversationsanalyse den Aspekt der Gesprächsorganisation, die Funktionale Pragmatik die Tiefenstruktur der verwendeten Handlungsmuster. Zwar sind die klassischen Arbeiten zur Analyse von Unterrichtskommunikation schon älter, Richert weist aber darauf hin, dass deren Ergebnisse nach wie vor Gültigkeit haben:

> Trotz der Weiterentwicklung von Unterrichtsmethoden und Lernmedien, die den Schülern deutlich erweiterte Gestaltungsmöglichkeiten für ihr unterrichtliches Lernen erschließen, zeigt sich auf der mikroanalytischen Ebene keine Veränderung zu den Unterrichtsverläufen der 60er und 70er Jahre des letzten Jahrhunderts.[24]

(1) Die *Diskursanalyse*[25] beschäftigt sich mit der Frage, wie der Handlungscharakter einzelner Äußerungen im Unterrichtsgespräch zu bestimmen und wie ihre Bedeutung im Zusammenhang zu verstehen ist, das heißt welche übergreifenden Strukturen mit ihnen erzeugt werden. In diesem Sinne ist oben in den Abschnitten 2 und 3 das Repertoire der sprachlichen Schüler- und Lehrerhandlungen im Korpus kurz skizziert worden. Sinclair und Coulthard klassifizieren zunächst die einzelnen Äußerungen („Akte“) aufgrund ihrer grammatischen, sprechakttheoretischen und diskursanalytischen Dimension als strukturierende, initiative, responsive, evaluative und kommunikative Handlugen.[26] Danach untersuchen sie die Struktur von Äußerungskombinationen („Schritte“ und „Äußerungsfolgen“) und beschreiben deren Zusammenspiel in „Phasen“, die die Grobbestandteile der Schulstunde bilden.

Die häufigste Äußerungsfolge ist nach Sinclair und Coulthard der *„Lehrer-Auslöser“*, mit dem der Lehrende die Lernenden dazu auffordert sprachliche Handlungen auszuführen. Die Autoren beschreiben seine Struktur als dreischrittig, wie man sie auch in T 1 beobachten kann, als Abfolge von Eröffnung (E), Reaktion (R) und Feedback (F). [1]: „L: Wie fühlt man sich da, wenn man so was machen muss?“ (E), [2]: „Christoph: Ängstlich.“ (R), [3]: „L: Ängstlich, genau.“ (F). Schülerinitiativen sind seltener und können auf zwei verschiedene Arten ausgeführt werden. Beim *„Schüler-Auslöser“* richtet der Lernende eine Frage an den Lehrenden (E), dieser beantwortet sie (R), ohne dass der Lernende die Antwort bewertet: „[…] die Bewertung einer Lehrerantwort wäre unverschämt.“[27] Als Beispiel kann die Sequenz in T 1 [9] dienen. Die Adressierung der Lehrerin durch die Schülerin ist zwar nicht eindeutig feststellbar, aber wahrscheinlich: „Sibylle: Kann des sein, dass er ‘ne Wolke ist?“ [10]: „L: Genau, des stellt sich jeder ein bisschen anders vor.“ Eine

24 Richert (2006), 228.
25 Vgl. Sinclair/Coulthard (1975).
26 Vgl. ebd.
27 Becker-Mrotzek/Vogt (2009), 22.

Kommentierung der Lehreräußerung im dritten Schritt durch die Schülerin erfolgt nicht. Bei der *„Schüler-Information"* schließlich bringt der Lernende von sich aus eine Information ein (E), die der Lehrende akzeptiert und eventuell honoriert (F). Beispiel in T 1 [12]: „Richard: Meine Schwester stellt sich Gott als äh/ wie ein Licht vor." [13]: „L: Wie ein Licht, mhm."

(2) Die *ethnomethodologische Konversationsanalyse* (Mehan 1979) untersucht Unterrichtsgespräche dahingehend, wie die kommunikative Ordnung des Unterrichtsgesprächs von den Beteiligten (Lehrende und Lernende) im Detail hergestellt wird. Hierbei spielt das *Turn-taking-System* die entscheidende Rolle.

Normalerweise ist die Unterrichtskommunikation dadurch gekennzeichnet, dass der Lehrende uneingeschränktes Rederecht besitzt und den Schülern das Rederecht zuweist durch gezieltes individuelles Aufrufen (häufig mit Namensnennung) oder durch Einladung zur Teilnahme an alle, auf die die Lernenden mit Handzeichen reagieren, um die Zuteilung des Rederechts zu beantragen. Nichteinhaltung der Regeln wird meistens sanktioniert, zum Beispiel durch Zurechtweisen oder Übergehen. Der Lehrende kann aber auch einen nicht autorisierten Schülerbeitrag akzeptieren und damit das Rederecht stillschweigend erteilen.

In T 1 lassen sich die unterschiedlichen Formen der Rederechtsvergabe wie folgt beobachten. Vermutlich ist Christophs Beitrag in [2] („Ängstlich.") von der Lehrerin als Antwort auf ihre voran gegangene Frage autorisiert worden. Da die Beantragung des Rederechts durch die Schüler und die Zuweisung durch den Lehrenden meistens nonverbal durch Gestik und Mimik erfolgt, ist das im Transkript nicht erkennbar. In [4] bis [12] scheint sich das Gespräch der Schüler dann zu verselbstständigen, denn vermutlich sind die Schülerbeiträge in diesem Abschnitt nicht vom Lehrenden autorisiert. Die Lernenden adressieren sich direkt und die Lehrer-Beiträge in [7] und [10] werden wie die anderen Gruppenbeiträge behandelt. Die Schüleräußerung [8] bezieht sich auf [5] und Äußerung [11] auf [9], das heißt, die jeweils dazwischen liegenden Lehreräußerungen werden übergangen.

Es stellt sich hier die Frage, ob es zur Initiativenentfaltung durch die Schüler nicht nur gehört, eigene Themen einzuführen, sondern auch die Rederechtsverteilung zu übernehmen und so die Lenkungsfunktion des Lehrenden in doppelter Hinsicht außer Kraft zu setzen. Eine erfolgreiche Durchsetzung von Schülerinteressen würde bedeuten, dass die Themeninitiierung durch Lernende zu einer neuen Eröffnungsphase führt und der Lehrende das Schülerthema zum neuen Stundenthema macht. Der Einfluss der Lernenden würde sich dadurch nicht nur auf die Phase der Themeninitiierung, sondern auch auf die der Erarbeitungsphase erstrecken.

Eine weitere Variante der Rederechtsverteilung zeigt sich mehrfach in den Transkripten: Die Schüler rufen nach Beendigung ihres Beitrages selbstständig einen Mitschüler auf, zum Beispiel in T 14 (S. 275) [15]: „Lena: (Räuspern) Ich stell mir die Engel so vor, dass die so ähm weiß sind und so gelbe Flügel haben und halt'n Heiligenschein. Tim." So entsteht eine Kette von Schülerbeiträgen, ohne dass sich der Lehrende einschaltet. Dieses Verfahren ist allerdings nur möglich, wenn die Beiträge ohne Lehrerkommentar nebeneinander stehen bleiben können und dadurch legitimiert sind, dass sie Reaktionen auf eine übergeordnete Lehreraufforderung zu Beginn der Sequenz sind.

(3) Die *Funktionale Pragmatik*[28] geht davon aus, dass die Sprachverwendung entscheidend dadurch geprägt ist, dass sich die Menschen zweckbezogener sprachlicher *Handlungsmuster* bedienen, um ihre Ziele zu erreichen. Der Zweck des Frage-Antwort-Musters beispielsweise ist meistens die Behebung eines Wissensdefizits beim Sprecher. Mit Fragesätzen können aber auch andere Handlungen ausgeführt werden als Aufforderungen zum Wissenstransfer. Wenn ein Lehrender zu seinen Lernenden sagt: „Könnt ihr mal bitte leise sein?", realisiert er mit dem Fragesatz eine Aufforderung zur Verhaltensänderung und zugleich eine Ermahnung. Und wenn die Lehrerin in T 1 [1] mit Blick auf Jona im Bibeltext sagt: „Was denkt ihr, wie fühlt er sich, wenn Gott so was zu ihm sagt?", dann stellt sie die Frage nicht, weil sie etwas nicht weiß. Sie gibt den Schülern vielmehr eine Aufgabe.

Die Funktionale Pragmatik untersucht aber nicht nur einzelne sprachliche Handlungen, sondern vor allem deren Kombination zu Handlungsmustern. Ehlich und Rehbein haben sich sehr detailliert mit den Handlungsmustern des Unterrichtsgesprächs beschäftigt und dabei die *Einflüsse der Rahmenbedingungen der Schule* berücksichtigt. Sie gehen davon aus, dass sich die Kommunikation in einer Institution deutlich von der Alltagskommunikation unterscheidet. Einerseits ermöglicht die Institution die effiziente Bearbeitung kollektiv relevanter Aufgaben, andererseits legt sie aber auch das Individuum auf systemkonforme Verhaltensweisen fest. Lehr-Lern-Diskurse, wie sie im Alltag vorkommen, sind deshalb grundsätzlich von Unterrichtskommunikation zu unterscheiden. Schule als Institution verfolgt den Zweck, systematisch gesellschaftlich relevantes Wissen an nachwachsende Generationen zu vermitteln. Dies geschieht unter den Bedingungen des akzelerierten Wissenserwerbs, das heißt, damit Stan-

[28] Vgl. Ehlich/Rehbein (1986).

dardprobleme nicht immer wieder neu individuell gelöst werden müssen, werden in der Schule bereits existierende Standardlösungen vermittelt. An die Stelle des authentischen Problemlösens tritt deshalb das Handlungsmuster Aufgabe-Stellen / Aufgabe-Lösen („ein Subtyp des Sprechhandlungstyps Frage“).[29] Typisch für dieses Muster ist die Rollenverteilung zwischen Lehrenden und Lernenden. Lediglich der Aufgabensteller kennt sämtliche Elemente des Problemlösens: die Problemkonstellation, die Zielsetzung, die sinnvolle Zerlegung der Problematik, die Lösung und die Lösungswege. Die Aufgabenlöser können nur noch die für sie vorgesehenen Teilpositionen des Problemlöseverfahrens besetzen, sie kennen weder die Problemstellung insgesamt, noch die Zielsetzung, noch die problemrelevanten Zerlegungsmöglichkeiten, was unweigerlich zu Motivationsproblemen führt.

Rehbein hat nachgewiesen,[30] dass auch bei komplexeren Formen des Unterrichtsgesprächs wie etwa der Besprechung von Folgen der Napoleonischen Kontinentalsperre im Geschichtsunterricht es den Schülern nicht möglich ist, ein Problem tatsächlich selbstständig zu erörtern. Aufgrund der oben genannten Aufteilung der Elemente des Problemlösens sind sie lediglich in der Lage zu deliberieren, das heißt standardisiertes, bereits vorhandenes und ihnen zugängliches Wissen zu ventilieren.

Aus der Perspektive der Funktionalen Pragmatik stellt sich nun eine Reihe von Fragen: Was tun die Lernenden beim Theologisieren? Lässt sich hier ein eigener Diskurstyp mit spezifischen Handlungsmustern beschreiben, oder handelt es sich um eine Form des Problemlösens, des Erörterns oder des Aufgabe-Lösens? In welchem Verhältnis stehen offene schülerorientierte Phasen (Sammeln von Schülerbeiträgen) zu geschlossenen objektorientierten (Gesprächslenkung durch die Lehrkraft)? Und inwieweit sind Merkmale der Unterrichtskommunikation als institutioneller Kommunikation nachweisbar?

5 Fazit und Ausblick

Die Durchsicht des Transkriptkorpus hat gezeigt, dass in den erfassten Unterrichtsausschnitten überwiegend Lehrerplanung und -steuerung objektorientiertes Schülerverhalten bewirken, weshalb Fragen der Lernenden selten auftauchen. Da jedoch das Theologisieren mit Kindern Schülerorientierung und -aktivierung intendiert,

[29] Ebd., 17.
[30] Rehbein (1985), 11-45.

stellt sich die Frage, ob diese Ziele eher auf der inhaltlich-thematischen Ebene angesiedelt sind, oder ob sie zwar das Unterrichtsgespräch betreffen, aber in anderen nicht dokumentierten Phasen und Situationen des Unterrichts verfolgt werden.
Zur genaueren Untersuchung dieser Frage ist eine ausführliche *linguistische Untersuchung von Unterrichtskommunikation* im Religionsunterricht zum Schwerpunkt Schülerfragen zu empfehlen, die den Zusammenhang zwischen Lehrerverhalten, das für die Entfaltungsmöglichkeiten der Schüler den Rahmen setzt, und dem Auftreten von Schülerfragen klären kann. Im Rahmen einer solchen Untersuchung würden typische Sprechhandlungen und ihre Kombinationen zu größeren Einheiten bestimmt (Diskursanalyse), die Besonderheiten der Gesprächsorganisation analysiert (ethnomethodologische Konversationsanalyse), zentrale Handlungsmuster rekonstruiert und die Merkmale von Unterrichtskommunikation als institutioneller Kommunikation reflektiert (Funktionale Pragmatik).
Wenn das, was hier nur skizziert wurde, genauer untersucht werden soll, wäre auf eine *systematische Datenerhebung* zu achten, auf eine *Transkription* der Aufzeichnungen nach etablierten Konventionen (HIAT oder GAT) und eine *Analyse mithilfe von sowohl konversationsanalytischen als auch funktional-pragmatischen Methoden*. Der große Vorteil dieses Vorgehens läge darin, mit quasi mikroskopischem Blick sehen zu können, wie die Wirklichkeit tatsächlich beschaffen ist, bevor man sich Gedanken darüber macht, wie sie sein sollte.

Literatur

Becker-Mrotzek, Michael: Unterrichtskommunikation als Mittel der Kompetenzentwicklung, in: ders. (Hg.): Mündliche Kommunikation und Gesprächsdidaktik, Baltmannsweiler 2009, 103- 115.

Becker-Mrotzek, Michael / Vogt, Rüdiger: Unterrichtskommunikation. Linguistische Analysemethoden und Forschungsergebnisse, Tübingen [2]2009.

Duden: Die Grammatik, Mannheim [7]2005.

Ehlich, Konrad: Sprechhandlungsanalyse, in: Haft, Henning / Kordes, Hagen (Hg.): Methoden der Erziehungs- und Bildungsforschung. Band 2, Stuttgart 1984, 526-538.

Ehlich, Konrad / Rehbein, Jochen: Muster und Institution, Tübingen 1986.

Freudenberger-Lötz, Petra: Theologische Gespräche mit Kindern. Untersuchungen zur Professionalisierung Studierender und Anstöße zu forschendem Lernen im Religionsunterricht, Stuttgart 2007.

Mehan, Hugh: Learning lessons. Social organization in the classroom, Cambridge 1979.

Rehbein, Jochen: Institutionelle Veränderungen. Fokustätigkeit, Fragen und sprachliche Muster am Beispiel einer Geschichts- und einer Biologiestunde, in:

Kokemohr, Rainer / Marotzki, Winfried (Hg.): Interaktionsanalysen in pädagogischer Absicht, Bern 1985, 11-45.

Richert, Peggy: Typische Sprachmuster der Lehrer-Schüler-Interaktion. Empirische Untersuchung zur Feedbackkomponente in der unterrichtlichen Interaktion, Bad Heilbrunn 2005.

Richert, Peggy: Unterricht als Lehrer-Schüler-Interaktion, in: Arnold, Karl-Heinz u.a. (Hg.): Handbuch Unterricht, Bad Heilbrunn 2006, 225-229.

Searle, John: Sprechakte, Frankfurt 1971.

Sinclair, John McHardy / Coulthard, Malcolm: Analyse der Unterrichtssprache. Ansätze zu einer Diskursanalyse, dargestellt am Sprachverhalten englischer Lehrer und Schüler, Heidelberg 1977.

Wuttke, Eveline: Unterrichtskommunikation und Wissenserwerb. Zum Einfluss von Kommunikation auf den Prozess der Wissensgenerierung, Frankfurt 2005.

Zifonun, Gisela u.a.: Grammatik der deutschen Sprache, Berlin 1997.

Daniel Scholl / Wilfried Plöger

Sinnvolles Lernen und Gesprächsführung

1 Einleitung

Wer sich Vorschulkinder im sogenannten Fragealter genauer anschaut, wird schnell erfahren, dass Fragen eine wichtige Rolle in der geistigen Entwicklung spielen: Kinder erkunden ihre Welt, indem sie *Fragen* an sie richten. Aus den Antworten, die sie erhalten, lernen sie zu dieser Zeit sehr viel Neues. Es lässt sich also annehmen, dass aktiv-produktive Lernprozesse eine *aktive Fragehaltung* voraussetzen.[1]
Wer allerdings dieselben Kinder im Unterricht über die Schuljahre hinweg beobachtet, muss zur Kenntnis nehmen, dass sich ihr Frageverhalten verändert und sie zunehmend *weniger* Fragen stellen, mit dem Ergebnis, dass ihr Fragedrang fast zum Erliegen kommt. Solche Feststellungen über das Verschwinden der Schülerfrage im Verlauf einer Schulbiografie sind inzwischen mit großer Übereinstimmung empirisch belegt.[2] Eine zentrale Konsequenz besteht deswegen in der Forderung, dass *Schüler durch den Unterricht zum Fragenstellen angeregt* werden sollten.
Aus dieser Forderung darf nun aber nicht abgeleitet werden, dass es im schulischen Unterricht darum gehen solle, möglichst *viele* Fragen zu stellen. Entscheidend und förderlich für den Lernprozess ist vielmehr, dass überwiegend *bedeutsame* Fragen gestellt werden, die Schülern eine entsprechende *Sinnorientierung* ermöglichen. Dazu eignet sich aber nicht jede Frage und nicht jede Frageform gleichermaßen. Gerade wenn es um die Erschließung komplexer Sachverhalte geht, übernehmen vor allem *thematisch spezifische Fragen* die entscheidende Rolle der Anregung.[3] Offenbar fördern also „nicht das Verbalisieren und Fragestellen an sich Wissensgenerierung […]. Vielmehr sind es nur *qualitativ hochwertige* Argumentationssequenzen, Erklärungen und Fragen (mit und ohne Lehrerbeteiligung […]),

[1] Vgl. Becker (⁹2008), 235.
[2] Siehe für einen Überblick Wuttke (2005), 142ff.
[3] Siehe zu diesem Thema auch Metzger (1977), für eine Übersicht über didaktisch ergiebige und unergiebige Fragen Nowack/Macht (1996), 64 und für einen Überblick über Fragearten Petrat (1996), 113f.

die Lern- und Wissensgenerierungsprozesse günstig beeinflussen."[4] Solche qualitativ hochwertigen Fragen lassen sich allerdings nicht ohne weiteres von jedem Schüler alleine stellen, weil sie an ein spezifisches *Vorwissen* anknüpfen sollten und meist ein *Vorverständnis* dessen voraussetzen, was gerade erst gelernt werden soll. Bei Themen, die bisher unbekannt für die Schüler oder sehr speziell sind, ist ein solches Vorwissen beziehungsweise Vorverständnis aber entweder nicht oder erst in Ansätzen vorhanden. Schüler benötigen deshalb also *Hilfe* beim Formulieren dieser spezifischen Fragen. Entsprechend lässt es sich als „Aufgabe eines professionell handelnden Lehrers" bestimmen, „immer wieder bei den Schülern eine Fragehaltung aufzubauen, die sie letztlich zum Fragen motiviert"[5].
In unserem Beitrag gehen wir der Frage nach, *von welcher Art diese Hilfestellungen sein können*, die Schüler dabei unterstützen, eine aktive Fragehaltung zu entwickeln. Es geht also nicht vorrangig um Schülerfragen, sondern um das Problem, *wie Lehrer es schaffen können, Schülern eine aktive Fragehaltung zu ermöglichen.* Um diese Hilfen zur Sinnorientierung auch als förderlich für den Lernprozess der Schüler auszuweisen, begründen wir sie *lerntheoretisch* und erläutern zunächst, was wir unter *sinnvollem Lernen* verstehen. Im Anschluss daran stellen wir ausgewählte Hilfestellungen vor, wobei wir uns dabei exemplarisch auf die *Gesprächsführung im fragend-entwickelnden Unterricht* beschränken und an zwei ausgewählten Strategien der Gesprächsführung – nämlich dem *Akzentuieren* und dem *Problematisieren* – veranschaulichen, welche Möglichkeiten Lehrern zur Verfügung stehen. Abschließend zeigen wir anhand der Analyse eines Unterrichtsgespräches Einsatzmöglichkeiten solcher Strategien auf und verweisen damit auf Alternativen zu einfachen Lehrerfragen, durch die eine aktive Fragehaltung der Schüler ganz besonders angeregt werden kann.

2 Der theoretische Kern: Lernen als neue, inhaltlich spezifische Beziehungsstiftung zwischen „Elementen"

Lernen heißt, neue, *inhaltlich spezifische* Beziehungen zwischen Elementen zu stiften. Dieses Neue ist – wie uns die Gestaltpsychologie lehrt – keine additive Zusammenfügung der Elemente, sondern es ist etwas *qualitativ anderes* als die Summe seiner Elemente. Es lässt sich als Aufbau neuer Sinnstrukturen verstehen, deren Semantik nicht mehr in den ehemals verwendeten Bedeutungen aufgeht. Des-

[4] Wuttke (2005), 24.
[5] Becker (^{9}2008), 237.

halb erscheint es nicht überzogen, die Gewinnung solcher neuen Perspektiven, die neue, inhaltlich spezifische Beziehungsstiftung zwischen Elementen, als Entwicklung *emergenter* Strukturen zu bezeichnen: Das neue „Ganze" ist durch Eigenschaften gekennzeichnet, die die einzelnen Elemente der Struktur für sich genommen nicht haben; ihre Eigenschaften ergeben sich daher nicht aus der Summierung der Einzeleigenschaften der Elemente, sondern tauchen auf einer höheren Qualitätsebene sozusagen „aus dem Nichts" auf. Lernen bedeutet also auch immer *Entstehung von Emergenz.*

2.1 Differenzierung des theoretischen Kerns

Wir möchten diesen theoretischen Kern nun in Form von 10 Thesen differenzierter bestimmen.

1. *Lernen als neue, inhaltlich spezifische Beziehungsstiftung* zwischen Elementen ist immer ein Neu-, Hinzu- und Umlernen, dessen Ergebnis in Form einer Struktur vorliegt. Eine Struktur besteht aus Elementen, „die so angeordnet sind, dass die Veränderung eines von ihnen die Veränderung aller übrigen nach sich zieht"[6].
2. Die jeweilige Beziehungsstiftung bringt *das Strukturelle und Allgemeine des betreffenden Sachverhaltes* zum Ausdruck; dieses Allgemeine lässt sich im Lernprozess immer nur aus dem „Besonderen" (aus einer besonderen Situation, einem Fall, einem Beispiel usw.) heraus destillieren.
3. Die Struktur der Beziehungen stellt insofern eine Vereinfachung dar, weil die Vielfalt möglicher Elemente auf die als relevant erachteten reduziert wird und diese dann in spezifischer Weise zueinander in Beziehung gesetzt werden. *Reduktion von Vielfalt und Komplexität* bedeutet zwar Verlust an Konkretheit, dafür aber auch Gewinn an Klarheit und an Einsicht in den Sachverhalt.
4. Für den *Grad notwendiger Reduktion* von Vielfalt und Komplexität kann kein klares Maß vorgegeben werden. Es gibt Sachverhalte, die eine starke Reduktion zulassen beziehungsweise geradezu erfordern, so etwa in der naturwissenschaftlichen Theorie- und Begriffsbildung; es gibt aber auch Sachverhalte, deren Sinn sich nur durch ein hinreichend großes Maß des Komplexitätsniveaus sichern lässt. Das trifft insbesondere auf den Geschichtsunterricht zu.
5. *Die durch Beziehungsstiftung zwischen Elementen gewonnenen Strukturen* stehen ihrerseits immer im Zusammenhang mit vorangegangenen beziehungsweise weiterführenden Beziehungsstiftungen. Nach „unten" basieren sie auf Teilelementen, von denen jedes ein-

[6] Faber (^{2}1972), 142.

zelne wiederum eine Struktur darstellt; nach „oben“ verbinden sich Strukturen zu weiteren (allgemeineren) strukturellen Beziehungsmustern. Langfristig gesehen handelt es sich bei diesem Prozess der Verknüpfung von Teil-Ganzes-Relationen daher um den Aufbau eines möglichst kohärenten Weltwissens.

6. Neben der *anzustrebenden Kohärenz von strukturellen Mustern* wird die Arbeit im Unterricht aber immer auch zu der Feststellung der *Unvereinbarkeit entsprechender Strukturen* führen. Politische Zielsetzungen, ideologische Entwürfe, moralische Standpunkte, ästhetische Bewertungen, Gruppeninteressen oder Sinnansprüche unterschiedlichster Weltanschauungen bilden ein sehr heterogenes Spektrum von Sichtweisen, mit dem Schüler sich im Unterricht konfrontiert sehen, aus dem sie zum Zwecke ihrer eigenen Identitätsstiftung und Selbstbestimmungsmöglichkeiten allerdings eine Auswahl treffen und ihren eigenen zu verantwortenden Standpunkt finden müssen.

7. *Lernen als Neu-, Hinzu- und Umlernen ist ein Prozess geistiger Emanzipation.* Durch ihn werden Vor-Urteile in (vorläufige) Urteile überführt, die nun das Denken, Fühlen und Handeln leiten, bis man sich eines Besseren belehren lassen muss beziehungsweise eigenständig zu besseren Einsichten kommt. Lernen ist also eine konstruktive Tätigkeit, durch die man sich über das gesamte Leben hinweg Entwürfe einer anderen, neuen „Zukunft“ (im privaten wie im gesellschaftlichen Leben) zugänglich machen kann.

8. Geistige Emanzipation ist für Kant eine Frage persönlichen Engagements gewesen; aber mit der Überwindung von Trägheit allein ist es beim Lernen nicht getan. Über die notwendige Motivation hinaus wirken nämlich die *Gesetze der Wahrnehmung* auf die Möglichkeiten zu lernen ein. Wahrnehmung hat die Funktion, konkrete Wirklichkeit durch den Filter struktureller Muster erfahrbar zu machen. Diese inhaltlich spezifischen Wahrnehmungsmuster sind nichts anderes als Handlungs- und Denkstrukturen, die in früheren Lernprozessen erworben wurden und dann als Erwartungshorizonte für Künftiges fungieren,[7] an die sich strukturverwandte Phänomene assimilieren lassen. Deshalb erscheint uns die Welt heute in ähnlicher Weise wie die von gestern. Diese stabilisierende Funktion der Wahrnehmung wirkt im Lernprozess immer in zweifacher Weise: Sie ermöglicht *zum einen* die Erfassung des eigentlichen Problems, indem sie die Inkonsistenz von aktualisierten Wahrnehmungsmustern und registrierten Elementen bewusst macht. *Zum anderen* stehen diese wahrnehmungsleitenden Sinnstrukturen aber der Erkenntnis des Neuen im Weg; aufgrund ihrer Veränderungsresistenz und momentan

[7] Vgl. Meyer-Drawe (2005).

wirksamen Selektivität erschweren sie die Loslösung von lieb gewordenen Vorstellungsordnungen.

9. *Lernen im zuvor explizierten Verständnis ist auf die Produktion von neuem Sinn angelegt.* Deshalb unterscheidet es sich von einer anderen Art des Lernens, nämlich vom Erlernen *konventionalisierter* Beziehungen, das im schulischen Bereich allerdings auch eine große Rolle spielt. Fremdsprachliche Vokabeln, grammatische Pattern, geographische Daten oder geschichtliche Fakten sind unabdingbare Voraussetzungen für sinnstiftendes Lernen, aber das Erlernen dieser Sachverhalte ist identisch mit ihrer Abspeicherung, konstituiert also keinen neuen Sinn. Ausubel spricht im letzteren Fall deshalb von *mechanischem* Lernen,[8] während er die neue, inhaltlich spezifische Beziehungsstiftung zwischen Elementen als *sinnvolles* Lernen bezeichnet.

10. *Sinnvoll Gelerntes muss im Unterricht immer auch mechanisch eingeübt, ja sogar automatisiert werden.* Der Erwerb neuer Handlungs- und Begriffsschemata setzt ein mehr oder weniger umfangreiches und geordnetes Vorwissen voraus. Ist das dazu notwendige individuelle Vorwissen brüchig oder nicht konsolidiert und deshalb nicht schnell und flexibel abrufbar, wird der Lernprozess kläglich scheitern. Der allseits geteilte Respekt gegenüber dem Lernen von Mathematik erklärt sich unter anderem aus diesem Sachverhalt, denn eigentlich ist Mathematik eine für jedermann nachvollziehbare Materie, aber das Erlernen mathematischer Strukturen verzeiht durchgehend keine Wissenslücken. Üben und Automatisieren sichern einerseits die Basis für weiterführendes Lernen auf höherem Niveau, setzen andererseits aber voraus, dass die vorausgehend erworbenen Sinnstrukturen wirklich verstanden worden sind. Deshalb muss der betreffende Sachverhalt vor Beginn der eigentlichen Übungen in mehreren reflexiven Durchgängen an Klarheit und Differenzierung gewonnen haben.[9]

Über diese Kennzeichnung des Lernbegriffs lässt sich schnell verdeutlichen, dass eine *aktive* Fragehaltung eine *notwendige Voraussetzung für sinnvolle Lernprozesse*[10] ist: Indem Schüler eigenständig

[8] Ausubel u.a. (^{2}1980), 50f.

[9] Siehe Aebli (^{13}2006).

[10] Schülerfragen spielen außerdem eine wichtige Rolle für den *Lehr*prozess. Nach einer stellvertretenden Einschätzung Beckers – in der er besonders die motivationale und diagnostische Funktion von Schülerfragen betont – sollten sie „eigentlich den gesamten Unterricht begleiten und ihn teilweise auch leiten. Schülerfragen gestalten den Prozess lebendig, sie zeigen dem Lehrer, wo die Schülerinteressen liegen, liefern Anhaltspunkte dafür, wo weitergearbeitet werden kann, wo der Prozess noch einmal aufgenommen werden muss, und geben Aufschluss über Lernfortschritt und die

Fragen formulieren[11] und dadurch *problemorientiert* denken, können sie ihre Lernprozesse auf vielfältige Weise *direkt oder indirekt mitgestalten.*[12]

2.2 Implikationen für die Lehrtätigkeit

Auf die Implikationen, die dieses Verständnis von Lernen für die Tätigkeit des Lehrens mit sich bringt, können wir hier nicht ausführlich eingehen. Vier Hinweise sind jedoch an dieser Stelle noch wichtig:

– Lernen ist ein theoretischer *Grund*begriff, Lehren dagegen ist ein davon *abgeleiteter* Begriff, der in einem allgemeinen Sinne als *Hilfe zum Lernen* verstanden werden kann. Lernhilfen – ob nun eher direkt oder indirekt, formell oder informell vollzogen – erfüllen ihre Funktion in der Bereitstellung von Elementen, die die Schüler in spezifische Beziehungen zueinander setzen müssen. Die Schüler selbst können vorab nicht oder nur bedingt wissen, welche Elemente dazu notwendig sind. Das kann letztlich nur der Lehrende.

– Seine *Hauptaufgabe* besteht deshalb darin, die notwendigen Elemente in die Lernsituation einzuführen und sie in eine *räumliche* und *zeitliche* Nähe zu bringen, um dadurch dem Schüler die Beziehungsstiftung zu erleichtern.

– Lehren kann Lernen nicht erzwingen. Ob der Lernende die „richtigen" Elemente sieht und in die erforderliche spezifische Beziehung setzt, hängt einzig und allein von ihm ab. Lehren kann also – im Gegensatz zu einem im Alltag weit verbreiteten Vorurteil – *nicht als Vermittlung* von bestimmten Inhalten verstanden werden. Der Lehrende überträgt nichts auf oder in den Schüler; nur in den psychischen Akten des Schülers, *in dessen Denken, Fühlen und Wollen*, vollziehen sich die Prozesse der Beziehungsstiftung als konstruktive Tätigkeit.

– Beim Lehren muss man berücksichtigen, dass problemhaltige Lernprozesse nur selten linear ablaufen. Die Psychologie einsichtigen Lernens zeigt uns das sehr deutlich: Nach mehreren erfolglosen Anläufen erreicht der Lernende irgendwann den kritischen Punkt, an dem sich die Einsicht in den Sachverhalt unmittelbar und eindeutig zeigt. Für den Lernenden stellt dieser Moment das sogenannte „Aha-Erlebnis" dar: Die wesentlichen Elemente und die ge-

Lehr-Lernergebnisse." Becker (^{9}2008), 235; siehe zu den Funktionen auch Nowak/ Macht (1996), 2ff.

11 Ihren Ausdruck muss eine aktive Fragehaltung dabei aber nicht unbedingt in einem Fragesatz (syntaktische Ebene) finden. Fragen können auch unausgesprochen Orientierung für das eigene Denken bieten, solange nur auf referentieller Ebene ein *Problem* leitend für das Denken ist; siehe Nowak/Macht (1996), 8.

12 Vgl. dazu auch Nowak/Macht (1996), 3.

naue Beziehung zwischen ihnen werden nun in aller Klarheit gesehen.

3 Herausforderungen bei der Entwicklung einer aktiven Fragehaltung

So notwendig eine aktive Fragehaltung im Sinne unseres Lernbegriffs also ist, so schwierig ist es auch, sie eigentätig und in jeder Hinsicht ohne die Hilfe eines anderen zu entwickeln. Das Problem ist nämlich, dass Schülern bei neuen oder speziellen Themen ein entsprechendes Vorwissen oder Vorverständnis fehlt, sodass sie auch thematisch spezifische Fragen stellen könnten. Um zum Beispiel das Allgemeine an einem Thema herauszustellen (siehe These 2 zum Lernbegriff), müsste ein Schüler die relevanten Elemente für die Unterscheidung zwischen Allgemeinem und Besonderem sehen. Da sie, beziehungsweise die Verbindungen zwischen ihnen, aber gerade das neu zu Lernende darstellen, können sie erst als *Ergebnis* eines Lernprozesses eine *thematisch spezifische Fragehaltung* begründen.
Schüler sind deshalb bei der Entwicklung einer eigenen Fragehaltung auf die *unablässige Hilfe des Lehrers* angewiesen. Damit stellt sich die Frage, wie denn eine solche notwendige Unterstützung bei der Entwicklung einer Fragehaltung durch den Lehrer realisiert werden kann. Da wir allerdings nicht davon ausgehen, dass das Fragenstellen *direkt* lehrbar ist,[13] suchen wir eher nach *indirekten Anregungsmöglichkeiten*, die Lehrern zur Verfügung stehen und von denen begründet angenommen werden kann, dass sie eine aktive Fragehaltung der Schüler begünstigen; und da Lehrer keinen unmittelbaren Zugriff auf den Lernprozess der Schüler haben, sehen wir solche Anregungsmöglichkeiten unter anderem in der *Führung des Unterrichtsgesprächs*. Im Folgenden machen wir daher einige Vorschläge für ausgewählte *Strategien der Gesprächsführung*, die den Schülern dabei helfen sollen, eine solche aktive Fragehaltung anzuregen.
Dabei begründen wir die Strategien *lerntheoretisch*[14], indem wir sie auf die oben vorgestellten Thesen zum Lernbegriff beziehen. Es han-

[13] Siehe dazu auch Gadamer (^{3}1972), 348.

[14] In der Regel werden solche Strategien innerhalb der Gesprächsanalyse bestimmt, die wissen will, „*wie* Menschen Gespräche führen. Sie untersucht, nach welchen Prinzipien und mit welchen sprachlichen und anderen kommunikativen Ressourcen Menschen ihren Austausch gestalten und dabei die Wirklichkeit, in der sie leben, herstellen.“; Deppermann (^{4}2008), 9. Die Benennung und Einschätzung der Funktion von Sprechakten wird bei dieser Perspektive meist aus generellen Eigenschaften von Gesprächen heraus vorgenommen, wie zum Beispiel ihrer Organisation, der

delt sich also um einen lerntheoretisch legitimierten Vorschlag, bei dem allerdings eingeschränkt werden muss, dass es um analytische Unterscheidungen zur Handlungs*orientierung* – verstanden als Heuristik – geht, deren Effektivität aber noch nicht empirisch bestätigt ist. Über den Einsatz bestimmter Strategien besteht aber in der Allgemeinen Didaktik Übereinstimmung.[15] Deswegen beziehen wir uns auch auf entsprechende Empfehlungen. Bisher wurden sie aber nicht konsequent von einem Begriff des Lernens abgeleitet, sondern allgemein – zum Beispiel aus Überlegungen zur Qualität des Unterrichtens heraus – formuliert. Das Neue an unserem Vorschlag sind damit weniger die Strategien selbst, als vielmehr ihre *Funktionsbestimmung und Begründung über einen Lernbegriff.*

4 Fragend-entwickelnder Unterricht als Möglichkeit zur Förderung einer aktiven Fragehaltung

Wir veranschaulichen die Möglichkeiten der Gesprächsführung am fragend-entwickelnden Unterrichtsgespräch. Damit tragen wir der Tatsache Rechnung, dass es immer noch eine der häufigsten Gesprächsformen ist – oft etwas vage als Frontalunterricht bezeichnet. Diese Form des Gesprächs darf aber nicht mit dem engmaschigen Frage-Antwortmuster[16] des fragend-gelenkten Gesprächs verwechselt werden. Ein qualitativ hochwertiges *fragend-entwickelndes Gespräch ist dagegen eine Form des problemlösenden Unterrichts*, der ein gemeinsames Fragen bewirkt.[17] In dieser Funktion führt das Unterrichtsgespräch tief in das Problem hinein:[18]

> Es ist das Gespräch, das zur Frage führt. Erst im Verlauf des Gesprächs erweist sich die ganze Fragwürdigkeit des Gefragten: es ist ein zirkelhaftes Verhältnis, in dem eine tastend gestellte oder sich nur beiläufig ergebende Frage im weiteren Verlauf die volle Fragwürdigkeit des fragwürdig Gewordenen ergibt, die es dann durch das Gespräch aufzuklären gilt.[19]

Ähnlich argumentiert auch Aebli; im fragend-entwickelnden Unterrichtsgespräch stellen „sich der Schüler selbst, oder, stellvertretend

Darstellung von Sachverhalten, dem Handeln oder den sozialen Beziehungen der Beteiligten zueinander; vgl. Deppermann (^{4}2008), 9.

15 Siehe stellvertretend Grell (2001), 192ff.; Leisen (2007); Thiele (1983) oder Becker (2007).

16 IRF-Sequenz [Invitation by the teacher, Response by the pupil, Feedback by the teacher]; siehe dazu die Übersicht bei Wuttke (2005), 126ff.

17 Vgl. Bollnow (1977), 131.

18 Vgl. ebd.

19 Ebd.

für ihn der Lehrer, nacheinander Fragen […], bei deren Beantwortung sich die Problemlösung immer klarer abzeichnet, bis sie, voll entwickelt, dem Denken und Handeln des Schülers einverleibt ist“[20]. Wenn der Lehrer eingreift, dann sollte er das allerdings nur dem Grundprinzip der minimalen Hilfe entsprechend tun, nach dem er „dem selbständigen Nachdenken der Schüler solange seinen Lauf läßt, als sie auf dem Wege der Lösung des Problems weiterkommen“[21].

5 Ausgewählte Gesprächsstrategien: Akzentuieren und Problematisieren

Lehrer können sich im fragend-entwickelnden Unterrichtsgespräch unterschiedlicher Strategien der Gesprächsführung bedienen. Neben der häufig gebrauchten Lehrerfrage und dem von uns exemplarisch besprochenen *Akzentuieren* und *Problematisieren*[22] können als weitere Beispiele das Aufgreifen oder Weiterführen von Beiträgen, das Zusammenfassen, das Folgern, das Erklären, das Begründen, das Beurteilen, das Kategorisieren oder das Aktualisieren von Vorkenntnissen genannt werden.

5.1 Akzentuieren

Im Sinne der ersten These zum Lernbegriff liegt das Ergebnis von Lernen, verstanden als neue, *inhaltlich spezifische* Beziehungsstiftung zwischen Elementen, in Form einer *Struktur* vor. Eine Struktur besteht aus einzelnen, voneinander unterscheidbaren Einheiten, die in einem Verhältnis (Relation) zueinander stehen. Während die Elemente einer Struktur als *Ergebnis* des Unterrichts simultan vorliegen, stellt sich für das Unterrichten – also auf dem *Weg* der Erarbeitung der Struktur – die Herausforderung, sie gesondert herauszustellen und sie in einen Zusammenhang, das heißt in eine *räumliche*

[20] Aebli ([13]2006), 296.

[21] Ebd.

[22] Für die vorgestellten Strategien müssen allerdings einige Besonderheiten berücksichtigt werden, die die Größenordnung der sprachlichen Phänomene betreffen; siehe Deppermann ([4]2008), 9: Die Strategien gelten auf der Makroebene, auf der Gesprächs*phasen* thematisiert werden, nur für die Gesprächs*mitte*, also die Entfaltung des Hauptthemas und der Subthemen; vgl. Henne/Rehbock (2001), 14. Auf der Mesoebene, auf der Gesprächs*beiträge* untersucht werden, machen wir dabei Vorschläge für einzelne Sprechakte; vgl. Henne/Rehbock (2001), 14. Alle Strategien können aktivisch verwendet werden, indem sie ein Gesprächspartner selbst einsetzt, oder passivisch, indem er einen anderen dazu veranlasst, sie einzusetzen.

und zeitliche Nähe zu bringen, um so ihre Beziehungen zueinander deutlich zu machen. Weil die einzelnen Gesprächsbeiträge dazu nur nacheinander (*linear*) eingebracht werden können, sollten für das Gespräch solche Strategien gewählt werden, durch die auf bereits unterschiedene Elemente verwiesen werden kann und durch die – trotz ihrer sequenziellen Aufarbeitung – die *Ordnung der Struktur* herausgestellt werden kann. Eine Möglichkeit dafür sehen wir in der Strategie des *Akzentuierens.*

In inhaltlicher Hinsicht kommt hinzu, dass das Besondere (das Beispiel), an dem das Allgemeine (in Form einer Struktur) herausgestellt werden soll, komplex ist. Es kann über zahlreiche Elemente und Verbindungen zwischen ihnen gekennzeichnet werden, die schnell unüberschaubar werden. Diese Komplexität muss daher reduziert werden. Insbesondere müssen relevante und irrelevante oder wichtige und unwichtige Elemente unterschieden werden, kurz: *Es müssen einzelne Elemente unter Berücksichtigung bestimmter Kriterien hervorgehoben werden.*

Während Schüler ohne unterstützende Gesprächshilfen einem Unterrichtsbeispiel solche Elemente erst abgewinnen müssten, wird ihnen mit entsprechenden Hilfen die Chance geboten, sie mit der Unterstützung des Lehrers zu benennen, um daraufhin spezifische Fragen an sie richten zu können.

Das *Akzentuieren*[23] bietet eine solche Hilfe: Durch Hervorheben einzelner Schülerbeiträge oder ihrer Elemente bekommen sie gegenüber allen anderen Beiträgen eine besondere Stellung, die dann eine Weiterarbeit mit den hervorgehobenen Elementen ermöglicht, und zwar entweder unter Vernachlässigung oder vor dem Hintergrund der übrigen Beiträge.

Da das Akzentuieren selber aber nur eine abstrakte Beschreibung einer Tätigkeit ist, benennen wir nun *exemplarisch* einige *Realisierungsmöglichkeiten*, durch die es geleistet werden kann. Sie können dabei der Strategie der Akzentuierung untergeordnet werden, sodass eine Taxonomie an Gesprächsmöglichkeiten entsteht. Akzentuiert werden kann durch …

– *… Hinweise auf wichtige Informationen und angemessene Denkaktivitäten:*[24] Durch einen Hinweis wird das Augenmerk auf etwas Besonderes gerichtet, das damit von allem anderen unterschieden werden soll. Aus der Vielzahl der unterrichtlichen Beiträge werden dadurch einzelne, ausgewiesene Gehalte oder Aktivitäten von allen anderen abgesondert, die für die thematische Struktur oder deren Aufarbeitung von besonderer Bedeutung sind. Orientierung kann

23 Siehe Thiele (1983), 37.
24 Vgl. ebd., 39.

Schülern zum Beispiel durch einen Hinweis auf einen vorangegangenen Beitrag,[25] darauf, dass sie sich auf dem richtigen Weg befinden[26] oder durch eine Aufforderung zum Weitermachen[27] gegeben werden.

– ... *Hinweise auf zu wenig beachtete Gesichtspunkte*:[28] Die vorangegangene Gesprächsmöglichkeit beschreibt den positiven Fall, dass entsprechende Elemente schon genannt wurden. Zur Auswahl muss dann nur noch ein Akzent gesetzt werden. Bei dieser Möglichkeit liegt der negative Fall vor: Es wurden noch keine oder zu wenig relevante Beiträge geliefert, die hervorhebenswert wären. In diesem Fall kann es also hilfreich sein, einen Akzent auf das zu setzen, was bisher noch unberücksichtigt geblieben ist.

– ... *Lenkung durch Denkanstöße beziehungsweise Impulse*:[29] Bei beiden vorherigen Möglichkeiten wird die Setzung des Akzentes in die Hand des Lehrers gelegt, der direkt auf etwas verweist. Diese Möglichkeit verlangt es, einen Sachverhalt eher indirekt in das Bewusstsein der Schüler zu bringen, indem zum Beispiel über eine Faktenergänzung, einen stummen Impuls oder ähnliches eine Anregung zum Weiterdenken gegeben wird.

– ... *Gewichten von Beiträgen*:[30] Das Augenmerk der ersten drei Gesprächsmöglichkeiten liegt auf einzelnen Beiträgen. Wenn aber schon mehrere passende Beiträge herausgestellt wurden, wird es eventuell notwendig, weitere Akzentuierungen innerhalb der relevanten Beiträge vorzunehmen. Hierzu können die Beiträge oder einzelne Aussagegehalte zum Beispiel in eine Rangfolge gebracht werden, indem sie nach ihrer Bedeutsamkeit geordnet werden.

– ... *Präsentation zweier oder mehr Aspekte, Merkmale o.ä.*:[31] Das Gewichten von Beiträgen geht schon in die Richtung dieser Möglichkeit: Kommen mehrere Elemente zur Sprache oder wird zum Beispiel eine Analogie gebildet, müssen ab dem Augenblick Akzentuierungen vorgenommen werden, ab dem diese auf Gemeinsamkeiten und Unterschiede oder ihr Verhältnis zueinander hin befragt werden. Dann ist nämlich ein Vergleich erforderlich, bei dem automatisch Akzente erzwungen werden, sobald nach dem Dritten des Vergleichs (tertium comparationis) gesucht wird.

– ... *Zusammenfassen / Bündeln*: Bei dieser Gesprächsmöglichkeit wird eine Reduktion eines Sachgehaltes vorgenommen. Akzentuiert

25 Vgl. ebd.
26 Vgl. ebd.
27 Vgl. ebd., 41; siehe auch Leisen (2007), 120.
28 Vgl. Thiele 1983, 39.
29 Vgl. ebd.
30 Vgl. ebd., 38.
31 Vgl. ebd., 39.

wird dadurch, dass jedes Element der Zusammenfassung daraufhin befragt werden muss, ob es dazu geeignet ist, einen Zusammenhang entsprechend wiederzugeben.

– ... *Ausschärfung von Inhalten*:[32] Möglicherweise werden in den Beiträgen schon relevante Elemente der Sachstruktur benannt, eventuell sind sie aber noch nicht gegenstandsnah genug formuliert, ihr Themenbezug ist noch zu gering oder ihr Allgemeinheitsgrad ist zu hoch, zu oberflächlich, zu ungenau oder zu weitläufig. Um dann den Sachgehalt deutlich herauszustellen, mit dem weitergearbeitet werden soll, reicht ein Verweis auf das Element nicht aus, es müssen weitere Maßnahmen zur genaueren Herausstellung der Elemente ergriffen werden: Eine Präzisierung,[33] die Ergänzung beziehungsweise Erläuterung von Fachbegriffen[34] oder die Visualisierung komplexer Sachverhalte[35] können dabei Gesprächsmöglichkeiten der Wahl sein. Gemeinsam ist allen diesen Strategien, dass sie dazu anhalten, einen Beitrag, der vormals noch undifferenziert war, auf die Frage hin: „Wie lässt sich der Sachgehalt über möglichst genaue Unterscheidungen darstellen?“ zu differenzieren.

5.2 Problematisieren

Sinnvolle Lernprozesse führen dazu, dass neben der Erarbeitung von kohärenten Strukturen auch die Unvereinbarkeit verschiedener Strukturen oder ihrer Elemente aufgedeckt wird (siehe These 6). Beides, Kohärenz und Inkohärenz der Strukturen, muss dabei jeder Schüler in einem Strukturvergleich über eine *konstruktive Tätigkeit* selber herausstellen (siehe These 7), und er kann dabei nur auf die Strukturen zurückgreifen, *die ihm schon zur Verfügung stehen* (siehe These 8). Beim Neu-, Hinzu- und Umlernen können diese bestehenden Strukturen zwar dabei helfen, Strukturprobleme zu erkennen, sie können aber ebenfalls eine solche Erkenntnis verhindern, weil sie relativ veränderungsresistent sind. In jedem Fall kann ein guter Lehrer solche sinnvollen Lernprozesse zwar anregen und sie unterstützen, er kann aber nichts auf den Schüler übertragen: Schüler müssen also ihre Strukturen durch Befragung andauernd *eigenständig* prüfen, gegeneinander abwägen und entsprechende Beziehungen zwischen den Elementen herstellen.

Anders als eine Struktur – auf die sich die Akzentuierungsstrategie bezieht – ist eine solche *eigenständige Prüfung einer Struktur* aber

[32] Vgl. Leisen (2007), 121.
[33] Vgl. ebd., 120.
[34] Vgl. ebd., 121.
[35] Vgl. ebd.

kein Ergebnis eines Lernprozesses im Sinne eines Produktes. Bei einem produktorientierten Unterrichtsprozess ist eine Unterstützung des Lehrers unproblematischer zu denken, weil es hier einen deutlicheren Bezugspunkt für die unterrichtlichen Tätigkeiten gibt: die *erarbeitete Struktur*. Die Herausforderung für das Lehren, durch das eine eigenständige Prüfung von Strukturen begünstigt werden soll, besteht allerdings darin, eine eigene, aktive Fragehaltung des Schülers als Bedingung für Unabhängigkeit und Eigentätigkeit bei der Prüfung durch (und trotz) unterstützende(r) Gesprächsführung des Lehrers zu initiieren. Kennzeichnend für die eigenständige Prüfung bestehender Strukturen ist ja gerade, dass Schüler eine gewisse Unabhängigkeit der eigenen (geistigen) Tätigkeiten von denen anderer wahren und Strukturen *für sie* fragwürdig werden. Für die Gesprächsführung eignen sich damit vorrangig solche Strategien, die Schülern *Orientierung* für ihre Tätigkeiten bieten, sie ihnen aber *nicht abnehmen*. Diese Leistung sehen wir zum Beispiel in der Strategie des *Problematisierens*.

Jeder Mensch hat in seinem Leben eine gewisse Zahl an Problemen zu bewältigen. Gemeint sind hier allerdings solche Probleme, die einem „den weiteren Weg als Erkennender und Begreifender schwer machen“[36]. Bei der Prüfung eigener Strukturen stellen sich diese Probleme, wenn beispielsweise erkannt wird, dass die Eingliederung neuer Strukturen in bestehende nicht möglich ist oder eine erreichte Wissensgrenze es verhindert, neue Beziehungen zwischen Elementen zu stiften.

Solche Probleme entstehen zum Beispiel auch bei der Überprüfung eigener Urteile, etwa: Wie komme ich dazu, dort mit solcher Sicherheit eine moralische Forderung zu stellen? Sie erfordern zwar nicht unbedingt eine Lösung (und wenn können Lösung und Lösungsweg auch länger ausfallen), sie *halten aber zur Auseinandersetzung* mit ihnen an. Problematisieren in diesem Sinne ist damit immer auch ein Auflösen von scheinbaren Selbstverständlichkeiten, und es ermöglicht, die einmal gefällten Urteile eigenständig zu reflektieren und sie dadurch zum Beispiel besser zu begründen. Diese Art des Problematisierens bietet sich auch für den Unterricht an und stellt sicher eine Stärke des problemorientierten Unterrichts dar. Da Problematisieren – wie das Akzentuieren auch – in diesem Sinne aber erst eine abstrakte Beschreibung einer Tätigkeit ist, benennen wir nun einige *Realisierungsmöglichkeiten*. Problematisiert werden kann durch …

– *… Bewusstmachen / Inszenieren einer Wissenslücke*:[37] Ein Hauptproblem unseres Wissens ist, dass wir selten über vollständige

[36] Bittner (2001), 21.
[37] Vgl. Thiele (1983), 28.

Informationen über einen Sachverhalt verfügen und bei genauem Nachfragen immer feststellen müssen, dass wir Wissenslücken in den unterschiedlichsten Hinsichten haben. Der Verweis darauf kann im Unterricht die eigene aktive Fragehaltung so anregen, dass Gründe für eine bestimmte Wissenslücke gesucht werden oder sogar der Versuch unternommen wird, sie zu schließen. Solche Anregungen können zum Beispiel dadurch gegeben werden, dass

- auf ungelöste Aufgaben / ungeklärte Begriffe usw. ausdrücklich hinweisen wird[38] – hier stellt sich die Frage der Lösung / Klärung –,
- ein widersprüchlicher Sachverhalt dargeboten wird[39] – gefragt wird dabei nach der Begründung oder Auflösung des Widerspruchs –,
- eine unbegründete, unbewiesene Behauptung aufgestellt wird[40] – auch hier muss nach Begründungen oder Beweisen gefragt werden –,
- oder zu kritischeren / differenzierteren Überlegungen angeregt wird[41] – wobei dann die bisher relativ groben Unterscheidungen in genauere überführt werden müssen.

– ... *In-Frage-stellen lassen*: Was in der ersten Realisierungsmöglichkeit indirekt über einen Denkanstoß geschieht, wird durch diese Möglichkeit direkt geleistet. Durch sie wird ein Sachverhalt seiner Selbstverständlichkeit entkleidet, was es erforderlich macht, sich auf die Suche nach Antworten zu machen. Wenn ein Sachverhalt nicht einfach durch eine (Lehrer-) Frage angezweifelt werden soll, bieten sich auch hier wieder Möglichkeiten der Gesprächsführung an, die die Fragehaltung auf Seiten der Schüler wecken, etwa der Hinweis auf Unvereinbarkeit oder Nichtübereinstimmung mit Fakten, allgemein akzeptierten Meinungen, anderen Schülerbeiträgen, Gegensätzen oder Widersprüchen zum Beispiel in den Auffassungen, die Diskussion von Schülerbeiträgen, das Stellen von Gegenfragen, der Verweis auf mögliche Konsequenzen oder das Suchen nach Einschränkungen.[42]

– ... *Nachhaken*: Das Nachhaken kann zu einer Prüfung und Relativierung der eigenen Strukturen führen, weil dadurch zum Beispiel deutlich wird, dass die Begründungsproblematik nicht lösbar ist und einzelne Begründungen immer auf andere zurückgeführt werden können.[43] Auch hier gibt es andere Varianten als einfaches Nachfragen

[38] Vgl. ebd.
[39] Vgl. ebd.
[40] Vgl. ebd., 29.
[41] Vgl. ebd.
[42] Vgl. ebd., 30f.
[43] Infiniter Regress, siehe Albert (^{5}1991), 15.

durch den Lehrer, er kann zum Beispiel zur Konkretisierung veranlassen oder Rückfragen mit Antworthilfen stellen,[44] kontrollierende Verständnisfragen einschieben,[45] Mitschüler um Stellungnahmen bitten oder an Beiträge von Schülern erinnern und sie in Beziehung zueinander setzen lassen.[46]

6 Exemplarische Gesprächsanalyse zu den Strategien *Akzentuieren* und *Problematisieren*

Das analysierte Gespräch[47] ist ein Ausschnitt aus einem Geschichtsunterricht in der Jahrgangsklasse 11 an einem Gymnasium aus dem Jahre 2004. Das Thema der Stunde bezieht sich auf den Nutzen von Geschichte, und der Stunde geht die Frage voraus: Wozu braucht man Geschichte? Mögliche Antworten werden auf der Grundlage eines Textausschnittes des Historikers Jürgen Kocka gesucht, dessen Text ebenfalls die „kritische Frage, wozu man eigentlich die Geschichte noch brauche“[48] vorangestellt ist. In diesem Fall liegt also – wie oben über den fragend-entwickelnden Unterricht ausgesagt – ein problemorientierter Unterricht vor.

[44] Vgl. Thiele (1983), 34.

[45] Vgl. ebd., 35.

[46] Vgl. Leisen (2007), 120.

[47] Bei den folgenden Analysen handelt es sich um Einzelfallanalysen, die als *sequenzielle Analysen* durchgeführt werden (siehe dazu Brünner 2009, 60f.). Untersucht werden die einzelnen Redebeiträge in ihrem zeitlichen Ablauf eines Gesprächs. Das ausgewählte Beispielgespräch lässt sich gesprächsanalytisch folgendermaßen kategorisieren; siehe Henne/Rehbock (2001), 26f.: Es handelt sich um ein fragend-entwickelndes Unterrichtsgespräch aus der Kategorie der Erarbeitungsgespräche, das innerhalb der Sozialform Klassenunterricht stattfindet. Die Konstellation der Gesprächspartner betreffend ist es ein Gruppengespräch in einer Großgruppe (interpersonales dyadisches Gespräch), das nicht öffentlich stattfindet, wobei sich die Gesprächspartner kennen. Der Gesprächsgattung nach handelt es sich um ein natürliches arrangiertes Gespräch, dessen situationeller Kontext als Nahkommunikation (zeitlich simultan und räumlich nah [face-to-face]) gekennzeichnet werden kann. Das soziale Verhältnis der Gesprächspartner ist – vor allem mit Blick auf die Rederechte und deren Vergabe – asymmetrisch, vorwiegend fachlich / sachlich, institutionell-organisationell und gesprächsstrukturell bedingt. Die Handlungsdimensionen des Gesprächs sind direktiv und diskursiv (wissenschaftlich) und alle Gesprächspartner sind routiniert beziehungsweise speziell vorbereitet. Das Gespräch lässt sich als themabereichsfixiert beziehungsweise speziell themafixiert kategorisieren, wobei das Verhältnis von Kommunikation und nichtsprachlichen Handlungen als empraktisch beschrieben werden kann, da das Unterrichtsgespräch in Teilen von außersprachlichen Handlungen – bedingt durch seinen Ort in der Schule – seinen Sinn gewinnt.

[48] Kocka (1976), 33.

Kocka gibt fünf Antworten in Thesenform. Antwort vier[49] lautet „Schaffung von Möglichkeitsbewusstsein – Verflüssigung von Selbstverständlichkeiten“[50]. Die Antwort bildet den Gegenstand des vorliegenden Ausschnitts aus dem Unterrichtsgespräch. Sie soll in einem textorientierten Interpretationsgespräch erarbeitet werden.[51] Bezogen auf das erste Kennzeichen des Lernbegriffs, nach dem das Ergebnis eines Lernprozesses als Struktur vorliegt, stellt jede der fünf Antworten ein Hauptelement dar, das in einem Verhältnis zu jedem anderen Element und zur Ausgangsfrage steht. Zusammen ergeben die Elemente einen Begründungszusammenhang (Struktur) für die Notwendigkeit der Beschäftigung mit Geschichte.
Zur Analyse des Gesprächsausschnittes nehmen wir die oben vorgestellten Strategien der Gesprächsführung des Lehrers in den Blick, und zwar 1. den Aufbau von Strukturen durch Akzentuieren und 2. die Prüfung bestehender Strukturen durch Problematisieren. Wir beginnen mit dem *Akzentuieren.* Diejenigen Stellen, die Gegenstand der Analyse sind, sind unterstrichen.[52]

6.1 Aufbau von Strukturen durch Akzentuieren

Lm	Die Nummer vier. {räuspert sich} (12) SmP, du hast noch nichts gesagt heute.
SmP	Ja-, also, da geht es halt (.) dadrum, dass- (7) finde das schwer zu sagen ( ) (3)
Lm	Ja, probieren wir's. (2) SmJ?
<u>SmJ</u>	Ja, einfach (..) z.B., die <u>Verhältnisse</u>, in denen wir <u>jetzt hier</u> leben- nicht so entgegenzutreten und die nicht so anzunehmen, sondern (.) die auch ein

49 Es geht um die Auslegung der folgenden Textpassage: „(4) Schaffung von Möglichkeitsbewusstsein – Verflüssigung von Selbstverständlichkeiten: Indem Geschichtswissenschaft und -unterricht die soziale und politische Gegenwart in ihrem Gewordensein und damit in ihrer Wandlungsfähigkeit, das heißt aber in ihrer prinzipiellen Veränderbarkeit zeigen, können sie dazu beitragen, eine Haltung zu erzeugen, die die massiv und sachzwangartig uns entgegentretende Wirklichkeit nicht in ihrer scheinbaren Notwendigkeit akzeptiert, sondern auf dem Hintergrund ihrer genutzten und versäumten, vergangenen und vielleicht noch bestehenden Möglichkeiten begreift. Diesem Zweck der ‚Verflüssigung' des Bildes von Wirklichkeit dient auch die Vermittlung der (sekundären) Erfahrung des frappierend Anderen; dem eigenen primären Erfahrungsbereich verschlossene Weisen des menschlichen Lebens aus historisch weit zurückliegenden Zeiten und stark abweichenden sozio-kulturellen Umwelten wirken im Sinne eines *Verfremdungseffekts.*“; Kocka (1976), 34.

50 Kocka (1976), 34.

51 Siehe Bittner (2006), 41ff.

52 Für die Transkription gelten die folgenden Konventionen: [Beginn eines Beitrags mit unmittelbarem Anschluss oder Überlappung; ( ) unverständliche Rede; (.) kurze Sprechpause oder Verzögerung; (..) längere Sprechpause; (2) lange Sprechpause mit Sekundenangabe; (vielleicht) unsichere Transkription; {räuspert sich} Kommentar; - Wortabbruch.

	bisschen hinterfragen und zu gucken, (.) was für Möglichkeiten stecken da noch drin, könnte man das noch besser machen? Und-
Lm	Hmhm, nun beschäftigen wir uns ja mit *Vergangenheit* (.) als Historiker; die können wir ja so *nicht* mehr verändern. Nur die *Gegenwart* können wir verändern in- auf die Zukunft hin. Kannst du das noch präzisieren, was du (gesagt hast), was ( ) dahinter steckt.
SmJ	Hmmm (4)
Lm	SmF?
SmF	Ja, es geht halt auch darum, zu sehen welche Möglichkeiten hatten wir, welche haben wir genutzt, welche haben wir versäumt (.) und was besteht halt jetzt noch davon?
Lm	Hmhm, weiter? SmD?
	[...]
Lm	Hmhm, hmhm, sehr schön. Könnt ihr mit dem Begriff der Verflüssigung etwas anfangen; SmM, was würdest du jetzt darunter verstehen?
SmM	War mir jetzt nicht so ganz so klar, ich weiß nicht ganz, was ()
Lm	SmB; kannst du das (.) ihm erläutern? Verflüssigung.
SmB	Ä-h, ne-e, weil ich dahinter das Wort mit- also dieses frappierende Andere, wie wird das erklär- also wie kann man er[klären?] Hmhm
Lm	[Erstaunen erregend] Das Erstaunen erregende Andere. (..) Was bedeutet Verflüssigung von Geschichte? (..)

Der Schwerpunkt unserer Analyse in diesem Gesprächsausschnitt liegt auf der Reaktion des Lehrers (Lm) auf den Beitrag des Schülers SmJ.

Am Anfang dieser Gesprächssequenz verweist der Lehrer auf die zu besprechende Textstelle („Die Nummer vier.“) und fordert einen Schüler dazu auf, doch seinen Beitrag abzugeben („SmP, du hast noch nichts gesagt heute.“). Durch diese Hinweise des Lehrers weiß der Schüler, welcher Abschnitt besprochen werden soll und dass er nun an der Reihe ist. Da der Lehrer aber offen lässt, was genau der Schüler tun soll, ist dem Schüler größtmögliche Handlungsfreiheit zur Reaktion auf den Hinweis gelassen. Der Schüler entscheidet sich – vermutlich unter Bezugnahme auf das bisherige Vorgehen – dafür, eine (hermeneutische) Interpretation der vierten Antwort Kockas zu liefern.[53] Entscheidend ist nun, dass Schüler SmJ dabei aber die Ausgangsfrage der Stunde außer Acht lässt (Wozu Geschichte?) – in diesem Moment ist sie offenbar nicht *seine* Ausgangsfrage: Er bezieht seine Interpretation auf die *Gegenwart* und lässt damit die thematische Struktur der Stunde außer Acht (Begründungszusammenhang für die Notwendigkeit der Beschäftigung mit *Geschichte*). Der Lehrer bedient sich daraufhin zweier Realisierungsmöglichkeiten der *Akzentuierungsstrategie*, um den treffenden Teil der Interpretation hervorzuheben – den Gedanken des *Hinterfragens* („auch ein

[53] Gearbeitet wird dabei auf der Grundlage einer Interpretation, die vom Text gelöst ist, nicht mit dem Text selbst, denn es werden keine Zitiertechniken gebraucht.

bisschen hinterfragen") –, ihn aber gleichzeitig an die Ausgangsfrage der Stunde zurückzubinden und sie wieder in das Bewusstsein des Schülers zu rufen:

1. In der ersten Realisierung der Akzentuierungsstrategie affirmiert der Lehrer den treffenden Teil der Aussage indirekt, indem er auf *wichtige Informationen und angemessene Denkaktivitäten hinweist.* In diesem Fall *lenkt er durch einen Denkanstoß*: den Verweis auf die *Vergangenheit* („nun beschäftigen wir uns ja mit *Vergangenheit* als Historiker"). Teilelemente der Schülerantwort bestehen also aus einer angemessenen, das heißt belegbaren Interpretation des Textes. Erste Elemente der Struktur sind damit genannt. Der Lehrer gibt aber keine direkte Rückmeldung zu diesen Teilelementen (zum Beispiel „Der Gedanke des Hinterfragens ist richtig."), sondern er übernimmt die Rolle eines Problemgebers, der die Antwort durch den Denkanstoß fragwürdig macht und über die Zusatzinformation („nun beschäftigen wir uns ja mit *Vergangenheit*") eine Fragehaltung des Schülers begründet. Um diese Zusatzinformation auf seine Antwort zu beziehen, muss sich Schüler SmJ zum Beispiel die folgende Frage stellen: Wie kann ich den Gedanken des Hinterfragens denn nun auf die Vergangenheit und damit unsere Ausgangsfrage beziehen?

Der Denkanstoß bietet dem Schüler dabei eine erste Orientierung dafür, welches Teilelement der Antwort es aufzugreifen und eigenständig an die Ausgangsfrage zurückzubinden gilt. Er muss nämlich den positiven Hinweis (Vergangenheit) nur noch als Kriterium nutzen, um zu prüfen, was er denn stattdessen gesagt hat. Dann wird er finden, dass er sich eben nicht auf die Vergangenheit, sondern ihren relativen Gegensatz, die Gegenwart, bezogen hat, und dieses Teilelement seiner Aussage überdenken. So kann er dann auch zwischen dem unterscheiden, was zutreffend (Gedanke des *Hinterfragens*) und was unzutreffend (Gedanke der *Verbesserung* aufgrund der Unveränderbarkeit von Geschichte) an seiner Interpretation mit Blick auf die Ausgangsfrage ist.

Auch am Schluss dieser Sequenz handelt der Lehrer ähnlich. Er weist auf *wichtige Informationen und angemessene Denkaktivitäten hin*, indem er durch sein handlungsleitendes Sprechen in der Aufforderung „Weiter." andeutet,[54] dass der Schüler *auf dem richtigen Weg* ist. Wie auch bei der vorangegangenen Realisierung der Akzentuierungsstrategie, werden hier keine präzisen Tätigkeitsinformationen gegeben, sodass der Schüler Planungsgewissheit für die weiter zu gehenden Schritte hätte. Er erhält vielmehr nur eine Aufforderung, die ihn dazu bringt, eigene Fragen zur Planung der weiteren Schritte zu formulieren, zum Beispiel: *Womit* mache ich weiter, mit dem Ge-

[54] Brinker/Sager (^{4}2006), 10.

halt der gesamten Aussage, einem Teil von ihr, oder führe ich einen neuen Gedanken ein? *Wie* gehe ich weiter vor, formuliere ich weiter eine freie Interpretation oder stütze ich meine Rekonstruktion von Textsinn durch einen Textausschnitt?
Damit wird in dem besprochenen Gesprächsausschnitt die Akzentuierungsstrategie so eingesetzt, dass sie eine aktive Fragehaltung der Schüler fördert: Ohne die unterstützende Strategie sind die Beiträge der Schüler noch relativ grob und damit vage und ungeordnet – die Struktur tritt noch nicht klar und dem Text entsprechend hervor. Das legt den Schluss nahe, dass diesen verschwommenen Beiträgen auch verschwommene – und damit keine thematisch spezifischen – Fragen vorausgehen. Die Schüler sind also noch nicht so souverän im Umgang mit dieser schwierigen Thematik, dass sie sie eigenständig und gründlich aufarbeiten und die entscheidenden Elemente der thematischen Struktur der Stunde benennen könnten. Allerdings sind sie auch nicht hilflos – das ist an den angemessenen Teilelementen in den Antworten zu erkennen –, sodass der Lehrer – obwohl er die Direktive in der Gesprächsführung übernimmt – die Schüler zur Eigenaktivität anregen kann. Das tut er nicht, indem er ihnen die Fragen vorformuliert, sondern indem er sie durch entsprechende Realisierungen der Akzentuierungsstrategie dazu auffordert, ihre Antworten noch einmal daraufhin zu befragen, ob sie die thematische Struktur des Unterrichts treffen. Durch diese Unterstützung hilft der Lehrer den Schülern dabei, thematisch genauere Fragen an den Gegenstand zu richten, um damit auch die einzelnen Elemente mit höherer Genauigkeit aufzuarbeiten, als sie das ohne Hilfe getan hätten, und dadurch die Struktur des Themas „Wozu Geschichte?“ aufzubauen.
2. In der zweiten Realisierung der Akzentuierungsstrategie lässt der Lehrer einen *Inhalt ausschärfen*, indem er die Aussage des Schülers – nach dem Denkanstoß – *präzisieren* lässt („Kannst du das noch präzisieren“). Die vorangegangene Antwort des Schülers SmJ („Ja, einfach z.B., die Verhältnisse, in denen wir jetzt hier leben ...“) lässt erkennen, dass ihm selber das Konzept seiner Interpretation noch nicht klar zu sein scheint: Abgesehen von dem fehlenden Bezug zur Ausgangsfrage schränkt er seine Aussage durch relativierende Sprache und den Wechsel in einen restringierten Code („ein bisschen hinterfragen“) ein und formuliert – in falscher grammatischer Form – einen Nachsatz zu seiner eigentlichen Aussage, den er aber nicht mehr auf seine Aussage bezieht („was für Möglichkeiten stecken da noch drin“ [Aussage], „könnte man das noch besser machen?“ [Nachsatz]). Damit ist das sachlich zutreffende Element (Gedanke des *Hinterfragens*) zwar genannt, mit Blick auf den Aussagehalt des Textes ist es aber noch zu pauschal und zu gegenstandsfern ausge-

drückt. Es wird also deutlich, dass der Schüler die Ausgangsfrage und damit die thematische Struktur der Stunde unberücksichtigt lässt, und dass er außerdem auch keine thematisch spezifischen *Ergänzungsfragen* zur Ausgangsfrage eigenständig an den Gegenstand richtet, über die die Elemente und Teilelemente der Struktur (Begründungszusammenhang für die Notwendigkeit der Beschäftigung mit Geschichte) bestimmt werden könnten.

Auch hier kann also die Akzentuierungsstrategie des Lehrers dazu beitragen, solche Ergänzungsfragen zur Erarbeitung der entsprechenden Elemente und Teilelemente zu formulieren. Die Aufforderung zur Präzisierung könnte den Schüler dazu veranlassen, drei Relativierungen seiner Antwort vorzunehmen, indem er sie erstens in ein Verhältnis zur Ausgangsfrage setzt, sie zweitens auf den Text bezieht und sie drittens auf das Kriterium der Präzision für den Sachgehalt seiner Antwort hin überprüft, zum Beispiel in der Frage gebündelt: Wie kann ich meine Antwort noch sachbezogener formulieren?

Für die Realisierung der Akzentuierungsstrategie durch Ausschärfen eines Inhaltes findet sich ein weiterer Beleg im zweiten Teil des Transkriptes. Dort lässt der Lehrer einen *Inhalt ausschärfen*, indem er einen *Fachbegriff (Terminus technicus) erläutert.* Nach den ersten Interpretationshypothesen bringt der Lehrer einen der Haupt- und Fachbegriffe[55] der vierten Antwort Kockas ein (Begriff der *Verflüssigung*) – ein zentrales Teilelement der Antwort –, über dessen Bestimmung die Interpretation konzentrierter abgegeben werden könnte („Könnt ihr mit dem Begriff der Verflüssigung etwas anfangen; SmM, was würdest du jetzt darunter verstehen?"). Da es der Lehrer ist, der diesen Begriff einbringt, zeigt sich auch hier, dass die Fragehaltung der Schüler zur Textanalyse keine Fragen nach zentralen oder unbekannten Begriffen – und damit wichtigen Teilelementen der thematischen Struktur – beinhaltet, denn sie suchen noch nicht automatisch danach.

Der Verweis des Lehrers auf diesen ungeklärten Begriff der Verflüssigung weckt auch auf Seiten der Schüler eine Frage, denn Schüler SmB kann nun selber eine thematisch spezifische Frage zu einem ungeklärten Ausdruck (Fremdwort *frappierendes Andere*) stellen, den er darüber hinaus auch als Hürde auf dem Weg zur Klärung des Begriffs der Verflüssigung und damit einer präzisen Erarbeitung dieses Elements ausmachen kann („Ä-h, ne-e, weil ich dahinter das Wort mit- also dieses frappierende Andere, wie wird das erklär- also

[55] Dass es sich dabei um einen Fachbegriff handelt, lässt sich an der *Position* des Begriffs im Text (Überschrift), an seiner *typographischen Gestaltung* (stichwortartige Reihung getrennt durch einen Gedankenstrich und beendet mit einem Doppelpunkt) und an der *rhetorischen Figur* (Metapher) erkennen.

wie kann man erklären?"). Der Lehrer nimmt daraufhin eine Gewichtung der Fragen vor: Nicht beide Fragen – die Frage nach dem Begriff *Verflüssigung* (Hauptfrage) und die nach dem Ausdruck *frappierendes Andere* (Nebenfrage) – sollen die Schüler selbständig beantworten, sondern nur die Hauptfrage zur Beantwortung der Ausgangsfrage der Stunde nach dem Nutzen von Geschichte. Die Antwort auf die dabei auftretende Nebenfrage – die Begriffsergänzung – gibt der Lehrer selbst.

Auch an dieser letzten Realisierung der Akzentuierungsstrategie lässt sich belegen, *dass es nicht einfach nur eine Frage des Lehrers ist, die den Schülern eine Antwort abverlangt, sondern eine spezielle Strategie der Gesprächsführung, die die Schüler dazu bringt, ihre Beiträge durch Überlegungen über die eigene Leistung zu begleiten, um so eigene Fragen an die Sache beziehungsweise ihre Beiträge zu richten.* Zwar tauchen dadurch alle Fragen der Schüler innerhalb des Kontextes von Fragen und Hinweisen auf, die der Lehrer gibt, aber dafür sind sie nun eigenständig formuliert und ermöglichen ein thematisch genaueres Fragen, als es ohne die Unterstützung des Lehrers der Fall war.

6.2 Prüfung bestehender Strukturen durch Problematisieren

Lm	Hmhm, hmhm, sehr schön. Könnt ihr mit dem Begriff der Verflüssigung etwas anfangen; SmM, was würdest du jetzt darunter verstehen?
SmM	War mir jetzt nicht so ganz so klar, ich weiß nicht ganz, was ()
Lm	SmB; kannst du das (.) ihm erläutern? Verflüssigung.
SmB	Ä-h, ne-e, weil ich dahinter das Wort mit- also dieses frappierende Andere, wie wird das erklär- also wie kann man er[klären?] Hmhm
Lm	[Erstaunen erregend] Das Erstaunen erregende Andere. (..) Was bedeutet Verflüssigung von Geschichte? (..)

Die vorhin unter dem Gesichtspunkt der Akzentuierung thematisierte Passage kann auch unter dem Gesichtspunkt der *Prüfung bestehender Strukturen* gelesen werden. Dann lassen sich besonders zwei Realisierungen der Problematisierungsstrategie beobachten, die einen Beitrag zu einer aktiven Fragehaltung der Schüler liefern sollen:

1. Zunächst *problematisiert* der Lehrer durch *Bewusstmachen / Inszenieren einer Wissenslücke*, indem er auf einen *ungeklärten Begriff beziehungsweise die ungelöste Aufgabe einer Begriffsklärung hinweist* („Könnt ihr mit dem Begriff der Verflüssigung etwas anfangen?"). Die Schüler haben ihre Interpretation der Textpassage – in der Form einer ersten Interpretations*hypothese* – aufgrund eines *vorläufigen* Urteils abgegeben. Dieses Urteil ist allerdings noch zu weit und mit Blick auf die verwendeten Ausdrücke des Textes unzureichend: Die Interpretationshypothese ist noch nicht dazu geeignet,

alle Textelemente miteinzubeziehen und eine Aussage über sie zu treffen. Eine Prüfung bestehender Strukturen (hier einer Interpretationshypothese) hätte in diesem Fall zu einer Revision der Hypothese geführt, allerdings hätte das das eigenständige Auffinden des unzureichenden Vorurteils bedingt. Das leisten die Schüler noch nicht, deswegen verweist der Lehrer auf die Grenzen der bisherigen Interpretationshypothese, indem er auf einen nicht berücksichtigten Begriff hindeutet und damit eine Grundlage zur Reflexion durch Problematisierung der eigenen Urteile schafft. Dabei bringt er lediglich den Begriff als Teilelement der thematischen Struktur ins Gespräch, überlässt aber alle weiteren Überlegungen den Schülern („Könnt ihr mit dem Begriff der Verflüssigung etwas anfangen?").

Während dieser Verweis auf die Begriffsrekonstruktion dabei noch stark vom Lehrer ausgeht, löst er zugleich auch *ein Weiterfragen der Schüler aus*. Eine Prüfung zum Beispiel der eigenen Wissensstrukturen bedeutet nämlich immer auch, sich der grundsätzlichen Relativität und Unsicherheit seines eigenen Wissens bewusst zu sein und es deswegen immer wieder auf seine Beschaffenheit hin zu befragen. Das meint zwar nicht die lähmende, fortwährende Skepsis ihm gegenüber, aber doch ein Wissen um die mögliche Anzweifelbarkeit. Diese Anzweifelbarkeit ist *prinzipiell* möglich, weil unser Wissen in vielerlei Hinsicht zum Beispiel vage oder unvollständig ist. Im vorliegenden Fall macht sich die Unvollständigkeit hinsichtlich unseres Wortschatzes bemerkbar. Schüler SmB kann keine Interpretation des Textes (des Begriffs der Verflüssigung) anbieten, weil er nicht vollständig über die dazu notwendigen Elemente verfügt: Er kennt keine lexikalische Definition des Begriffs des frappierenden Anderen. *Weil Schüler SmB selber auf diese Unvollständigkeit stößt, hat sich seine Fragehaltung* – die zwar vom Lehrer angeregt wird – *damit in eine aktive gewandelt, durch die das eigene Wissen auf Probleme hin untersucht wird.*

2. Als sich dann zeigt, dass die Antwort aufgrund einer informationellen Lücke nicht gegeben werden kann, *problematisiert* der Lehrer durch *Nachhaken*, indem er eine *Rückfrage mit Antworthilfe* stellt („Das Erstaunen erregende Andere. Was bedeutet Verflüssigung von Geschichte?"). Der Lehrer gibt so zwar eine Hilfestellung, nimmt dem Schüler SmB aber nicht die Aufgabe ab, die Ausgangsfrage immer noch eigenständig zu beantworten.

7 Schluss

Leitend für unsere Überlegungen zum Thema „Schülerfragen" ist eine *lerntheoretische* Perspektive. Ausgehend von ihr haben wir überlegt, welche Möglichkeiten der Gesprächsführung für einen Lehrer bestehen, im fragend-entwickelnden Unterricht eine aktive Fragehaltung der Schüler anzuregen, ohne dabei fortwährend Lehrerfragen zu stellen. Wenn auch eine Überprüfung des Erfolgs der vorgeschlagenen Akzentuierungs- und Problematisierungsstrategie noch aussteht, haben wir durch die Analyse von Gesprächsausschnitten exemplarisch belegt, welche Einsatzmöglichkeiten es für diese Strategien gibt und wie sie sich – zumindest der Annahme nach – auf die Fragehaltung der Schüler auswirken könnten. Diese Vorschläge haben dabei allerdings heuristischen Charakter, und vermutlich wird es selbst bei einer empirischen Bestätigung so bleiben müssen, denn das Stellen von Fragen lässt sich eben nicht ohne Weiteres lehren. Trotzdem begründen diese Vorschläge aber Handlungsmöglichkeiten für den Lehrer, der damit erste Orientierungen bekommt, um das Spektrum zwischen dem Stellen *seiner* Fragen an die Schüler und dem Stellen *eigener* Schülerfragen auszufüllen; und selbst wenn er dann doch zum Stellen von Lehrerfragen neigen sollten, können unsere Überlegungen vielleicht dazu anregen, die eigenen Fragen zu den *Fragen der Schüler* zu machen.

Literatur

Aebli, Hans: Zwölf Grundformen des Lehrens. Eine Allgemeine Didaktik auf psychologischer Grundlage. Medien und Inhalte didaktischer Kommunikation, der Lernzyklus, Stuttgart [13]2006.

Albert, Hans: Traktat über kritische Vernunft, Tübingen [5]1991.

Ausubel, David P. / Novak, Joseph D. / Hanesian, Helen: Psychologie des Unterrichts. Band 1, Weinheim / Basel [2]1980.

Becker, Georg E.: Unterricht durchführen. Handlungsorientierte Didaktik Teil II, Weinheim / Basel 2007.

Bittner, Rüdiger: Probleme, theoretische Probleme, philosophische Probleme, in: Schulte, Joachim / Wenzel, Uwe Justus (Hg.): Was ist ein „philosophisches Problem"?, Frankfurt am Main 2001, 21-26.

Bittner, Stefan: Das Unterrichtsgespräch. Formen und Verfahren des dialogischen Lehrens und Lernens, Bad Heilbrunn 2006.

Bollnow, Otto Friedrich: Fragen – Voraussetzung des Gesprächs, in: Ringel, Erwin / Brandl, Gerhard (Hg.): Situationsbewältigung durch Fragen. Das dialogische Prinzip im Lernprozeß, Wien / Freiburg / Basel 1977, 127-141.

Brinker, Klaus / Sager, Sven F.: Linguistische Gesprächsanalyse. Eine Einführung, Berlin [4]2006.

Brünner, Disela: Analyse mündlicher Kommunikation, in: Becker-Mrotzek, Michael (Hg.): Mündliche Kommunikation und Gesprächsdidaktik, Baltmannsweiler 2009, 52-65.

Deppermann, Arnulf: Gespräche analysieren. Eine Einführung, Wiesbaden [4]2008.

Faber, Karl-Georg: Theorie der Geschichtswissenschaft, München [2]1972.

Gadamer, Hans-Georg: Wahrheit und Methode. Grundzüge einer philosophischen Hermeneutik, Tübingen [3]1972.

Grell, Jochen: Techniken des Lehrerverhaltens, Weinheim / Basel [15]2001.
Henne, Helmut / Rehbock, Helmut: Einführung in die Gesprächsanalyse, Berlin / New York [4]2001.
Kocka, Jürgen: Gesellschaftliche Aufgaben der Geschichte (1976), in: Hey, Berndt (Hg.): Umgang mit Geschichte. Geschichte erforschen und darstellen. Geschichte erarbeiten und begreifen, Stuttgart 1992, 33-34.
Leisen, Josef: Unterrichtsgespräch: Vom fragend-entwickelnden Unterricht, dem sokratischen Dialog und Schülergesprächen, in: Mikelskis-Seifert, Silke / Rabe, Thorid (Hg.): Physik Methodik. Handbuch für die Sekundarstufe I und II, Berlin 2007, 115-132.
Metzger, Wolfgang: Fragen und produktives Denken, in: Ringel, Erwin / Brandl, Gerhard (Hg.): Situationsbewältigung durch Fragen. Das dialogische Prinzip im Lernprozeß, Wien / Freiburg / Basel 1977, 41-55.
Meyer-Drawe, Käte: Anfänge des Lernens, in: Zeitschrift für Pädagogik. 49. Beiheft, Weinheim 2005, 505-514.
Nowak, Johann R. / Macht, Konrad: Die Kunst des Fragens. Theorie und Praxis der Frage als didaktisches Steuerungsinstrument, Augsburg 1996.
Petrat, Gerhardt: Didaktisches Fragen. Ein Beitrag zur Qualifikationsgeschichte von Lehrern, Rheinfelden / Berlin 1996.
Thiele, Hartmut: Trainingsprogramm Gesprächsführung im Unterricht. Kognitives Lehrertraining zum Selbststudium, Bad Heilbrunn / Obb. 1983.
Wuttke, Eveline: Unterrichtskommunikation und Wissenserwerb. Zum Einfluss von Kommunikation auf den Prozess der Wissensgenerierung, Frankfurt am Main u.a. 2005.

Karl Ernst Nipkow

Was ist wahr? – Zur Wahrheitsfrage auf dem Wege zu mehrperspektivischer Bildung in der Schule

1 Schülerfragen in lern- und evolutionspsychologischen Perspektiven

Über Schülerfragen sollte jedermann glücklich sein. Kinder fragen gern und viel. In den weiterführenden Schulen wird ihnen die Lust zu fragen weitgehend ausgetrieben. Die Pensen drücken auf das Tempo. Mit langsamen Lernern kann man sich nicht aufhalten. Fragen von Querdenkern werden überhört oder verschoben: „Dazu kommen wir später noch." Wenn Fragen nicht nur äußerliche Konventionen betreffen, wie die nach dem Rückgabedatum einer Klausur, signalisieren sie manchmal bildungsrelevante „fruchtbare Augenblicke im Bildungsprozess".[1] Deshalb kann ich die Frage, ob „Schüler(-)fragen im Religionsunterricht" einen „notwendigen Bildungsauftrag" einschließen, nur als eine anregende rhetorische Provokation verstehen.

Lernen muss neu gefasst werden. Die Hoffnung, religiöse Inhalte schnell und zugleich dauerhaft „vermitteln" zu können, beruht auf dem lerntheoretischen Grundirrtum der *Eimertheorie des Denkens.*[2] Sie offenbart die Unkenntnis hinsichtlich evolutions- und lernpsychologischer Befunde. Alle Menschen, Kinder, Jugendliche und Erwachsene nehmen ihre Umgebung selektiv wahr und verarbeiten sie persönlich, letztlich unvorhersehbar. „Niemand langt in das System [des lernenden Bewusstseins, Vf.] hinein, niemand legt dort etwas ab."[3] Das Gehirn nimmt vermitteltes Wissen vielmehr in *individueller* Weise auf und (re)organisiert es, passt es an das schon Erlebte und Gewusste an. Dabei wird das Neue in der Regel verändert. Lernen ist „Selbstorganisation" und geschieht „autopoietisch", „selbstreferentiell".[4] Diese Erkenntnis befreit die Lehrenden davon, sich von Erfolgsillusionen aufreiben zu lassen, entbindet sie aber nicht

[1] Copei (1955).

[2] Popper (1979), 81. – Joachim Bauer (2008) umschreibt den Irrtum mit dem Satz: „Ein Kind ist kein Aktenordner, in den man Blatt für Blatt Wissensinhalte einheften kann" (15). – Vor Jahrzehnten hat auch Paolo Freire denselben Irrtum in Anspielung auf Bankeinlagen mit dem Wort „Bankiersmethode" gebrandmarkt.

[3] Scheunpflug (2001), 68.

[4] Ebd., 28/32.

von ihrer Aufgabe, für die Lernbedingungen zu sorgen, die eine nachhaltige religiöse Bildung fördern.
Zur Modernisierung des Unterrichts zählen Freiarbeit mit Monats- und Wochenplänen, selbstständige Quellensuche und -auswertung. In diesem neuen Kontext haben Schüler dann auch Fragen an die Lehrenden. Der traditionelle Begriff der Schülerfrage hatte und hat als Kontext den immer noch vermutlich dominierenden „fragend-entwickelnden“ Unterricht, bei dem hauptsächlich die Lehrenden fragen.

2 Wahrheitssemantik im Plural – eine mehrdimensionale phänomenologische Skizze

Dass jemand selbständig denkt, ist umso bedeutsamer, je mehr es um gewichtige inhaltliche Fragen geht. Es sind in der Religion seit Jahrhunderten jene, die die theologische Richtigkeit der Aussagen betreffen und die Autorität der Kirche problematisieren. Zu ihnen gehört durchgehend nach älteren und neueren empirischen Jugendstudien *die Frage nach dem Anfang von allem*, nämlich die Alternative zwischen entweder einer astrophysikalischen Erklärung der Entstehung des Universums und einer evolutionsbiologischen Erklärung des Menschen auf der einen Seite oder der Annahme eines Gottes als Schöpfer von Welt und Mensch auf der anderen Seite. Ebenso interessiert die Jugendlichen *die Frage nach dem individuellen Ende*: Gibt es ein Weiterleben nach dem Tod? Ferner ist es für Kinder nicht schwierig, noch an Hölle und Teufel zu glauben, weil ihr Weltbild mythisch ist. Ab spätestens zehn Jahren können aber manche bereits zwischen Tatsachenberichten, Legenden und Märchen unterscheiden. Im Jugendalter werden ferner anthropologische Dogmen der Kirche fragwürdig wie die „Erbsünde“. Es kommt eine Menge an wahrheitsrelevanten Schülerfragen zusammen. *Die übergreifende Frage ist die, ob überhaupt alles ‚stimmt‘, was im Religionsunterricht behauptet wird.* („Ist das ‚echt‘?“ „Ist das wahr?“). Gemessen wird bei Kindern und noch von uns Erwachsenen am Folgenden ersten Verständnis von „Wahrheit“.

1. Wahr verstanden als richtig im Sinne allgemein einsehbarer Tatsachen oder „falsch“ wegen eines allgemein erkennbaren faktischen Widerspruchs – natur-, geschichts- und sozialwissenschaftlicher Wahrheitsbegriff
Die Frage „Was ist wahr?“ zielt normalerweise auf eine sogenannte *Tatsachenwahrheit,* sei sie empirisch oder historisch nachweisbar und allgemein überprüfbar. Sie wird mit *richtig oder falsch* codiert.

Offensichtlich Falsches wird in Sachen Religion und Religionsunterricht von den allermeisten Schülern abgelehnt. Die Definition von *wahr* als *richtig* bleibt eine grundsätzlich notwendige Bestimmung, nämlich dort, wo etwas allgemein einsehbar tatsächlich der Fall ist – oder eben nicht. Mein Interesse ist jedoch, *diese Definition durch andere Formen der Wirklichkeitswahrnehmung mit entsprechenden anderen Aussageweisen zu erweitern.* Hieraus ergibt sich hermeneutisch eine Pluralität von Bedeutungen von „wahr". Religionsdidaktisch gesehen werden auf diesem Weg der Ausdifferenzierung verschiedene kategoriale Unterscheidungskriterien bei der Behandlung unserer Frage gewonnen.

Zu Beispielen: Das von den Autoren der Bibel geteilte antike Weltbild ist falsch. „Die Erde dreht sich um die Sonne, nicht umgekehrt." In unserem Weltbild ist ferner physikalisch für eine *Hölle* als Reich des Teufels mit Höllenfeuer und Fegefeuer sowie für eine Unterwelt der Toten ebenso wenig Platz wie für einen *Himmel* als Wohnsitz Gottvaters auf einem Thron mit einem Hofstaat von Engeln. Wenn Kinder beginnen, hier zu fragen „Was stimmt denn?", ist eine wahrheitsgemäße Aufklärung über die Fakten geboten.

2. Wahr als bildlich wahr, weil etwas anspricht und anrührt oder nichtssagend an einem vorübergeht – wahr im Sinne von ‚stimmiger' und ‚überwältigender' künstlerischer und religiöser Sprache

Durch Faktenaufklärung werden die Vorstellungen von *Himmel und Hölle* keineswegs sinnlos; man muss diese Begriffe allerdings „bildlich", das heißt metaphorisch, in einer übertragenen Weise, interpretieren und verstehen. Zunächst sind die Unterscheidungen von *oben* und *unten*, *vor* und *zurück*, *rechts* und *links* uns Menschen natürlich und mit Wertungen besetzt. Während Kant die Gottesbeweise widerlegte, war für ihn der ‚Aufblick' in den Himmel in seinem berühmten Ausspruch vom „gestirnten Himmel über mir" ein Anlass und Ausdruck religiöser Ehrfurcht. Analog ist die Rede von Hölle sinnvoll, sofern sie bildlich gebraucht wird, wenn man sagt, dass es meist der Mensch sei, der sich die Hölle selbst einheize. Hölle wird das Bild für eine entsetzliche Pein und für das wahrhaftig abgrundtiefe Böse. Kurz: *Im Religionsunterricht ist deshalb einzuüben, welchen Sinn Metaphern, Symbole, Mythen und Märchen haben.* Zudem besteht heute weithin Konsens darüber, dass Religion wesensnotwendig bildlicher Sprache bedarf.

Die zweite Schöpfungsgeschichte wird zum Beispiel symbolisch so ausgelegt, dass der *Garten Eden als Symbol des Lebens* (Gen 2, 8-9) verstanden wird. Dem Kapitel 3 vom Sündenfall geht dies Kapitel voraus. Die Reihenfolge ist beredt: „grundlegend ist nicht die Schuld (Sünde) der Menschen und deren Folgen (Gen 3), sondern der gute

Schöpferwille Gottes (Gen 2)".[5] Der „Garten" war im Orient ein außergewöhnlicher Lebensraum, der reichen Menschen vorbehalten war, aber jetzt für jeden als „Umfriedung gegen das Endlose" und damit als „Heimat" „bereitet" wird, als ein Ort des „Üppigen", des „überfließenden Lebens", „der Lust und des Schönen"; das Wort „Eden" bedeutet im Hebräischen „Wonne" (25).
„Nichtssagend" gehen stattdessen einzelne Gesetzesvorschriften im Alten Testament an einem vorüber, weil sie in unserem Leben keinen lebensnahen Ort haben. Anders ist es beim Seder- Abend einer frommen jüdischen Familie, wo sie genau besehen in einem doppelten konkreten Zusammenhang ihren lebendigen Platz einnehmen: in der gegenwärtigen feierlichen gemeinsamen Mahlzeit und in der erinnerten Erzählung vom Auszug aus der Gefangenschaft durch Gottes Hilfe.
In der christlichen Überlieferung sind dogmatische Lehrsätze nichtssagend geworden, wenn ihnen ebenfalls beides fehlt. Wir stoßen auf eine wichtige weitere Bedingung religiöser Wahrheitserfahrung: den *Kontext der religiösen Kommunikation.*

3. Wahr im Kontext gelebter Religion und/oder wahr im Kontext erforschter und gelehrter Religion – die Fragen des Orts religiöser Kommunikation und des religionsinternen Maßstabs der wahren Angemessenheit innerhalb einer Religionsgemeinschaft

Ich bin vor Jahren auf eine Unterscheidung des katholischen Theologen Hans-Urs von Balthasar aufmerksam geworden, der 1960 mit dem Blick auf das Mittelalter von einer „knienden" und einer „sitzenden Theologie" gesprochen hat, die sich einander ergänzen müssen.[6] Der erste Typus ist der mönchische und im Ganzen ein *Akt des* betenden Glaubens im Kontext der gelebten religiösen Praxis. Der zweite, der scholastische, ist der Versuch einer systematisch objektivierenden *Erkenntnis über* den Glauben. Der Theologe tritt einen Schritt zur Seite, jetzt gleichsam neben sich stehend, nun *im Kontext der distanzierenden Reflexion*, wie er der Kommunikation in der wissenschaftlichen Theologie eigen ist – und *im Prinzip* auch dem schulischen Religionsunterricht.
Die obige Unterscheidung ist im vergangenen halben Jahrhundert in der Religionspädagogik in anderen Begrifflichkeiten ständig wiedergekehrt. Aus der englischen Religionspädagogik ist die Unterscheidung zwischen „religious education *in* faith" (meist auch *Christian nurture* genannt) und „religious education *about* faith" bekannt (Michael Grimmitt, John Shepherd). Weil dem *lebenspraktischen*

[5] Zimmer/Schützler (2001), 17.
[6] Balthasar (1960), 224.

Kontext von Religion der Primat gebührt, denn er ist in der Glaubensentstehung und -fortdauer phänomenologisch gesehen der ursprüngliche, habe ich verschiedentlich zwischen der „ersten Sprache des Glaubens" und der „zweiten Sprache des Glaubens" unterschieden. Aus den Arbeiten von Bernhard Dressler und Andreas Feige ist die Unterscheidung zwischen *gelebter* und *gelehrter Religion* geläufig, wobei ebenfalls auf die „Verwobenheit" von beidem verwiesen wird und überdies der fruchtbare Bezug zu „religiösen Zeichensystemen" erfolgt (B. Dressler).[7] Wir blicken auf eine Geschichte des Religionsunterrichts zurück, in der das Verhältnis zwischen beiden Kommunikationsformen geschwankt hat oder unklar war. Weil heute auf die erste Form nicht mehr außerhalb der Schule und des Religionsunterrichts Verlass ist, soll dieser selbst, und sei es probeweise, die religiöse *performance* (mit Balthasar „betender Glaube" oder „religiöse Meditation" u.a.) wieder stärker einbeziehen (Performativer Religionsunterricht).

Eine isolierte Identifizierung sprachlicher religiöser Ausdruckskraft (siehe oben 2.) genügt mithin nicht. Die sogenannte Wahrheitsfrage stellt sich jetzt innerhalb der religiösen Kommunikationsebenen intern: wahr im Kontext gelebter und im Kontext erforschter sowie gelehrter Religion (etwa einer theologischen Fakultät), und zwar nun mitsamt der Frage des religiösen Maßstabs beziehungsweise der Kriterien. Für die Eindeutigkeit des religiösen Wahrheitserlebens des Einzelnen ist in der Neuzeit der innere Maßstab entscheidend geworden, die persönliche Überzeugung und Gewissheit (siehe unten eigens dazu 7.). Für eine Religion im Ganzen oder, um mit einer jüngsten kirchenamtlichen Verlautbarung der EKD diesen Themenbereich der Religionslehre in der gymnasialen Oberstufe zu nennen „Das Wahrheitszeugnis der Kirche als Gemeinschaft der Glaubenden"[8], sowie für theologische Forschungsstätten und Ausbildungsinstitutionen wird es jetzt zusätzlich akut, ob und wie sie an der Kirchenleitung beteiligt sind.

Die Kriterienfrage kann mehrfach gelöst werden. Im Falle des Christentums wird sie zum einen in christlichen Bewegungen und Gemeinschaften *durch den Rückgang auf die Bibel selbst oder den Heiligen Geist* unternommen: Im ersten Fall ist „wahr", was wörtlich in der Bibel steht, „unwahr", was ‚übertragen' ausgelegt wird – *die biblizistische Form der Absolutsetzung religiöser Wahrheit.* Die Pfingst- beziehungsweise charismatischen Gemeinschaftschristen werden sich der Wahrheit im Augenblick des unmittelbaren Geistempfangs im Gottesdienst gewiss – *die charismatische Absolutheit*

[7] Feige/Dressler/Lukatis/Schöll (2000), 400f.
[8] EKD (2010), 48ff.

der Wahrheitserfahrung. Für die Großkirchen ist beides bedenklich, ja, gefährlich, daher in der Kirchengeschichte, auch innerhalb der reformatorischen Kirchen, die scharfe Ablehnung der sogenannten Schwärmer, weil sie die klaren Konturen und Ordnungen auflösen. Deshalb haben auch die Reformatoren – wie vordem nahezu seit ihren Anfängen die Gesamtkirche – Leitungsorgane gebildet und Sanktionen für abweichende Wahrheitsbehauptungen erdacht, eine Sache der sogenannten „Ämter". Ein relativ frühes Beispiel:
Zum anderen ist bildliche biblische Sprache in überwältigendem Ausmaß anzutreffen; man nehme nur den Psalter. In der Geschichte der Kirche hat Origenes, der „Begründer der kirchlich-exegetischen Wissenschaft"[9], an die schon vor ihm geläufige allegorische Auslegungsmethode angeknüpft und mit seiner Lehre vom *dreifachen Schriftsinn* die Aussagen der Bibel übertragen verstanden. Über den *buchstäblichen* Sinn hinaus enthalten sie einen *moralischen* Sinn und drittens einen *geistigen (pneumatischen)*. Diese Methode betraf auch der Rede von Hölle und Höllenstrafen, der vom Paradies und sogar der von den Gottesnamen *Vater* und *Sohn*, die Origenes metaphorisch verstand (nach Petrus Lombardus' Sentenzenbuch, Liber sententiarum)[10]. Er schuf auf diese Weise einerseits einen Anschluss an das damalige, an Platon orientierte „(spät-)antike Wahrheitsbewusstsein"[11], wurde jedoch andererseits als Häretiker verurteilt, und noch Thomas von Aquin hat diese Verurteilung unnachsichtig geteilt[12] – mit ihm die Kirche. Über die ‚rechte' (orthodoxe) Form der Auslegung und Lehre kommt die institutionelle Machtfrage ins ambivalente und früher tödliche ‚Spiel' der Wahrheitsbestimmung.
Wie ist es heute? Trotz der Ämter treffen wir immer noch auf eine buchstäbliche Auslegung wie zum Beispiel im älteren Kreationismus, der die Aussagen des ersten Schöpfungszeugnisses in Gen 1 wörtlich nimmt. Er denkt ungeschichtlich und macht allenfalls das Zugeständnis, man müsse bei dem Sieben-Tage-Werk Gottes bedenken, dass für Gott ein Jahr tausend Jahre seien.
Gewichtiger ist die genannte institutionelle Lösung in Gestalt der kirchenamtlichen Verurteilung von Aussagen – *die dogmatische Form der Festlegung religiöser Wahrheit.*
Als Beispiel: Im Rahmen der Schöpfungslehre ist es kirchengeschichtlich folgenreich geworden, ob entgegen der Reihenfolge von Kapitel 2 und 3 der Genesis (siehe oben) von der Sünde, das heißt vom *Zorn Gottes* (radikal Martin Luther), ausgegangen worden ist

9 Stuhlmacher (1979), 73.
10 Flasch (2009), 485.
11 Stuhlmacher (1979), 74.
12 Flasch (2009), 485f.

und die Annahme einer *Erbsünde* aufkam (Martin Luther im Gefolge von Augustin) oder wie bei Origenes schöpfungsfreundlicher gedacht wurde. An dieser Alternative hängt auch die noch heute unentschiedene aufregende Frage, ob Höllenstrafen und Verdammnis ewig dauern werden oder ob nicht, wenn nach Paulus am Ende Gott „alles in allem sein wird" (1Kor 15,28), eigentlich für eine ewige Hölle kein Platz mehr ist. Origenes hatte die „Allversöhnung" vertreten. Für nachdenkende junge und erwachsene Zeitgenossen ist es zu Recht unerträglich, dass auf endliche Verfehlungen ewige Strafen folgen sollen.

In der römisch-katholischen Kirche ist die Wahrheitsfindung komplex, aber im Grunde zugleich deshalb letztlich am strengsten geregelt, nämlich durch eine mehrgliedrige Ämterhierarchie mit den Ortsbischöfen als Instanzen der Lehrgewalt und zusätzlich durch das Dogma der Unfehlbarbarkeit von bestimmten, den ex cathedra-Entscheidungen des Papstes.[13] Es gibt damit ein Oben und ein Ganz-Oben. Zu Letzterem gehört exemplarisch die Entscheidung über Mariä Himmelfahrt durch Pius IX. im Jahre 1950. Ein bekanntes jüngeres Beispiel für Lehrzuchtverfahren betrifft Hans Küng wegen seiner Rückfragen an das Unfehlbarkeitsdogma (1970). Die erwähnte akademische Lehre befindet sich zwischen *Lehrverpflichtung und Lehrfreiheit*, die einerseits vielfach gefährdet ist. Die „Sicherung der authentischen L. [Lehre, Vf.]" gehört andererseits zu „jenen zentralen Momenten der christl. Selbstdarstellung, in der die christl. Glaubensgemeinschaft die christl. Botschaft von der Erlösung und Befreiung des Menschen glaubhaft und überzeugend zum Ausdruck bringen muss"[14], stellt der katholische Religionstheologe Hans Waldenfels heraus. Bei den Reformatoren führte der Argwohn gegenüber Abweichlern übrigens ebenfalls bis zu tödlichen Konsequenzen wie in Luthers Verhalten gegenüber den Schwärmern und bei Melanchthon gegenüber den Mennoniten.

4. Wahr im Sinne von menschlich geboten im Gegensatz zu verwerflich, weil unmenschlich – geschichtlich bewahrheitete ambivalente menschliche Moral

Früher war Gott der Inbegriff des Guten, und an einer kirchenamtlichen Auslegung der Normierung des moralischen Verhaltens durfte niemand zweifeln. Heute ist es umgekehrt: Kirchliche Dogmatik, die in ihren ethischen Konsequenzen Menschen schadet, wird an säku-

[13] Das Dogma der Unfehlbarkeit besagt die Irrtumsfreiheit päpstlicher Entscheidungen dann, wenn der Papst als Oberhaupt der Kirche kraft apostolischer Vollmacht etwas „letztverbindlich" entscheidet.

[14] [Art.] Lehre, Lehramt (1988), 714f.

laren ethischen Maßstäben gemessen und gegebenenfalls schonungslos verurteilt. Zum neuen Grundkriterium ist in Europa und generell der westlichen Welt der Wert der *Würde des Menschen* geworden, verbunden mit der Idee der *Menschenrechte.* Ein ganz neues Gewicht gewinnt an diesen Maßstäben gemessen eine Wahrheit, die sich im historischen Prozess ethisch bewahrheitet hat, die menschlich geboten ist im Gegensatz zu einem religiösen Verhalten, das menschlich verwerflich ist, und mag es auch von einem kirchlichen Oberhaupt gefordert werden. Ein eklatantes Beispiel hierfür ist das Verbot von Verhütungsmitteln durch die römisch-katholische Kirche trotz der damit begünstigten Ansteckung durch Aids.

In diesem Teilabschnitt zu mehrperspektivischer Wirklichkeitswahrnehmung und Bildung, die entsprechend *ein plurales Verständnis von wahr* einschließt, geht es um das, *was ethisch beziehungsweise moralisch wahr ist.* Normalerweise verwendet man hierfür die Kategorie „gut". Man sagt aber auch „Dies ist gut und richtig", und damit kommt uns der Sinn von „wahr" als „richtig" wieder entgegen, der bereits den Auftakt bildete (siehe oben 1.): das „Rechte" als das „Wahre". Anders formuliert: Die Schule muss sich im Grunde überall, nicht nur im Ethik- und Religionsunterricht, auch den Problemen der Normen- und der Werteerziehung stellen.

Ein Ursprung des Leitwerts der Menschenwürde ist der biblische Gedanke der *Gottebenbildlichkeit* (Gen 1, 26f.). Ein anderer aus der Bibel stammende Leitwert ist die *Nächstenliebe.* Schüler fragen, ob er überall und immer gelten muss. Die Alltagssprache gibt diesem Zweifel leider Recht: „Jeder ist sich selbst der Nächste." Der Tod Dominik Brunners wurde zu einem bundesweit Empörung erregenden Fall von beidem, von empörender Unmenschlichkeit und von opferbreiter Nächstenliebe, die in diesem Fall buchstäblich mit Füßen zu Tode getreten wurde. Wir lesen ferner in der Presse, dass von den Dabeistehenden („by-standers") niemand dem Sterbenden zu Hilfe eilte. Das Faktum, dass die Hilfsbereitschaft in dem Maße sinkt, wie die Zahl der „by-standers" („Gaffer") zunimmt, ist schon vor Jahrzehnten in einer Pionierstudie untersucht worden.[15] Es kommen noch andere Gründe hinzu, bei Kriminalität (anders als bei einem Unfall) die Angst, selbst Opfer zu werden. Das Ergebnis ist gleichwohl die moralische ‚Wahrheit', dass gerade auch gegenwärtige Grundwerte wie die Nächstenliebe und die Menschenwürde einschließlich der Menschenrechte auf der Welt täglich verletzt werden. Diese anthropologische Ambivalenz, dass Gutes/Rechtes und

[15] Latané/Darley (1970).

Schlechtes/Unrechtes bei den Menschen gleichzeitig „wahr“ ist, gehört nüchtern zur vollen unbeschönigten moralischen Wahrheit.[16]

5. Wahr als geschichtlich wahr im Sinne von erfahrungsgesättigt im Gegensatz zu erfahrungsarm und zufällig – geschichtlich verdichtete Erfahrungen in Erzählungen, Mythen, Märchen, Poesie, auch bildender Kunst

Wir stoßen auf Erfahrungen von Menschen, die in bestimmten Texten religiöser Überlieferung verdichtet worden sind. Sie sind in einer Erzählung zusammengefasst, in denen sich Menschen zeitübergreifend wiedererkennen. Zu den geschichtlich verdichteten Erzählungen gehören in der Hebräischen Bibel, dem Alten Testament, die Geschichten über die Schöpfung, den Sündenfall, den Brudermord von Kain und Abel, die Sintflut und den Turmbau zu Babel.

Es zeigen sich strukturelle Muster, weil es sich zum Teil um wiederkehrende Dinge handelt; sie sind der Stoff für große Literatur. „Babel überall“ heißt eine in diesem Sinn bezeichnende Textsammlung.[17] Aus der Antike kennen wir die parallele Aussagekraft einiger griechischer Tragödien. Die Frage von Schülern, ob das Erzählte genauso wie formuliert geschehen ist, geht fehl. Sie greift zu kurz, weil sie nur auf einen einzigen Vorfall zielt, und nicht die Tiefendimension ermisst. Die Geschichte von Kain und Abel versammelt in sich die bis heute tausendfach gemachte bedrückende Erfahrung, dass Mord selbst vor nächsten Verwandten nicht Halt macht. Wenn wir solchen Zeugnissen begegnen, sagen wir hinterher: „Ja, so ist das Leben.“

Es ist nun kaum möglich, diese Erfahrung einer verdichteten Aussage Kindern und Jugendlichen durch banale Alltagsgeschichten nahe zu bringen. An schmerzliche Alltagsgeschichten sowie an solche, die große Erleichterung und Freude spiegeln, kann man aber anknüpfen. Generell zählt für das Verstehen nicht, was wir erleben, sondern wie wir empfinden, was wir erleben. Der bewährte methodische Weg führt über Aufgaben, selbst Geschichten abzufassen (schulische „Schreibwerkstätten“ im Deutsch- und Religionsunterricht). Vielleicht ist es bei Märchen einfacher, sprachlich verdichtete Sprache zu erlernen. Wir lassen dies offen, weil der Zweck des Gedankengangs ist, die Wahrnehmung der eigenen Lebenswelt und der ‚wahren Schicksale‘ in ihr von der Fixierung auf die platte Tat-

[16] Zur Erklärung des komplexen Befundes siehe ausführlich den systematischen Teil meines Buches: Der schwere Weg zum Frieden. Geschichte und Theorie der Friedenspädagogik von Erasmus bis zur Gegenwart, Gütersloh 2007, besonders 375-389.

[17] Krellmann (1989).

sachenwahrheit zu lösen. Literarisch finde ich die meisten Parallelen zur Sprache der Bibel in der Literatur, in Lyrik, Epik und in Dramen. Die seelisch bezwingende Gewalt der künstlerischen Wirklichkeitsdarstellung schließt auch die bildende Kunst ein. Dies spiegelt sich im Gedicht Rainer Maria Rilkes „Archaischer Torso Apollos“ wider, welches zur Umkehr bewegt: „[...]denn da ist keine Stelle, die dich nicht sieht. Du musst dein Leben ändern.“[18]

6. Wahr als zuverlässig, treu, wahrhaftig versus unzuverlässig, vertragsbrüchig trügerisch – Wahres in sozialen und persönlichen Beziehungserfahrungen

Man spricht von einem „wahren Freund“ oder einer „wahren Liebe“. Sie ist zwar keineswegs der Täuschung enthoben. Gleichwohl wagt man Freundschaft wie Liebe, weil zunächst die Erfahrung zählt, die man wahrhaftig und persönlich unbestreitbar gemacht hat. Dagegen gibt es keine Einrede. Ähnlich ist es mit dem religiösen Glauben. Es wäre ein Versäumnis, das soziale Erfahrungsfeld in unserer Betrachtung nicht zu berücksichtigen. Die elementaren Grundlagen dieser Verlässlichkeitserfahrungen liegen wohl in der *Familie.* Die biblische Sprache lehnt sich daran an, wenn Jesus von Gott als seinem (lieben) Vater spricht: „Abba“ oder die Kirche als „Familie Gottes“ (familia Dei) und der Papst als Papa bezeichnet werden.

Das alte Gottesvolk hielt sich an Gottes Treue kraft eines *Bundes.* Hier schwingen die *sozialen Erfahrungen zwischenmenschlicher und kollektiver Bündnisse* mit. Wir würden alle diese hier nur kurz gestreiften Weisen von Wahrem nicht erkennen, wenn wir krampfhaft lediglich die natur- und sozialwissenschaftliche Tatsachenwahrheit zum Maßstab erheben würden. Die Schule hat in die Mehrperspektivität der Wirklichkeitswahrnehmung einzuführen.

7. Wahr als unbedingt persönlich subjektiv gewiss versus allgemeingültig, unpersönlich, objektiv wahr – existenzielles Wahrheitserleben

Die letzte Unterscheidung ist mir als grassierende Verwechselung laufend noch bei Studierenden begegnet. Ich verdeutliche das Problem anhand von Karl Jaspers, dem ich das Folgende aus meiner Schulzeit in der Oberstufe verdanke, seinem Buch „Der philosophische Glaube“.[19] Es gibt nach Jaspers „eine Wahrheit, die durch Widerruf leidet, und Wahrheit, deren Widerruf sie nicht antastet.“ Er illustriert den Unterschied an Galilei, der seine naturwissenschaftlichen Erkenntnisse widerrief, und Giordano Bruno, der zwar „zum

18 Rilke (1908).
19 Jaspers (1948).

Widerruf mancher, aber nicht der für ihn entscheidenden Sätze bereit" war;[20] denn sie betrafen unter anderem seine von der kirchlichen Lehre abweichenden persönlichsten religiösen Überzeugungen. Äußerlich waren beide vor einem Inquisitionsgericht in der gleicher Lage; sie sollten unter Androhung des Todes widerrufen.

> Galilei widerrief die Lehre von der Drehung der Erde um die Sonne, und man erfand die treffende Anekdote von seinem nachher gesprochenen Wort: und sie bewegt sich doch. Das ist der Unterschied: Wahrheit, die durch Widerruf leidet, und Wahrheit, deren Widerruf sie nicht antastet. [...] Wahrheit, aus der ich lebe, ist nur dadurch, dass ich mit ihr identisch werde; sie ist in ihrer Erscheinung geschichtlich, in ihrer objektiven Aussagbarkeit nicht allgemeingültig, aber sie ist unbedingt. Wahrheit, deren Richtigkeit ich beweisen kann, besteht ohne mich selber; sie ist allgemeingültig, ungeschichtlich, zeitlos, aber nicht unbedingt, vielmehr bezogen auf Voraussetzungen und Methoden der Erkenntnis im Zusammenhang des Endlichen. Es wäre ungemäß, für eine Richtigkeit, die beweisbar ist, sterben zu wollen. Wo aber der Denker, der des Grundes der Dinge inne zu sein glaubt, seine Sätze nicht zu widerrufen vermag, ohne dadurch die Wahrheit selber zu verletzen, das ist sein Geheimnis. Keine allgemeine Einsicht kann von ihm fordern, Märtyrer zu werden. Nur dass er es wird, und zwar, wie Bruno, nicht aus schwärmerischem Enthusiasmus, nicht aus dem Trotz des Augenblicks, sondern nach langer, widerstrebender Selbstüberwindung, das ist ein Merkmal echten Glaubens, nämlich der Gewissheit von Wahrheit, die ich nicht beweisen kann wie wissenschaftliche Erkenntnis von endlichen Dingen.[21]

Werfen wir noch einmal kurz je für sich den Blick auf die in der Überschrift vorgenommenen Gegenüberstellungen. Wenn Glaube als existenzielles Wahrheitserleben *subjektiv* genannt worden ist, meint dies nicht „willkürlich" oder „beliebig", denn jenes Erleben hat für die Gläubigen eine ihr Inneres bezwingende große Kraft.

Dem Wort *unbedingt gewiss* korrespondiert *allgemeingültig.* Beide Male geht es um Geltung. Die gemeinte gewiss machende Wahrheit kann jedoch nicht beanspruchen, dass sie von allen Menschen als gültig eingesehen werden kann. Dies wäre nur der Fall, wenn sie auch von jedem unbeteiligten Beobachter von außen als überzeugend einsehbar wahrgenommen werden könnte. Daran ändert auch nichts, wenn Religionen betonen, ihre Wahrheit gelte universal. Genauer müsste es übrigens heißen, sie *solle* universal gelten. Das Adjektiv universal signalisiert einen unbegrenzten räumlichen *Geltungsanspruch.* Durch eine räumliche Ausdehnung und damit Quantitäten wird ein universaler Anspruch noch nicht zu allgemeiner Überzeugung.

Das Wort gewiss bezeichnet schon im Alltagsverständnis, dass man *sicher* ist. Wahr als allgemeingültig wahr meint ebenfalls eine

[20] Ebd., 11.
[21] Ebd.

sichere Sache. Wo liegt der Unterschied? Hier schließt sich der Kreis. Mit Jaspers geht es um den Unterschied, *dass die sichere Wahrheit im Falle von Glauben anders entsteht und darum anders begründet ist als die wissenschaftliche Wahrheit.* Sie wird eben persönlich erfahren und bleibt darauf angewiesen, dass sie persönlich beziehungsweise subjektiv bezeugt wird. Andernfalls leidet sie durch Widerruf (siehe oben). Wissenschaftliche Befunde sind zwar auch von Personen, nämlich den Wissenschaftlern, gemachte Entdeckungen, aber in ihrer Geltung nicht von ihnen persönlich abhän gig. Andere Forscher können und sollen sie durch ihre Methoden kontrollieren und bestätigen oder aufgrund anderer Funde modifizieren oder gar verwerfen. Sie sind in diesem Sinne *objektive* Wahrheit.

Natürlich spielen Quantitäten und damit andere Menschen auch in Religionen eine analoge Rolle. Wenn andere zu dem Glauben kommen, den man vertritt, wächst das Gefühl seiner Wahrheit. Wo sich Tausende im gleichen Glauben versammeln, steigt die Sicherheit, das Richtige zu glauben. Wenn zur Religionsgemeinschaft zugehörige Menschen aus ihr austreten, kann das schon aus psychologischen Gründen andere anfechten. Darum ist es verständlich, wenn auch nicht zu billigen, dass in Zeiten der Nichtachtung des persönlichen Glaubens religiöse Autoritäten Abweichler und Abgefallene intolerant bekämpfen.

In Religionen mischt sich objektiv überprüfbare und wissenschaftlich unüberprüfbare Wahrheit. Dass Jesus von Nazareth historisch existiert hat, ist geschichtswissenschaftlich gesehen hinreichend belegt. Was es meint, er sei die Offenbarung von Gottes Wesen, ist eine in ihrem Wahrheitsanspruch nicht überprüfbare religiöse Deutung. Sie ‚lebt' davon, dass Christen sie leben.

3 Zum logischen Verhältnis von Glauben und Wissen am Beispiel der Frage der Weltentstehung

Der Religionsunterricht ist überfordert, wenn man von ihm erwartet, er könne in Lehrer-Schüler-Beziehungen den Glauben an Gott als Schöpfer sicher vermitteln. Die lebendige Beziehung zu Gott kann ein Mensch nicht von sich aus stiften, weil sie unverfügbar ist. Da dies auch für andere Begegnungen und Begebenheiten im Leben gilt, habe ich in meiner Theorie der Bildung neben den *drei Modi von Bildung* als Prägung/Formung, Entwicklung/Entfaltung und Selbstbildung/Selbstbestimmung auch *Bildung als Veränderung durch Widerfahrnisse* berücksichtigt, ein Modell, das unvorherseh-

bare und offene geschichtliche Möglichkeiten (Kontingenz) ernst nimmt.[22]
Zwischen einem Glaubenswissen und einem naturwissenschaftlichen Wissen bestehen prinzipielle Spannungen. Der Gebrauch desselben Begriffs Wissen auch bei Theologen darf dies nicht verschleiern. Das Verhältnis zwischen religiösem Wissen (Glauben) und wissenschaftlichem Wissen kann mehrfach bestimmt werden.
Erstens wird weithin behauptet, dass beide Wissensformen einen sich ausschließenden Gegensatz bilden. Glaubenswahrheit und wissenschaftliche Wahrheit sind danach unvereinbar und auch nicht kombinierbar, kurz *inkompatibel.*
Die zweite Position rührt unter anderem daher, dass Religion die Reputation von Wissenschaft positiv nutzen, aber zugleich Wissenschaft zurückstufen will. Glaube ist nicht nur auch ein Wissen (siehe oben den Begriff des Glaubenswissens, der keinesfalls anstößig ist); er verkörpert ein höheres Wissen, dem sich die Wissenschaft ein- und unterzuordnen hat. Man erlässt Denkverbote: Bei einer Audienz von Astrophysikern beim Papst Johannes Paul II. anlässlich einer Tagung über Kosmologie wurde ihnen alles als Forschungsgegenstand erlaubt, nur nicht die Untersuchung des Urknalls, wie Stephen Hawking berichtet. Dieser Moment in der Entstehung des Universums sei „der Augenblick der Schöpfung und damit das Werk Gottes".[23] Hier sollen die Naturwissenschaftler nicht mehr weiterfragen und immer wieder erneut überprüfen dürfen, was aber gerade zu ihrem Metier gehört.
Wenn man die zuletzt gemeinten religiösen Instanzen fragt, sind die zur Rede stehenden Größen *kompatibel,* aber eben nur für sie. Beide, Naturwissenschaftler und die überwiegende Mehrzahl der gegenwärtigen Theologen, lehnen jene Unterwerfung der Naturwissenschaft und die hierzu nötigenden religiösen Überlegenheitsattitüden ab.[24] Daher handelt es sich um eine *Scheinkompatibilität,* die eine Verständigung nicht fördert. Wir kommen weiter, wenn wir eine dritte logische Position ansteuern, die wir unten die *Nonkompatibilität* nennen werden. Der Weg dazu verlangt, *dass wir nach den*

22 Ausführlich hierzu in der Studie des Verfassers: Denkmodelle von Bildung auf dem Prüfstand; Nipkow (2005, 22007), 66-93, 78ff.
23 Die Audienz wird auf den Seiten 144f. des Buches von Stephen Hawking „Eine kurze Geschichte der Zeit" beschrieben (1988), Spiegel-Edition 1997, Zitat 145. Auf evangelischer Seite ist der Titel eines Sammelbandes bezeichnend, der von einem pietistisch-evangelikalen Verlag herausgegeben worden ist: Sautter (2008), dazu die Rückfragen und Unterscheidungen vom Verfasser: Wer glaubt, weiß mehr!? – Philosophische und theologische Differenzierungen im Felde von Pädagogik und Ethik, in: Sautter (2008), 102-113.
24 Vgl. ausführlich Nipkow (2010), 69-97, besonders 71-81.

wissenschaftlichen Voraussetzungen wissenschaftlicher Ansätze fragen und uns auf dieser Meta-Ebene mit jenen Naturwissenschaftlern treffen, die ebenfalls diese Ebene bedenken. Wenn man angesichts der unzweifelhaft vorhandenen Inkompatibilität und der Schärfe des Konflikts gemeinsam so vorgeht, *erkennt man die religiösen Implikationen von Naturwissenschaft wie die eigenartigen und eigenwertigen wissenschaftlichen Implikationen der Theologie.* Die ersten betreffen *die Atheismusfrage* dort, wo Naturwissenschaftler sich mit einem pseudo-religiösen ideologischen Atheismus verbinden (ein Atheismus aus methodologischen Gründen ist gerechtfertigt, das heißt ein Forschen, als ob es Gott nicht gibt, etsi Deus non daretur, D. Bonhoeffer).[25] Es gilt, *Grenzüberschreitungen* von Naturwissenschaftlern wie von Theologen aufzudecken und zu überwinden. Glaube ist keine Wissenschaft (siehe oben zur Scheinkompatibilität), diese keine Religion (eine analoge Scheinkompatibilität). Wir wollen Schritt für Schritt vorgehen.

Schüler fragen „Wer hat Recht, der Physiklehrer oder der Religionslehrer?", und zunächst denken sie in den jüngeren Jahren in einem *Entweder-Oder-Schema.* Diese Denkweise ist in vielen Lebensbereichen sehr verbreitet, weil sie (vor-)schnell Klarheit zu schaffen suggeriert. Unser kognitives Bedürfnis strebt schnelle und einfache Problemlösungen an. Differenzierendes Denken hält auf. Mehr noch: Ein „Entweder-Oder-Denken" wird in der Politik und hier besonders wenn Krieg und Frieden auf dem Spiel stehen geradezu verhängnisvoll. Darum müssen Kompromisse angestrebt werden. Sie sind logisch gesehen nicht mehr zweiwertig (binär), sondern dreiwertig.[26]

Im Unterschied zu außerschulischen Orten der Begegnung und Beziehungserfahrung wie zum Beispiel in der kirchlichen Jugendarbeit hat der Religionsunterricht als *Unterricht* die Chance, dazu beizutragen, *systematisch unnötige gedankliche Barrieren* zwischen dem naturwissenschaftlichen und dem theologischen Denken *zu überwinden* und zwar durch ein *Denken in Komplementarität*, wie es der bedeutendste europäische Forscher auf diesem Gebiet, der ehemalige Elementarteilchenphysiker (Genf, CERN) und spätere Religionspsychologe in Freiburg/Schweiz, K. Helmut Reich, seit den 1980er Jahren zunächst genannt hat. In seinem die verschiedensten, auch empirischen Untersuchungen zusammenfassenden Buch „Developing the Horizons of the Mind"[27] bezeichnet er es als „relations- und kon-

[25] Ich unterscheide zwischen einem „methodologischen", einem „empirisch gestützten" und einem „militanten weltanschaulichen Atheismus"; Nipkow (2010), 72.

[26] Das Folgende in enger Anlehnung an mein Kapitel in „Gott in Bedrängnis?"; Nipkow (2010), 87ff.

[27] Reich (2002).

textbezogenes (komplementaristisches) Denken“ (RKD) (*relational contextual reasoning*, RCR). Es geht um die „Lösung kognitiver Konflikte“, die nicht nur zwischen der Kirche und ihrer Umwelt, sondern bereits in der Kirche selbst unnötige Spannungen, ja, religiöse Spaltungen hervorrufen können und historisch erzeugt haben. Dies muss jedoch nicht sein, wenn dialektische, paradoxale oder eben komplementaristische *Denkfiguren einer polyvalenten Logik* – nicht mehr binären, zweiwertigen Entweder-Oder-Logik erworben beziehungsweise entwickelt worden sind.
Die Kompetenz zu komplementaristischem Denken beziehungsweise RKD ist *entwicklungsabhängig*. Reich entdeckte hinsichtlich der Fähigkeit zur Koordination von religiösen und naturwissenschaftlichen Weltdeutungen verschiedene Niveaus (levels).[28]

Level 1: *Nur eine Sicht* – oft nur als bloße Behauptung – *wird vorgetragen*: ‚Ich glaube, der Geistliche hat Recht.‘ Oder: ‚Ich glaube, der Naturwissenschaftler hat Recht.‘
Level 2: *Beide Ansichten werden versuchsweise und unsicher nebeneinander gestellt*: ‚Ich glaube, dass Tiere und Menschen nicht ohne die Existenz Gottes entstanden sind.‘ (Interviewer: ‚Heißt das, dass der Wissenschaftler Unrecht hat?‘) ‚Ich würde sagen, vielleicht gab es wirklich einen Urknall. Der Pfarrer hat Recht, aber ein wenig möglicherweise auch der Wissenschaftler.‘
Level 3: *Für eine vollständige Erklärung werden beide Weltansichten als notwendig erachtet* (Beginn kontextabhängigen komplementären Denkens): ‚Nun, meiner Meinung nach haben beide Recht. Der Naturwissenschaftler musste seine Sicht gemäß den Ergebnissen der wissenschaftlichen Forschung entwickeln. Und der Pfarrer hat Recht, weil es ohne Gott (überhaupt) keine Welt gäbe. Ich sehe keinen Widerspruch.‘
Level 4: *Die Beziehung zwischen beiden Ansichten wird systematisch entfaltet*: ‚Die beiden Stellungnahmen schließen sich nicht aus. Der Pfarrer spricht über sein Gewissen und seine Gefühle im Anblick der Natur, der menschlichen Begegnungen und Ähnlichem. Der Naturwissenschaftler erklärt, wie die Sterne entstanden sind usw. Falls Gott die Voraussetzungen für jene Prozesse geschaffen hätte, würden die beiden Ansichten einander ergänzen. Die Welt entstand ziemlich plötzlich, vielleicht durch eine von Gott geschaffene Energie, welche es ermöglichte, dass sich Materie bildete. Ich bin unsicher, wie die Schöpfungsgeschichte in der Bibel symbolisch zu verstehen ist. Auf jeden Fall kann sich niemand die dabei involvierten Zeitspannen vorstellen.‘

[28] Reich (2002), 126f.

Level 5: *Jetzt wird eine Synopse versucht und der Standort einer dritten Person eingenommen* (reflexive, wissenschaftstheoretische Meta-Ebene), wobei auf Modellbildungen abgehoben wird. ‚Wäre ich eine dritte Person in der Diskussion zwischen dem Pfarrer und dem Naturwissenschaftler, würde ich etwa sagen: Vielleicht sind die Dinge so geschehen, wie er sie dargestellt hat. Er hat ein Modell präsentiert, das plausibel erklärt, wie sich die Dinge seit dem Urknall entwickelt haben. Allerdings können wir natürlich nicht absolut sicher sein.
Ebenso muss ich mich auch an die Seite des Pfarrer stellen und ihn unterstützen: Es könnte in Zukunft noch überzeugendere Modelle geben. Wie dem auch sei, sie werden nicht erklären, *warum* es überhaupt eine Welt gibt und *warum* unser Leben so fortschreitet, wie es der Fall ist, und nicht anders. Auch ich glaube, dass man Gott in der Natur, in menschlichen Begegnungen und im eigenen Gewissen spürt.‘

Die obige Sequenz hat Reich schon vor Jahren in die Diskussion eingebracht und jeder erkennt, *dass die komplexeren komplementären Denkformen der Niveaus 4 und 5 die aus der religionspädagogischen Praxis bekannten kognitiven Schwierigkeiten, in die Jugendliche in der Spannung zwischen Physik- und Religionsunterricht hineingeraten, entspannen beziehungsweise kognitiv entlasten können*; ich sage nicht ‚aus der Welt schaffen‘, was auch Reich abweisen würde. Wenn jedoch die heute immer noch blockierte Kommunikation oder sterile Diskussion zwischen Naturwissenschaft und Religion wenigstens zum Teil überwunden werden könnte, wäre für die schulische interdisziplinäre Zusammenarbeit viel gewonnen.
Zu erinnern ist freilich, dass aus *lerntheoretischer* Sicht *die Entwicklung kognitiver Strukturen* nicht direkt durch inhaltliche Belehrung (Inhaltslernen) bewirkt werden kann. *Die Veränderung von Denkformen* (Strukturlernen, Transformationslernen) *vollzieht sich langsamer*, und zwar meist, wenn auch nicht zwingend, *unter dem Druck von kognitiven Dilemmata*, die ein gewonnenes kognitives Gleichgewicht erschüttern.
Das geschieht zum ersten Mal massiv und generell in der Adoleszenz, ansatzweise schon früher. Noch vor dem Alter von 20 Jahren zeigen sich in Reichs empirischen Untersuchungen allerdings auch Jugendliche, die bereits komplementär denken. Sie haben sich aus der in Schule und Gesellschaft massiv ansozialisierten binären Computer-Logik befreit. Wichtig: Sie brauchen auch in den Bereichen von Kultur und Politik einschließlich Religion nicht borniert oder

aggressiv für die eine oder andere Sichtweise zu kämpfen, wodurch sich die Gegensätze in der Regel in auswegloser Weise verfestigen.[29] Aus demselben Sachverhalt ist gleichzeitig zu erklären, warum Gläubige einen Wandel in ihren religiösen Denk*strukturen* irrigerweise als Verrat an religiösen Denk*inhalten* missverstehen können und daher scheuen. Die analoge Problematik ist aus dem Streit um die *historisch-kritische* Exegese bekannt.

Wenn man im Schema eines Entweder-Oder-Denkens zweiwertiger, *„binärer"* Logik denkt, haben in der Frage der Entstehung von Universum, Leben und Menschheit (dies ist das Explanandum, das heißt das erklärungsbedürftige Problem) entweder die Naturwissenschaftler oder die Theologen Recht (siehe oben). Demgegenüber beruht das Relations- und kontextbezogene Denken auf einer *trivalenten* Logik.[30] „Zwei Aussagen über dasselbe Explanandum sind entweder *kompatibel* (beide gleichzeitig wahr), *inkompatibel* (nie *beide* ‚gleichzeitig' wahr) oder *nonkompatibel* (nicht gleichzeitig kompatibel, aber die eine Aussage ist ‚wahr' in einem bestimmten Kontext beziehungsweise entsprechend zu einem bestimmten Zeitpunkt, die andere in einem anderen Kontext oder anderen Zeitpunkt)."[31]

Binäre Logik im Sinne von richtig oder falsch, ja oder nein, an- oder ausgeschaltet, 0 oder 1 hat seit Aristoteles eine lange Tradition (Prinzip der Widerspruchsfreiheit). Selbstredend ist sie erwiesenermaßen nützlich in Computerprogrammen, beim Lösen von Kreuzworträtseln und sogar bei Problemen der Quantenmechanik (Boolean algebra) beziehungsweise immer dort, wo nur eine einzige, klar definierte Lösung existiert.[32] Dies ist jedoch in der Quantenmechanik insgesamt nicht der Fall. Unser Alltagsverstehen ist hauptsächlich in der Mesowelt unseres Planeten und Sonnensystems geprägt worden, dem Objekt der Physik von Newton und Maxwell. Die Mikrowelt (Elementarteilchen, Atome, Moleküle) gehorcht ganz anderen Gesetzen, die oft unseren Intuitionen widersprechen: Es ereignen sich erkenntnismäßige Brüche (*epistemic ruptures occur*). Verallgemeinernd: „Logik als solche sichert nicht die Lösung: sie ist ein Werkzeug. Das geistige Werkzeug hat der Struktur der spezifischen Aufgabe oder dem spezifischen gegebenem Problem zu dienen. Darum braucht man eine Anzahl geistiger Werkzeuge, um strukturell unterschiedliche Aufgaben (issues) zu bewältigen."[33]

[29] Eine große Rolle spielt dies, wie angedeutet, in der Friedenserziehung; siehe Nipkow (2007), 406-411.

[30] Reich (2002), 3/16.

[31] Ebd., 3f.

[32] Reich (2008), 709.

[33] Reich (2008), 710 (meine Übersetzung); vgl. vor allem Reich (2002), chap. 5; vgl. Nipkow (^{2}2005), 66-93.

Für Inkompatibilität mit der Folge eines Entweder-Oder ist schon auf das Prinzip der Widerspruchsfreiheit verwiesen worden, für Nonkompatibilität sei das bekannte Beispiel aus der Quantenmechanik erwähnt: auf den Charakter des Lichts als Welle oder Teilchen je nach der Versuchsanordnung. Niels Bohr entdeckte 1927 das nach ihm benannte Komplementaritätsprinzip, demzufolge der Charakter des Lichts als Welle und als Teilchen nicht mit derselben Versuchsanordnung gleichzeitig untersucht werden kann.

4 Entwicklungspsychologische Anmerkungen zum postformalen Denken

Es sei abschließend kurz auf die schon gestreifte entwicklungspsychologische Dimension zurückgekommen. Dieser Beitrag betrifft ein Alter, das religionspädagogisch vernachlässigt wird, die späte Adoleszenz. Bei den von K. H. Reich untersuchten Heranwachsenden zeigte sich, dass komplementäres Denken in seinen voll entwickelten Formen nicht schon bei Kindern und auch nicht im frühen Teenageralter ausgeprägt vorhanden ist. Das hat praktische und forschungsgeschichtliche Gründe. Die große Mehrheit unserer Schüler ist jünger, und die Untersuchung ihrer Entwicklung im vorigen Jahrhundert durch Jean Piaget endete bei dem sogenannten formalen Denken. Gleichgültig, ob Piaget Denken und Sprechen, kognitive oder affektive Aspekte, das Wirklichkeitsverständnis, Nachahmung, Spiel und Traum, Semiotik und Symbolik oder das moralische Urteil erforschte, er richtete sich auf Kinder. Grundschulkinder denken in konkret-operativen Formen; etwa im Alter zwischen 10 und 12 Jahren beginnen sie, „formal-abstrakt“ zu denken. Sie sind jetzt zunehmend in der Lage, in Begriffen zu denken. Darum beginnt man in Schulen mit einem entsprechenden Sprach- und Mathematikunterricht. Mit diesem Stadium endeten Piagets Untersuchungen. Erst Anfang der 80er Jahre fingen Psychologen der Piagetschule an, sich der weiteren Entwicklung zuzuwenden, so dass 1984 der erste große Sammelband mit dem sprechenden Titel „Beyond Formal Operations. Late Adolescent and Adult Cognitive Development“ erschien.[34]

Zu den bekannteren postformalen Denkfiguren gehört zunächst das *dialektische* Denken, das seit Hegel und Marx zum allgemeinen Kulturwissen zählt. Es ist durch einen temporalen Dreischritt gekennzeichnet: These – Antithese – Synthese. Wir kennen es auch aus dem Gespräch, wenn sich aus Rede und Gegenrede ein neues Drittes,

[34] Commons, Michael L. / Richards, Francis A. / Armon, Cheryl (1984).

Gemeinsames ergibt. Die Rede davon, dass etwas *komplementär* aufzufassen sei, ist auch relativ geläufig. Sachverhalte sollen sich notwendig ergänzen – warum? Wieder wegen eines eigenständigen Dritten. Der Begriff *paradox* ist Theologen von Kierkegaard her bekannt und Philosophen aus dem buddhistischen Denken (siehe die Kōans).[35] In allen drei Fällen bleibt eine zweiwertige Logik des Ja oder Nein hinter einem Dritten zurück.

Im Beispiel oben über die Niveaus der Entstehung komplementären Denkens werden in dem Text auf Level 5 die Behauptungen des Naturwissenschaftlers und die des Theologen auf ein *Drittes* in Gestalt einer *Außenperspektive* als einer dritten Person zwischen Pfarrer und Physikers bezogen, wie es ausdrücklich heißt. Das bedeutet eine *Koordination* von zwei Größen kraft einer *Transformation* mittels einer Relation unter Berücksichtigung der unterschiedlichen Kontexte beider Personen, beim Naturwissenschaftler seines Interesses an Erklärung des Faktischen, beim Pfarrer seines Interesses an der Erhellung der Warum-überhaupt-Frage. Daraus ist K. H. Reichs jüngere präzisierende Definition eines *relations- und kontextbezogenen Denkens* erwachsen.

Die Kompetenz zur Koordination und Transformation mehrerer Größen ist eine *komplexe* kognitive Leistung. Sie wird schrittweise erworben. Es ist plausibel, dass dies Zeit braucht. Nicht alle Menschen erwerben diese Fähigkeit, so dass sie ihr Leben lang im Entweder-Oder-Schema verbleiben. Da es sich um ein neues *Gefüge* handelt, leuchtet es ein, metaphorisch von einer *Struktur* zu sprechen. Grob kann man hinsichtlich des Wissenserwerbs ein Inhaltslernen (zum Beispiel durch Auswendiglernen) und ein Strukturlernen (durch Vorgänge der *Umstrukturierung* im Gehirn) voneinander unterscheiden. Pädagogisch praktisch bedeutet der Unterschied, dass man das Zweite nicht durch Wissensvermittlung erreichen, aber durch Konfrontation mit Gegensätzen, Alternativen, Widersprüchen anregen kann – und das ist schon zeitig möglich.

5 Schulpädagogischer Ausblick

1 Wissen ist nicht gleich Wissen.

Manche Schülerfragen brauchen eine Schule jenseits des Lehrbuchwissens in einem zweifachen Horizont von Lebenswissen und einem Wissen über das Wissen, wodurch Erkenntnis entsteht. Konflikte und

[35] Ein Koan ist ein Zen-Rätsel, dessen Lösung im Sinne einer Aha-Erfahrung zur Erleuchtung führt, weil die Grenzen des üblichen zweiwertigen logischen Denkens von richtig oder falsch durchbrochen werden müssen.

Widersprüche und ihre Bearbeitung sind ein Baustein auf dem Weg zu postformalen Kompetenzen.

2 Das Thema „Schülerfragen" rührt an das Selbstverständnis von Schule insgesamt.

Dies gilt besonders auch deshalb, weil Fragen die Frage nach Antworten einschließt. Beidem sollte meine Skizze dienen, dem Zweiten durch eine Eröffnung von mehreren Weisen, wie wir bereits im Alltag mit Wahrheit umgehen. Benachbart ist dieser Frage die nach dem Schulwissen. Ihr könnte ein nachfolgender Forschungsdiskurs gewidmet werden. Es würde sich wahrscheinlich zeigen, dass die Schulen sowohl die Dimension des Lebenswissens wie die des Wissens über das Wissen verlieren.

3 Mehrperspektivische Wahrnehmungen machen Schulfächer wechselseitig anschlussfähig.

Unser Thema verträgt es nicht, fachbezogen isoliert zu werden. Durch seine *fachinterne* Mehrperspektivität kann der Religionsunterricht mit anderen Fächern *schulintern* verbunden werden.

4 Die Frage nach einer letzten, absoluten Wahrheit ist eine Denkfalle.

Diese These betrifft die nicht einlösbare Suche nach einer allgemeingültigen, dass heißt allgemein von jedem einsehbaren, absolut unbezweifelbaren Erkenntnis. Die Schule ist nicht Kirche als Stätte der Verkündigung von Glaubensannahmen. Ferner gelingt es weder auf den Wegen des abendländischen Rationalismus noch denen des Empirismus, jenes Ziel zu erreichen. „Eine vollständig voraussetzungslose Erkenntnis, ohne blinde Flecken des Erkennens, kann es nicht geben, damit auch keine absolut sichere Erkenntnis."[36] Schulen bleiben Stätten des Wissenserwerbs im Horizont des Fragens und Prüfens.

Literatur

Balthasar, Hans-Urs von: Verbum caro. Theologische Skizzen I, Einsiedeln 1960.

Bauer, Joachim: Lob der Schule, München 2008.

Commons, Michael L. / Richards, Francis A. / Armon, Cheryl: Beyond Formal Operations. Late Adolescent and Adult Cognitive Development (Praeger Special Studies), New York u.a. 1984.

Copei, Friedrich: Der fruchtbare Moment im Bildungsprozess (1930), Heidelberg ³1955.

36 Treml (2010), 46.

Feige, Andreas / Dressler, Bernhard / Lukatis, Wolfgang / Schöll, Albrecht: ‚Religion‘ bei ReligionslehrerInnen. Religionspädagogische Zielvorstellungen und religiöses Selbstverständnis in empirisch-soziologischen Zugängen, Münster 2000.

Flasch, Kurt: Die Alte Kirche als Geschichtspotenz Europas, in: Graf, Friedrich Wilhelm / Wiegandt, Klaus (Hg.): Die Anfänge des Christentums, Frankfurt am Main 2009, 472-501.

Hawking, Stephen: Eine kurze Geschichte der Zeit (1988), in: Spiegel-Edition (1997).

Jaspers, Karl: Der philosophische Glaube, München 1948.

Kirchenamt der Evangelischen Kirche in Deutschland (EKD) (Hg.): Kerncurriculum für das Fach Evangelische Religionslehre in der gymnasialen Oberstufe. Raum und Inhalte für die Etwicklung von Kompetenzen religiöser Bildung. EKD Texte Nr. 109, Hannover 2010.

Krellmann, Hanspeter (Hg.): Babel ist überall, München 1989.

Latané, Bibb / Darley, John M.: The unresponsive bystander: Why doesn't he help?, New York 1970.

Nipkow, Karl Ernst: Denkmodelle von Bildung auf dem Prüfstand, in: ders. (Hg.): Bildungsverständnis im Umbruch – Religionspädagogik im Lebenslauf – Elementarisierung. Pädagogik und Religionspädagogik zum neuen Jahrhundert, Bd. 1, Gütersloh 2005, ^{2}2007, 66-93.

Nipkow, Karl Ernst: Der schwere Weg zum Frieden. Geschichte und Theorie der Friedenspädagogik von Erasmus bis zur Gegenwart, Gütersloh 2007.

Nipkow, Karl Ernst: Schöpfungsglaube, Kreationismus, Weltentstehungstheorien – Zu Grundlagen der Kooperation des Religionsunterrichts mit naturwissenschaftlichen Fächern, in: ders. (Hg.): Gott in Bedrängnis? Zur Zukunftsfähigkeit von Religionsunterricht, Schule und Kirche, Gütersloh 2010, 69-97.

Popper, Karl R.: The Buckett and the Searchlight. Two Theories of Knowledge: an Evolutionary Approach, Oxford 1979.

Reich, K. Helmut: Developing the Horizons of the Mind. Relational and Contextual Reasoning and the Resolution of Cognitive Conflict, Cambridge 2002.

Reich, K. Helmut: Science-and-Religion / Spirituality / Theology Dialogue: What for and by whom?, in: Zygon 43 (2008), Heft 3, 709.

Rilke, Rainer Maria: Archaischer Torso Apollos, Paris 1908.

Sautter, Hermann (Hg.): Wer glaubt, weiß mehr!? Wissenschaftler nehmen Stellung. Institut für Glaube und Wissenschaft. Marburg, Witten 2008.

Scheunpflug, Annette: Evolutionäre Didaktik. Unterricht in system- und evolutionstheoretischer Perspektive, Weinheim / Basel 2001.

Stuhlmacher, Peter: Vom Verstehen des Neuen Testaments. Eine Hermeneutik. NTD Ergänzungsreihe 6, Göttingen 1979.

Treml, Alfred K.: Philosophische Pädagogik. Die theoretischen Grundlagen der Erziehungswissenschaft, Stuttgart 2010.

Zimmer, Siegfried / Schützler, Georg: Nachteulen-Gottesdienste. Spirituelle Angebote für Kirchenferne, Stuttgart 2001.

[Art.] Lehre, Lehramt, in: Wörterbuch des Christentums, hg. von Volker Drehsen u.a., Gütersloh 1988, 714f.

Mirjam Zimmermann

Schülerfragenorientierte (Religions-)Didaktik – eine ernüchternde Bilanz

„Orientierung an den Fragen der Schülerinnen und Schüler" – das ist ein wichtiges Prinzip im neuen Lehrplan evangelische Religion für die Grundschule in NRW (2008): „Schülerinnen und Schüler stellen (…) lebensbedeutsame *Fragen*"[1], Religionslehrerinnen und Religionslehrer gehen „von den *Fragen* der Kinder aus und nehmen eigenverantwortlich die theologische und religionspädagogische Vernetzung vor"[2]. Bereits als erste Kompetenz wird beschrieben, dass die Kinder „aufmerksam werden auf religiös bedeutsame *Frage*-stellungen"[3] und in der Darstellung der Lernperspektiven und Bereiche wird jeweils mit konkreten *Fragen* von Grundschulkindern begonnen[4], so zum Beispiel beim Thema 2.1. Miteinander leben: „Grundschulkinder *fragen* konkret: Wer bin ich? Warum bin ich so, wie ich bin? Wie werde ich sein? Wer bist du? Wie gehen wir miteinander um?"[5] Auch die dort festgeschriebenen Kompetenzerwartungen orientieren sich an den Schülerfragen, indem diese jeweils eingeleitet werden mit „Schülerinnen und Schüler finden Antworten auf ihre *Fragen* nach …"[6] und sogar das erste fachbezogene Kriterium der Leistungsfeststellung nimmt auf eine zu fördernde Fragekompetenz Bezug, indem formuliert wird „Fachbezogene Kriterien der Leistungsfeststellung sind: die Fähigkeit, existentielle *Fragen* zu stellen".[7]

[1] Lehrplan evangelische Religion für die Grundschule in NRW (2008), 151.
[2] Ebd. 153 (Hervorhebung M.Z., auch im Folgenden).
[3] Ebd. 152.
[4] In der Handreichung (2008) zum neuen Lehrplan wird dazu ausgeführt: „Dem Lehrplan liegt eine subjektorientierte, *fragenorientierte Konzeption* (Hervorhebung M.Z.) zugrunde. Dem werden wir gerecht, indem wir in den ersten Kapiteln explizit auf die methodischen Zugänge zu möglichen Kinderfragen (A3) eingehen und darauf aufbauend in einem 4-er Schritt konkrete didaktische Überlegungen für den Umgang mit dem Lehrplan (A1) anbieten. (…) Konsequent zu einer subjektorientierten Konzeption haben wir bei allen Schwerpunkten mögliche *Fragen der Kinder* an die erste Stelle gesetzt." Einzusehen unter: http://www.ekir.de/pti/arbeitsbereiche/hand reichungen-zum-neuen-lehrplan-evangelische-religionslehre-286.php. (10.7.2011)
[5] Lehrplan evangelische Religion für die Grundschule in NRW (2008), 154f.
[6] Ebd. 155-161.
[7] Ebd. 162.

Wie sieht diesem Anspruch gegenüber aber die empirisch erfassbare Unterrichtsrealität aus? Sind die im Lehrplan angegebenen Fragen tatsächlich die von Grundschülerinnen und Grundschülern, bzw. welche wirklichen Fragen zum Thema Religion haben Schüler überhaupt?[8] Warum und auf welche Art und Weise fragen sie im Religionsunterricht, oder muss man eher sagen: Warum fragen sie nicht?[9] Ist die Situation im Religionsunterricht mit der in anderen Fächern vergleichbar? Warum und gegebenenfalls wie fördern Lehrende Schülerfragen speziell im Religionsunterricht?

Man kann nach der Recherche vorliegender Publikationen zum Thema auch mit Blick auf die Religionspädagogik den Wirtschaftspädagogen zustimmen, die beklagen, dass das Thema „Schülerfragen" ein „brachliegendes didaktisches Feld"[10] sei: Gerade für den Religionsunterricht finden sich kaum (aktuelle) empirische oder didaktische Untersuchungen.[11]
In diesem Beitrag kann deshalb nur eine erste Orientierung erfolgen, indem Publikationen zum Thema „Schülerfragen im Kontext Unterricht" aus verschiedenen Disziplinen gesammelt, thematisch geordnet und deskriptiv in ihren Ergebnissen vorgestellt werden, bevor Thesen für die weitere Diskussion den Beitrag abschließen. Dies geschieht in der Hoffnung, dass das brachliegende Feld sodann tatkräftige (Be-) Arbeiter findet.

1 Im Fokus: Lehrerfragen statt Schülerfragen

In der Pädagogik sind bei der Thematik „Fragen im Unterricht" eigentlich fast immer nur „Lehrerfragen" gemeint, die als pädagogisches Instrument vor allem im frage-entwickelnden Unterricht zentral sind, weil sie Thema und Tempo bestimmen und so Lehr-Lern-Prozesse steuern. Um die Technik der Lehrerfrage in einem Unter-

8 Vgl. hierzu den Beitrag König in diesem Sammelband, der in konzentrierter Form die Ergebnisse der bei mir verfassten Masterarbeit vorstellt.

9 Vgl. hierzu den Beitrag Menzel in diesem Sammelband, der die Ergebnisse ihrer bei mir verfassten Masterarbeit bündelt.

10 Siehe Seifried/Sembill (2005), 229.

11 Als rühmliche Ausnahme ist hier Oberthür (1995, 1997, 1998) zu nennen. Das einzige Grundlagenwerk der Religionsdidaktik, das auf Schülerfragen Bezug nimmt, ist Hilger/Ritter (2008) 94-95, allerdings weitgehend Oberthür zitierend. Ein kleines Buch mit 56 Seiten, das in der Diskussion nicht wahrgenommen wird, ist Beer (1999). Beer legt die Bedeutung von Kinderfragen im Rahmen religiöser Erziehung dar (Fragen als Bestandteil von Entwicklungsprozessen, Fragen als Lernmodus, Fragen als Entdeckungsraum, Fragen als Ausdrucksmittel) und fragt am Beispiel „Ostern", wie religiöses Erziehen „von der Frage aus" geht (19-33).

richtssetting zu verbessern, gibt es eine Vielzahl von Beiträgen in Handbüchern und Lernprogrammen[12]. Angesichts einer Häufigkeit von 50-120 Lehrerfragen pro Unterrichtsstunde[13] lohnt sich hier durchaus eine Investition in technische Verbesserungen.
Die gewählte Überschrift bei Meyer (1987) „Die Lehrerfrage – Skandal oder Selbstverständlichkeit“[14] macht den Diskurs deutlich, der hinsichtlich der Wertung von Lehrerfragen geführt wird.
Im Fokus inhaltlicher Beiträge steht

a) die Unterscheidung der Fragetypen im Rahmen didaktischer Settings und ihre Wirkung,[15]
b) die Notwendigkeit und Möglichkeiten der Integration der Lehrerfrage in den Gesprächszusammenhang,[16]
c) Funktionen der Lehrerfrage,[17]
d) Fehlformen der Lehrerfrage[18] und
e) Lehrerfragen beim Einsatz von Lehrsoftware.[19]

Untersuchungen, die die empirische Unterrichtsrealität beschreiben, kommen zu dem Ergebnis, dass nur ein Bruchteil der beobachteten Lehrerfragen der Kategorie der so genannten deep-reasoning-Fragen zuzuordnen ist, also Fragen, die schlussfolgerndes Denken fordern.[20] Etwa 20 % - 30 % der Fragen betreffen das Vorgehen beziehungsweise den Unterrichtsverlauf, circa 60 % der von Lehrern gestellten

[12] Zum Beispiel exemplarisch Grell (1978), bes. 58f.; Klinzing/Klinzing-Eurich (1982); Sommer (1981); Orth (1992); Petersen/Ritscher (1996), Regelkompetenz „Fragen“: 159-190; Becker (1998), 165f.; Petersen/Sommer (1999); Riedl (2004), 119ff. Auffällig ist, dass die Stichworte „Lehrerfrage“ bzw. „Fragen“ teilweise aber auch völlig fehlen, zum Beispiel Helmke (2009), Arnold/Pätzold (2002).

[13] Unterschiedliche Zahlen bei Dillon (1988), Becker (1998), 161; Seifried/Sembill (2005), weitere Beispiele bei Levin (2005), 70.

[14] Meyer (1987), 205f; auch Becker (1998), 161 mit weiteren Belegen.

[15] Zum Beispiel Becker (1998), 162f: Kenntnisfragen, konvergierende Fragen, divergierende Fragen, bewertende Fragen, Sondierungsfragen, organisierende Fragen; Petersen/Sommer (1999), 19-37: Wissens- und Denkfragen, konvergente und divergente Fragen, gefühlsgerichtete Fragen, ablaufgerichtete Fragen, rhetorische Fragen. Oder Meyer (1987), 207 jeweils mit Beispielen: inhalts-, prozess- und beziehungsbezogene Fragen, Wissensfragen, offene Fragen, konvergente und divergente Fragen, „Schrotschuss“-Fragen, „Ballon“-Fragen.

[16] Petersen/Sommer (1999), 38-47.

[17] Meyer (1987), 207: Vorkenntnisse zu ermitteln, Aufmerksamkeit zu wecken, zum Nachdenken anregen, Schüler zu disziplinieren. Petersen/Sommer (1999), 48-100 bieten hier eine umfangreichere Darstellung unter „Anwendungsbereiche der Lehrerfrage“.

[18] Meyer (1987), 208: Kettenfragen, Suggestivfragen, Echofragen, Nase-Puhlfragen, Scheinfragen, Killer- oder Fangschussfragen. Dazu auch Kunstmann (2004), 217f.

[19] Petersen/Sommer (1999), 111-123.

[20] Becker (1998), 163; Niegemann/Stadler (2001).

Fragen sind auf kognitiv niedrigem Niveau (Fakten- und Verständnisfragen) und nur circa 20 % sind auf kognitiv hohem Niveau.[21]
Es konnte aber auch gezeigt werden, dass Lehrer seltener an leistungsschwache Schüler Fragen richten, ihnen weniger Zeit zur Beantwortung einräumen, ihnen weniger Feedback geben und so kaum die Möglichkeit besteht, dass diese sich selbst verbessern.[22]
Außerdem stellen Lehrer mit weniger Fachwissen Fragen auf kognitiv niedrigerem Niveau und versuchen eher, Schülerfragen zu unterbinden.[23]
Umstritten ist, ob es Gendereffekte im Fragenstellen gibt, indem zum Beispiel weniger und leichtere Fragen an Mädchen gestellt werden.[24]
Eindeutig wird festgehalten, dass eine längere Wartezeit nach einer Frage (mindestens drei Sekunden) zu besseren, längeren und komplexeren Schülerantworten führt und außerdem Angst reduzierend wirkt.[25]

2 Vorliegende empirische Untersuchungen zum Frageverhalten von Schülerinnen und Schülern

Untersuchungen zum Frageverhalten von Schülern gibt es dagegen bedeutend weniger. Bei der Sichtung zugänglicher Forschungen stellt man fest, dass einerseits die Häufigkeit von Schülerfragen in unterschiedlichen Unterrichtssettings entweder in der Perspektive eines Beobachters[26], der Selbstwahrnehmung der Lehrenden[27] oder der Schüler selbst[28] erfasst wird, andererseits der Forschungsfokus auf den Einflussbedingungen auf die Fragen Lernender liegt. Hierbei wird auch die Bedeutung von Schülerfragen aus unterschiedlichen Disziplinen dargelegt.
In anderen Studien werden Fragen der Lernenden nach Fragearten beziehungsweise Frageniveaus und Frageformen kategorisiert und ausgewertet.[29] Auch der Sachverhalt, ob selbst gestellte Fragen zur

[21] Eine Zusammenstellung verschiedener Ergebnisse auch hinsichtlich der Wirkung findet sich bei Levin (2005), 72f.
[22] Gall/Artero-Boname (1995).
[23] Carlsen (1997).
[24] So die These von Gall/Artero-Boname (1995) gegen Wimer et al. (2001).
[25] Gall/Artero-Boname (1995); weitere Belege bei Levin (2005), 72.
[26] Seifried/Sembill (2005), 213. Dort werden unterschiedliche Belege benannt.
[27] Ritz-Fröhlich (1992).
[28] Seifried/Sembill (2005).
[29] Zum Beispiel Seifried/Sembill (2005), 235 oder Ritz-Fröhlich (1992).

Erschließung und dem Memorieren von Lernstoff hilfreich sind, wird empirisch untersucht.[30]
Aus der Fülle der skizzierten Einzelaspekte sollen im Folgenden einige thematische Schwerpunkte benannt werden, die auch für den Religionsunterricht relevant sein können.[31]

2.1 Warum fragen Schülerinnen und Schüler? (Motivation des Fragenstellens)

Fragen beziehen sich üblicherweise auf Informationen, die der Fragende nicht hat. Dieses Defizit muss ihm aber auch bewusst sein, dass heißt Fragen setzen Wissen beziehungsweise eine Erkenntnis des Nichtwissens voraus, denn Fragestellen benötigt Wissen über ein Thema, das mit dem gesuchten Wissen in Zusammenhang steht. Dabei kann es sich um Wissen handeln, das einfach nicht vorhanden ist, oder aber neue Informationen stehen im Widerspruch zu den eigenen Wissenspräsentationen, so dass eine Integration der neuen Wissenseinheiten in vorhandene Schemata nicht auf Anhieb gelingt.
Eine weitere Bedingung ist, dass die potentiellen Frager auch bemüht sind, die Leerstellen in ihrem Wissensnetzwerk schließen zu wollen beziehungsweise die Interferenzen zwischen neuen Informationen und altem Wissen zu beseitigen.
Die Spezifik der Fragen hängt außerdem stark vom vorhandenen Wissen ab: Je mehr der Fragende vom Thema weiß, je spezifischer kann er fragen.
Auch das Interesse des Fragenden beeinflusst die Art des Fragens: So nehmen wenig interessierte Leser Textinhalte nur oberflächlich wahr und konstruieren dementsprechend einfache Faktenfragen. Stärker interessierte Leser dagegen fragen nach Kausalitäten und Zusammenhängen.[32]
Nicht jeder Schüler, der eine Frage hat, ist auch bereit, sie zu stellen. Van der Meij (1987) hat folgende Bedingungen formuliert, die erfüllt sein müssen, damit eine vorhandene Frage vom Frager auch gestellt wird: Der Aufwand, eine Frage zu stellen, rechtfertigt die Kosten; die Person, an die die Frage gestellt wird, kann diese im Urteil des Fragenden wahrscheinlich auch beantworten; der Fragende geht davon aus, dass er die benötigte Information nicht leichter von anderer Stelle bekommt.

30 Levin (2005) untersucht die Wirkung von strukturierenden Hilfen auf das Generieren von Studierendenfragen als begleitende Lernstrategie.
31 Eine umfassende Zusammenstellung auch der älteren Literatur findet sich bei Levin (2005), besonders 50-69.
32 Belege bei Levin (2005), 28.

Der Ausgleich erkannter Wissensdefizite ist aber nur eine mögliche Motivation des Fragens. Graesser/Persson/Huber[33] unterscheiden 22 unterschiedliche Frageintentionen (question-generation mechanisms), die sie vier Funktionsgruppen zuordnen: Ausgleich von Wissensdefiziten, die Sicherung einer gemeinsamen Grundlage im Gespräch, soziale Handlungskoordination sowie Aufmerksamkeitskontrolle.

2.2 Wie fragen Schülerinnen und Schüler? (Frageklassifikationen)

Eine mögliche Klassifikation von Fragen bezieht sich auf die Taxonomie kognitiver Lernziele nach Bloom (1956), die innerhalb der lernzieloperationalisierten Unterrichtsplanung bis heute Geltung hat. Bloom unterscheidet sechs Stufen, die zu folgender Frageklassifikation führen:[34]

1. Wissensfragen (factual knowledge questions)
2. Verständnisfragen (comprehension questions)
3. Anwendungsfragen (application questions)
4. Analysefragen (analysis questions)
5. Synthesefragen (synthesis questions)
6. Bewertungsfragen (evaluation questions)

Seifried/Sembill (2005) dagegen unterscheiden:[35]

1. Nicht lernzielorientierte Frage
2. Reproduktionsfrage
3. Kurzantwortfrage (mit ja oder nein zu beantworten)
4. Langantwortfrage ohne deep-reasoning-Charakter
5. Langantwortfrage mit deep-reasoning-Charakter

Eine andere Systematik findet sich bei Ritz-Fröhlich[36], die die Auswertung von 71 Lehrerfragebögen zum Frageverhalten von Grundschulkindern entsprechend ihrer Kategorien vornimmt. Sie differenziert nach *Fragearten, Frageformen und Frageniveaus.*
Als *Fragearten* nennt sie:

1. Sachfragen
2. Sinnfragen
3. persönliche Fragen
4. organisatorische Fragen

[33] Graesser/Persson/Huber (1992), 175f.
[34] Belege bei Levin (2005), 42.
[35] Seifried/Sembill (2005), 235.
[36] Ritz-Fröhlich (1992), 16-20; 34 (Fragearten in der Auswertung der empirischen Untersuchung).

5. Zukunftsfragen
6. religiöse Fragen

als *Frageformen:*
1. Informationsfragen
2. Entscheidungsfragen
3. Alternativfragen

und als *Frageniveaus*:
1. Faktenfragen
2. Erklärungsfragen
3. Begründungsfragen

Niegemann/Stadler[37] mischen in ihrer Systematisierung Frageintention und Frageform und unterscheiden, wie sie schreiben in Anlehnung an Graesser/Person (1994) und Good et al. (1997)
1. Informationsfragen mit dem Ziel Information zu bekommen. Differenziert wird zwischen didaktischen, lehrstoffbezogenen und nicht unmittelbar fachbezogenen Informationsfragen.
2. Konfirmationsfragen mit dem Ziel Missverständnisse zu beseitigen und Unsicherheiten zu reduzieren.
3. Echo-Fragen zielen auf eine Wiederholung der Aussagen.
4. Common-Ground-Fragen wollen eine Sicherung der effizienten Information.
5. Klärungsfragen sind das senderbezogene Pendant zu den Common-Ground-Fragen.
6. Verfahrensfragen betreffen organisatorische Belange.
7. Koordinationsfragen dienen der sozialen Koordination von Unterricht.
8. Fragen zur Konversationskontrolle als „rhetorische Fragen".
9. Ablenkungsfragen.
10. Emotionsfragen intendieren die Äußerung von Emotionen.
11. Fragen aus anderen Intentionen dienen als Sammelkategorie für semantisch erkennbare Fragen.
12. Nicht kategorisierbare Fragen sind Fragen, die aufgrund eines Frageabbruchs oder einer Störung in der Datenerhebung nicht interpretiert werden können.

Darüber hinaus versuchen die Autoren das kognitive Niveau der Fragen in folgende vier Qualitätsstufen einzuordnen und verwenden

[37] Niegemann/Stadler (2001), 176-177.

dazu ergänzend das dargelegte Raster, das sich an der Bloom'schen Lernzieltaxonomie orientiert:[38]

1. Stufe: Reproduktionsfragen
2. Stufe: Kurzantwortfragen unterteilt in Verifikationsfragen, Disjunktfragen, Konzeptfragen, Elementfragen, Quantifizierungsfragen
3. Stufe: Langantwortfragen unterteilt in Definitionsfragen, Beispielfragen, Vergleichsfragen, Interpretationsfragen, inhaltsspezifische Fragen
4. Stufe: deep-reasoning Fragen unterteilt in Fragen nach Ursache-Wirkungs-Zusammenhängen, Konsequenzenfragen, Voraussetzungsfragen, Ziel / Motiv-Fragen, Instrumentfragen, Erwartungsfragen, Urteilsfragen

Deutlich wird aus dieser Übersicht im Vergleich, dass es markant unterschiedliche Kategorisierungsmöglichkeiten bei der Analyse von Schülerfragen gibt, die jeweils der Zielsetzung der Untersuchung entsprechend gewählt werden. Dabei kann das *Frageniveau* (Bloom, Ritz-Fröhlich), die *Frageart* (Seifried/Sembill, Ritz-Fröhlich) oder die *Frageform* (Ritz-Fröhlich, Niegemann-Stadler) herangezogen werden. Aber auch rein inhaltliche Kategorien (zum Beispiel Kategorisieren der Fragen danach, welche Themen im Religionsunterricht interessieren[39]) sind denkbar. Möglich wäre außerdem, die *Pragmatik* von Fragen im Unterricht[40] zu untersuchen, wie es die Systematik von Niegemann/Stadler (2001) teilweise versucht.
Bei möglichen analogen Studien im Bereich des Religionsunterrichts müsste also deutlich gemacht werden, welcher der Aspekte aus welchem Grund als Analysegrundlage gewählt werden soll.

[38] Ebd. 178f. Ergebnisse zu den Qualitätsstufen 187.

[39] Vgl. den Beitrag König im vorliegenden Sammelband, ebenso auch Ritz-Fröhlich (1992), 30-34: Fragen zum persönlichen Bereich, Fragenbereich „Schule als Institution und als Lern- und Lebensraum"; Fragebereich „Phänomene des menschlichen Daseins und der Lebenswelt"; Fragebereich „Kosmos und Natur"; Fragebereich „Gegenstandswelt" beziehungsweise Oberthür (1995), 14-16: Fragen nach der eigenen Identität; Geheimnisse des Unendlichen/Unvorstellbaren; Zukunftsängste/Kriege; Trauer, Leiden, Tod; Leben nach dem Tod; Die Existenz und Wirklichkeit Gottes; Die Bibel.

[40] Vgl. in Ansätzen Beer (1999), 16f.: Fragen als Ausdruckmittel.

2.3 Welche Bedeutung haben Schülerfragen? (Funktion oder Zweck der Schülerfragen)

An dieser Stelle kann der Bedeutung, die einer Fragehaltung im Unterricht beigemessen wird, nicht umfassend nachgegangen werden.[41] Einige zentrale Aspekte sollen jedoch kurz angerissen werden.
Ein Spezifikum des Menschen ist, dass er fragt. Hinsichtlich der anthropologischen Bedeutung spricht H.B. Petermann in seinem Beitrag deshalb grundsätzlich vom „Mensch als Fragewesen", was sich für ihn dann besonders religionspädagogisch bedeutsam erweist: die Fragehaltung als Spezifikum des Menschseins, die Fraglichkeit als Grundelement der religiösen Bildung.[42]
In der Entwicklungspsychologie wird herausgestellt, dass für die geistig-seelische Entwicklung das „Fragealter" von besonderer Bedeutung ist.[43] Bildhaft wird hier vom „Aufsteigen von Fragen aus einer fragenden, nachdenklichen Grundhaltung"[44] gesprochen.
Mit der Formulierung „Fragen als Entdeckungsraum" will Beer[45] sagen, dass jede Frage in sich schon eine Ahnung der Antwort enthält und insofern den Raum des individuellen Entdeckens repräsentiert. In diesem Suchvorgang sind Fragen erschließbare „Sprech-Denkarbeit."[46]
Außerdem zeigen Fragen, dass der Inhalt die Lernenden in irgendeiner Weise persönlich betrifft, was eine Grundbedingung für produktive Lernprozesse darstellt und insofern didaktisch von besonderer Bedeutung ist. Fragen regen einen tiefergehenden Aneignungsprozess an, weil die „Ichbeteiligung des Fragers der Bedeutsamkeit einer Sache und eines Lerngegenstandes einen Gefühlswert verleiht, der das Lernen selbst beflügelt." [47]
Kinderfragen sind aber auch unter sozialen und kommunikativen Aspekten wichtig, denn Fragen von Klassenkameraden bringen ebenso das Nachdenken von anderen Kindern dieser Klasse in Gang und fördern u.U. das Interesse einer gesamten Gruppe am Thema. So sind Fragen als Ausdruckmittel von Interesse und gerade im Schulunterricht von besonderer Bedeutung.
Für Petzelt ist „der Sinn des Fragens [...] Selbstbestimmung"[48], weil darin das legitime Recht des Schülers deutlich würde, Unterricht the-

41 Dies wird aber in unterschiedlichen Beiträgen dieses Sammelbandes eingeholt.
42 Vgl. Bastian (1970).
43 Ritz-Fröhlich (1992), 40f., dort weitere Belege.
44 Ebd.
45 Beer (1999), 16.
46 Ritz-Fröhlich (1992), 19.
47 Ebd., 46.
48 Petzelt (1962), 62.

matisch aktiv mitzubestimmen und nicht auf die Rolle des Antwortens reduziert zu werden.
Fragen ist somit ein Mittel von Selbstbestimmung, Selbsttätigkeit und Selbstständigkeit, das den „fruchtbaren Moment“ im Bildungsprozess[49] ungemein fördern kann.

2.4 Wie häufig stellen Schülerinnen und Schüler Fragen? (Quantifizierung)

Etwa gegen Ende des zweiten Lebensjahres beginnt das so genannte ‚erste Fragealter‘, in dem Kinder nach den Bezeichnungen von Dingen fragen. Daran schließen sich bei fortschreitender Entwicklung Fragen nach Zusammenhängen und Ursachen an, die vor allem im zweiten Fragealter ungefähr mit vier Jahren (Warum-Fragen) ihren Höhepunkt finden. So stellen Vorschulkinder vor allem während gemeinsamer Tätigkeiten mit den Eltern die meisten Fragen, während sie im Kindergarten oder im Zusammensein mit Gleichaltrigen viel weniger Fragen stellen.[50] Diese Tendenz setzt sich in der Schule fort. Obwohl Fragen dazu dienen könnten, Wissen zu vertiefen oder Wissenslücken zu schließen, verzichten Schüler häufig auf dieses Mittel selbstregulierenden Lernens.
Durch empirische Untersuchungen wird bestätigt, dass Schülerfragen im Unterricht kaum eine Rolle spielen. Wenn sie überhaupt beobachtet werden, liegt der Durchschnittswert für Fragen pro Schüler und Unterrichtsstunde in vielen Untersuchungen um die 0,1.[51] Es gibt aber auch Untersuchungen mit weit darunter liegenden Werten von 0,05 Fragen pro Schüler zum Beispiel im Geschichtsunterricht: Im Rahmen einer Studie an Augsburger Hauptschulen wurden in 91 besuchten Stunden nur 126 Fragen registriert, davon wurden in 57 Stunden gar keine Frage und in nur 12 Stunden drei und mehr Fragen gestellt.[52] Einen ähnlich niedrigen Wert fanden mit 0,17 Fragen je Schüler und Stunde Graesser/Person[53], während Good et al[54]von Werten zwischen 0,64 und 2,0 Fragen pro Schüler bei 50-minütigen

49 Copei (1955).
50 Mantziou-Ziogas (2003).
51 Niegemann/Stadler (2001), 173 erstellen einen Mittelwert aus verschiedenen Untersuchungen und sprechen von einer Häufigkeit der Schülerfragen pro Unterrichtsstunde von „1,3-4,0 mit einem Mittelwert (Median) von 3,0. Bei durchschnittlich etwa 27 Schülern je Klasse entspricht das 0,1 Fragen je Schüler und Unterrichtsstunde.“ Bei ihrer eigenen Untersuchung zählen sie 82 Lehrerfragen und 1,6 Schülerfragen pro Unterrichtsstunde, ebd., 181. Seifried/Sembill (2005), 231: „deutlich unter eins“; Graesser/Person (1994), 121 fanden einen Wert von 0,17.
52 Hesse (1976), 190ff.
53 Graesser/Person (1994), 121.
54 Good/Slavings/Harel/Emersen (1987).

Unterrichtsstunden berichteten. Dabei muss berücksichtigt werden, dass sich ein Großteil der gestellten Fragen auf die Koordination von Unterrichtsverwaltung beziehungsweise auf die Sicherung der gemeinsamen Gesprächsgrundlage oder Ähnliches bezog und nicht für den unmittelbaren Wissenserwerb relevant war.

Niegemann/Stadler konnten ebenfalls zeigen, dass sich die Schülerfragen nicht annähernd gleichmäßig auf die Schüler verteilten. In einer Klassenstufe zum Beispiel stellten 52 % der Fragen zwei Schülerinnen.[55]

In tutoriellen Unterrichtssituationen oder Gruppenarbeiten wurden jedoch deutlich mehr Fragen gestellt,[56] so dass die Verantwortung für die Passivität auch in der Sozialform zu liegen scheint.

Die geringe Anzahl von Schülerfragen im beobachteten Frontalunterricht weicht stark von der Selbsteinschätzung der Schüler ab: So befragten Seifried/Sembill (2005) 172 Schüler, wie häufig sie im Frontalunterricht Fragen stellen würden: 42 % der Schüler schätzten sich auf 2-3 Fragen pro Unterrichtsstunde ein. Im Gruppenunterricht schätzten sie den Angaben zu Folge noch ca. 3,5 Mal mehr Fragen zu stellen.[57] Die Autoren versuchten in einem Fragebogen auch Aussagen für die Gründe der unterschiedlichen Fragebeteiligung zu eruieren.[58]

Ritz-Fröhlich erfragte, in welchen Fächern/Lernbereichen/Situationen von Lehrern ein erhöhtes Frageinteresse beobachtet wurde. Dies wird in dieser Studie im Fach Deutsch und dort besonders in den Bereichen „Sprechen“ und „Lesen von Geschichten“ eingeholt. Ebenfalls konnte im Fach Religion, Mathematik und Kunst im Gegensatz zu den anderen Fächern ein erhöhtes Frageinteresse festgestellt werden.[59]

2.5 Gibt es eine Abhängigkeit zwischen Lehrer- und Schülerfragen? (Korrelation zwischen der Quantität von Lehrer- und Schülerfragen)

Seifried/Sembill stellen in ihrer Auswertung der Beobachtung von vier Lerngruppen (16-18 Jahre im ersten Ausbildungsjahr) in schülerzentrierter, projektorientierter Kleingruppenarbeit einen Zusammenhang zwischen der Quantität von Schüler- und Lehrerfragen fest.[60] Einer Zunahme der Lehraktivität mit Lehrerfragen folgt kausal

55 Niegemann/Stadler (2001), 182.
56 Graesser/Person (1994); Seifried/Sembill (2005), 236.
57 Seifried/Sembill (2005), 231f.
58 Ebd., 233.
59 Ritz-Fröhlich (1992), 24f.
60 Seifried/Sembill (1994), 234ff.

eine Abnahme von Schülerfragen. In den schüleraktiven Unterrichtsphasen aber kommt es in dem beschriebenen Setting im Durchschnitt zu 15,2 Fragen pro Schüler pro 45 Unterrichtsminuten.[61]
Carlsen (1997) konnte zeigen, dass Lehrer mit geringem Fachwissen häufig Schülerfragen unterbinden.

2.6 Was beeinflusst das Frageverhalten der Schüler und Schülerinnen? (Einflussbedingungen)

Im Rahmen des so genannten „help-seeking-Ansatzes“[62] versuchen vor allem nordamerikanische Autoren Begründungen zu finden, warum Schüler im Unterricht so wenig Fragen stellen. Als Gründe werden genannt:

- Unfähigkeit, Wissensdefizite zu erkennen,
- Unbehagen, den Konversationsfluss zu unterbrechen,
- Schwierigkeiten, den Kontext der Frage herzustellen,
- niedrige Selbstwirksamkeitserwartung,
- fehlende Lernmotivation,
- Angst, ausgelacht zu werden,
- Versuch, Defizit im Verständnis zu verstecken,
- das Fehlen einer Erwartung, dass die Lehrkraft die Antwort kompetent geben könnte.[63]

Es können also Umgebungsbedingungen, Persönlichkeitsmerkmale, motivationale Merkmale auch bezüglich des Vorwissens sowie inhaltliche Aspekte unterschieden werden, die einen Einfluss auf das Frageverhalten der Schüler haben. Hierzu sollen nun jeweils vorhandene Untersuchungen erschlossen werden.

2.6.1 Umgebungsbedingungen

Schüler stellen nur dann Fragen, wenn der Nutzen, die Frage zu stellen, höher ist als die zu erwartenden persönlichen „Kosten“, zum Beispiel in der Abwägung zwischen Wissensgewinn und sozialem Prestigeverlust.
Seifried/Sembill (2005) stellen in ihrer Auswertung von 172 Fragebögen zur Schülerfrage fest, dass „eine Reihe von Zusammenhängen zwischen dem Frageverhalten und der individuellen Konstitution der Lernenden beziehungsweise der Wahrnehmung des Klassenumfeldes besteht“[64]. So verzeichnen sie eine hoch signifikante Korrelation zwischen Frageaktivität sowie den Konstrukten Klassenklima und

[61] Ebd., 236.
[62] Schworm/Fischer (2006).
[63] Graesser/McMahen (1993).
[64] Seifried/Sembill (2005), 233.

Ängstlichkeit, die allerdings vor allem im Frontalunterricht, viel weniger bei Sozialformen wie der Gruppenarbeit relevant wird. Offenbar fällt es den Schülern leichter, in dezentralen Phasen mit übersichtlicher Gruppengröße Fragen zu stellen, weil die Barrieren im Frontalunterricht durch die Angst, den Faden zu verlieren, sich zu blamieren, dass die Stimme zittern könnte oder man die Antwort nicht verstehen könnte (so die im Fragebogen vorgegebenen Kategorien) viel höher sind.

Van der Meij (1986) untersuchte das Frageverhalten bei Dritt- bis Fünftklässlern auch mit Hilfe eines Fragebogens. Dabei gaben mehr als 50 % an, dass sie beim Fragenstellen Angst hätten, einen schlechten Eindruck zu machen. Ein Drittel gab an, vor allem dann Schwierigkeiten zu haben, wenn ihre Frage schon einmal beantwortet worden sei. Die Angst verweist darauf, dass die Schüler besorgt sind, dass das Stellen einer Frage ungünstige Attributionen bewirken könnte.

Untermauert werden die Ergebnisse auch durch Ritz-Fröhlich, die eine erhöhte Frageaktivität besonders in informellen Unterrichtssituationen feststellt: im persönlichen Gespräch vor Unterrichtsbeginn oder in der Pause, im Erzählkreis, bei Ausflügen.[65]

Bestätigt wird dies durch die Auswertung der Lehrerbefragung, in der Lehrerinnen und Lehrer eine entspannte Klassenatmosphäre (87,3 %) und einen fragefördernden Unterrichtsstil (83,1 %) maßgeblich für die Entwicklung einer Frageaktivität halten. Ebenfalls als zentral wird der im Elternhaus gepflegte Umgang mit Kinderfragen angesehen (81,3 %).[66]

2.6.2 Persönlichkeitsmerkmale

Good et al.[67] beobachteten 22 Klassen aus sieben Klassenstufen (Vorschule bis 12. Klasse) über 12 Unterrichtsstunden, um die Entwicklung des Frageverhaltens zu untersuchen und eventuell Gründe dafür zu finden, warum besonders leistungsschwächere Schüler im Laufe ihrer Schulentwicklung immer weniger Fragen stellen. Sie konnten zeigen, dass leistungsschwache Kinder im Vergleich zu leistungsstarken im Kindergarten noch die meisten Fragen stellten, spätestens aber ab der sechsten Klasse die Anzahl der Fragen stark abnahm und in höheren Klassenstufen konstant niedrig blieb.

In der Studie zeigten sich auch Geschlechtsunterschiede: Noch in der Vorschule stellten Jungen mehr Fragen als Mädchen, was sich mit der Einschulung umkehrte. In den 9./10. Klassen verzeichnet die Stu-

[65] Ritz/Fröhlich (1992), 25f.
[66] Ebd. 28f.
[67] Good et al (1987).

die keinen Unterschied, danach führten die Jungen. Ob das repräsentative Ergebnisse sind, lässt sich aufgrund der Querschnittstudie anfragen (kein realer Entwicklungsverlauf, weil unterschiedliche Klassen verglichen werden), erfahrene Lehrerinnen und Lehrer bestätigen aber ähnliche Tendenzen, kategorisieren die Frageaktivität der Jungen beziehungsweise Mädchen in der Oberstufe aber fachspezifisch.
In einer umfassenden Untersuchung untersuchten Daly et al.[68] bei 24599 Achtklässlern den Zusammenhang zwischen Selbstwertgefühl und Kontrollierbarkeit der Ereignisse im Leben der Schüler als Zeiger für eine internale beziehungsweise externale Kontrollüberzeugung und der Angst, im Unterricht Fragen zu stellen. Dabei stellten sie fest, dass das Selbstwertgefühl eindeutig negativ mit der Angst korreliert, im Unterricht Fragen zu stellen. Eine stärker external ausgerichtete Kontrollüberzeugung ging mit höheren Angstwerten einher; selbstsichere Schüler sind also, wie zu erwarten, weniger ängstlich, wenn sie im Unterricht Fragen stellen.
Dies konnte Fuhrer (1994) bestätigen, der bei 14-Jährigen herausfand, dass sie am ehesten Fragen stellen, wenn sie ihre Hilfsbedürftigkeit mit nicht in ihrer Verantwortung liegenden äußeren Umständen begründen (zum Beispiel Stoffdefizit durch das Fehlen eines Lehrers).

2.6.3 Motivationale Merkmale

Seifried/Sembill (2005) berichteten aus ihrer Unterrichtsbeobachtung von einem Zusammenhang zwischen Lernmotivation und Frageverhalten. Das Frageverhalten diente, so ihr Ergebnis, nicht nur als Prädikator für Lernerfolg, sondern auch für Lernmotivation und Lernleistung.[69]
Borchert (1977) konnte in einer Lernbehindertenschule zeigen, dass der Einsatz von Verstärkung im Rahmen des Modelllernens zu einem deutlichen Anstieg der Fragenhäufigkeit führte. Er arbeitete mit acht Klassen (jeweils vier als Kontroll- und Versuchsklassen), aus denen je zwei in der Klasse beliebte Schüler/innen als Modellschüler (je einer männlich und eine weiblich) ausgewählt wurden, die von sich aus regelmäßig Fragen in der Klasse stellten. Alle Fragen im Versuchszeitraum wurden beantwortet, das Fragenstellen der Modelle wurde gezielt bestärkt, indem sie dafür ausführlich gelobt wurden. Nach den zwölf Versuchsstunden zeigte sich eine signifikante Erhöhung des Fragestellens. Dies steht im Einklang mit den Befunden von van der Meij (1986), van Zee et al. (1998) und Karabenick/Sharma (1994) bei Collegestudierenden.

68 Daly et al (1994) zit. nach Levin (2005), 60f.
69 Seifried/Sembill (2005), 240.

2.6.4 Art der Stoffdarbietung

Die Frage, ob die Art der Darbietung beziehungsweise der vermittelte Inhalt mit der Anzahl der Schülerfragen korrespondiert, versuchten Graesser/McMahen (1993) zu erforschen, indem sie in einem möglichst angstfreien sozialen Klima Studierenden Aufgaben mit Widersprüchen und Unstimmigkeiten präsentierten (unvollständige Aufgabe; Aufgabe mit widersprüchlichen Informationen; Aufgabe mit irrelevanten Informationen). Es wurde nun verglichen, bei welchem Typus die meisten Fragen gestellt wurden, mit dem Ergebnis, dass dies beim Typus „unvollständige Aufgabe" der Fall war. Am wenigsten führte „irrelevante Information" zu Fragen.

Zu denken gibt allerdings die Tatsache, dass nur 36 % der Studierenden überhaupt einen Widerspruch wahrnahm. Die Anzahl der Fragen wurde (noch) weniger, wenn der zu Fragende in einem Nebenraum aufgesucht werden musste, obwohl in dem Versuch ein Konfident mehrfach beispielhaft das Verhalten vormachte.

Aus diesen Ergebnissen kann gefolgert werden, dass „es nicht allein darum gehen kann, ein Klima zu schaffen, in dem Fragestellen positiv bewertet wird. Schüler müssen auch angeregt werden, Widersprüche als solche überhaupt wahrzunehmen, um klärende Fragen entwickeln zu können."[70]

Außerdem müssen Schülerinnen und Schüler die Erfahrung machen, dass sich Fragenstellen grundsätzlich lohnt, um dann auch zusätzliche Belastungen (im Versuch das Aufsuchen eines Nebenraums) in Kauf zu nehmen.

2.7 Wie nehmen Lehrende Schülerfragen wahr? (Rezeptionsverhalten von Lehrenden)

Die wenigen Studien, die untersuchen, wie Lehrer Schülerfragen einschätzen, zeigen, dass eine deutliche Differenz zwischen tatsächlicher Fragehäufigkeit und subjektiver Wahrnehmung besteht. Susskind[71] gibt die Einschätzung von 32 US-amerikanischen Lehrern wieder, die denken, dass ihre Schüler jeweils(!) ca. 10 Fragen pro Stunde stellen. Die tatsächliche Fragefrequenz lag aber nur bei 1,8 Fragen pro Stunde. Die Untersuchung von Ritz-Fröhlich[72] zeigt ebenfalls eine sehr idealistische Wahrnehmung der Fragehäufigkeit der Schüler: Die von ihr befragten 173 Lehrern an Grundschulen gaben zu 71,8 % an, dass ihre Schüler häufig fragen, 19,7 % sogar, dass sie „sehr häufig" fragen. Nur 8,5 % der Befragten gab an, dass

[70] Levin (2005), 54.
[71] Susskind (1997).
[72] Ritz-Fröhlich (1992), 36f.

ihre Schüler „selten“ fragen. Eine empirische Überprüfung wurde nicht eingeholt, weil die Autorin diese Ergebnisse nur in Korrelation zu den von den Lehrer mitgesandten Schülerfragen setzte. Die durchschnittlichen Zahlen (vgl. 2.1) stehen diesem Befund aber diametral entgegen.
Becker stellt zwar in seiner *Handlungsorientierten Didaktik* kein empirisch erforschtes Phänomen dar, konstatiert aber als Ursachenanalyse, dass sich Lehrer von Schülerfragen häufig gestört fühlen, wenn diese in großem Maße auftreten, über den behandelten Stoff hinausgehen oder von schwächeren Schülern gestellt werden.[73] Dies widerspricht den Ergebnissen von Ritz-Fröhlich[74] und sollte durch weitere Befragungen von Lehrkräften oder Unterrichtsbeobachtungen entsprechend überprüft werden. Wenn das so wäre, würden die Schüler aber im Laufe ihrer Schulkarriere lernen, dass sie durch stilles, (scheinbar) aufmerksames Verhalten eher einen positiven Eindruck erweckten als durch eine aktive Fragehaltung.

2.8 Können Schülerinnen und Schüler das Fragestellen lernen und üben? (Fragetraining)

Kremer/Perlberg zeigten schon 1986 die Wirksamkeit eines Trainings, das Lehrern verschiedene Techniken vermittelt, um Schülerfragen anzuregen. Sie erstellten eine Liste an Verhaltensweisen, die Schülerfragen fördern sollen:[75]

- Die Lehrkraft klärt die Unterrichtsabsicht.
- Die Lehrkraft gibt Beispiele für mögliche Fragen zu einem bestimmten Gegenstand.
- Die Lehrkraft fordert Schüler aktiv auf, Fragen zu stellen.
- Die Lehrkraft stellt strittige Punkte und inhaltliche Widersprüche heraus oder lenkt die Aufmerksamkeit darauf.
- Die Lehrkraft fragt gezielt nach, um Bereiche, auf die Bezug genommen wird, zu klären oder auszuweiten.
- Die Lehrkraft erklärt, welche verschiedenartigen Möglichkeiten für Fragestellungen es gibt.

[73] Becker (1998), 173f.

[74] Ebd. 27: Fragen werden in der hier vorliegenden empirischen Untersuchung an Grundschulen uneingeschränkt positiv als Bereicherung für die Unterrichtsgestaltung und den gesamten Unterrichtsprozess angesehen. So stimmen 81,7 % der Frage „Haben Sie die Erfahrung gemacht, dass Schülerfragen den Unterricht fördern?“ zu. Als „zeitraubend“ bewerteten nur 9,9 % der Befragten Schülerfragen. Inwiefern dies spezifisch grundschultypische Angaben sind, gälte es zu überprüfen.

[75] Kremer/Perlberg (1986), 398 zitiert nach Levin (2005), 76; aufgenommen bei Becker (1998), 175-178.

- Die Lehrkraft greift Schülerfragen auf, bezieht sich darauf und verwendet sie als weiteren Stimulus.
- Die Lehrkraft gibt Anstöße zur Umwandlung von Aussagen in Fragen.
- Die Lehrkraft verstärkt Schüler für Fragen.

Diese Techniken wurden im konkreten Unterricht eingesetzt, und anhand von Vergleichsgruppen konnte gezeigt werden, dass Schüler, deren Lehrer ein solches Training absolviert hatten und die geübten Verhaltensweisen nutzten, mehr Fragen auf kognitiv höherem Niveau stellten.
Neber (1990/1996/1999) bestätigt das Ergebnis durch seine Forschungen. Er hat sich intensiv mit der Durchführung eines Fragetrainings für Schüler beschäftigt und am Beispiel des Geschichtsunterrichts gezeigt, dass man das Fragestellen (epistemisches Fragen) effektiv üben kann.

3 Fragenstellen als Lernstrategie für besseren Lernerfolg

Levin führt mehrere Untersuchungen an, die die Methode des „Elaborierten Fragenstellens" auf ihre Wirksamkeit für bessere Behaltensleistungen untersuchen.[76] Diese oft gehörte These kann so, nach Levin, nicht umfassend bestätigt werden und hängt stark von der verwendeten Textgrundlage ab.
Sie selbst überprüfte im Rahmen ihrer Dissertation die Lerneffekte des Fragestellens von Studierenden in universitären Lehrveranstaltungen, in denen über Rezeption und Diskussion gelernt werden soll. Die Studierenden wurden als Teilnehmer von Lehrveranstaltungen den drei Lernstrategien

- strukturiertes Fragestellen,
- unstrukturiertes Fragestellen,
- Notizen machen.

zugeordnet. Für das strukturierte Fragestellen erhielten die Studierenden keine vorgegebenen Frageanfänge, sondern waren gezwungen anhand der Vorgabe von qualitativen Merkmalen (Frageklassifikation) Fragen selbst zu generieren.[77] Dabei konnte Levin zeigen, dass strukturiertes Fragestellen eine erfolgreiche Methode zur Wissensvertiefung ist. Im Vergleich zu unstrukturiertem Fragestellen oder reinem „Notizen machen" wurden bessere Lernergebnisse erzielt, vielleicht weil „sich *strukturiertes* und *unstrukturiertes Fragen-stel-*

[76] Levin (2005), 79-83.
[77] Ebd., zur Methode 161ff.

len hinsichtlich ihrer zugrunde liegenden kognitiven Prozesse bei der Generierung von Fragen unterscheiden und ersteres einen breiter angelegten Suchprozess einleitet, bei dem Wissensbereiche gezielt nach Leerstellen und Widersprüchen abgesucht werden, während Studierende unter den Bedingungen des unstrukturierten Fragestellens eher in einem einmal aktivierten Bereich verweilten."[78] Die Vorgabe von Niveaustufen bewirke vielleicht, dass aktivierte Bereiche hinsichtlich Definitionswissen, Funktionen und Konditionen auf Vollständigkeit geprüft würden.[79]

In einer zweiten Studie wurde überprüft, inwiefern zusätzliche Lerneffekte durch die wechselseitige Beantwortung der Studierendenfragen durch Kommilitonen erzielt werden können. Außerdem wurde die Motivation der Studierenden in Beziehung zum Fragestellen und zum erreichten Lernstand gesetzt. Levin konnte zeigen, dass es bei den nachfolgenden Lernstandsmessungen für den Lernerfolg keine Rolle spielt, ob die Fragen beantwortet wurden oder nicht. Nur für die Studierenden, die besonders viele Fragen gestellt hatten, zeigten sich positive Effekte durch die Beantwortung. „Motivationale Orientierungen haben dabei nur einen begrenzten Einfluss auf die Anzahl der generierten Fragen und den erreichten Lernstand, wenn das strukturierte Fragenstellen eingesetzt wird."[80]

Aus diesen Studien lässt sich zeigen, dass eine Nutzung vor allem strukturierten Fragenstellens für die Vermittlung von Lernstoff im universitären Rahmen vorteilhaft ist, denn so können Wissensdefizite und Widersprüche leichter erkannt und behoben werden. Einer leichtfertigen Übertragung auf die Schule steht Levin aber wegen möglicher Überforderungen kritisch gegenüber.[81]

Auch Seifried/Sembill (2005) konnten von einem Zusammenhang zwischen Frageverhalten und Lernerfolg berichten. Sie fassen zusammen: „Die im Unterricht beobachteten Frageaktivitäten der Lernenden beeinflussen in nicht unerheblichem Maße den Lernerfolg."[82] Unklar ist aber, von welchen der Faktoren der größere Erfolg ausgeht, beziehungsweise ob das Fragenstellen nicht nur ein Zeiger für höhere Intelligenz, höhere Motivation und/oder größere Leistungsbereitschaft ist.

[78] Ebd., 202.
[79] Ebd.
[80] Ebd., 197.
[81] Ebd., 205f.
[82] Seifried/Sembill (2005), 239.

4 Methodische Möglichkeiten der Anbahnung von Fragehaltung und Fragekompetenz

Ritz-Fröhlich hat umfassende Praxisvorschläge für die Frageerziehung im Unterricht gesammelt, die unterrichtliche Rahmenbedingungen wie Klassen- und Unterrichtsatmosphäre, Lehr- und Unterrichtsstil der Lehrenden, Unterrichtskonzepte und Unterrichtsorganisation berücksichtigen.[83]

Dass es wichtig ist, Freiräume für kindliche Frage- und Forschungsaktivitäten in einzelne Phasen des Unterrichtsprozesses zu integrieren, versteht sich von selbst.[84] „Offene" Einstiegs- und Eröffnungsphasen bieten sich besonders an, um Kinder zum Fragen und Forschen herauszufordern und anzubahnen, dass das Kind sich mit dem Gegenstand „verhakt" (Heinrich Roth).

Hier betont Ritz-Fröhlich die Bedeutung des Erzähl- und Gesprächskreises, der mittlerweile zumindest an Grundschulen flächendeckend zu finden ist und in weiterführenden Schulen oft durch Klassenrat oder Klassenrunde fortgeführt wird.

Im Folgenden möchte ich darüber hinaus Anregungen für ganz konkrete Methoden geben, wie Fragen gesammelt und im Unterricht nutzbar gemacht werden können:

Gute Erfahrungen habe ich mit der Einrichtung einer *Fragetafel/ Fragepinnwand* als freie Fläche auf Papier oder Tafel gemacht, in der Schülerfragen zum Thema der Einheit oder allgemein zu (gewünschten) Themen des Religionsunterrichts gesammelt werden. Das Schreiben von Fragen an die Fragetafel ist nicht an das Unterrichtsgeschehen gebunden, sondern kann auch in Pausen und über einen längeren Zeitraum erfolgen. Hier werden aber auch spontane Fragen während des Unterrichts eingetragen, die nicht verloren gehen sollen. Ein solches Vorgehen macht Fragen öffentlich und regt so zum gemeinsamen Nachdenken manchmal sogar außerhalb des Fachunterrichts an.

Eine Alternative für privates Fragenstellen, das nicht gleich öffentlich gemacht wird, ist die Einrichtung eines *Fragekastens*. Hier werden Fragen gesammelt, die an geeigneter Stelle systematisiert und in Fragerunden oder Expertenkreisen vorgestellt werden, um gemeinsam nach Antworten zu suchen. Denkbar ist auch, zu wichtigen, von der Klasse ausgewählten Fragen Experten einzuladen.

[83] Ritz-Fröhlich (1992), 58-106.

[84] Holder (2008).

Gute Erfahrungen gibt es auch mit *Fragentabellen*: Zu einem Thema beziehungsweise einem Text werden in eine dreispaltige oder vierspaltige Tabelle folgende Dinge eintragen:

1. Spalte: Das weiß ich schon:
2. Spalte: Das will ich wissen: bzw. meine Fragen:
3. Spalte: Meine Antworten nach dem Lesen / der Beschäftigung im Unterricht:
4. Spalte: (Diese Fragen sind noch unbeantwortet:)

Die erste und zweite Spalte wird vor einer unterrichtlichen Beschäftigung mit dem Thema eingetragen, die vierte nach Abschluss der Einheit.
Gemeinsam gesuchte *Frageraster* zur Vorbereitung auf eine schriftliche Überprüfung zu nutzen, hat sich ebenfalls bestens bewährt. Zu den unterschiedlichen Themenbereichen einer Einheit werden arbeitsteilig als gemeinsame Vorbereitung sinnvolle Fragen (je nach Klassenstufen auf unterschiedlichen Niveaus) gesammelt und in der Gruppe mit Beteiligung des Lehrenden gesichtet. Vorliegende Fragen, auf die die Schüler unter Zuhilfenahme ihrer Hefte keine Antwort finden, werden gestellt und in der Gruppe beantwortet. Anschließend bekommt jede/r einzelne der Klasse die Fragenliste beziehungsweise die Fragekarten für die individuelle Vorbereitung zu Hause. Wie viele Fragen der Klassenarbeit dann aus diesem Pool genommen werden, bleibt der individuellen Entscheidung des Einzelnen überlassen.

Deutlich wird bei einem solchen Vorgehen, dass Fragen erwünscht und wichtig sind. Außerdem erfahre ich als Lehrender, was überhaupt im Fragehorizont meiner Schülerinnen und Schüler liegt.

5 Schritte auf dem Weg zur Implementierung einer Fragekultur im (Religions-)unterricht

Zum Schluss sollen aus den allgemeinen deskriptiven Erhebungen vorsichtige Folgerungen als didaktische Thesenreihe gezogen werden, um einer Fragekultur im (Religions-)Unterricht den Weg zu bereiten:

1. Im Unterricht wird von Schülerinnen und Schülern zu wenig gefragt. Dass im Durchschnitt maximal eine Schülerfrage pro Schüler und Unterrichtsstunde 50-120 Lehrerfragen gegenübersteht, ist nicht akzeptabel und lässt sich vor allem mit dem Anspruch einer „frageorientierten Didaktik“ im Religionsunterricht nicht verbinden.

2. Lehrer dagegen fragen viel zu viel und beschränken sich oft nicht auf „bedeutsame Fragen“. Das vermindert beziehungsweise verhindert Schülerfragen. Den Lehrenden muss deshalb die Bedeutung von Schülerfragen für den individuellen Lernprozess verdeutlicht werden. Dabei könnte ‚Entschleunigung‘ das Zauberwort sein, um Fragen und Antworten von Schülern im Unterricht Raum zu lassen.

3. Umgebungsfaktoren sind entscheidend für das Auftreten von Schülerfragen. Auf positives Klassenklima, Wertschätzung und positive Bestätigung von Schülerfragen ist zu achten.

4. Offene Lernarrangements bieten weitaus mehr Raum für Schülerfragen, so dass man frontale Lernumgebungen soweit wie möglich durch diese ersetzen sollte.

5. Die Motivation, Fragen einzubringen, kann durch eine positive Verstärkung der gestellten Fragen, aber auch durch stetige Aufforderung zum Fragen erhöht werden, wie schon Herbart 1851 formulierte: „die Neigung zum Fragen soll fortwährend Ermunterung finden.“[85] Dies kann über lehrerbezogene („Es ist meine Aufgabe, deine Fragen zu klären!“), über schülerbezogene („Du hast ein Recht darauf, dass ich deine Fragen beantworte, nur so kannst du lernen!“) oder über inhaltsbezogene („Lernen funktioniert, indem zum Beispiel zu einer Sache Fragen gestellt und hoffentlich beantwortet werden!“) Begründungen erfolgen. Auch Fragetrainings zeigen durchgängig empirisch erwiesen eine positive Wirkung.

6. Darüber hinaus muss aber auch nach weiteren sinnvollen Methoden (zum Beispiel Fragespeicher, Fragekarten, Fragekasten) gesucht werden, wie Schülerfragen für den Unterrichtsprozess gesammelt und sinnvoll verfügbar gemacht werden können.

7. Die Rolle des Lehrenden in einer schülerfragenorientierten Didaktik besteht darin, Sachverhalte so zu demonstrieren, dass diese Fragen aufwerfen, die Bedeutung von Fragen deutlich zu machen, zu Fragen anzuregen, deren Intention/Pragmatik zu entschlüsseln und eventuell Fragen zu umschreiben, einen Fragekomplex zu strukturieren, den Lösungsprozess um die Frage im Klassenzimmer zu moderieren und dabei auch unterschiedliche Fragen zu kombinieren, zu präzisieren, zu pointieren, Fragen an die Gruppe weiterzuleiten und natürlich auch zum Fragethema zu informieren, wenn es erforderlich ist.

8. Ein Einüben in strukturiertes Fragestellen zum Beispiel zur Vorbereitung auf Leistungsüberprüfungen ist anzuleiten, weil dadurch die Behaltensleistungen verbessert werden und die Qualität der Fragen allgemein erhöht wird. Hier sollte an einer Applikation der an

[85] Herbart (1851), 283.

der Universität erprobten Verfahren (Levin 2005) für die Schule gearbeitet werden.

9. Die Beschäftigung mit dem Thema „Schülerfragen“ sollte Bestandteil der Lehrerausbildung werden, also an Universitäten und Ausbildungsstätten für Referendare eine Rolle spielen und in entsprechende Grundlagenpublikationen thematisch integriert werden. Gab es in den 70/80er Jahren noch eine wahrnehmbare Beschäftigung mit der Thematik, finden sich heute nur noch sehr punktuell Veröffentlichungen.

10. Das „brachliegende didaktische Feld“ *Schülerfragen im (Religions-)unterricht* bedarf deshalb dringend weitergehender tatkräftiger Bearbeitung.

Literatur

Adams, R.S.: Observational Studies of Teacher Role, in: Flanders, N. / Nuthall, G. (Hg.): The Classroom behaviour of Teachers. Internationale Zeitschrift für Erziehungswissenschaft 18/4 (1972), 440-458.

Arnold, R. / Pätzold, H.: Schulpädagogik kompakt. Prüfungswissen auf den Punkt gebracht, Berlin 2002.

Barnes, D.: Language in the Secondary Classroom, in: ders. / Britton, J. / Rosen, H. (Hg.): Language, the Learner and the school, Harmondsworth 1969, 9-77.

Bastian, H.-D.: Theologie der Frage. Ideen zur Grundlegung einer theologischen Didaktik und zur Kommunikation der Kirche in der Gegenwart, München ^{2}1970.

Becker, G.E.: Durchführung von Unterricht. Handlungsorientierte Didaktik. Teil II, Weinheim ^{8}1998.

Beer, P.: Die Frage im religionspädagogischen Kontext, München 1999.

Bloom, B.S. / Engelhart, M.D. / Furst, E.J. / Hill, W.H.: Taxonomy of educational objectives. Handbook I: The cognitive domain, New York 1956.

Bodenheimer, A.R.: Warum? Von der Obszönität des Fragens, Stuttgart 1984.

Borchert, J.: Der Einfluss stellvertretender Verstärkung auf das unterrichtsbezogene Frageverhalten bei lernbehinderten Sonderschülern. Ein Versuch zum Modellernen, in: Psychologie in Erziehung und Unterricht 5/24 (1977), 306-309.

Carlsen, W.S.: Never ask a question if you don´t know the answer. The tension in teaching between modeling scientific argument and maintaining law and order, in: Journal of Classroom Interaction 2/32 (1997), 14-23.

Commeyras, M. / Sumner, G.: Literature questions children want to discuss. What teachers and students learned in a second-grade classroom, in: Elementary School Journal 99/2 (1998), 129-152.

Copei, F.: Der fruchtbare Moment im Bildungsprozess, Heidelberg 1955.

Daly, J.A. / Kreiser, P.O. / Roghaar, L.A.: Question-asking comfort: Explorations of the demography of communication in the eighth grade classroom, in: Communication Education 43 (1994), 27-41.

Dehne, B.: Schülerfragen als Leitfragen der Unterrichtsgestaltung, in: Geschichte – Erziehung – Politik, 8 (1997),108-116.

Dehne, B.: Schülerfragen als konstitutives Element des Geschichtsunterrichts, in: Geschichte in Wissenschaft und Unterricht 51 (2000), 661-680.

Dillon, J.T.: A norm against student questions, in: Clearing House 55 (1981), 136-139.

Dillon, J.T.: Questioning and teaching, New York 1988.

Duncker, L.: Vom Ursprung des Philosophierens – Kinderfragen in anthropologischer Sicht, in: ders. / Nießeler, A. (Hg.): Philosophieren im Sachunterricht. Imagination und Denken im Grundschulalter, Münster 2005, 13-28.

Egerer, K.: Lernerfragen. Empirische Analyse der Interaktionsprozesse im kaufmännischen Unterricht unter dem Blickwinkel emotionaler Aspekte, Diplomarbeit Bamberg 2004, zitiert bei Seifried/Sembill (2005).

Fuhrer, U.: Fragehemmungen bei Schülerinnen und Schülern. Eine attributionstheoretische Erklärung, in: Zeitschrift für pädagogische Psychologie 8/2 (1994), 103-109.

Gall, M.D. / Artero-Boname, M.T.: Questioning, in: Anderson, L.W. (Hg.): International encyclopedia of teaching and teacher education, Oxford ²1995, 242-248.

Good, T.L. / Slavings, R.L. / Harel, K.H. / Emerson, H.: Student passivity. A study of question asking in K-12 classroom, in: Sociology of Education 60/7 (1987), 181-199.

Götz, M.: Weiß die Ameise, daß sie Ameise heißt? Überlegungen zur pädagogischen und didaktischen Bedeutung von Kinderfragen im Sachunterricht, in: Grundschule 23/11 (1991), 51-54.

Graesser, A.C. / Person, N. / Huber, J.: Question asking during tutoring. American Educational Research Journal 31/1 (1994), 104-137.

Graesser, A.C. / McMahen, C.L.: Anomalous information triggers questions when adults solve quantitative problems and comprehend stories, in: Journal of Education Psychology 85/1 (1993), 136-151.

Graesser, A.C. / Person, N.K.: Question asking during tutoring, in: American Educational Research Journal 31/1 (1994), 104-137.

Helmke, A.: Unterrichtsqualität und Lehrerprofessionalität. Diagnose, Evaluation und Verbesserung des Unterrichts, Seelze-Velber 2009.

Grell, J.: Techniken des Lehrerverhaltens, Weinheim ⁸1978.

Handreichungen zum neuen Lehrplan Evangelische Religionslehre (Primarstufe) in NRW. Erarbeitet von der Projektgruppe Handreichungen, Düsseldorf Medienverband der Evangelischen Kirche im Rheinland 2008.

Herbart, J.F.: Sämtliche Werke, hrsg. von Karl Kehrbach und Otto Flügel, 2. Nachdruck der Ausgabe 1887-1912, Aalen 1989.

Hesse, H.: Die Schülerfrage im Geschichtsunterricht, in: Fürnrohr, W. / Kirchhoff, H.G. (Hg.): Ansätze empirischer Forschung im Bereich der Geschichtsdidaktik, Stuttgart 1976, 185-197.

Hilger, G. / Ritter, W.H.: Religionsdidaktik Grundschule. Handbuch für die Praxis des evangelischen und katholischen Religionsunterrichts, München / Stuttgart ²2008.

Holder, C.: Wer nicht fragt … Wie kann man Fragen von Kindern sinnvoll aufgreifen, in: Grundschule 3 (2008), 12-21.

Karabenick, S.A. / Sharma, R.: Perceived teacher support of student questioning in the college classroom. Its relation to student characteristics and role in the classroom questioning process, in: Journal of Educational Psychology 86/1 (1994), 90-103.

Klinzing, H.G. / Klinzing-Eurich, G.: Die Klarheit der Lehrerfrage. Auswirkungen eines Trainings von Fragen höherer Ordnung, in: Unterrichtswissenschaft 10/4 (1982), 313-328.

Kremer, L. / Perlberg, A.: Der Einsatz von Microteaching-Techniken, um Lehrerstudenten darin auszubilden, wie man Schülerfragen anregt, in: Zifreund, W.

(Hg.): Training des Lehrverhaltens und Interaktionsanalyse, Weinheim 1976, 394-406.
Kunstmann, J.: Religionspädagogik, Tübingen / Basel 2004.
Levin, A.: Lernen durch Fragen, Münster 2005.
Mantziou-Ziogas, T.: An examination of preschooler's questioning behaviour, Padova 2003.
Meij, H. van der: Effects of prior knowledge on question asking. Die Einwirkung von Vorwissen auf das Fragestellen, in: Zeitschrift für Pädagogische Psychologie 4/2 (1990), 87-96.
Meij, H. van der: Questioning. A study on the questioning behaviour of elementary-school children, Den Haag 1986.
Meij, H. van der: Student questioning. A componential analysis, in: Learning and Individual Differences 6/2 (1994), 137-161.
Meij, H. van der: The great divide between teacher and student questioning, in: Karabenick, S.A. (Hg.): Strategic help seeking, Hillsdale 1998, 195-218.
Meyer, H.: Unterrichtsmethoden. Band II Praxisband, Frankfurt a. Main [1]1987.
Neber, H.: Aktives Lernen durch epistemisches Fragen. Generieren versus Kontrollieren im Kontext des Geschichtsunterrichts, in: Zeitschrift für Pädagogische Psychologie 13/4 (1990), 71-80.
Neber, H.: Förderung der Wissensgenerierung in Geschichte: Ein Beitrag zum entdeckenden Lernen durch epistemisches Fragen, in: Zeitschrift für Pädagogische Psychologie 10 (1996), 27-38.
Neber, H.: Fragetraining und Wissenserwerb im Geschichtsunterricht. Trainingsformen, Testformate und geschlechterspezifische Differenzen, in: Hannover, B. / Kittler, U. / Metz-Göckel, H. (Hg.): Sozialkognitive Aspekte der Pädagogischen Psychologie. Bd 1, Essen 1999, 98-113.
Niegemann, H. / Stadler, S.: „Hat noch jemand eine Frage?", in: Unterrichtswissenschaft 29/2 (2001), 171-192.
Oberthür, R.: „... wer nicht fragt, bleibt dumm!" Philosophieren mit Kindern als Impuls für den Religionsunterricht, in: KatBl 117 (1992), 783-792.
Oberthür, R.: „Wieso heißt Gott Gott?" Philosophieren mit Kindern im Religionsunterricht, in: Schweitzer, F. / Faust-Siehl, G. (Hg.): Religion in der Grundschule. Religiöse und moralische Erziehung, Frankfurt a. Main [2]1995, 229-238.
Oberthür, R.: Kinder und die großen Fragen. Ein Praxisbuch für den Religionsunterricht, München 1995.
Oberthür, R.: Fragen und Nachdenken mit Kindern. Neue Impulse auf dem Weg zu einer „Religionspädagogik der Frage", Aachen 1997 (= Religionspädagogische Arbeitshilfe 65).
Oberthür, R.: Kinder fragen nach Leid und Gott. Lernen mit der Bibel im Religionsunterricht, München 1998/[6]2008.
Orth, P.: Neunzehn Regeln für ein gutes Klassengespräch. Das Klassengespräch als schwierige Lehr-/Lernform, in: Pädagogik 9 (1992), 44ff.
Pasch, H.-J.: Schülerfragen als Instrument der Selbstkontrolle im Kontext Selbstorganisierten Lernens, in: Heid, H. / Minnameier, G. / Wuttke, E. (Hg.): Fortschritte in der Berufsbildung? Aktuelle Forschung und prospektive Umsetzung. Beiheft 16 zur Zeitschrift für Berufs- und Wirtschaftspädagogik, Stuttgart 2001, 135-140.
Pätzold, G. / Klusmeyer, J. / Wingels, J. / Lang, M.: Lehr-Lern-Methoden in der beruflichen Bildung, Oldenburg 2003.
Petzelt, A.: Von der Frage. Eine Studie zum Begriff der Bildung, Freiburg i. Br. [2]1962.
Peterson, J. / Sommer, H.: Die Lehrerfrage im Unterricht. Ein praxisorientiertes Studien- und Arbeitsbuch mit Lernsoftware, Donauwörth 1999.

Popp, W.: Wie gehen wir mit den Fragen der Kinder um? Erziehung zur Fraglosigkeit als ungewollte Nebenwirkung?, in: Grundschule 21/3 (1989), 30-33.

Rauschenberger, H.: Kinderfragen – Entwicklung, Bedeutung und pädagogische Hermeneutik, in: Zeitschrift für Pädagogik 31/6 (1985), 759-771.

Rieder, O.: Die Entwicklung des kindlichen Fragens, München 1968.

Riedl, A.: Grundlagen der Didaktik, Stuttgart 2004.

Ritz-Fröhlich, G.: Kinderfrage im Unterricht, Heilbrunn/Obb. 1992.

Schulministerium NRW (Hg.): Richtlinien und Lehrpläne für die Grundschule in NRW, Düsseldorf 2008 (ev. Religion Seite 149-164).

Schworm, S. / Fischer, F.: [Art.] Academic help seeking, in: Mandl, H. / Friedrich, H.F. (Hg.): Handbuch Lernstrategien, Göttingen 2006, 282-297.

Seifried, J. / Sembill, D.: Schülerfragen – ein brachliegendes didaktisches Feld, in: ZBW 2 (2005), 229-245.

Sembill, D. / Gut-Sembill, K.: Fragen hinter Schülerfragen. Schülerfragen hinterfragen, in: Unterrichtswissenschaft 4 (2004), 321-333.

Sembill, D.: Modellgeleitete Interaktionsanalysen im Rahmen einer forschungsorientierten Lehrerausbildung – am Beispiel von Untersuchungen zum „Kaufvertrag". Dissertation. Berichte des Seminars für Wirtschaftspädagogik der Georg-August-Universität Göttingen. Bd 7, Göttingen 1984.

Sommer, H.: Grundkurs Lehrerfrage, Weinheim / Basel 1981.

Spanhel, D.: Die Sprache des Lehrers. Grundformen didaktischen Sprechens, Düsseldorf 1971.

Susskind, E.: Encouraging teachers to encourage children´s curiosity, in: Journal of clinical child psychology 8 (1979), 101-106.

Wimer, J.W. / Ridenour, C. / Thomas, K. / Place, A.W.: Higher order teacher questionning of boys and girls in elementary mathematics classrooms, in: The Journal of Educational Research 92/5 (2001), 84-92.

Zee, E.H. van / Iwasyk, M. / Kurose, A. / Simpson, D.: Student and teacher questioning during conversations about science, in: Karabenick, S.A. (Hg.): Strategic help seeking, Hillsdale 1998, 195-218.

Zlatkin-Triotschanskais, O. / Beck, K. / Sembill, D. / Nickolaus, R. / Mulder, R. (Hg.): Lehrprofessionalität. Bedingungen, Genese, Wirkungen und ihre Messung, Weinheim / Basel 2009.

Kristin König

Was Schülerinnen und Schüler im Religionsunterricht gerne fragen würden

Erstaunlicherweise findet sich in der Vielzahl an empirischen Untersuchungen[1] im Umfeld der Schülerfragen keine einzige, die sich auf den Religionsunterricht bezieht. Zwar gibt es Religionsbücher, die potentielle (Schüler-)Fragen als Strukturelement für die thematische Gliederung wählen,[2] und eine Zeitschrift die Schülerfragen als Ausgangspunkt ihrer Themenhefte nimmt[3], aber Forschungen zum Beispiel zur Art von Schülerfragen im Religionsunterricht oder didaktische oder methodische Ansätze der Arbeit mit Schülerfragen sucht man vergebens. Diesem Defizit muss schon allein deshalb entgegen gearbeitet werden, weil in einem Fach wie Religion die Bedeutung von Schülerfragen ungleich größer ist als in vielen anderen Fächern, denn schließlich geht es neben dem notwendigen Wissenserwerb um persönliche Einstellungen, Lebensvergewisserungen, ja um das, was den Menschen unbedingt angeht – und das ist immer mit Fragen verbunden.

Commeyras und Sumner[4] vertreten die radikale Ansicht, dass sich Unterrichtsplanung und -durchführung bedingungslos an den Fragen orientieren müssten, die von Schülern gestellt würden. Will man dieses didaktische Konzept auf die Planung des Religionsunterrichts beziehen, muss zunächst erfasst werden, welche Fragen heutige Schüler im Bereich der Religion überhaupt haben. Statt der nur postulierten Schülerfrage muss also die tatsächliche Schülerfrage erhoben werden. Dem vorliegenden Beitrag liegt eine empirische Studie zugrunde, die hier einen ersten Versuch leisten wollte.[5]

[1] Vgl. Beitrag Zimmermann und das entsprechende Literaturverzeichnis.
[2] Zum Beispiel Kursbuch Religion Oberstufe 2004, 7; 39; 69; 101; 133; 161; 195.
[3] „Religion 5-10“, erscheint seit 2011 im Friedrich Verlag.
[4] Commeyras/Sumner (1998), 129-152.
[5] Die Daten der von Kristin König erfassten und von Mirjam Zimmermann betreuten Untersuchung wurden auch im Rahmen einer Masterarbeit (M.A. ed.) an der Universität Bielefeld verwertet.

1 Untersuchungsziel

Ziel der Untersuchung war es festzustellen, ob und in welcher thematischen Ausrichtung Schüler Fragen zum Thema Religion/Glauben haben und ob diese in der Breite der Fragestellung als Planungsgrundlage für Themen des Religionsunterrichts genügen.

2 Setting

Folgende Ausgangsfrage wurde gestellt, um mögliche Fragen zum Thema „Religion und Glauben" zu sammeln. Damit alle Schüler die Möglichkeit hatten, sich zu äußern, wurde eine schriftliche Befragung gewählt.

Es soll ein neues Buch gemacht werden, in dem Fragen von Kindern und Jugendlichen zu Gott, Glauben und den Religionen von Wissenschaftlern beantwortet werden. Dafür braucht es Vorschläge in Frageform von Schülern. Bitte schreibe hier deine wichtigsten Fragen zu diesem Themenkreis auf.

3 Die Probandengruppe

Es wurden eine vierte Grundschulklasse sowie jeweils zwei sechste und neunte Hauptschulklassen befragt. Da es sicherlich am schwierigsten ist, Fragen in Hauptschulklassen zu sammeln, sollte diese Gruppe ausgewählt werden. In der vierten Klasse nahmen insgesamt 30 Schüler an der Befragung teil (15 weiblich und 15 männlich), aus den sechsten Klassen beteiligten sich 40 Schüler (17 weiblich und 23 männlich), aus den neunten Klassen 43 Schüler (26 weiblich und 17 männlich) (n = 113). Die Grundschüler waren zwischen 1999 und 2000 geboren. Die Schüler aus den sechsten Klassen waren aus den Jahrgängen 1995 und 1996 und die Schüler der neunten Klassen zwischen 1992 und 1994 geboren.

4 Durchführung

Die Befragung fand in den jeweiligen Klassenräumen während des Religionsunterrichts im März 2009 statt. Es gab keine Zeitvorgabe, wobei nach 15 Minuten alle zum Ende gekommen waren. Mehrfach gab es Rückfragen, ob *„diese Frage"* auch *„richtig"* wäre. Dass es kein „richtig" oder „falsch" gäbe und dass die Schüler alles fragen sollten, was ihnen zu der Fragestellung einfiele, erstaunte diese. Dieser Sachverhalt könnte darauf verweisen, wie eingeengt antwortbezogen Schüler das Frageverhalten von Lehrern empfinden, so als ob Lehrer die Antworten sowieso schon immer wüssten.

5 Auswertung

Die Kategorisierung der Fragen erfolgte im Abgleich mit den erstellten Themenfeldern von Rainer Oberthür,[6] die in Auswertung seiner über Jahre gesammelten Kinderfragen entstanden sind. Die Kategorien „Probleme des Zusammenlebens“ und „Entstehung von Sprache“ fanden sich allerdings vielleicht durch die Wahl des Settings in den hier vorliegenden Schülerfragen nicht explizit, und wenn doch, waren sie theologisch auch einer anderen Kategorie zuzuordnen (zum Beispiel *„Ist jeder Mensch für sich selbst verantwortlich?“*, oder *„Hat Gott Einfluss auf uns und kann uns bestimmen?“*).
Oberthürs Einschätzung, dass die Fragen „überraschend eindeutig zu bestimmende, immer wiederkehrende Themen der Kinder“[7] enthielten, bestätigt sich auch in unserer Erhebung. In Anlehnung an die Systematik von Oberthür lassen sich die Schülerfragen folgenden Themenbereichen zuordnen; zusätzlich aufgenommen wurden die Themenfelder „Existenz und Taten Jesu“, „Bibel“, „andere Religionen“ und „Glaube“:

1. Fragen nach der eigenen Identität
2. Geheimnisse des Unendlichen/Unvorstellbaren
3. Zukunftsängste/Kriege
4. Trauer, Leiden, Tod
5. Leben nach dem Tod
6. Die Existenz und Wirklichkeit Gottes
7. Die Bibel
8. Die Existenz und Taten Jesu
9. Andere Religionen
10. Der Glaube

[6] Vgl. Oberthür (1995), 14-16.
[7] Ebd. Oberthür verweist hier auch auf Untersuchungen und Erfahrungen anderer Pädagogen wie zum Beispiel Ritz-Fröhlich, S.: Lasst die Kinder fragen. Ergebnisse eines Forschungsprojektes, in: Grundschule 23 (4/1991), 67-69 und Dies.: Kinderfragen im Unterricht, Bad Heilbrunn 1992, 21-39 und 94f. und Freese, H.-L.: Kinder sind Philosophen, Berlin 1989.

5.1 Schülerfragen der 4. Klasse

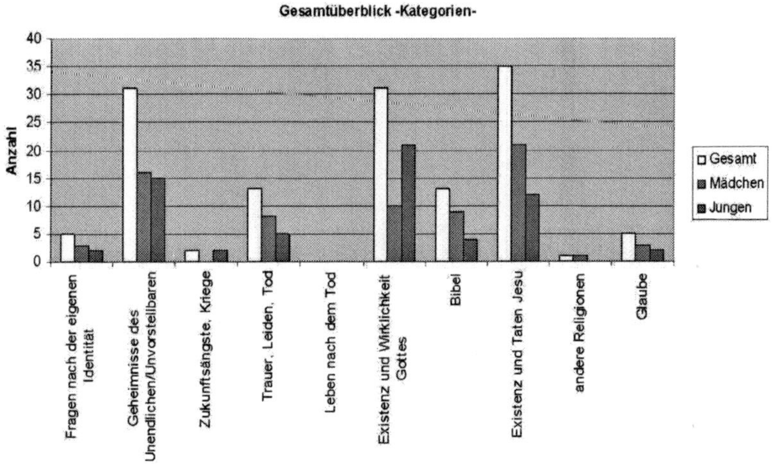

In der vierten Klasse wurden insgesamt 136 Fragen gestellt. Das ergibt einen Durchschnitt von 4,5 Fragen pro Schüler. Bedenkt man, dass sonst im Durchschnitt pro Unterrichtsstunde weniger als eine Frage pro Kind gestellt wird, ist das für 15 Minuten eine große Anzahl. Davon sind 73 Fragen von Mädchen und 63 von Jungen. 78 Mal wurden gleiche Fragen gestellt, so dass es 58 verschiedene Fragen gab.

Mit 35 Fragen (13 verschiedenen Fragen) stellten die Viertklässler am häufigsten Fragen zur Kategorie *Existenz und Taten Jesu.* Viele Fragen bezogen sich auf den Tod und die Auferstehung Jesu, obwohl Jesus selbst in der Fragestellung nicht genannt wurde. So wollten die Schüler wissen, *ob Jesus Schmerzen hatte, als er starb; ob Gott während des Todes bei ihm war; ob Jesus wusste, dass er sterben würde.* Zur Auferstehung fragten die Schüler zum Beispiel: „*Lebt Jesus bei Gott im Himmel?*" oder „*Wie ist Jesus in den Himmel gekommen?*"

Im Religionsunterricht der Grundschule werden viele Themen um Jesus behandelt, das mag die Thematik in den Fragehorizont der Schüler gebracht haben. Interessant wäre gewesen zu untersuchen, welche Themen die Schüler in diesem Schuljahr und zum Zeitpunkt der Befragung im Unterricht behandelt hatten, um hier Kausalitäten feststellen zu können.

Bei der Kategorie *Geheimnisse des Unendlichen/Unvorstellbaren* wurden insgesamt elf verschiedene Fragen gestellt. Diese teilten sich auf in sechs Fragen zu Engel und Teufel und fünf Fragen nach dem Himmel. Fünf Schüler wollten wissen, *wie der Engel oder der Teufel*

aussehe. Dies zeigt, dass die „Engel- und Teufelsymbolik“ die Schüler der vierten Klasse sehr beschäftigt.
Die häufigste Frage in der Kategorie *Existenz und Wirklichkeit Gottes* wurde sechs Mal gestellt und lautete: *„Lebt Gott?“* Eine weitere wichtige Frage war, *ob Gott alle Menschen verstehen könne*. Diese Frage stellten fünf Schüler. Viele der Gottesfragen bezogen sich auf die anthropomorphen Eigenschaften Gottes: *„Lebt Gott?“*, *„Kann Gott fröhlich und traurig sein?“*, *„Macht Gott auch Fehler?“*, *„Schläft Gott auch mal?“*
Die drei Fragen *nach der eigenen Identität* handelten von der eigenen Geburt und dem eigenen Verhalten. *„Wieso bin ich so?“,* formulierte ein Schüler. Hier wäre eine Nachfrage nach dem inhaltlichen Duktus der Frage zur Präzisierung sicherlich hilfreich.
Die drei Fragen zum Thema *Glauben* handelten von *der Richtigkeit des Glaubens* und *was der Glaube überhaupt sei*. Zwei Jungen wollten außerdem wissen, ob wir *alle an den gleichen Gott glauben.*
„Wieso gibt es Krieg?“ und *„Machen Religionen Krieg?“* waren die beiden Fragen, die zwei Jungen zu dem Bereich *Zukunftsängste, Kriege* stellten.
Zur Kategorie *Leben nach dem Tod* wurde keine explizite Frage gestellt, wobei die Frage *„Ist Jesus zu Gott in den Himmel gekommen?“* durchaus das Thema berührt.

5.2 Fragen der 6. Klassen

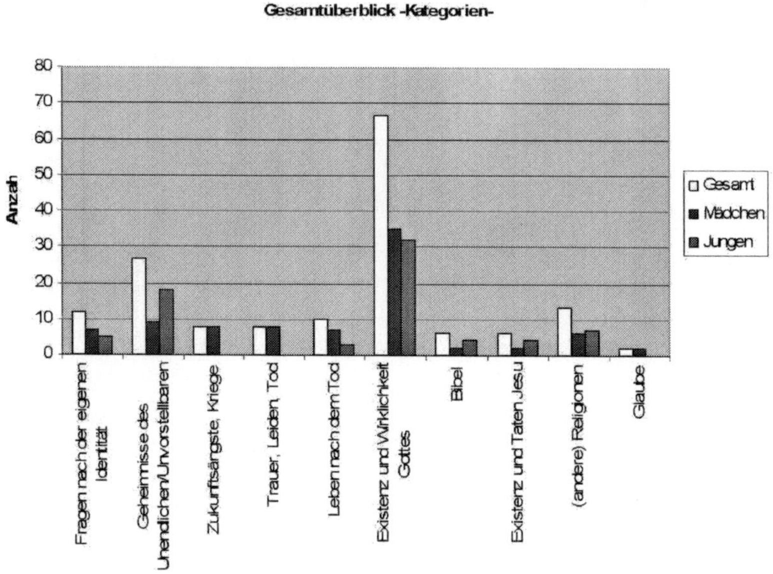

71 verschiedene und insgesamt 144 Fragen ergab die Auswertung der Fragebögen bei den Schülern des sechsten Jahrgangs. 86 wurden von Mädchen und 73 Fragen von Jungen gestellt. Mit einem Durchschnitt von vier Fragen stellte der sechste Jahrgang am wenigsten Fragen.

Die meisten Fragen (67) kamen aus der Kategorie *Existenz und Wirklichkeit Gottes*. Dies entsprach einem Prozentwert von 47 Prozent. In diesem Bereich wurden 25 verschiedene Fragen gestellt. Die häufigen Mehrfachnennungen erstaunen und sollen an dieser Stelle graphisch dargestellt werden:

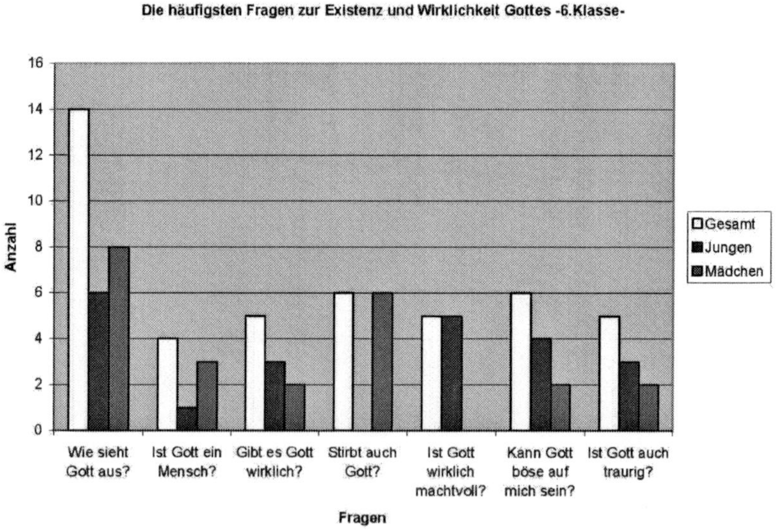

An zweiter Stelle stand die Kategorie *Geheimnisse des Unendlichen/Unvorstellbaren.* In diesem Bereich wurden 19 Prozent (27) aller Fragen gestellt. Auffällig war, dass hier die Jungen doppelt soviel Fragen fanden wie die Mädchen. Elf Mal stellten ausschließlich Jungen die Fragen „*Wie sieht der Engel, wie sieht der Teufel aus?*" Das zeigte, dass sich besonders die männlichen Schüler für dieses Thema interessierten.

Lediglich ein Prozent aller Fragen wurde zum Thema *Glauben* im Allgemeinen gestellt. In den Fragen („*Kann ich auch mehrere Sachen glauben?*", „*Gibt es einen richtigen Glauben?*") dieser Kategorie zeigte sich die Suche nach dem persönlichen Glauben.

Je nur vier Prozent der Fragen wurden zu den Bereichen *Bibel* und *Existenz und Taten Jesu* gestellt. Dass besonders Fragen zum Leben und Wirken Jesu so wenig vorkamen, erstaunte, weil im Religions-

unterricht der Orientierungsstufe sich die Schüler der sechsten Jahrgänge sehr intensiv mit Jesus beschäftigen und Themen aus der Grundschule aufgegriffen und vertieft werden. Auch hier stellt sich also die Rückfragen nach den behandelten Unterrichtseinheiten.
Die Fragen zur *Bibel* bezogen sich zur Hälfte auf die Wahrheitsfrage („*Ist die Bibel wahr?*“).
Sechs Prozent aller Fragen fielen in die Kategorien *Trauer, Leiden, Tod* und *Zukunftsängste, Kriege*. Die insgesamt 16 Fragen wurden alle von Mädchen gestellt und alle mit dem Fragewort „*Warum*“ formuliert. Thematisiert wurde in dieser Kategorie das Theodizeeproblem: „*Warum lässt Gott zu, dass Kinder traurig sind?*“ oder „*Warum lässt Gott Tod zu?*“
Aus der Kategorie *Leben nach dem Tod* stammen sieben Prozent der Fragen, sieben von zehn davon wurden von Mädchen gestellt. Viele Fragen drehten sich um den *Himmel.*
Acht beziehungsweise neun Prozent verteilten sich auf die Bereiche *Fragen nach der eigenen Identität* und *Andere Religionen*. Zentral bei dem Thema der eigenen Identität war die Frage, *ob das Leben vorbestimmt sei*. Bei den Fragen zu „Anderen Religionen“ standen Fragen zum Islam und Judentum im Mittelpunkt. Vier Schüler wollten wissen, *wer den Koran geschrieben habe.*

5.3 Schülerfragen der 9. Klassen

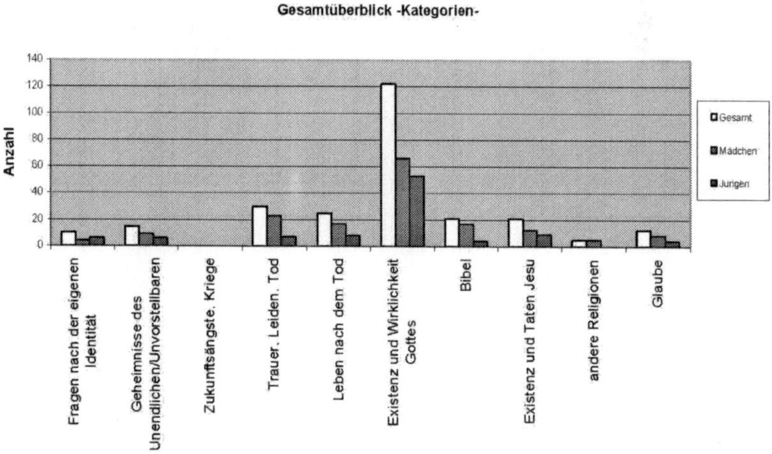

Die neunten Klassen stellten mit 261 Fragen die meisten Fragen aller Klassenstufen. Das entsprach einem Durchschnitt von sechs Fragen pro Schüler. 160 wurden von Mädchen und 101 Fragen von Jungen gestellt. Insgesamt gab es 103 verschiedene Fragen. Mit Ausnahme der ersten Kategorie wurden in allen anderen Kategorien mehr Fragen von Mädchen als von Jungen gestellt. Zum Thema *Andere Religionen* stellte sogar kein einziger Junge eine Frage. Auch in dieser Jahrgangsstufe waren mit Abstand die meisten Fragen zur Kategorie *Existenz und Wirklichkeit Gottes* vorhanden, was sich vielleicht aber auch auf die Eingangsfragestellung zurückführen lässt. 45 Prozent, das sind 122 Fragen, gehörten zu dieser Kategorie. 53 Fragen kamen von den männlichen und 66 von den weiblichen Schülern. Die häufigste Frage stammte ebenfalls aus dieser Kategorie. 19 Schüler wollten wissen, *wie Gott aussieht.* Es wurden aber auch Einzelfragen gestellt, wie zum Beispiel *ob Gott alle Menschen lieben könne*, *auch diejenigen, die jemanden getötet haben.*

Auch an dieser Stelle sollen die häufigsten Mehrfachnennungen aufgeführt werden:

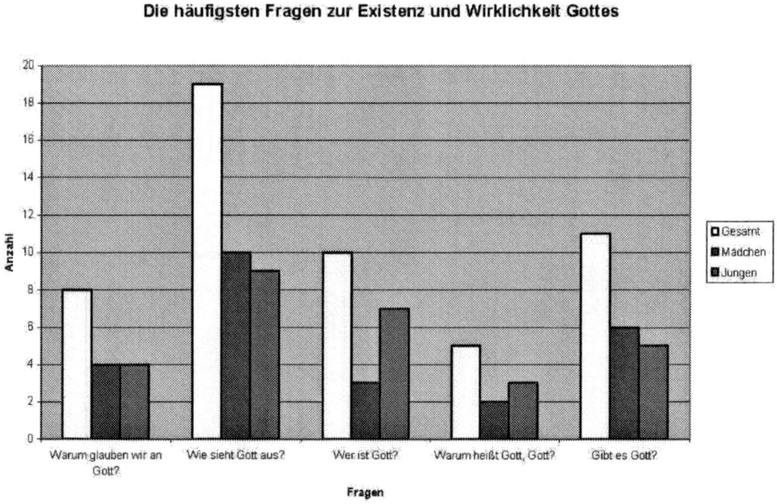

Mit elf Prozent aller Fragen lag die Kategorie *Trauer, Leiden, Tod* an zweiter Stelle. Insgesamt wurden hier 30 Fragen gestellt. Diese teilten sich auf in 23 Mädchen- und sieben Jungenfragen. Die Theodizeefrage, *warum Gott zulasse, dass Menschen leiden,* wurde von sechs Mädchen gestellt. Diese Frage wurde in diesem Jahrgang am häufigsten gestellt.
An dritter Stelle folgte die Kategorie *Leben nach dem Tod* mit neun Prozent. Hier stellten sich viele Schüler die Frage, *ob es nach dem Tod ein weiteres Leben gäbe* und *ob die Toten die Familie weiterhin sehen*, oder *ob sie die Familie wieder sehen würden, wenn sie alle tot*

seien. Sie fragten auch *nach dem Ort, an dem wir Menschen seien, wenn wir gestorben sind.* Ebenfalls war die Reinkarnation ein Thema: Fünf Mal fragten die Schüler, *ob sie als Mensch wiedergeboren werden.*

Jeweils acht Prozent der Schüler der neunten Klasse stellten Fragen zur *Bibel* oder zu *Existenz und Taten Jesu.* Zur Bibel gab es vor allem Fragen nach der Entstehung, *wann sie geschrieben wurde* und *wer sie geschrieben habe.* Auch fragten hier zwei Mädchen, *ob alles wahr sei, was in der Bibel stünde.*

Sechs Prozent der Fragen gehörten zu *Geheimnisse des Unendlichen/ Unvorstellbaren.* Die Fragen drehten sich größtenteils um die Schöpfung, zum Beispiel die Frage, *ob wir Menschen vom Affen abstammen oder ob Gott uns gemacht habe.*

Nur ein geringes Interesse brachten die Schüler für die Kategorie *Fragen nach der eigenen Identität*, *andere Religionen* und *Glauben* auf.

Sieben Schüler wollten zur Kategorie *Glauben* wissen, *ob wir Menschen einen Glauben bräuchten*, drei Schüler fragten, *warum wir beten.* Dies ist die einzige Frage, die sich mit dem Gebet beschäftigte.

Zur Kategorie *Zukunftsängste, Kriege* hatten die Schüler keine Fragen. Hier könnte es vielleicht sein, dass sie diese Themenbereiche nicht mit dem Komplex Religion verbanden.

Vielleicht kann man an dieser Stelle kritisch feststellen, dass die Eingangsfrage des Settings noch offener hätte gestellt werden sollen, zum Beispiel nach interessanten Fragen für den Religionsunterricht, ohne irgendwelche Themenbereiche zu nennen. Dennoch lassen sich bei gleicher Ausgangsfrage jahrgangsspezifische Unterschiede feststellen.

5.4 Vergleich der Jahrgänge

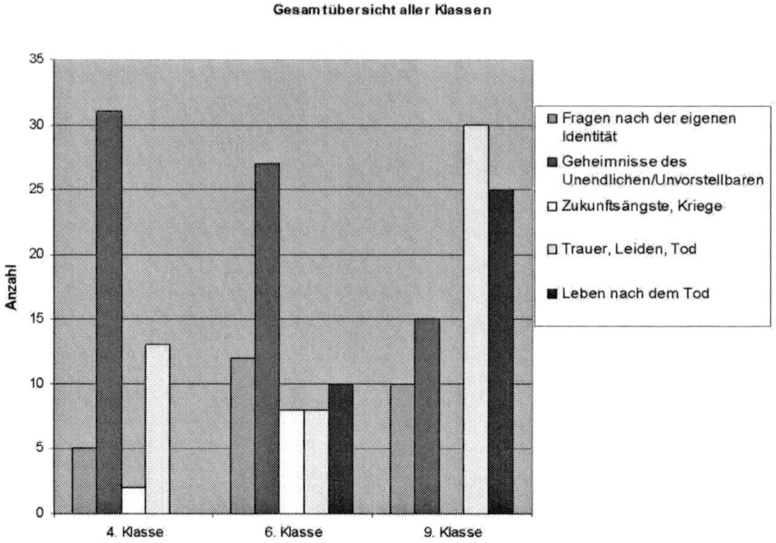

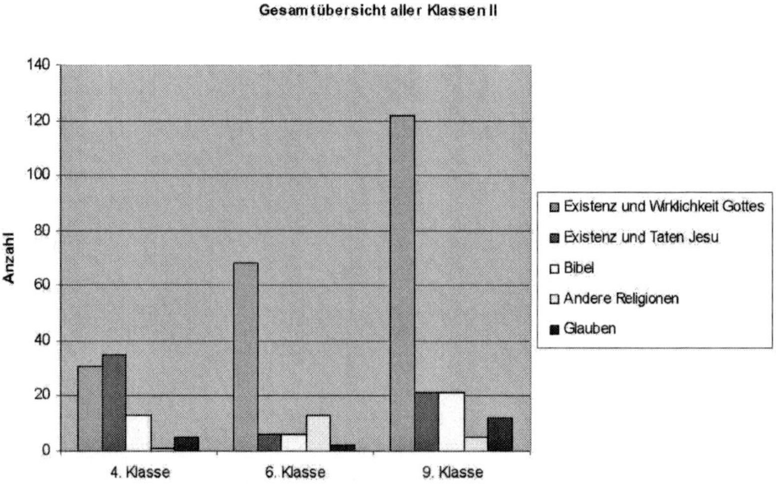

Die Schüler aller Klassen stellten fast 50 Prozent ihrer Fragen zur *Existenz und Wirklichkeit Gottes*. Dieses zeigt die Präsenz des Themas „Gott“ für die Schüler, während die Gottesfrage in den Lehrplänen aller Klassenstufen nicht entsprechend im Zentrum steht oder implizit über biblische Geschichten (des Volkes Israel mit Gott) behandelt wird.

Aus der genauen Analyse der Fragen wird ebenfalls deutlich, dass wesentliche Aspekte der Gottesfrage aufgrund der formulierten Schülerfragen thematisiert und in der Abfolge einer Unterrichtseinheit organisiert werden könnten.
Wird die Gesamtübersicht aller Klassen betrachtet (vgl. Abbildung 6 und 7) fällt Folgendes auf: Je jünger die Kinder und Jugendlichen sind, desto mehr Fragen haben sie zu der Kategorie *Geheimnisse des Unendlichen/Unvorstellbaren.* Die Fragen zum *Leben nach dem Tod* nehmen dagegen zu, je älter die Schüler sind; ein signifikanter Anstieg der Fragen nach *Leid, Trauer, Tod* zeigt sich auch bei den 9.-Klässlern.
Die Anzahl der Fragen zur *Zukunft* wird von der vierten zur sechsten Klasse größer und fällt dann in dieser Untersuchung wieder ab. Allerdings hätte man hier im Hinblick auf die neunten Klassen eine weitere Steigerung erwartet, denn in der neunten Klasse Hauptschule müssen die Schüler sich damit beschäftigen, wie es nach der Schule für sie weiter gehen soll, wie ihre persönliche Zukunft aussehen soll. Vielleicht ist das Ausklammern dieser Frage auch als bewusste Verdrängung zu erklären.

5.5 Geschlechterunterschiede

In fast allen Kategorien dominierten die Fragen der Mädchen. Von insgesamt 541 Fragen stellten die Mädchen 320 und die Jungen 221 Fragen. In der vierten und der neunten Klasse notierten die Mädchen in fast allen Kategorien mehr Fragen als die Jungen. Allein die Fragen zur Zukunft wurden häufiger von Jungen gestellt.
Beobachtet werden kann auch, dass Fragen zum Thema *Leiden und Tod* besonders die Mädchen interessierten.
In der Shell-Jugendstudie wird propagiert, dass bei Mädchen „Para-Religiosität“ weiter verbreitet ist (69 Prozent) als bei Jungen (50 Prozent).[8] In der Studie dieser Arbeit zeigte sich allerdings ein umgekehrtes Bild. Die Fragen zum Thema *Engel oder Teufel* wurden häufiger von Jungen gestellt als von Mädchen. In der sechsten Klasse stellten diese Frage sogar nur die Jungen.

6 Ausblick

Aufgrund der kleinen Probandenzahl und der fehlenden Verteilung der befragten Schulen über unterschiedliche Schulformen und -typen sind die Ergebnisse natürlich vorläufig und nicht repräsentativ, aber

[8] Nach Shell Jugendstudie (2006), 212.

vielleicht können sie eine Anregung für weitergehende Studien sein. Interessant wäre sicherlich eine Ausweitung der Untersuchung auf andere Schulen und die Analyse der Beziehung, die zwischen den gestellten Fragen und dem behandelten Stoff besteht. Ebenfalls zu untersuchen wäre, ob bestimmte Erfahrungen (hier zum Beispiel Leiderfahrungen in der 9. Klasse durch den zeitnahen Amoklauf von Winnenden) mit dem Frageverhalten korrespondieren. Interessant wäre darüber hinaus, ob die Organisationsform (Ethik, Religion, LER) Einfluss auf die inhaltliche Ausrichtung von Fragen hat.
Festhalten kann man allerdings, dass selbst Schüler an einer Hauptschule viele Fragen zum Thema Religion haben. Dabei werden fast alle Themenbereiche des Religionsunterrichts berührt und durch die inhaltliche Breite der Fragen zum Beispiel zum Thema *Gott* können die Fragen selbst die Planung einer Unterrichtseinheit strukturieren. Ein solches Vorgehen würde im Sinne einer verstärkten Schülerorientierung von Religionsunterricht Planungs- und Durchführungsprozesse für die Schüler nachvollziehbar machen.
Der genaue Weg von der Schülerfrage zur Didaktik eines frageorientierten Religionsunterrichts müsste freilich noch präziser reflektiert werden, schon gar, wenn sich Religionsdidaktik zur Aufgabe setzt, Fragen nicht nur aufzugreifen und zu behandeln, sondern auch erst hervorzurufen.

Literatur

Commeyras, M. / Sumner, G.: Literature questions children want to discuss. What teachers and students learned in a second-grade classroom, in: Elementary School Journal 99/2 (1998), 129-152.

Hurrelmann, K., Albert, M. und TNS Infratest Sozialforschung: 15. Shell Jugendstudie. Jugend 2006, Frankfurt 2006.

Oberthür, R.: Fragen und Nachdenken mit Kindern. Neue Impulse auf dem Weg zu einer „Religionspädagogik der Frage“, Aachen 1997 (Religionspädagogische Arbeitshilfe 65).

Oberthür, R.: Kinder fragen nach Leid und Gott – Lernen mit der Bibel im Religionsunterricht, München 1998/^{6}2008.

Oberthür, R.: Kinder und die großen Fragen. Ein Praxisbuch für den Religionsunterricht, München 1995.

Rupp, H. / Reinert, A. (Hg.): Kursbuch Religion Oberstufe Schülerbuch. Unter Mitarbeit von K. Konstandin, M. Lilje, U. Löffler, H. Mödritzer, J. Weinhardt, Stuttgart ^{1}2004.

Gesa Menzel

Praxis der Frage(-erziehung) im Religionsunterricht – empirische Befunde

„Gibt es noch Fragen?“, „Hat jemand noch eine Frage?“, „Sind noch Fragen offen?“ Diese und ähnliche Äußerungen sind als Lehrerfragen bekannt. Sie sollen Schüler zum Fragen anregen, ihnen die Gelegenheit geben nachzufragen und das, was unklar ist, aufzuführen. Gibt es dann Schülerfragen? Und: Gibt es überhaupt Schülerfragen im Religionsunterricht? Wenn ja, welche Art von Fragen sind das und wann werden sie vermehrt gestellt? Welches Lehrerverhalten fördert, welches behindert mögliche Fragen von Schülern?
Diesen Aspekten wurde in einer empirischen Studie nachgegangen, die die Verfasserin im Rahmen ihrer Masterarbeit[1] durchgeführte.

1 Auf der Suche nach Schülerfragen

Der Auseinandersetzung mit Schülerfragen im Religionsunterricht liegt unter anderem eine Masterarbeit[2] zugrunde, in der Schüler aus unterschiedlichen Grund- und Hauptschulklassen dazu befragt wurden, welche Fragen sie an den Religionsunterricht haben, welche Fragen sie interessieren, was sie wissen möchten. Die Studentin konnte herausarbeiten, dass Schüler zahlreiche Fragen zu Gott, Religion, dem christlichen Glauben, biblischen Geschichten u.v.m. haben. Dies war Anlass zu einer intensiven Beschäftigung mit dem Problem, warum Fragen, wie sie die betreffenden Schüler aufführen, selten beziehungsweise nie im Religionsunterricht gestellt werden. Der Studie vorangegangene Beobachtungen im Religionsunterricht während unterschiedlicher Praktika hinterließen den Eindruck, dass Schüler ihre Fragen nicht stellen. Die auf die ersten Beobachtungen folgende Masterarbeit setzte sich im Rahmen der durchgeführten Studie damit auseinander, warum Schüler ihre Fragen nicht von selber stellen, wie Lehrer mit den wenigen Schülerfragen umgehen und ob es Unterrichtsmethoden und -situationen gibt, in denen mehr Schülerfragen gestellt werden.

1 Menzel (2010).
2 König (2009); vgl. den Beitrag König/Zimmermann in diesem Sammelband.

2 Vorstellung der empirischen Studie

Der Studie liegen zahlreiche „naive Beobachtungen"[3] zugrunde, in denen Unterrichtsstunden, vorwiegend im Fach Religion, daraufhin beobachtet wurden, ob Schüler im Unterrichtsgeschehen von sich aus Fragen stellen und welcher Art diese gegebenenfalls sind (siehe oben). Die zeitgleiche intensive Auseinandersetzung mit Themen der Kinderphilosophie und -theologie sowie mit der Frage, wie Religionsunterricht von der Perspektive der Kinder und Jugendlichen her weiterentwickelt werden kann, ließ auch das Forschungsinteresse dieser Studie immer konkreter werden. Die aus den naiven Beobachtungen zusammengetragenen Eindrücke führten zu einer konzentrierteren Auseinandersetzung mit der Thematik, aus der die unten aufgeführten Arbeitshypothesen hervorgingen.
Ziel der empirischen Studie sollte ein fundierter Einblick in die Fragesituation im Religionsunterricht verschiedener Klassen und Schulen sein. Im Zentrum der Beobachtungen standen Aspekte wie diese: Fragen Schüler von sich aus? Wenn ja, welche Fragen stellen sie und sind diese eher organisatorischer Art oder sachbezogen? Stellen sie gegebenenfalls persönliche oder philosophische Fragen? Und wie gehen die Lehrer mit den Fragen ihrer Schüler um?

2.1 Die Arbeitshypothesen

Die empirische Studie ging von zwei Arbeitshypothesen aus, anhand derer die Unterrichtsbeobachtungen durchgeführt wurden.

Hypothese I: Schüler stellen im Religionsunterricht nur wenige bis keine Fragen und wenn, dann sind diese nicht auf das Unterrichtsthema bezogen, sondern eher organisatorischer Art.
Hypothese II: Ob Schüler von sich aus Fragen stellen, hängt von der jeweiligen Unterrichtsmethode ab.

Die Formulierung dieser Hypothesen diente einer Strukturierung der Beobachtungen sowohl während der Durchführung der Studie als auch in der Auswertung der Erhebungen. Sie waren vergleichbar mit Fragestellungen, die die Konzentration auf das Forschungsinteresse erleichtern sollten.[4] Somit wurde zunächst nur das Ziel der Deskrip-

[3] Lamnek (2005), 558f. Bei dieser Methode geht es nicht primär um den Anspruch auf Wissenschaftlichkeit einer Beobachtung. Es geht vielmehr darum, Eindrücke zu sammeln. Zudem ist noch kein Forschungsziel formuliert.

[4] Die Untersuchungen waren durch die Konzentration auf diese Hypothesen von Beginn an auf mein Forschungsinteresse abgestimmt, sodass die erhobenen Daten der Studie durch die vorgegeben Struktur nicht ohne Weiteres auf abweichende bzw. neue Forschungsfragen anzuwenden sind.

tion[5] verfolgt, der Beschreibung der Unterrichtsstunden und der darin beobachteten Fragesituation, was anschließend unter anderem zu der Überprüfung der Hypothesen führte.

2.2 Rahmenbedingungen

Die Erhebung wurde an sechs verschiedenen Schulen durchgeführt. Diese befinden sich in Bielefeld beziehungsweise im näheren Umkreis. Beobachtet wurde in unterschiedlichen Schulformen (Grundschule, Hauptschule, Realschule, Christliche Privatschule und Gymnasium). Es fanden in jeder Schule und jeder Schulform Beobachtungen in lediglich einer Klasse statt. Aufgrund des regen Interesses der Gymnasien wurden hier zwei Schulen ausgewählt, in deren Abiturgrundkursen der 12. Klasse beobachtet wurde.

Tabelle 1: An der Studie teilnehmende Klassen

Schulform	***Schulstufe***	***Beobachtungs-Einheiten***	***Einheit in Minuten***
Grundschule	3	3	90
Hauptschule	6	3	45
Realschule	10	3	45
Christliche Privatschule (Gesamtschule / Gymnasium)	8	3	60
Gymnasium I	12 GK	3	90
Gymnasium II	12 GK	3	45

Die Beobachtungen fanden von Mitte Februar bis Mitte April 2010 statt. Die Schulen wurden angeschrieben und über das Vorhaben der Studie informiert. Dies geschah mit der Bitte, Thema und Ziel der Studie den betreffenden Lehrpersonen vorerst nicht mitzuteilen, um die Ergebnisse nicht unnötig zu verfälschen beziehungsweise zu beeinflussen.[6]

5 Zu den möglichen Zielen von empirischer Forschung in der Religionspädagogik siehe Zimmermann (2006), 103.

6 Später wurden die betreffenden Lehrer über den Grund und das Ziel der Studie informiert. In den meisten Fällen geschah dies im Rahmen eines Gesprächs mit der Schulleitung und der Lehrperson.

2.3 Durchführung der Beobachtungen

Für die Erhebung der Studie nahm die Verfasserin die Rolle der teilnehmenden passiven Beobachterin ein. Sie war in allen Unterrichtsstunden anwesend und beobachtete Schüler und die Lehrenden meist von einem Platz in der Nähe der Tafel aus. Sie beteiligte sich jedoch nicht aktiv am Unterrichtsgeschehen.

Um die Beobachtungen zu strukturieren, wurden zwei speziell für die Studie entwickelte Beobachtungsbögen verwendet. Mit Hilfe des Beobachtungsbogens II wurden die vorgekommenen Schülerfragen gezählt und sogleich einer Kategorie zugeordnet. Dafür standen vier Kategorien zur Verfügung, die vorab festlegt wurden: organisatorische Fragen, sachbezogene Fragen, persönliche Fragen und philosophische Fragen.[7] Diese Kategorien sollten dabei helfen, die gehörten Fragen schnell zu erfassen und zu strukturieren. Jedoch wurde während der Durchführung und Auswertung der Erhebungen deutlich, wie sehr die Studie durch diese Eingrenzungen beeinflusst wurde. Es war in einigen Situationen darüber hinaus nicht leicht, die Fragen eindeutig nur einer der vier Kategorien zuzuordnen.

Auf dem Beobachtungsbogen I wurden all jene Fragen, die während der Erhebung als nicht-organisatorisch bezeichnet werden konnten, notiert. In den meisten Fällen handelte es sich hier um sachbezogene Fragen, aber auch philosophische und einige wenige persönliche Fragen konnten notiert werden. Neben dem genauen Wortlaut der Schülerfrage wurde zudem die beobachtete Unterrichtssituation und die angewandte Unterrichtsmethode vermerkt, sowie die verbale und non-verbale Reaktion des Lehrers und teilweise einiger Mitschüler.

Neben dem Ausfüllen der Beobachtungsbögen wurden darüber hinaus zahlreiche Zusatznotizen gesammelt. Diese waren unstrukturiert und enthielten all das, was im Unterricht geschah und was für die spätere Auswertung wichtig erschien, zum Beispiel den groben Unterrichtsverlauf, Kommentare und Fragen der Lehrer, die Unterrichtsgespräche anleiteten sowie zahlreiche Fragen und Thesen, die während der Beobachtungen der einzelnen Unterrichtsstunden aufkamen.[8] Im Hinblick auf die Auswertung der Untersuchung waren diese Anmerkungen von zentraler Bedeutung, da sie viele Notizen der Beobachtungsbögen ergänzten beziehungsweise erweitern konnten.

Waren alle Beobachtungseinheiten in einer Schule beendet, wurde an die Lehrer ein Fragebogen ausgeteilt. Hierin wurden sie aufgefordert, das Frageverhalten ihrer Schüler einzuschätzen, die vergangenen

[7] Diese Kategorien wurden gebildet in Anlehnung an Ritz-Fröhlich (2009), 16f.

[8] Vgl. 3.1.

Religionsstunden auf Schülerfragen hin zu reflektieren, sich zu äußern, wie wichtig ihnen die Fragen der Schüler sind und ob beziehungsweise wie sie Schülerfragen in ihrem Unterricht dezidiert fördern würden.
Im Rahmen der Masterarbeit wurden diese Fragebögen allerdings noch nicht ausgewertet.

3 Auswertung der Beobachtung

3.1 Vorgehensweise

Um die Auswertung der Erhebungen nicht zu stark auf einen Aspekt der Forschung einzugrenzen, wurden mehrere Methoden ausgewählt, die sich vor dem Hintergrund der Forschungsidee und des Forschungsziels anboten. Dieses sogenannte Prinzip der Triangulation[9] sollte die Analyse der Ergebnisse aus möglichst vielen Perspektiven ermöglichen.[10]
Die Auswertung der Ergebnisse orientierte sich größtenteils an Vorgehen der Grounded Theory nach Glaser und Strauss[11] und der Qualitativen Inhaltsanalyse, geprägt durch Mayring.[12] Zur Strukturierung der Beobachtungsergebnisse wurde das für die Grounded Theory charakteristische Codieren angewendet, anhand dessen mehrere Kategorien herausgearbeitet wurden. Diese Kategorien sollten, ähnlich den für die Beobachtungsbögen aufgestellten Rubriken, die Forschungsfragen aufschlüsseln und sie bezogen sich auf

- die Anzahl der gestellten Schülerfragen,
- die durchschnittliche Anzahl der Fragen pro Unterrichtsstunde,
- die Art der Fragen,
- die Differenzierung der sachbezogenen Fragen und
- den Zusammenhang zwischen Unterrichtsmethoden und Schülerfragen.

Auch für die Analyse der Zusatznotizen dienten Verfahren der Kategorisierung. Die während der Beobachtungen zunächst frei und unstrukturierten Notizen wurden vier Kategorien zugeordnet, aus denen einzelne Aufzeichnungen für die Auswertung der Untersuchungen ausgewählt wurden. Es handelte sich hier um

[9] Vgl. hierzu: Flick (2009), 309-318; Lamnek (2005), 147/736.
[10] Vgl. Zimmermann (2006), 108.
[11] Glaser/Strauss (2005).
[12] Mayring (2008).

– *Bemerkungen*, die all die Notizen aufführten, die die Überprüfung der Arbeitshypothesen primär nicht betrafen, jedoch einen besseren Einblick in das beobachtete Unterrichtsgeschehen boten.
– Angaben zu beobachteten *Fragen und der Fragestruktur* im Unterricht, die zum Einen Beispiele von organisatorischen Fragen lieferten und zum Anderen spontan aufgestellte Vermutungen und Thesen zum Frageverhalten der Schüler beinhalteten.
– *den Blick auf die Lehrer*, womit Beobachtungen, die das Lehrerverhalten betreffen, gemeint sind.
– Informationen zu den *Rahmenbedingungen* in den einzelnen Schulen und Religionsgruppen. Hierzu zählten unter anderem Angaben zur Größe der Gruppen, den behandelten Unterrichtsthemen und den groben Stundenverläufen.

Für die inhaltliche Auswertung wurden vor allem Notizen berücksichtigt, die Angaben aus den Beobachtungsbögen ergänzten, die mit Aussagen der theoretischen Kapitel dieser Arbeit diskutiert beziehungsweise verglichen werden konnten, wichtige Aspekte der Studie vertieften und Fragen thematisierten, die für die weitere Auseinandersetzung mit der Thematik zentral sein konnten.

Neben qualitativen Auswertungsverfahren wurden zudem Methoden aus der quantitativen Forschung genutzt. Diese boten sich besonders an bei Zählung von Fragen (Abb. 1), und der Häufigkeit des Vorkommens verschiedener Fragetypen (Abb. 2) sowie der Überprüfung, bei welchen Unterrichtsmethoden welche Fragen gestellt wurden. Dass die Ergebnisse aufgrund der nicht repräsentativen Auswahl und der kleinen Anzahl an Unterrichtsstunden nicht repräsentativ sind, versteht sich von selbst, dennoch liefern sie erste Einblicke.

3.2 Häufigkeit von Schülerfragen

Abb. 1: Fragen aller Kategorien in allen Lerngruppen

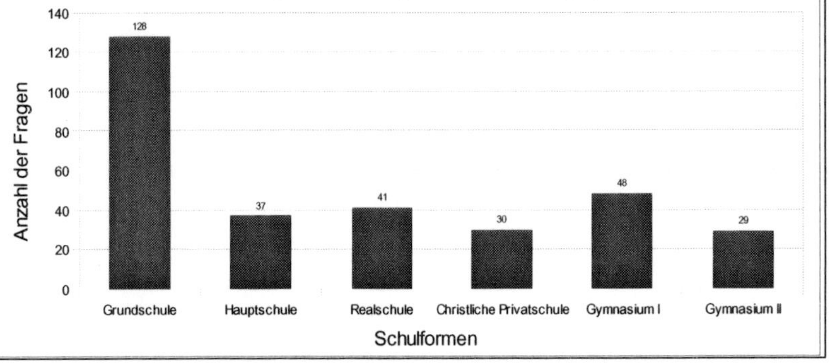

Mit 128 Fragen in drei Beobachtungseinheiten ist die 3. Klasse der Grundschule die Lerngruppe, in der am meisten Fragen aller Kategorien beobachtet werden konnten. Mit 48 Fragen folgt das Gymnasium I. Dem gegenüber steht das Gymnasium II mit 29 Fragen. Dessen Schüler stellten weniger Fragen als die der Realschule (41 Fragen), der Hauptschule (37 Fragen) und der christlichen Privatschule (30 Fragen).
Pro Unterrichtsstunde kann man im Durchschnitt von 0,7 Fragen pro Schüler sprechen. Dieses Ergebnis lässt sich mit Statistiken vorangegangener Studien zum Frageverhalten von Schülern unabhängig vom Religionsunterricht vergleichen.[13] Diese gehen von einem Durchschnittswert von 2,0 bis 0,05 Fragen je Schüler pro Unterrichtsstunde aus, der Durchschnittswert liegt meist jedoch unter 1,0.

Abb. 2: Verteilung der Fragen auf die Fragekategorien

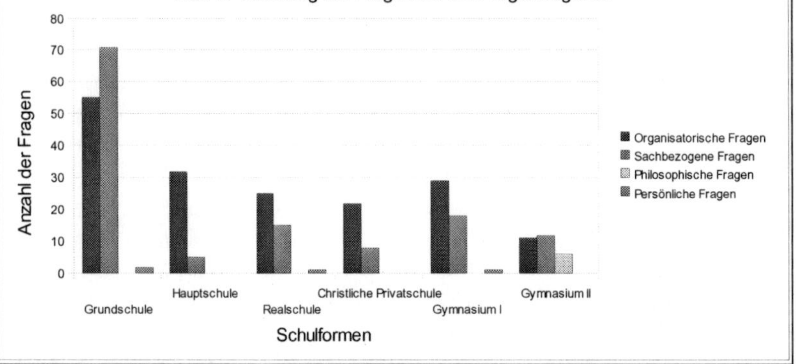

Wie in Abbildung 2 verdeutlicht wird, dominierten in allen Lerngruppen Fragen der Kategorien „organisatorisch“ und „sachbezogen“.[14] Wenige persönliche Fragen wurden in der Grundschule, der Realschule und dem Gymnasium I gestellt, in den anderen Lerngruppen konnten Fragen dieser Art nicht beobachtet werden.
Auffällig ist zudem, dass nur in der Grundschule und in dem Gymnasium II die sachbezogenen Fragen gegenüber den organisatorischen überwiegen. Beim Gymnasium II handelt es sich lediglich

13 Vgl. Seifried/Sembill (2005), 231; vgl. ebenso den Beitrag von Mirjam Zimmermann in diesem Band.

14 Beispiele für organisatorische Fragen: „Sollen wir das abschreiben?“, „Darf ich was trinken?“, „Können wir das bis morgen stehen lassen?“, „Brauchen wir die Plakate noch?“ Beispiele für sachbezogene Fragen: „Was sind ‚Anklagepunkte‘?“, „Aber was ist das für eine Botschaft, dass Gott da alle töten will?“, „Wie heißt nochmal die Schwester von Maria?“, „Gott soll ja dreifaltig sein – Vater, Sohn, Heiliger Geist. Ist dann irgendwer der Zerstörer, der Heilige Geist und so?“, „Was hat denn Nächstenliebe mit Problemen zu tun?“

um eine zusätzliche Sachfrage, in der Grundschule sind insgesamt 16 Sachfragen mehr gestellt worden. In allen anderen Lerngruppen wurden deutlich mehr organisatorische Fragen beobachtet. Besonders hervorzuheben ist das Beispiel der Hauptschule: Hier wurden 32 organisatorische und 5 Sachfragen verzeichnet. Abgesehen vom Gymnasium II ist die Spanne zwischen organisatorischen und sachbezogenen Fragen beim Gymnasium I und der Realschule am geringsten.
Philosophische Fragen konnten nur im Gymnasium II registriert werden. Hier übernehmen sie einen hohen Anteil der Gesamtsumme an gestellten Schülerfragen. Nicht zu übersehen ist, dass die jeweilige Anzahl der verschiedenen Fragearten im Gymnasium II weniger große Abweichungen aufweist, als es in den anderen Schulformen zu beobachten war.

3.3 Zusammenhang von Schülerfragen und Unterrichtsmethoden

Es wurden sowohl bei lehrerzentrierten als auch in schüleraktivierenden Unterrichtsmethoden Schülerfragen gestellt. Insgesamt fiel aber auf, dass Schüler mehr Fragen stellten, wenn sie selbst aktiv wurden. Nur wenige beobachtete Situationen in den einzelnen Lerngruppen weisen auf Maßnahmen hin, mit denen die betreffenden Lehrer deutlich erkennbar bewirkten, dass ihre Schüler mehr Fragen als in anderen Situationen stellten. Es ließen sich einige beobachtete Methoden beziehungsweise Maßnahmen erwähnen, die einen Schülerfragen fördernden Religionsunterricht unterstützen:
Besonders hervorzuheben ist eine Pro-und-Contra-Diskussion, die der Lehrer in der dritten Beobachtungsstunde im Gymnasium II anregte.[15] In Verbindung mit dem Thema der Diskussion wurde hier ein Raum geschaffen, in dem vor allem auch philosophische Fragen Platz fanden und reflektiert werden konnten und zwar durch die Lernenden selbst. Antworten des Lehrers schienen hier nicht erforderlich zu sein, da die Schüler untereinander die Thematik diskutieren konnten.
Zwei weitere beobachtete Situationen, in denen besonders Schülerfragen einen Text betreffend angeregt wurden, waren in der Grundschule und im Gymnasium I zu beobachten. Hier baten die Lehrerinnen ihre Schüler, Fragen aufzuschreiben, die ihnen nach dem gemeinsamen Lesen eines Textes einfielen. Die Schülerfragen sollten dann in der Klasse besprochen werden (Grundschule) beziehungs-

[15] Hier hatten die Schüler die Aufgabe, in zwei Gruppen (pro und contra) über Feuerbachs Projektionstheorie zu diskutieren, wobei der Lehrer sich nicht an dem Gespräch beteiligte und sich außerhalb der beiden Schülergruppen befand.

weise an Mitschüler schriftlich weitergegeben werden, die die Aufgabe hatten, diese zu beantworten und anschließend mit den Fragenden zu diskutieren (Gymnasium I). In der Situation in der Grundschule ging es offensichtlich darum, Verständnisfragen zu klären. Im Gymnasium I notierten sich die Lernenden Fragen, um ihre Mitschüler zu „prüfen". Die Antworten auf diese Fragen waren ihnen in den meisten Fällen zuvor bekannt und dienten der Überprüfung des Wissens ihres Gegenübers. Dennoch kann diese Methode als eine mit fragefördemdem Charakter angesehen werden, da sie Schülern die Gelegenheit gibt, das Gelesene zu reflektieren, es in Form von Fragen zu formulieren – was ja sonst eher die Lehrperson übernimmt – und schließlich auch zu erkennen, wo sie selbst Verständnisprobleme und Wissenslücken zu füllen haben. Da sie im Rahmen dieser Methode dazu aufgefordert sind, Fragen zu formulieren, werden die Schüler gegebenenfalls auch Fragen notieren, auf die sie glauben, selbst keine Antworten finden zu können, um diese später in der Kleingruppe beziehungsweise mit der Lehrperson zu diskutieren.

Zu fragefördernden Maßnahmen zählen zudem Handlungsweisen, mit denen die Lehrer sich den Schülern gegenüber erkennbar offen und interessiert zeigen, dazu gehören auch Gestik und Mimik. In mehreren Situationen konnte beobachtet werden, dass Schüler die Zeit zum Fragen nutzten, wenn Lehrer ihrem Tun besondere Aufmerksamkeit schenkten. Dies geschah vor allem in Unterrichtsphasen, in denen Schüler alleine oder in Kleingruppen arbeiteten und die betreffenden Lehrer durch den Klassenraum gingen, sich die Arbeiten der Lernenden anschauten und ihnen zugewandt waren. Zwar war deutlich, dass das Herumgehen der Lehrer während der Still- beziehungsweise Gruppenarbeitsphasen Gespräche und Fragen anregte, jedoch wurden auch ohne das bekundete Interesse und die physische Zugewandtheit der Lehrperson Situationen beobachtet, in denen Schüler in Gruppenarbeiten untereinander Fragen entwickelten und sie sich gegenseitig stellten.[16]

[16] Da die Beobachtungen in den Klassen stets von nur einer Person durchgeführt wurden, war es während der Gruppenarbeitsphasen kaum möglich, das Frageverhalten aller Schüler zu untersuchen beziehungsweise aufzuzeichnen. Die Beobachterin hat in solchen Situationen zeitweise ihren Beobachtungsplatz verlassen und ist durch den Klassenraum gegangen. Dies hatte den Vorteil, dass zumindest einzelne gruppeninterne Gespräche verfolgt werden konnten. Nachteilig dabei waren jedoch unter anderem die zahlreichen Nebengeräusche, die durch die Gespräche der Schüler untereinander verursacht wurden, sodass es schwer war, sich auf Sätze Einzelner zu konzentrieren. Daraus ist zu schließen, dass das Beobachten des Frageverhaltens von Schülern im Unterricht während solcher und ähnlicher Arbeitsphasen mit lediglich einer Beobachterperson nicht möglich ist.

Die oben beschriebenen Situationen zeigen, dass Schülerfragen vermehrt dann gestellt wurden, wenn die Lernenden selbst am Lernprozess und dem Unterrichtsgeschehen beteiligt waren, es die Möglichkeit gab, individuell ohne Einbezug der ganzen Klasse, Fragen zu stellen und/oder sie ohne direktes Beisein der Lehrperson aktiv wurden.

3.4 Lehrerfragen versus Schülerfragen

Trotz der beobachteten Schülerfragen konnte oft festgestellt werden, dass die vielen Lehrerfragen die Unterrichtsgespräche lenkten.[17] In den meisten Fällen fanden diese im Rahmen des fragend-entwickelnden Unterrichtsgesprächs statt, in der die Lehrenden den Hauptredeanteil besaßen und durch ihre Fragen das Unterrichtsgespräch lenkten.

4 Zusammenfassung

Die Ergebnisse der empirischen Studie zu Schülerfragen im Religionsunterricht lassen sich wie folgt festhalten:

- Jeder Schüler äußert in den beobachteten Religionsstunden im Durchschnitt weniger als eine Frage.
- Wenige dieser Fragen dienen der Vertiefung bestimmter Sachverhalte oder beeinflussen den Unterricht maßgeblich.
- Lehrer können mit ihrem (Frage-)verhalten das der Schüler beeinflussen.
- Es konnten zwar Methoden beobachtet werden, die Fragen der Schüler anregten, jedoch keine gezielte Frageförderung durch die Lehrenden.[18]

Die hier dokumentierte teilnehmende Beobachtung im Religionsunterricht zeigt eine deutliche Diskrepanz zwischen Theorie und Praxis: Forderungen nach einem frageorientierten Religionsunterricht aus der (religions-)pädagogischen Literatur[19] und aus Lehrplä-

[17] Im Rahmen dieser Untersuchungen wurden die Lehrerfragen nicht gezählt, wie in anderen Vergleichsstudien. In den Zusatznotizen jedoch stehen zahlreiche Anmerkungen über die Menge an Lehrerfragen im Gegensatz zu Schülerfragen.

[18] Dass die beobachteten Lehrer das Fragen der Lernenden nicht bewusst förderten ergab auch die erste Auswertung der nach den Untersuchungen ausgeteilten Lehrerfragebögen.

[19] Vgl. Oberthür (2001), 12; ders. (1995), 51; Hermann (2006), 13/78. Siehe hierzu auch Oberthür (1998); Zoller (1995); dies. (2010).

nen und Richtlinien,[20] kommen in der Praxis kaum zum Tragen. Glücklich schätzen können sich Grundschullehrer, die von dem Wissensdurst, den spontanen Fragen ihrer Schüler profitieren können, aber spätestens mit Beginn der Mittelstufe scheinen die Schüler deutlich stummer (gemacht worden zu sein).
In der Ausbildung der Religionslehrer spielt die Förderung von Schülerfragen keine Rolle. Zwar werden zukünftige Lehrer mehr und mehr durch die Fachbereiche Kindertheologie und Kinderphilosophie auf die großen Fragen, die Zweifel, Ängste und das Suchen und Forschen der Kinder und Jugendlichen hingewiesen und vorbereitet, aber wie diese Fragen überhaupt zustande kommen, wie sie im Unterricht berücksichtigt und welche Möglichkeiten, Maßnahmen und Methoden angewandt werden können, um diese Fragen „herauszukitzeln", muss in Theorie und Praxis noch umfassender geklärt werden. Denn Schülerfragen bergen in sich die Chance, die Interessen und Bedürfnisse der Schüler stärker im Religionsunterricht zu berücksichtigen.

Literatur

Flick, Uwe: Triangulation in der qualitativen Forschung, in: ders. / Kardorff, Ernst von / Steinke, Ines (Hg.): Qualitative Forschung. Ein Handbuch, (= Rowohlts Enzyklopädie 55628), Reinbeck bei Hamburg, ^{7}2009, 309-318.

Glaser, Barney Galland / Strauss, Anselm L.: Grounded Theory. Strategien qualitativer Forschung, Bern ^{2}2005.

Hermann, Inger: „Halt's Maul, jetzt kommt der Segen...". Kinder auf der Schattenseite des Lebens fragen nach Gott, Stuttgart ^{8}2006.

König, Kristin: Schülerfragen im Religionsunterricht, unveröffentlichte Masterarbeit, Bielefeld 2009.

Lamnek, Siegfried: Qualitative Sozialforschung, Weinheim / Basel 2005.

Mayring, Philipp: Qualitative Inhaltsanalyse. Grundlagen und Techniken, Weinheim / Basel, ^{10}2008.

Menzel, Gesa: „Gibt es noch Fragen?" Die Schülerfrage im Fokus des Religionsunterrichts. Eine empirische Studie zum Frageverhalten von Schülern, unveröffentlichte Masterarbeit, Bielefeld 2010.

Oberthür, Rainer: Kinder Fragen nach Leid und Gott. Lernen mit der Bibel im Religionsunterricht, München 1998.

Oberthür, Rainer: Kinder und die großen Fragen. Ein Praxisbuch für den Religionsunterricht, München 1998.

Ritz-Fröhlich, Getrud: Kinderfragen im Unterricht, Bad Heibrunn/Obb. 1992.

Richtlinien und Lehrpläne für die Grundschule in Nordrhein-Westfalen, hrsg. vom Ministerium für Schule und Weiterbildung Nordrhein-Westfalen, 2008.

Seifried, Jürgen / Sembill, Detlef: Schülerfragen – ein brachliegendes didaktisches Feld, in: Zeitschrift für Berufs- und Wirtschaftspädagogik 101 (2005), Heft 2,

[20] Vgl. Richtlinien und Lehrpläne für die Grundschule in Nordrhein-Westfalen, 153.

229-245; abrufbar im Internet: http://www.ub.uni-konstanz.de/kops/volltexte/2008/7096/ [Stand: 30.05.2010].

Zimmermann, Mirjam: Methoden der Kindertheologie. Zur Präzisierung von Forschungsdesigns im kindertheologischen Diskurs, in: Zeitschrift für Religionspädagogik 5 (2006), Heft 1, 99-125; abrufbar im Internet: http://www.theo-web.de/zeitschrift/ausgabe-2006-01/Zimmermann_Kindertheologie-END2.pdf [Stand: 05.06. 2010].

Zoller Morf, Eva: Die kleinen Philosophen. Im Umgang mit „schwierigen" Kinderfragen (= Herder-Spektrum 4344), Freiburg ²1995.

Zoller Morf, Eva: Selber denken macht schlau. Philosophieren mit Kindern und Jugendlichen, Oberhofen am Thunersee 2010.

Heike Lindner

„... wer nicht fragt, bleibt dumm!" – Religionspädagogische Untersuchungen zur Rolle der Fragekompetenz im heutigen Bildungsdiskurs

Einleitung

„Wer, wie, was. Wieso, weshalb, warum. Wer nicht fragt bleibt dumm."[1] Dieser Ausschnitt der Titelmelodie aus der Kindersendung „Sesamstraße" fokussiert die Thematik:

Wer Fragen stellt, zeigt mindestens ein Interesse an der Sache. Wer die Sache wirklich in Augenschein nimmt, richtet eigene Fragen an sie und dringt tiefer in ihre Phänomene ein. Das grundsätzliche Fragen liegt Kindern in frühen Entwicklungsphasen sehr nahe. Sie sind Instrumente der Weltzugänge und darin bezogen auf das eigene Wissen, auf eigene Beurteilungs- und Handlungsmöglichkeiten. Wie kommt es aber, dass ältere Kinder und Jugendliche das Fragen verlernen? Diese und weitere anthropologische Umgangsweisen mit dem Thema der Frage bilden den *ersten Teil* dieses Beitrags.

Die Frage ist Ausgangspunkt nicht nur für anthropologische Daseins- und Existenzfragen im Zusammenhang mit dem Selbst- und dem Weltverhältnis, sondern auch der Frage des Menschen nach Gott. Ein Blick in die biblische und theologische Tradition zeigt, dass die Frage Bestandteil zahlreicher Erzählanlässe von Erfahrungen ist, welche die Menschen durch die Jahrhunderte mit ihrem Glauben in ihrem Leben machen. Vor diesem Hintergrund trägt der Religionsunterricht dafür Sorge, Schülern eigene Zugänge zu den Existenz-, Daseins- und Glaubensfragen zu ermöglichen. Dies wird Zielsetzung des zweiten Teils sein: es geht um theologisch-religionspädagogische Entfaltungen für den Umgang mit der Schülerfrage im Religionsunterricht. Der Selbstwert der Schülerfrage und das Frag-Würdige im Religionsunterricht sollen neu entdeckt und didaktisch-methodisch aufeinander bezogen werden.

In Übertragung auf den heutigen Bildungsauftrag des Religionsunterrichts bedeutet das insbesondere in und nach der Debatte um Kompetenzen und Bildungsstandards, Schüler darin zu ermuntern eigene Fragen zu stellen. Hat der lehrerzentrierte Unterricht, in welchem innerhalb einer Stunde häufig mehr als fünfzig Fragen vorkommen,

[1] Jam, Sesam: Titelmelodie aus der Kindersendung „Sesamstraße".

nicht eigentlich zum Verstummen der Schüler geführt? Das Potenzial der Schülerfrage ist im heutigen Bildungsdiskurs leider vollkommen in den Hintergrund gerückt. Die output-orientierte und evaluierbare Ausrichtung der Bildungssysteme führt oft zu rein rezeptiven Schülerhaltungen, die – trotz oder gerade wegen der ausdifferenzierten Standardisierung des Unterrichts – auf der untersten Lernanforderungsebene stehen bleiben. Erst der Erwerb einer eigenverantwortlichen religiösen Fragekompetenz wird die Schüler zu selbstständigem und mündigem Urteilsvermögen führen können. Dafür wird sich der *dritte Teil* des Beitrags stark machen.

1 Menschen fragen nach... Anthropologische Zugangsweisen zur Thematik

„Und jedem Anfang wohnt ein Zauber inne, // Der uns beschützt und der uns hilft, zu leben.“[2] In Anlehnung an diesen bekannten Vers aus Hermann Hesses Gedicht „Stufen“ stellt die Frage den Anfang eines Erkenntnisprozesses dar, welcher den Menschen fasziniert: Neugier auf Unbekanntes treibt ihn an, sie motiviert, das bereits vorhandene Wissen mit dem noch verborgenen in Beziehung zu setzen, um herauszubekommen, was es mit der Sache auf sich hat, den Erkenntnisweg zu eröffnen, welcher wiederum Voraussetzung des eigenen kritischen Urteilsvermögens ist. In welchen Situationen stellen Menschen Fragen? Sie wollen ihre eigenen Kenntnisse erweitern, weil sie über Ereignisse oder Phänomene stolpern, die ihnen unbekannt sind. „Wie kommt es, dass die Gestalt des Mondes vom Vollmond zum Halbmond, zur Sichel und zum Neumond wechselt?“[3] Eine so einfache Frage zu einem Naturphänomen kann aufrütteln, vorausgesetzt, es wird überhaupt wahrgenommen. Wie kann diese Frage überhaupt richtig beantwortet werden? Hat nicht der moderne Mensch hier verlernt, was die eigene Anschauung der Natur ihn hätte lehren können: sich einer Sache gewahr werden und vor allem sie in Ruhe betrachten?[4] Ist es der Schatten der Erdkugel, der den Mond immer wieder zur Sichel macht? Wohl kaum; denn diese Antwort beschreibt ein anderes, viel selteneres Phänomen, nämlich das der Mondfinsternis. Wiederum damit konfrontiert, löst das befragte Phänomen sodann Irritationen aus, es gerät in Spannung zu den eigenen Vorkenntnissen, zum bisher erworbenen Wissenskontext. Die Anfangsfrage fas-

[2] Hesse, Hermann: Stufen, aus: Hermann Hesse – Das Lied des Lebens. Die schönsten Gedichte ausgewählt von Volker Michels, Frankfurt a. M. 2002, 200.
[3] Wagenschein (1999), 62.
[4] Ebd.

ziniert, sie lässt nicht los, da sie das Phänomen vielmehr im Durchgang durch mehrere Antwortmöglichkeiten kurios erscheinen lässt: Was ist denn nun der wahre Grund für die Sichelform? Vielleicht sieht der Fragende bei genauerer Betrachtung auch auf das Sonne-Mond-Verhältnis und auf die Stellung des Mondes zur Erde und gelangt somit zu einer richtigen Antwort.[5]

Erstes Zwischenfazit:

Neugier auf Unbekanntes treibt den Menschen zu Fragen an. Um die „richtigen" Fragen stellen zu können, sind eine gute, das heißt ruhige, Anschauung der Phänomene und ein Vorwissen nötig, außerdem auch ein Durchhaltevermögen, um mit auftretenden Irritationen fertig zu werden.

Ein zweites Beispiel, das mitten aus dem Alltag herausgegriffen wird, veranschaulicht die Thematik, der Schauplatz: eine Regionalbahn von A nach B, die Fahrzeit während dieser Situation beträgt höchstens sieben Minuten, die beteiligten Personen: ein dreijähriges Mädchen mit seiner Mutter.

Dialog einer Dreijährigen mit ihrer Mutter:[6]

Kind:	Wann kommen wir an?
Mutter:	In ungefähr 15 Minuten.
K.:	Und wie weit ist das noch?
M.:	Wir fahren nach Wuppertal und als Nächstes kommt erst einmal Solingen. Und nach Solingen noch ein paar andere Bahnhöfe bis Wuppertal.
K.:	Und dann sind wir da?
M.:	Nein, noch nicht ganz, wenn wir zur Oma wollen, dann müssen wir in Wuppertal umsteigen in den ICE. (Es folgt eine kleine Pause)
K.:	Wie alt bist Du?
M.:	42.
K.:	Werde ich auch so alt?
M.:	Ja, na klar. Aber das dauert ja noch ganz lange.
K.:	Wie lange?
M.:	Schau, Du bist jetzt drei Jahre, bald wirst Du vier und dann dauert das noch viele weitere Jahre, bis Du so alt bist, wie ich jetzt.
K.:	Muss ich dann noch nicht bald sterben?
M.:	Nein, natürlich nicht, da brauchst Du keine Angst zu haben, das dauert noch viel länger.
K.:	Und Du, wenn Du so alt bist, musst Du dann nicht bald sterben?
M.:	Nein, Kind, das dauert auch noch länger. (Das Kind schaut kurz aus dem Fenster und dann im Wagen herum)

5 Wagenschein (1999), 63.
6 Singemäße Wiedergabe des Dialogs, dessen Zeuge ich im Juni 2010 war.

K.: Und was machen wir dann im ICE?
M.: Wir können spielen, Du kannst auch eine Stunde schlafen und dann kannst Du auch was malen.
K.: (will wieder eine Frage stellen, aber die Mutter fällt ihm ins Wort)
M.: Du, weißt Du was? Kannst Du jetzt einfach mal einen Augenblick ruhig sein?
K.: (fängt an eine Melodie zu singen. Nach einer Weile): Wenn ich vier werde, bekomme ich dann eine Geburtstagstorte?
M.: Du kannst ja mal die Oma fragen, ob sie Dir eine Schokoladentorte macht.
K.: Und dann kommen da vier Kerzen drauf, ja?
M.: (erstaunt) Ja, klar, vier Kerzen.

Zehn Fragen in sieben Minuten! Dieser kleine Dialog zeigt: *Kinder stellen mitten in Alltagskontexten tiefgehende Fragen* nach dem Leben und Sterben, nach der Dauer oder Zeit eines Vorgangs, nach der eigenen Relativität im Dasein, nach möglichen Ordnungsstrukturen, die das Leben überschaubar und erklärbar machen. Dabei schwenken die Fragen oft plötzlich von der Wahrnehmung der nächsten Umgebung um zu tiefgehenden Sinnfragen. Hier beschäftigt sich das Kind mit der Zeit, zunächst löst die real erlebte Zeit die Frage nach dem Zeitpunkt des Ankommens aus, das Kind versucht, Zeitraum und Wegstrecke zur Oma zur erfassen. Dann kippt die Fragefolge unerwartet um in die Frage nach dem Alter, das Kind beschäftigt sich nun mit der Lebenszeit des Menschen, welche als begrenzt erkannt wird, so dass auch die Frage nach dem Tod virulent wird „muss ich dann noch nicht bald sterben?“. Interessant ist, dass das Kind im späteren Verlauf des kleinen Frage-Antwort-Gesprächs nochmals auf das eigene Alter zurückkommt: die vier Kerzen auf der Torte manifestieren die ritualisierte lebensgeschichtliche Verortung der eigenen Existenz im Bewusstsein eines weiteren Zeitraums, der das eigene Leben mit seinem Anfang und Ende in seine Schranken versetzt. *Mit diesen konsequent gestellten Fragen verschafft sich das Kind den Zugang zur Welt*: eine Orientierung in Zeit und Raum, einen Deutungshintergrund für seine sozialen Beziehungen (hier gegenüber der Mutter und der Oma). Werden die Antworten in das eigene Vorwissen integriert, so entsteht ein Vertrauen darauf, dass im Selbst- und im Weltverhältnis Leben überhaupt möglich ist, das trägt und handlungsfähig macht. Wichtig ist aber auch, dass das Kind überhaupt Zeit und Raum bekommt, seine Fragen stellen zu können. Wie schnell reagieren Erwachsene ähnlich der Mutter in diesem Beispiel, „Du, sei doch einmal wenigstens einen Augenblick still“ oder – schlimmer noch – : „Och, dafür bist Du noch zu klein.“

Den kleinen Schritt zu einer problematischen Wendung im Gespräch, welche sich bei vielen Erwachsenen auftun kann, setzt Erich Fried mit dem folgenden Gedicht literarisch um:

Kleine Frage

Glaubst du
du bist noch zu klein
um große Fragen zu stellen?

Dann kriegen
die Großen
dich klein
noch bevor du groß genug bist.[7]

Dieses kleine Gedicht zeigt, dass es einen Zusammenhang zwischen Frage und Macht gibt. Fried appelliert geradezu in einer rhetorischen Frage an den Menschen, nicht aufzuhören große Fragen zu stellen, dafür sei er nie zu klein. Vielmehr führe das Glauben und Befolgen dieser Implikation, noch unfertig oder unvorbereitet gegenüber den „großen Fragen" zu sein, zu einer Unterwerfung unter die Macht der potenziell Antwortenden. Ausdruck eines solchen Machtgefälles sind Bemerkungen, wie „das musst du nicht wissen, das verstehst du noch nicht." Ein Antwortentzug oder gar die Reaktion, man sei noch nicht bereit für die großen Fragen, manifestiert ein Abhängigkeitsverhältnis, das auf Dauer zum Verstummen des Fragestellers führt. Außerdem: Wer bestimmt eigentlich, was die „großen" Fragen sind? Welche Fragen also berechtigt sind? Entscheiden andere darüber, welche Fragen für mich richtig zu sein haben und welche falsch? Vielleicht stellen sie ja im Gegenteil eine Zu-mutung dar, weil der Gefragte keine Antwort auf die Frage parat hat. Die Angst davor, die eigene Unzulänglichkeit offenlegen zu müssen, überwiegt dann vor dieser großen Chance, sich gemeinsam mit dem Fragenden auf den Weg zu begeben.

Zweites Zwischenfazit:

Fragen stellen also im Sinne des faszinierenden Anfangs im Erkenntnisprozess eine An-mutung eines noch verborgenen Wissens dar und gleichzeitig werden sie zur Zu-mutung, weil sie Antworten schwer machen, indem sie diese zugunsten des Frag-Würdigen offen halten.

7 Abgedruckt in: Oberthür (1995), 13.

2 „Adam, wo bist Du?“ Theologisch-religionspädagogische Entfaltungen

Wie lassen sich die vorhin festgestellten anthropologischen Beobachtungen zum Thema der Frage theologisch-religionspädagogisch gegenlesen? Ein Blick in die biblische Tradition wird zeigen, dass die Frage des Menschen an Gott, aber auch die Frage Gottes nach dem Menschen Ausgangspunkt für die zahlreichen biblischen Erzählanlässe bildet. Auf diese Weise können sie Zugänge zu den Daseins- und Glaubensfragen des Menschen entfalten.[8] Mit den folgenden zwei Beispielen möchte ich dieser impliziten Didaktik der Bibel, wie sie Ingo Baldermann bezeichnet, auf die Spur gehen.
Die erste Frage in der Bibel ist die, die Gott an den Menschen richtet:[9] Gott fragt Adam nach dem Sündenfall: Wo bist Du?[10] Die Allwissenheit Gottes vorausgesetzt wäre diese Frage eigentlich überflüssig. So verkörpert sie zumindest zweierlei: Gott möchte mit dieser Anrede, mit seinem Rufen nach Adam, der sich versteckt hält, wieder eine Beziehung zwischen ihm und dem sündigen Menschen aufbauen – in diesem Sinne stellt die Frage performativ einen soteriologischen Sinnzusammenhang vor. In ihrer zweiten Bedeutung ist sie rhetorisch, weil sie nicht so sehr nach dem Ort, nach dem Wo fragt, sondern vielmehr nach dem Wer oder Was: Adam, wer oder was bist Du eigentlich? Was hast Du getan? – der weitere Erzählkontext von Gen 3 zeigt, dass Gott Adam zur Rede stellt und ihn somit zum Bekennen der Schuld bewegt. Die Frage Gottes ist Ausdruck seiner Macht: Er überlässt die veränderte Lage nicht einfach dem sich vor ihn verbergenden Menschen.[11] Wichtig ist: Der Mensch erfährt hier, dass er – obwohl er sündigt – prinzipiell von Gott angenommen ist (im Sinne des lutherischen *simul iustus et peccator*) und sein Leben von dieser Annahme her eine Perspektive auch für die Zukunft bekommt.[12] Martin Buber hat dieses Angenommen-Sein, das

[8] Ingo Baldermann spricht in solchen Kontexten von einer impliziten Didaktik, welche die Bibeltexte aufweisen. Vor allem würde die Sprache der Psalmen einen elementaren Zugang zur Gottesfrage ermöglichen, welche die Erfahrung der Angst nach allen Seiten für eine Gotteserfahrung, die größer ist als die Angst und weit elementarer als die theoretischen Kontroversen über die Existenz oder Nichtexistenz Gottes, siehe Baldermann (1996), 37.

[9] Sieht man einmal von der rhetorischen Frage ab, die die Schlange an Eva richtet (vgl. Gen 3, 1).

[10] Gen 3, 9b.

[11] Weinrich (2002), 59.

[12] Es ist wichtig hier zu erwähnen, dass es sich – mit Bonhoeffer gesprochen – hierbei nicht um die „billige Gnade“ handelt sondern um die teure Gnade: der Zugang zur Rechtfertigung geschieht nur durch Glaube, Liebe und Hoffnung, ein

nicht hintergehbar ist, einmal so ausgedrückt: Als Adam sich nach dem Sündenfall vor dem Anruf Gottes versteckt, so macht gerade dieser Anruf „Wo bist du?“ (Gen 3,9) sein

> Herz flattern, das Wort des Du sucht ihn zur Umkehr zu bewegen und enthält insofern einen Vorwurf, doch eben darin als Du, in aller Forderung letztlich also die Person des Vaters, der bestätigt, ehe er beeinflussen will: diese dialogische Grundhaltung kennzeichnet Gottes Umfassung des Menschen in aller Begegnung.[13]

Hier wird die Ambivalenz der Gottesfrage deutlich: Sie ermahnt und bewegt zur Umkehr, gleichzeitig bestätigt sie und nimmt den Menschen an. Die Tatsache, dass der biblische Gott immer wieder Beziehung stiftet, spiegelt sich wider in dem durch die Frage ausgelösten Dialog zwischen Gott und Mensch.

Drittes Zwischenfazit:

Fragen stellen also nicht nur eine An-mutung dar im Hinblick auf möglichen Wissenszuwachs oder gar eine Zu-mutung bezüglich der Enthüllung eigener Unzulänglichkeit, sondern sie verkörpern auch eine ambivalente Verbundenheit mit dem Problem der Macht und stiften schließlich im und durch den Dialog Beziehung.

Was bedeutet es aber umgekehrt, wenn die Gottesfrage erst durch unser Fragen ins Spiel kommt?
Ein zweites Beispiel bringt eine weitere Komponente ins Spiel: *Die Frage und der Zweifel gelten als Triebfeder und als Einbruch menschlichen Erkenntnisdrangs* und damit sind sie auch Zeichen dafür, dass der Mensch etwas noch Unbekanntes in seine Macht bekommen möchte.
Die Frage des reichen Jünglings „Guter Meister, was soll ich tun, damit ich das ewige Leben ererbe?“[14] ist mit einem Finalsatz verbunden. Der Jüngling möchte eine verlässliche Auskunft darüber, wie er das ewige Leben erlangen könne. Offenbar macht er sich bereits im jungen Alter Gedanken über den Tod, er gerät in Zweifel, weil er diese ethisch ausgerichtete Frage „Was soll ich tun?“ nicht in sein soteriologisches Vorwissen integrieren kann „damit ich das Ewige Leben ererbe“. Deshalb hofft er darauf, dass Jesus eine adäquate Antwort auf seine schwierige Frage hat. Die durchaus sugges-

Glaube, der die Werke der Buße und der Liebe bei sich hat, in und durch die Begegnung mit Christus, vgl.: Bonhoeffer (^{2}1998), 139ff.

13 Bohnsack (2003), 92.

14 Mk 10, 17 b, revidierte Lutherausgabe.

tiv anmutende Frage ist jedoch ernst gemeint, der Jüngling will Jesus damit nicht herausfordern, dies zeigt auch seine Geste vor Beginn des Gesprächs, indem er vor Jesus niederkniet. Er traut Jesus eine Antwort zu, wenngleich er mit ihrer finalen Ausrichtung die noch unbekannte Antwort für ihn selbst verlässlich machen möchte, er will ihn durch diese Engführung offenbar beeinflussen. Auch stellt er das Ewige Leben an sich nicht in Frage, wohl aber bezweifelt er, dass er es ererben *könnte. Auf seine Ausgangsfrage* „Guter Meister, was soll ich tun, damit ich das ewige Leben ererbe?“ *reagiert Jesus mit einer Gegenfrage* „Was nennst du mich gut? Niemand ist gut als Gott allein.“[15] *Und hiermit wird ein Dialog eröffnet.* Auf seiten Jesu ist das Gespräch katechetisch angelegt: Jesus lehrt den Jüngling durch eine Gegenfrage, erst einmal seine Prämisse in der Anredeformel „Guter Meister“ zu überprüfen, er geht damit ganz an den Anfang der rhetorischen Frage des Jünglings und bettet diesen Anfang, die Anredeformel, ein in das Bekenntnis zur Allmacht und Allgüte Gottes und in die Aufforderung die Gebote einzuhalten. Der Jüngling lässt sich durch Gegenfrage und Katechese nicht verunsichern, er lässt in seiner zweiten Anredeformel das Adjektiv weg und spricht geradezu selbstbewusst: „Meister, das habe ich alles gehalten von meiner Jugend auf.“[16] Die narrativ vorgestellte, innere Reaktion Jesu zeigt, *dass sich durch den fragegeleiteten Dialog eine Beziehung zwischen den beiden beginnt aufzubauen*: „Und Jesus sah ihn an und gewann ihn lieb.“[17] Die Aufforderung Jesu, seinen Reichtum den Armen zu geben, um einen Schatz im Himmel zu haben und Jesus nachzufolgen, lässt ihn wütend, sodann traurig werden und ohne ein weiteres Wort zu verlieren davon gehen.

Das erste biblische Beispiel zeigte den gelungenen von einer Frage ausgelösten Dialog Gottes mit Adam, der die Beziehung und damit das Gottesverhältnis nach dem Sündenfall neu konstituiert. Im zweiten Beispiel muss die Beziehung, die sich zwischen Jesus und dem Jüngling anbahnte, als gescheitert angesehen werden: zwar eröffnete die Eingangsfrage ebenso einen Dialog zwischen den beiden, sie konnte aber nicht beim Jüngling die Konsequenz einer Nachfolge Jesu herbeiführen, die einen grundsätzlichen Lebenswandel zur Voraussetzung machte und ihn damit überforderte.

Wie können aber diese biblisch vorgetragenen Fragen zu den Fragen der Schüler werden? Wie könnten sie sich auch ihnen als weittragende Fragen aufdrängen, indem sie aus der ruhigen und von den eigenen Vorkenntnissen nicht geleiteten und auch nicht belasteten

[15] Mk 10, 18.
[16] Mk 10, 20.
[17] Mk 10, 21a.

Betrachtung des originalen Ausgangsproblems kommen? Der Lehrer braucht dazu am Anfang *eine weittragende Frage*. Sie kann ruhig einfach gestellt sein, wie die Formulierung „Wer oder was ist eigentlich der Mensch?“ Der Lehrer hätte die Aufgabe, diese Fragen in einer Schülergruppe virulent zu machen, ohne sie jedoch selbst auszusprechen.[18] Damit wird die Bibeldidaktik mit einem *genetischen Lehrgang* nach Martin Wagenschein verbunden, welcher Ausgangsfragen nicht bringt, sondern entdecken lässt. Ohne etwas zu sagen, zeigt die Lehrkraft Bilder von Menschen, die ihr Gesicht schamvoll und scheu verbergen wollen. Die Schüler können dazu etwas sagen, auch Fragen stellen, auch eine Frage, eine umfassende, welche alle Bilder miteinander verbindet, wie zum Beispiel „Warum verstecken sich diese Menschen? Vor wem oder was haben sie Angst?“. Erst wenn diese oder ähnliche Fragen von den Schülern selbst aufgeworfen sind, kann die Sache selbst reden, wer oder was der Mensch ist: jetzt, nachdem den Bildern mögliche Deutungen zugeschrieben werden, präsentiert der Lehrer die Bibelgeschichte narrativ, das heißt in ihrem ganzen Erzählkontext. Diese Expositionszeit muss lang sein, damit ein ruhiges Anschauen des Ausgangsproblems möglich wird.
Was hier ebenfalls geschehen ist: dieser Ausschnitt eines Lehrgangs versucht einen Rahmen dafür bereitzustellen, dass sich Kinder und Jugendliche persönlich angesprochen und angenommen fühlen. Existenzielle Fragen in Auseinandersetzung mit elementaren Fragen nach der Wahrheit des christlichen Glaubens werden in Beziehung gesetzt.[19] Im Zusammenhang mit der Geschichte vom reichen Jüngling stellt sich *die Wahrheitsfrage nach dem Ewigen Leben* im Kontext einer erfahrbaren Verlässlichkeit auch des eigenen Tuns des Menschen „Was soll ich tun, damit ...“. Darüber hinaus ist mit dieser elementaren Frage, die den Wunsch nach Unsterblichkeit ausdrückt,

> die Frage nach dem Grund der Hoffnung angesprochen und nach der Möglichkeit, Hoffnungsbilder über den Alltag hinaus zu entwerfen. Beides hat sowohl im Rahmen der Verkündigung Jesu grundlegende Bedeutung als auch als Grundfrage nach elementarer Wahrheit im Jugendalter. Aber diese Frage lässt sich nicht ein für allemal beantworten, sondern stellt sich als ‚große Frage‘ immer wieder.[20]

Die Elementarisierungsdidaktik trägt also dazu bei, die „großen Fragen“ im RU zu entfalten und sie mit den biblischen Erfahrungskontexten in Beziehung zu setzen. Die Wahrheitsfrage ist gerade an dem vorgestellten Beispiel vor allem mit älteren Schülern zu disku-

[18] Wagenschein (1999), 80f.
[19] Baumann (2008), 72.
[20] Ebd., 73.

tieren: Die Frage nach der Gültigkeit des Ewigen Lebens für die eigene Existenz. Der Jüngling möchte sie verlässlich machen, er verknüpft sie mit dem eigenen ethischen Handeln. Die Antwort Jesu muss ihn wie ein Schlag treffen; denn sie entzieht ihm geradezu jede materielle Sicherheit und fordert ihn auf von allem Besitz loszulassen. Die Geschichte baut eine Spannung auf, zwischen dem Für und Wider der Verlässlichkeit und der richtigen Antwort auf große Fragen. Gerade Jugendliche brauchen, wie der Jüngling in der Geschichte, Verlässlichkeit insbesondere in Beziehungen zu anderen Menschen und auch in der Beziehung zu Gott. Sie möchten Sicherheit und Orientierung für das eigene Leben, für die persönliche und gesellschaftliche Wirklichkeit. Dieses Für und Wider von Verlässlichkeit führt Jugendliche schließlich in eine *kritische Urteilsfindung* über den Sachverhalt „Ewiges Leben". Gibt es darauf eine Hoffnung? Gilt diese Hoffnung auch für mein Leben und das meiner Mitmenschen? Wie kann ein Stück „Ewiges Leben" schon im Diesseits erfahrbar werden? Können wir die Bibel nicht damit aktuell fortschreiben? Ist das real oder sind wir alle nur verrückt, dass wir daran glauben? Die Aneignung, die Widersprüchlichkeit und Transformation der großen Ausgangsfrage in eigene Fragen der Jugendlichen führt zu einem tieferen Verstehen theologischer Tradition mit Hilfe einer *Fragekompetenz*, die nun im dritten Teil des Beitrags etwas näher entfaltet wird.

3 Zur Rolle der Fragekompetenz im heutigen Bildungsdiskurs

Was zeichnet einen guten Religionsunterricht aus? Die Schüler lernen die eigenen Fragen nach dem Sinn menschlichen Daseins mit den Fragen christlicher Glaubenstradition zu verbinden. Dies stellt nicht nur ein *korrelatives* didaktisches Prinzip dar, sondern auch ein *hermeneutisches*, wie am Beispiel der Methode der Bibelauslegung verdeutlicht werden soll: im Religionsunterricht stehen die christliche Glaubensüberlieferung, zum Beispiel in biblischen Traditionen, und die Wirklichkeitserfahrung junger Menschen gegenüber. Das korrelative didaktische Dreieck bezieht außer diesen beiden auch konkurrierende Deutungen anderer Weltanschauungen und Religionen mit ein. Geht es für die Aneignung der fachspezifischen Methode nun darum, Formen der Bibelauslegung zu erproben, die dieser dreifach wechselseitigen Beziehung entsprechen, so muss es im Religionsunterricht um eine Auslegung gehen, die nicht vorgegebene Antworten auf irgendwelche Fragen geben soll. Vielmehr *erhalten die Schüler die Möglichkeit, ihre eigenen immer tiefer gehenden*

Fragen an den Text zu stellen.[21] Dies stellt ein hermeneutisches Prinzip dar. Der Verstehensprozess setzt nur auf der Basis einer methodisch reflektierten Interpretationsarbeit ein und ist selbst kein lineares Denkvorgang, sondern geschieht in kreisenden Annäherungsbewegungen an den komplexen Sachverhalt (in einem hermeneutischen Zirkel). Dazu ist aber eine *religiöse Fragekompetenz* erforderlich, die einerseits das Aneignen, Entfalten und Transformieren der Fragen ermöglicht, andererseits aber auch anschlussfähig an die heutige formale Ausrichtung der Bildungssysteme sein kann. Mit Letzterem ist vor allem die Überprüfbarkeit der erworbenen Fähigkeiten und Fertigkeiten in Unterrichtsprozessen gemeint, die sich in Lernanforderungsbereichen und der damit verbundenen Leistungsmessung widerspiegelt. Wenn wir festgestellt haben, dass am Anfang des Lernens das zu Erfragende, Erstaunliche, Rätselhafte steht, das Neugier nach dem noch verborgenen Wissen weckt, und sein tieferes Wahrnehmen im Durchgang durch An-mutung und Zu-mutung Antworten auf das Problem zugunsten des Frag-Würdigen offen hält, um es im Für und Wider dem kritischen Urteilsvermögen zuzuführen, dann haben wir hiermit einen *Problemlösevorgang* beschrieben, der Anschluss an die viel zitierte Definition des Kompetenzbegriffs von Franz E. Weinert findet:

> Dabei versteht man unter Kompetenzen die bei Individuen verfügbaren oder durch sie erfahrbaren kognitiven Fähigkeiten und Fertigkeiten, *um bestimmte Probleme zu lösen* [Hervorh. H. L.], sowie die damit verbundenen motivationalen, volitionalen und sozialen Bereitschaften und Fähigkeiten, um die Problemlösungen in variablen Situationen erfolgreich und verantwortungsvoll nutzen zu können.[22]

Es ist also wichtig, dass sich die Schüler selbsttätig im Sinne der drei Lernanforderungsbereiche ein Verfügungs-, Anwendungs- und Orientierungswissen aneignen können. Religionspädagogisch bedeutet daher religiöse Fragekompetenz:

> Der religiös gebildete Mensch soll Fragen stellen lernen können, die das Selbst-, Welt- und Gottesverhältnis berühren und erfassen, er soll sich über seine (Glaubens-)Gefühle bewusst werden und erkennen, in ein größeres Ganzes eingebettet zu sein, aus dem er Lebenskraft und Hoffnung schöpfen kann.[23]

[21] Eine solche hermeneutische Didaktik finden wir bereits bei Stallmann (1958), 178ff.

[22] Weinert (^{2}2002), 27f. Vergleiche Näheres zur Bildungstheorie und zum Kompetenzbegriff: Lindner (2008), 148ff.

[23] Lindner (2004), 66.

Damit ist die Förderung der religiösen Urteilskompetenz eng verbunden.

Verstehen wir didaktisch *Fragen im Rahmen der Lerntheorie*, so lassen sie sich mit den Kompetenzen und Standards in Beziehung setzen. Im Sinne einer dreistufigen Skala der Lernanforderungsbereiche ergibt sich folgende Frageklassifizierung:

Anforderungsbereich I (Reproduktion):
Wissens- und Verständnisfragen

Anforderungsbereich II (Erarbeitung):
Anwendungs- und Analysefragen

Anforderungsbereich III (Beurteilung):
Synthese- und Bewertungsfragen.[24]

Der Religionsunterricht hätte danach die Aufgabe, Schülerfragen im Rahmen einer lebensbegleitenden Lernstrategie hinsichtlich eines Orientierungswissens zu entfalten. Schüler erhalten somit die Möglichkeit, ihrer Neugier im Hinblick auf Weltzugänge und Glaubensfragen Ausdruck zu geben, das für sie Frag-Würdige zu erkennen und die damit verbundenen häufig offenen Antwortversuche durchzuhalten, um sie einem eigenen kritischen Urteil zuzuführen.

Literatur

Baldermann, Ingo: Einführung in die biblische Didaktik, Darmstadt 1996.

Baumann, Ulrike: Gottes Reich für mich? Die Botschaft Jesu im Religionsunterricht der Oberstufe, in: Schweitzer, Friedrich (Hg.): Elementarisierung und Kompetenz. Wie Schülerinnen und Schüler von „gutem Religionsunterricht" profitieren, Neukirchen 2008, 62-74.

Bohnsack, Fritz: Demokratie als erfülltes Leben. Die Aufgabe von Schule und Erziehung. Ausgewählte und kommentierte Aufsätze unter Berücksichtigung der Pädagogik John Deweys, Bad Heilbrunn 2003.

Bonhoeffer, Dietrich: Die letzten und die vorletzten Dinge, in: Tödt, Ilse / Tödt, Heinz Eduard / Feil, Ernst / Green, Clifford (Hg.): Dietrich Bonhoeffer, Ethik. Dietrich Bonhoeffer Werke Bd. 6, Gütersloh [2]1998, 137-162.

Levin, Anne: Lernen durch Fragen. Wirkung von strukturierenden Hilfen auf das Generieren von Studierendenfragen als begleitende Lernstrategie, Münster / New York / München / Berlin 2005.

Lindner, Heike: Bildung, Erziehung und Religion in Europa. Politische, Rechtshermeneutische und pädagogische Untersuchungen zum europäischen Bildungsauftrag in evangelischer Perspektive, Berlin / New York 2008.

[24] Im Anschluss an Levin (2005), 42.

Lindner, Heike: „Wie hast du's mit der Religion?" Bildungspolitische und – theoretische Thesen zu einer religiösen Grundbildung nach PISA, in: Rothgangel, Martin / Fischer, Dietlind (Hg.): Standards für religiöse Bildung? Zur Reformdiskussion in Schule und Lehrerbildung, Münster 2004, 54-67.

Oberthür, Rainer: Kinder und die großen Fragen. Ein Praxisbuch für den Religionsunterricht, München 1995.

Stallmann, Martin: Christentum und Schule, Stuttgart 1958.

Wagenschein, Martin: Verstehen lehren. Genetisch – Sokratisch – Exemplarisch, Weinheim / Basel 1999.

Weinert, Franz, E.: Vergleichende Leistungsmessung in Schulen – eine umstrittene Selbstverständlichkeit, in: ders. (Hg.): Leistungsmessungen in Schulen, Weinheim / Basel ²2002, 17-31.

Weinrich, Michael: Wir sind aber Menschen. Von der möglichen Unmöglichkeit, von Gott zu reden, in: Ebach, Jürgen / Gutmann, Hans-Martin / Frettlöh, Magdalene L. / Weinrich, Michael (Hg.): Gretchenfrage. Von Gott reden – aber wie?, Bd. 1, Gütersloh 2002.

Gerhard Büttner

Die Rolle der Frage in der Kindertheologie

Ein Zeitgenosse Goethes, Karl Philipp Moritz schildert in seinem Roman „Anton Reiser“ eine Szene, in der sein Held Anton eine Schulstunde in einer Schule erlebt, die gleichzeitig Ausbildungsinstitut für angehende Lehrer ist:

> Es war für Anton ein feierlicher Anblick, da er gleich in der ersten Stunde des Morgens, alle die künftigen Lehrer mit den Schülerinnen und Schülern in einer Klasse versammelt sahe. – Der Inspektor dieser Anstalt, der ein Geistlicher war, hielt alle Morgen mit den Schülern eine Katechisation, welche den Lehrern zum Muster dienen sollte. – Diese saßen alle an Tischen, um die Fragen und Antworten nachzuschreiben, während dass der Inspektor auf und nieder ging und fragte. In einer Nachmittagsstunde musste dann irgendeiner von den Lehrern, in Gegenwart des Inspektors, die Katechisation mit den Schülern wiederholen, welche derselbe am Morgen gehalten hatte.
> Nun war das Nachschreiben für Anton schon eine sehr leichte Sache geworden, und als der Lehrer den Nachmittag die Vormittagslektion wiederholte, so hatte sie Anton weit besser als der Lehrer stehend, in seiner Schreibtafel nachgeschrieben, und konnte also freilich mehr antworten, als jener fragte, welches bei dem Inspektor einige Aufmerksamkeit zu erregen schien, die äußerst schmeichelhaft für ihn war. [1]

Die Szene zieht ihren Witz aus der Tatsache, dass das Frage-und-Antwort-Spiel der Schule dadurch durcheinander kommt, dass der Schüler Anton mehr Antworten kennt als der angehende Lehrer gefragt hat. Hinter dieser Ironie steht eine Praxis, in der angehende Lehrer lernen, Fragen zu stellen und damit die Schüler zur richtigen Antwort zu führen. Der Text zeigt mit dem Stichwort „Katechisation“ den Kontext zur Katechismustradition, der insbesondere im Protestantismus im Gefolge Luthers in großer Wertschätzung stand.
Die säkulare Variante findet sich im sogenannten fragend-entwickelnden Gespräch, das zur selben Zeit ebenfalls bereits pädagogische Konjunktur hatte.[2]
Blicken wir von dieser Zeit voraus, dann sehen wir bereits die Grundform vieler Unterrichtsvorbereitungen mit den Lehrerfragen und den erwarteten Schülerantworten. Blicken wir zurück, dann er-

1 Moritz (1785), 110.
2 Vgl. Campe (1799).

kennen wir hinter all dem das Modell der platonischen Dialoge. Deren zentrale Botschaft lautet dahin, dass der wissende philosophisch Gebildete sein Gegenüber durch Fragen zu Einsicht und Erkenntnis führen könne. Gegenüber der Alltagserfahrung ist diese Einsicht paradox. Normalerweise fragt derjenige, der etwas nicht weiß einen, von dem er erwarten kann, dass der ihm recht zu antworten weiß. Ich erinnere mich noch an Erwachsene, die mich als Grundschüler fragten, ob unser Lehrer heute wieder dumm gewesen sei und uns ständig hätte fragen müssen. Hinter dieser Frage stand die erwähnte Paradoxie. Man könnte demnach argumentieren, dass die Kindertheologie diese Paradoxie wieder zurechtrücken, gewissermaßen die Sache vom Kopf auf die Füße stellen möchte. In der Tat spielen die Fragen der Kinder eine wichtige Rolle.

1 Die Kinderfragen als Ausgangspunkt

Einer der ersten Klassiker der Kindertheologie ist Rainer Oberthürs „Kinder und die großen Fragen".[3] Oberthür zielt mit seinem Titel auf ein Doppeltes: es geht in der Tat um die fragenden Kinder, es geht aber auch um die „großen Fragen". Beides ist nun, und das wäre die erste wichtige Erkenntnis, nicht ganz identisch.
Beginnen wir mit dem Aufmerksam-werden auf die realen Fragen realer Kinder. Gertrud Ritz-Fröhlich[4] hat Lehrern nach dem Frageverhalten von Grundschülern befragt und schriftliche Kinderfragen gesammelt. Ihr Interesse war allgemeinpädagogischer Art, das heißt, dass das Fach Religion nicht explizit untersucht wurde. Ausgehend von der Frage „Welche Fragen stellen Grundschulkinder im Unterricht?"[5] antworteten die Lehrer, dass neben den am häufigsten genannten Sach- und Informationsfragen (91,5 %) persönliche (70,4 %) und Sinnfragen (46,5 %) eine große Rolle spielen.[6] Bei der Bedeutung der für Schülerfragen relevanten Fächer erscheint der Religionsunterricht auf Platz 3 nach Deutsch und Sachkunde, allerdings bei einigen Probandinnen mit besonderer Gewichtung.[7] Bei der Auswertung gesammelter, meist schriftlich formulierter Kinderfragen[8] zeigt es sich, dass neben den von Ritz-Fröhlich explizit als religiös eingeschätzten Fragen[9] „Warum sehen wir Gott nicht?" „Warum

3 Oberthür (1995).
4 Ritz-Fröhlich (1992).
5 Ebd., 21.
6 Ebd., 22f.
7 Ebd., 25.
8 Ebd., 29.
9 Ebd., 32.

lässt Gott zu, dass man so traurig sein muss? „Wenn Gott stärker ist als der Tod, warum schafft er dann den Tod nicht ab?“ „Was wird das Leben nach dem Tod sein“, finden sich religionsrelevante Fragestellungen unter den sogenannten persönlichen Fragen[10] („Wieso bin ich auf der Welt?“), den Fragen zum menschlichen Dasein[11] („Wo kommen die Menschen her?“) und den Fragen zur Kosmologie[12] („Wie entstand die Welt und der erste Mensch?“). Dabei wird man davon ausgehen können, dass sich bei den beiden letzten Fragen naturwissenschaftliches und existenzielles Interesse mischen. Nach den Studien zur domänenspezifischen kognitiven Entwicklung[13] wird man von einer allmählichen Ausdifferenzierung ausgehen. Insgesamt bescheinigt Ritz-Fröhlich den Fragen der Schüler ein intellektuell hohes Niveau.[14] Wir sehen, dass das Gros der Fragen der Schüler zu der Gattung von Fragen gehört, die von Foerster als nicht entscheidbar klassifiziert, das heißt, dass diese „entschieden werden müssen“. Der Ort solcher Entscheidungen ist dann klassischerweise der Unterricht.[15] Dies gilt natürlich auch für die „entschiedenen“ entscheidbaren Fragen. Diese müssen die Schüler durch Instruktion vermittelt bekommen beziehungsweise sich durch Auswendig-Lernen aneignen. Für die Kindertheologie ergeben sich durch die Untersuchung von Ritz-Fröhlich zwei Anstöße. Es lohnt sich demnach, die Kinder selber zu fragen beziehungsweise ihren Fragen eine wichtige Stellung im Unterricht beizumessen. Zweitens ergeben schon die wenigen hier genannten Fragen Hinweise auf ein spezifisches inhaltliches Profil dieser Fragen.

2 Die Empirie der Kinderfragen

Ritz-Fröhlich macht Vorschläge, wie der Unterricht stärker auf die Kinderfragen bezogen werden kann.[16] Vor allem in der Anfangsphase kindertheologischen Arbeitens wurden oft nach ihrem Vorbild Kinderfragen gesammelt und nicht überraschend kristallisierten sich ähnliche Fragen heraus wie die oben zitierten. Betrachtet man diese genauer, dann sind es dieselben, die Karl Ernst Nipkow als die

10 Ebd., 39.
11 Ebd., 31.
12 Ebd., 32.
13 Hirschfeld/Gelman (1994).
14 Ritz-Fröhlich (1992), 35.
15 Foerster (^{4}2002), 29. „Die Kinder nannten diese Fragen die ‚großen Fragen‘ mit der Bestimmung, dies seien Fragen, auf die es nicht nur eine einzige richtige Antwort gibt oder die sogar niemand endgültig beantworten kann“; Oberthür (1995), 14.
16 Ritz-Fröhlich (1992), 58ff.

Schlüsselfragen der von ihm untersuchten Jugendlichen ausmachte: die Frage nach Gott angesichts von Leid und Bösem, die Frage nach dem Anfang der Welt und die nach dem Geschick nach dem Tode.[17] Besonders *die Theodizeethematik* tritt bei dieser Vorgehensweise mit hoher Wahrscheinlichkeit ins Zentrum des Interesses.[18] Von daher erscheint es sinnvoll, an dieser Stelle der Frage nachzugehen, was es bedeutet, theologische Diskurse ausgehend von dieser Grundfrage her zu gestalten. Sie ergibt sich übrigens auch bei vielen biblischen Fragestellungen. Ihr Grundprinzip besteht darin, dass menschliche Grundsituationen besonders dann, wenn sie konfliktgeladen sind oder einen negativen Ausgang nehmen, sich unmittelbar verändern, wenn Gott mit in diese Konstellation einbezogen wird. Dies geschieht auch und gerade bei der bibliodramatischen Bearbeitung von biblischen Perikopen durch Erwachsene. Hier wird deutlich, welche elementare Struktur des Themas durch diese Konstellation angesprochen wird. Ich verdeutliche dies anhand eines Ausschnitts aus Samuel Laechlis Inszenierung der Kain-und-Abel-Perikope:

> Es wird fast immer die Frage [an Gott] gestellt
> ‚Warum hast du das eine Opfer angenommen und das andere nicht?'
> ‚Bist du dir bewusst, dass du durch diese arbiträre Handlung entsetzliche Spannungen verursacht hast?'
> ‚Hast du Abel lieber gehabt als Kain?'
> ‚Wolltest du Abel zerstören?'[19]

„Gott" kann dann in verschiedener Weise antworten, die aber dann in gewisser Weise doch immer nur die Aporie der Theodizeefrage widerspiegeln.[20] Gerade die Häufigkeit dieser Fragekonstellation macht es nun sinnvoll und hilfreich, das Argumentationsnetz dieser Thematik zu bestimmen. Betrachtet man diese genauer, dann geht es um wenige Alternativen:[21] Ist Gott allmächtig? Wenn ja, lässt er den Menschen einen Spielraum der Entscheidung? Wenn ja, dann ist der Mensch verantwortlich? Geht etwas schief, ist dann Gott mitverantwortlich? Macht er etwa Fehler? Wenn ja, liegt das am Wirken eines Gegenspielers? Dies gälte, wenn Gottes Macht eingeschränkt wäre. Wie ist dann das Verhältnis zu diesem Gegenspieler (Teufel) gedacht?

17 Nipkow (^{2}1992), 377f.

18 Dies gilt trotz der begründeten Infragestellung der exzeptionellen Rolle der Theodizeeproblematik durch Ritter (2006).

19 Laeuchli (1987), 64.

20 Zum Beispiel ebd., 65.

21 Vgl. meine Skizze in Büttner (2006), 64.

Das Thema ist sehr affin zur Frage nach dem freien Willen beziehungsweise Gottes Führung. Gerade in der Übergangsphase von der Kindheits- zur Jugendphase ist diese Fragestellung sehr relevant.[22] Betrachtet man den durch die Kinderfragen angestoßenen Diskurs, dann kann man feststellen, dass dieser bestimmten Regeln folgt, aber auch bestimmte Grenzen hat. Dies wäre pädagogisch leicht zu verschmerzen und könnte als Reduktion von Komplexität erscheinen. Vom theologischen Standpunkt aus wird man aber sagen müssen, dass der Diskurs im Rahmen einer Religionsphilosophie verbleibt. Will man theologisch argumentieren, dann kann man die protestantische Skepsis gegenüber einer „natürlichen Theologie" bestätigt sehen. So wird man zumindest von einer *christlichen* Theologie eben erwarten dürfen, dass in die Frage nach Gott und dem Leid an irgendeiner Stelle Jesus Christus mit ins Spiel kommen müsste. Hier wird deutlich, dass die Kinderfragen allein, ohne entsprechendes Angebot nicht weiterführen. Judith Brunner konnte dies am Beispiel von Kindergartenkindern zeigen. Ihr Jesus blieb eine quasi kontextfreie Gestalt, bis zu dem Moment, an dem diese durch biblische Geschichten angereichert wurde.[23]

3 Voraussetzungsvolles Fragen

Mirjam Zimmermann kommt bei ihrer Annäherung an die theologisch sehr anspruchsvolle Frage nach der Bedeutung des Kreuzestodes Jesu zu der Erkenntnis, dass deren kindertheologische Erschließung die Einbettung des Diskurses in bestimmte Wissensbestände voraussetzt. Erst die Verknüpfung mit anderen Themenfeldern (sie nennt etwa Jona, Eucharistie und Auferstehung)[24] lässt es erwarten, dass einem Ereignis wie der Passion Jesu Sinn *für mich* zugesprochen werden kann. Mirjam Zimmermann kommt auch nach der Auswertung eines Gesprächsganges zum Thema „Sünde" zu dem Fazit: „Die hierbei geleistete Wahrnehmung von menschlicher Schuld und Begrenzung im theologischen Horizont zeigt, dass die Wegnahme von Schuld durch Gott, das heißt in einem weiteren Sinn ‚Soteriologie', von den Kindern verstanden werden kann."[25] Für unser Thema bedeutet das, dass Kinder nach einer entsprechenden Beschäftigung mit theologischen Inhalten dann in der Lage sein

22 Hösle (1996), 43f; Fricke (2003), 46-53; Büttner/Rupp (2002), 53-69.
23 Brunner (2001), 27-71.
24 Zimmermann (2010), 334
25 Ebd., 339.

werden, auf komplexere Frageanstöße zu reagieren, dann aber auch selber theologisch anspruchsvollere Fragen werden stellen können. Wie die Kinderfragen konstruktiv in die Unterrichtsplanung integriert werden können, zeigt Petra Freudenberger-Lötz am Beispiel eines prozessorientierten Vorgehens im Hinblick auf das „Gleichnis vom verlorenen Schaf".[26] Um die Grundbotschaft des Gleichnisses in einem breiteren Wissenskontext zu verankern, bietet sie den Schüler eine „anregende Lernlandschaft", die es diesen ermöglicht, die Thematik auf dem je ihnen zugänglichen Niveau zu vertiefen.[27] Allerdings ergibt sich dann mit der Frage, wer denn letztlich der gute Hirte sei, Jesus oder Gott, eine neue Dimension:

> Die Frage nach dem Verhältnis zwischen Jesus und Gott, die in den Stunden zum Gleichnis vom verlorenen Schaf angestoßen wurde und nicht zufriedenstellend geklärt werden konnte, ist eine theologisch brisante und komplexe Thematik. [...] Die Schüler/innen sollen anhand des christologischen Streits der Frühen Kirche eine Struktur angeboten bekommen, in die sie ihre bisherigen Argumente einbetten können und die ihnen neue Antwortmöglichkeiten eröffnet. Hier wird die Argumentationsebene der Kinder also zunächst bewusst verlassen, um die Schüler/innen mit neuen, weiterführenden Gedanken und Lösungsvorschlägen aus dem Fundus der Tradition zu konfrontieren. In einem nächsten Schritt sollen diese Lösungsansätze selbständig mit der Argumentationsebene der Kinder verbunden werden und zu individuellen Lösungen führen.[28]

Dieses Vorgehen zeigt, wie es gerade die Kinderfragen sind, die den Prozess des Nachdenkens forcieren. Gemäß des Vygotskyschen Gedankens käme der Lehrkraft demnach die Aufgabe zu, die Fragen der Schüler so aufzunehmen, dass ein entsprechendes Arrangement nicht nur eine „Schlüssel-Schloss-Antwort" bietet, sondern gleichzeitig eine Lösung des Problems auf einem anspruchsvolleren Niveau möglich macht.[29]

4 Die Kinderfrage als Herausforderung an die Theologie

Ich beginne meine Überlegung mit einem typischen Problem des Theologisierens mit Kindern. Die Lehrperson hat sich einen bestimmten Lernduktus überlegt, doch „auf den Herzen der Kinder lag eine andere Frage".

> Der unterrichtende Student erzählt von Jonas Auftrag, nach Ninive zu gehen.

26 Freudenberger-Lötz (2007), 154ff.
27 Ebd., 160ff.
28 Ebd., 188f.
29 Zur „Zone der nächsten Entwicklung"; Vygotskij (^{2}1979), 86.

> „Was denkt ihr, wie fühlt er sich, wenn Gott so etwas zu ihm sagt? Wie fühlt man sich, wenn man so etwas sagen muss?
> Christoph: Ängstlich,
> Hannelore: Ich wusste gar nicht, dass Gott sprechen kann
> Kian: Gott kann doch gar nicht sprechen, oder?
> Schüler: Doch, doch (…).
> Yong Kwang: Denkst du, Gott hat keinen Mund?
> Hannelore: Kann des sein, dass er 'ne Wolke ist? (...)
> Kian: Nein, ich stell mir 'nen ganz normalen Menschen vor.
> Richard: Meine Schwester stellt sich Gott als äh/wie ein Licht vor.
> S: Wie ein Licht, mhm ... Der Jona wusste vielleicht auch nicht, dass Gott zu ihm sprechen kann, und dann spricht er plötzlich, und dann sagt er auch noch so was. Wie ist des für ihn?[30]

Aus kindertheologischer Sicht fällt es leicht, das Verhalten des Unterrichtenden kritisch zu sehen. Die Frage danach, wie Gott zu Menschen sprechen kann, ja wie man ihn sich überhaupt vorstellen kann, interessiert offenbar mehr als der Auftrag des Propheten Jona. Doch wie hätte der Lehrer antworten sollen beziehungsweise können? Gewiss wäre es ein probates Mittel gewesen, die Frage einfach zurückzuspiegeln: „Was meint denn ihr?“ Doch dies enthebt die Lehrperson nicht von der Aufgabe, nach einer möglichen adäquaten Antwort zu suchen. Ich möchte an dieser Stelle behaupten, dass eine „gute“ Antwort gar nicht so einfach ist. Mit der Vorstellung vom „Sprechen“ Gottes verbinden sich ja viele Konnotationen. Bei Grundschulkindern ist davon auszugehen, dass ein sprechender Gott anthropomorph gedacht ist. Als passende Antwort erscheint uns Erwachsenen am ehesten ein metaphorisches Verständnis von Gottes Sprechen. Doch wird dies von den Grundschulkindern verstanden und löst das wirklich die Fragen, die der Unterrichtsausschnitt referiert?

Ich möchte in einem ersten Schritt verdeutlichen, dass auch die nicht-anthropomorphen Antworten so einfach nicht sind. In einem zweiten Schritt möchte ich grundsätzlicher die Möglichkeit einer Kommunikation mit Gott bedenken.

Eine polnisch-niederländische Forschergruppe hatte die Frage nach dem Sprechen Gottes Kindern in ihren Ländern gestellt und erzielten deutlich unterschiedliche Antworten: „jjj“

> For instance, when asked „What do you think about when you hear ‘God's voice from the heaven’?“, a polish child (boy, aged 11) said; ‘I think about Our Father who is in Heaven and who speak like we do. But you do not hear Him directly. He speaks through the priests in the church and when the Pope speaks. God speaks also through the teacher when she gives religious classes at school.’ On the same question a Dutch child (boy, aged 11) says: ‘Actually it is not God's voice you hear, but it is that something clear for you, that you realise something,

[30] Freudenberger-Lötz (2005), 16.

that you learn something from what you see and from what has happened. I do not think you really hear this voice but you rather feel it more or less. Or that you think or dream about something.'[31]

Das Beispiel zeigt sehr schön den kulturellen Rahmen unseres Verstehens. Es schützt uns davor, die Antwort des holländischen Jungen vorschnell als „richtige" Lösung für das obige Beispiel zu empfehlen. Markus Schiefer Ferrari hat zu bedenken gegeben, ob nicht in der naiven Lesart der Kinder ein Mehrwert auch für die erwachsene Begegnung mit biblischen Texten liegen könnte.[32] In diesem Sinne lässt sich dann fragen, in welcher Weise die konkreten, aber dennoch tiefgründigen Fragen nicht die Theologie zu größerer Genauigkeit und zu größerer Relevanz herausfordern. So führt das Nachdenken darüber, „wie Gott spricht" von anthropomorphen Vorstellungen zu Überlegungen, wie sie die beiden zitierten Jungen geäußert haben. Diese sind nun ihrerseits offen für Grundfragen einer *Offenbarung Gottes* überhaupt. Die Antworten sind affin zu Gedanken, dass „die Kirche" beziehungsweise ihre Vertreter Quelle dieser Offenbarung sein könnten oder dass das Wirken des Heiligen Geistes – wie es ein Mädchen ausgedrückt hat[33] – „Gottes Gedanken in uns" sein könnten. Hinweise auf die Bibel beziehungsweise Jesus Christus als „Sprechen Gottes" sind dann möglich und entsprechen auch der Logik des kindlichen Denkens.
Ich möchte den Gedanken weiterführen zu Äußerungen von Kindergartenkindern zum Gebet. Sie erfolgen hier nicht in der Gestalt von Fragen, sondern wurden von der Interviewerin ausgelöst. Gleichwohl skizzieren sie damit einen Horizont möglicher Kinderfragen. Katharina Kammeyer spricht mit den Kindern die in der Frühen Kirche praktizierte Gebetsform an, mit erhobenen Händen gen Himmel zu blicken.

Lena (hebt die Hände nach oben): Weil der Gott im Himmel ist?
Corinna: Dann kann der das besser ...
Chiara (neigt den Kopf): Weil Gott sieht ihn dann, also sein Gesicht und wenn man so macht, kann man ihn auch besser sehen.
Corinna: Das merkt Gott dann, dass er, dass sie oder er Gott meint.
D [= Interviewerin]: Und was meinst du, kann man ihn bessert sehen?
Chiara: Nein, dann kann er uns besser sehen. Dann kann er nach unten richtig sehen.
D: Ich wollte überhaupt noch fragen. Wie geht das denn überhaupt, wie kann Gott das denn überhaupt mitkriegen?

31 Jabłoński/van der Lans/Hermans (1997), 41.
32 Schiefer Ferrari (2008), 278-295.
33 Büttner (2003), 42.

Chiara: Indem man zu ihm betet und spricht dann, und der Gott hört das, manchmal auch Geflüster und Geheimnisse.[34]

Die Gesprächssequenz lässt sich unmittelbar anschließen an die Kinderfragen, die Petra Freudenberger-Lötz mitgeteilt hat. Dem Sprechen Gottes korrespondiert hier sein Hören und sein Sehen, speziell im Vorgang des Gebets. Die Kinder gehen hier von einer gesprächsanalogen Situation aus. In dieser kommt es darauf an, dass beide Partner einander wahrnehmen und verstehen. Dabei geht es in den verschiedenen Gebetsgattungen ja durchaus darum, Gott zu „beeinflussen". Die entwicklungspsychologischen Studien von Fritz Oser zeigen ja geradezu exemplarisch, wie das Gebetsverständnis der Kinder sich mit dem Heranwachsen verändert.[35] Geht das jüngere Kind beim Gebet von Gottes Hilfe aus, der man, etwas älter, durch entsprechendes Verhalten entsprechen müsse, so führt die Adoleszenz zu der Einsicht, dass unser Gebet und Gottes Handeln nicht ohne Weiteres aufeinander beziehbar sind. Auf einer weiteren Stufe impliziert unser Gebet eher das Einwilligen in Gottes Plan. Die Überlegung dieses Modells geht dahin, auch dem aufgeklärten Erwachsenen jenseits des magischen Denkens noch eine Möglichkeit zum Beten zu eröffnen: „Religiöse Autonomie und religiöse innere Freiheit, wie sie auf den höheren Stufen zum Ausdruck kommen, sehen Gebet als eine Form der Selbstreflexion, die dem aufgeklärten Geist nicht widerspricht, sondern ihn transzendiert."[36] Es liegt nahe aus dieser Einsicht einen pädagogischen Imperativ abzuleiten, die anthropomorphen Gebetsvorstellungen möglichst bald hinter sich zu lassen.

Spannend wird an dieser Stelle dann der Blick auf die theologische Deutung dieser Fragestellung. Hatte Anton Bucher vor Jahren für das Recht auf die (erste) Naivität der Kinder plädiert,[37] so ging es ihm eher um einen Schutz der Kinder vor einer „progressiven" Überwältigung als um ein inhaltliches Plädoyer in Bezug auf die Theologie. Ich möchte dem gegenüber die Vermutung äußern, dass eine Rekursnahme auf die Inhalte kindlicher Theologie dieser selbst guttun könnte.

Die hier zitierten kindlichen Überlegungen zu Sprechen und Hören Gottes sind natürlich grundlegend für die Kommunikation mit Gott und damit auch essenziell für das Gebetsverständnis. Es geht den Kindern beim Beten zweifellos darum, dass ihre Gebete Gehör bei Gott finden. Wieweit hinter ihrem Denken dann anthropomorphe

34 Kammeyer (2009), 396.
35 Oser (^{2}1990), 100.
36 Ebd., 200.
37 Bucher (1989), 654-662.

oder gar mechanistisch-magische Vorstellungen liegen, wird im Einzelfall nicht immer genau zu erschließen sein. Doch ist in jedem Fall zu erwarten, dass Kinder mit dem Gebet eine Reaktion Gottes, am liebsten eine Erhörung des Gebetswunsches erhoffen. Diese Erwartung teilen sie mit vielen biblischen Aussagen (zum Beispiel Mt 7,7f) und mit Martin Luther.[38] Neben der Erfahrung, dass diese Erwartung zwangsläufig sich nicht immer erfüllt, macht der Theologie spätestens seit der Aufklärung der Gedanke Schwierigkeiten, dass Gott sich in seinem Handeln an der Welt durch die zahllosen Gebete wirklich in der Weise beeinflussen ließe, dass er in irgendeiner Weise darauf „reagiere". So spricht etwa Markus Höfner im Anschluss an Calvin und Schleiermacher davon, dass deren Konzepte einer *providentia generalis* eine *providentia specialis* kaum zulasse.[39] Konkret heißt das, dass der Beter nur im Sinne der Vater-Unser-Bitte „Dein Wille geschehe" in Gottes Heilsplan einstimmen könne und das Gebet ihm diese Einstimmung erleichtere oder ermögliche. Diese Position kritisiert Christiane Tietz, indem sie darauf verweist, dass die biblischen Geschichten davon erzählen, „dass Gott sich von menschlichen Bitten und menschlicher Not berühren und bewegen lässt. [...] Der Mensch hat auf Gott keine kausale Wirkung, wohl aber gibt es eine beide Seiten bewegende Beziehung."[40] Von daher verwirft sie den Providentia-Begriff zugunsten des Gedankens von Gottes *Fürsorge*. Es geht dann auch beim Gedanken der Gebetserhörung nicht um eine Eins-zu-eins-Realisierung des Gebetsanliegens, sondern, wie Christiane Tietz hervorhebt: „*Gott hat mein Gebet erhört,* heißt also schließlich: *Der Beter kann an seiner Situation, an einem Geschehen, für das er gebetet hat, Gottes Fürsorge wahrnehmen.*"[41] Ich halte die Argumentation von Christiane Tietz für anschlussfähig an das Denken und Fragen der Kinder.[42] Dies ist das eine. Daraus ergibt sich dann aber notwendigerweise eine theologische Positionierung mit religionspädagogischen Konsequenzen. Nur wenn ich – im Sinne kindertheologischer Argumentation – davon ausgehen kann, dass Gott nicht nur allgemein, sondern ganz speziell in meiner Lebensge-

[38] Tietz (2009), 328ff.

[39] Höfner (2009), 464-488.

[40] Tietz (2009), 336.

[41] Ebd., 341.

[42] Die Studien des Kognitionsforschers Justin L. Barrett haben plausibel gemacht, dass sowohl Kinder als auch Erwachsene sowohl über ein konkretes als auch über ein abstraktes Gottesbild verfügen, auf das sie je nach Kontext zurückgreifen. Es fällt nicht schwer nachzuvollziehen, dass im theologischen Seminar anders über das Beten gedacht wird als im Krankenhaus. In deutscher Sprache gut zugänglich in Biewald (2008), 91-110 und Bucher (2009), 24-37.

schichte präsent ist, werde ich dem deistischen Mainstream entgehen, den eine US-Jugendstudie erwiesen hat und der sich vermutlich auch im neuerdings konstatierten Verschwinden der Theodizeethematik erschließen lässt.[43] Kurzum: das Hören auf die Kinderfragen tut der Theologie gut.

5 Fragen als Methode

Die zitierten Beispiele machen deutlich, dass auch im Kontext der Kindertheologie auf das Fragen der Erziehungspersonen nicht verzichtet wird. Es wird also zu klären sein, in welcher Art Fragen dort vorkommen. Es erscheint mir sinnvoll, hierbei dem eingebürgerten Dreischritt entlang zu gehen: *eine Theologie der Kinder zu unterscheiden von der Theologie mit Kindern und schließlich von einer Theologie für Kinder*.[44]

Woher haben wir unser Wissen über die Theologie der Kinder? Entweder liegen diesem Interviews mit einzelnen Kindern zugrunde oder Gespräche mit Gruppen oder Klassen. Betrachten wir die dabei angewandten Fragestrategien, dann bewegen sich diese zwischen *Qualitativen Interviews*[45] und dem sogenannten *Gruppendiskussionsverfahren*.[46] Die folgende Szene aus einer 6. Klasse gibt einen Eindruck:

> L: [...] Wenn man heute sagt: ‚Komm, Herr Jesus, sei du unser Gast', wie sch / wie kann man sich des vorstellen, oder kann man da / sich auch 'ne Vorstellung von Jesus haben, dass 'n Walkman zu Jesus passt? Da hätt' ich gern noch eure Meinung. * Isi.
> Isabell: Ich find schon. Weil, ich mein, Jesus gibt's ja auch ganz bestimmt in unsrer Zeit auch. [L: Jesus gibt es (schon noch). Mhm] Ja, es gibt ihn ja immer, also. Er is jetzt ja plötzlich nich ausgestorben oder so. [L: Mhm] ((Schmunzeln, einige Schüler/innen reden durcheinander))
> L: Könntst du das genauer / Wie stellst du dir denn vor, dass Jesus unter uns is?
> Isabell: Alle stellen sich ja (nur) vor, dass er in 'ner alter Zeit is, aber er kann ja auch bei uns irgendwo, mhm, / irgend * / von mir aus auch also die Luft oder irgendwas bei uns sein, bei mir, also /
> L: Du stellst dir vor, dass Jesus bei uns ist wie die Luft.
> Isabell: Ja.
> L: * Patrick.

[43] Smith/Denton (2005). Zum Verschwinden der Theodizee-Fragen vgl. Ritter (2006); dazu meine Einschätzung in Büttner (2008), 369-373.
[44] Erstmals Schweitzer (2003), 9-18.
[45] Heinzel (1997), 396-413.
[46] Lamneck (1998).

> Patrick: In der heutigen Zeit stell' ich mir des schon so vor, dass der Jesus 'n Walkman hat, ((Schüler/innen schmunzeln)) aber äh, damals, da gab's des ja noch nich.[47]

Man kann hier ersehen, wie die Schüler anhand eines Bildes in dem Jesus und ein Kind mit Kopfhörern abgebildet ist, mit Unterstützung der Lehrerin spekulieren, wie man sich eine Präsenz Jesu heute vorstellen kann. Die Fragestrategie der Lehrerin beinhaltet einerseits ein Spekulationsangebot an die Schüler, andererseits bewirkt sie mit dem Spiegeln der Antwort einen Verstärkungseffekt und provoziert möglicherweise eine Weiterführung durch die angesprochene Schülerin. Mit ihrer Strategie produziert die Lehrerin einerseits kindertheologisch relevantes Wissen (auch für die Wissenschaft), andererseits ermuntert sie die Schüler zur Konstruktion von Antworten auf eine Frage, die „objektiv" nicht zu beantworten ist. Insofern ist die Schulstunde, der dieser Ausschnitt entnommen ist, ein Stück religionspädagogische Forschung als auch eine mögliche Unterrichtsstrategie. Freilich kann Unterricht bei einem solchen Vorgehen nicht verharren, sondern muss dann Zusammenfassungen und Strukturierungen vornehmen, wenn dauerhaftes Wissen gewonnen werden und es nicht nur bei einem Reden-Über bleiben soll.
Während das Bemühen um die Theologie der Kinder eher das Geschäft der Wissenschaft ist, ist die Theologie mit Kindern das Kernstück der Praxis einer jeglichen Kindertheologie. Unsere Überlegungen gehen dabei aus von einer kleinen Sequenz aus Rainer Oberthürs Klassiker „Kinder und die großen Fragen".[48] Den Kindern wurde per Folie Jesajas Verheißung vom Tierfrieden (Jes 11,6-8) vorgelegt.

> Ein Junge meinte: ‚Jesaja hatte viel Phantasie, er hat was ganz besonderes gesagt, das haben die Menschen weitererzählt, du sagst es uns jetzt und wir erzählen es später weiter: es wird nie sterben!'
> L_1: ‚Was meint ihr, wie hat er die Zeit genannt?'
> Sch.: ‚Paradies', ‚Zeit des Friedens', ‚Zeit der Freundschaft'.
> L_1: ‚Die Zeit schafft der Mensch nicht allein ...'.
> Sch,: ‚Gottes Zeit, Gottes Frieden, Gottes Herz, Gottes Liebe.'
> L_2: ‚Er nannte sie die Zeit des Reiches Gottes oder einfach Gottes Reich, eure Wörter sind aber eigentlich besser, weil damit weniger ein Ort gemeint ist, sondern ein neues Leben.'
> Sch.: ‚In Gottes Reich ist alles verändert, umgedreht, anders als sonst.'

Die Sequenz ist aus mehreren Gründen interessant. Das Schema folgt zunächst den Erwartungen des fragend-entwickelnden Gesprächs.

[47] Büttner (2002), 200.
[48] Oberthür (1995), 124. Bei L_1 handelt es sich um den unterrichtenden Lehrer Alois Mayer, bei L_2 um Rainer Oberthür.

Mittels der Jesaja-Stelle soll der Begriff des „Reiches Gottes" erarbeitet werden (was inhaltlich möglich, aber logisch nicht zwingend ist). Der Stimulus liegt in den Frage: „*Was meint ihr, wie hat er die Zeit genannt?*" Entscheidend ist die mit dieser Frage verbundene Intention. Ist sie öffnend? Soll ein Bündel von Begriffen generiert werden, die der Jesaja-Stelle entsprechen können? Oder ging es der Lehrperson, in verengender Weise darum, den einen Begriff zu evozieren, den sie in ihrer Planung im Sinn hatte. Die folgende Hilfsfrage, die die Initiative Gottes beim Herstellen dieser Friedenszeit betont „*Die Zeit schafft der Mensch nicht allein [...]*" macht die Problematik dieses Vorgehens deutlich. Die Schüler beginnen normalerweise nach solchen Aufforderungen mit einem Potpourri von Antworten, das dann endet, wenn der von der Lehrperson gedachte Begriff *erraten* ist. Die Wirkung dieses Vorgehens ist fatal, weil es die Schüler zu Stichwortgeber macht. Interessanterweise findet sich eine weitgehend parallele Unterrichtssequenz in der Tübinger Sammlung.[49] Hier nennt eine Schülerin ebenfalls den Paradiesbegriff. Doch es schließt sich eine lange Ratephase an, bis dann schließlich der erwünschte Reich-Gottes-Begriff gefunden ist. Hier wird dann die Bedeutung der Intervention von Rainer Oberthür (=L_2) erst deutlich. Er löst zunächst das Ratespiel auf, indem er den erwünschten Reich-Gottes-Begriff nennt. Aus kindertheologischer Sicht ist aber die Fortsetzung noch wichtiger. Er zeigt nämlich, dass die Wortfindungen der Kinder den Sachverhalt ebenso treffen, ja sogar besser, weil deren Nennungen nicht das Missverständnis eines bestimmten Ortes implizieren.

Das Verhalten Oberthürs ist nun aber keinesfalls zufällig. Zum einen entspringt es der besonderen Konstellation, dass in dieser Sequenz zwei Lehrer anwesend sind. Während Alois Mayer sich auf das Unterrichtsgespräch konzentrieren muss, kann Oberthür handlungsentlastet von der Metaposition aus erkennen, dass Mayers Strategie der Sache nicht förderlich ist. Er kann deshalb erkennen, dass es meist nicht sinnvoll ist, neue Begriffe erraten zu lassen (unterstützt durch die bekannten Fragebatterien), sondern, dass man die Begriffe als Lehrperson in das Gespräch einführen und gegebenenfalls erläutern muss. Außerdem konnte er wahrnehmen, dass die Begriffe und Definitionen der Schüler *passten*. Dies festzuhalten, hat den doppelten Sinn, einerseits die Eigenanstrengung der Schüler zu bekräftigen, andererseits Material im Diskurs zu haben, das deren Denkwelt entspricht. Dies führt dann zu der Idealkonstellation, dass die Ideen und Begriffe der Schüler gewissermaßen im selben Spielfeld spielen wie die von der Lehrperson eingebrachten Begriffe der

[49] Faust-Siehl (1995), 34f.

Tradition oder der Fachsprache. Gerade dieser Schritt ist wichtig, aber nicht so einfach zu praktizieren. Es ist nicht immer einfach, sich in der Fülle der Schülerantworten zurecht zu finden. Hier können die Forschungen zur *Theologie der Kinder* hilfreich sein. Diese Studien zeigen in der Regel sehr gut, wie sich ein bestimmtes Thema im Horizont von Schüler darstellt, welche Begriffe fallen usw. Mit diesem Wissen fällt es dann der Lehrperson leichter, die Schülerantworten aufzunehmen und zu strukturieren, so dass mit diesem der Unterricht weitergeführt werden kann. Oberthür kannte offenbar Studien, die zeigen, dass viele Schüler den Reich-Gottes-Begriff räumlich verstehen, etwa als ein Reich im Himmel.

Eine Konsequenz dieses Vorgehens liegt in der Erkenntnis, dass es gerade im Bereich der wichtigen Themen meist keine Eindeutigkeit gibt. Unterricht sollte deshalb darauf hin zielen, die Pluralität beziehungsweise dialektische Innenspannung eines Themas auch im Unterricht präsent zu halten und sachliche und begriffliche Engführungen vermeiden. Die angesprochene Inszenierung der Zwei-Naturen-Lehre bereits in der Christologie der Grundschule[50] wäre ein Beispiel oder Hanna Rooses Verweis auf widerstreitende Modelle der Eschatologie in der Bibel.[51] Wenn ich als Lehrperson bereits mit mehreren möglichen Antworten in meinem Unterrichtsdesign rechne, wird sich auch mein Frageverhalten ändern. Ich werde wie Oberthür genauer unterscheiden, wo eine Instruktion meinerseits angemessen ist und diese dann nicht in einer Frage verstecken. Die Fragen werden dann eher *echte Fragen* sein, die das Unberechenbare mit ins Kalkül nehmen, das heißt ihnen auch den nötigen Raum und die entsprechende Zeit zu geben. Diese Unberechenbarkeit der Antworten ist für die Lehrperson leichter zu ertragen, wenn sie etwa auf der Basis entsprechender Studien weiß, in welchem Horizont sich zumindest die Mehrheit der Schülerbeiträge bewegen wird.

Spätestens bei der Frage nach einer Theologie *für* Kinder schließt sich dann der Kreis. Jetzt kehrt die Frage nach dem fragend-entwickelnden Gespräch vom Anfang wieder. Natürlich kann ein kindertheologisches Konzept Anteil nehmen an den reformpädagogischen Programmen, die daran interessiert sind, dass sich die Schüler ihr Wissen aus dem dargebotenen Material selbst erarbeiten. Dennoch ist gerade die Kindertheologie immer auch die Anwältin einer Gesprächskultur. So kann man auch dem Philosophiedidaktiker Johannes Rohbeck zustimmen, wenn er schreibt: „Diese Gesprächsform bleibt unverzichtbar, wenn ein Thema gestellt wird, von dem nicht erwartet werden darf, dass die Schülerinnen und Schüler es ohne

50 Freudenberger-Lötz (2007), 188ff.
51 Roose (2010), 24-29.

fremde Hilfe bearbeiten können."[52] Wo seine Probleme liegen, kann man schon anhand eines didaktischen Klassikers zeigen. In seinem 1799 erschienen pädagogischen Werk gibt Joachim Heinrich Campe ein Exempel für ein solches Gespräch. Es geht um die oben bereits angesprochene Frage der Providentia Dei, die den Kindern angesichts von Unglücksfällen demonstriert werden soll:

> Johannes: Aber warum mochte Gott auch wohl den *Robinson* allein erretten, da er die andern Leute alle ertrinken ließ?
> Vater: Lieber Johannes, bist du wohl im Stande, jedesmahl die Ursachen einzusehen, warum wir Erwachsene, die wir euch herzlich lieben, dies oder jenes mit euch vorzunehmen?
> Johannes: Nein!
> Vater: Zum Exempel neulich, als so ein schöner Tag war und wir alle gern eine Lustreise nach den *Vierlanden* gemacht hätten, was that ich da?
> Johannes: Ja da muste der arme Nikolas zu Hause bleiben, und wir andern mussten nach Wandsbek, und nicht nach den Vierlanden gehen.
> Nikolas: Ach! ich weiß auch wohl! Da kam bald unser *Bromlei* und hohlte mich ab zu meinen Eltern, die ich lange nicht gesehen hatte.
> Vater: Und machte dir das nicht viel mehr Freude, als eine Lustreise nach den Vierlanden?
> Nikolas: O viel, viel mehr!
> [...]
> Vater: [...] Aber warum sagte ich euch die [wahren Handlungsgründe] nicht?
> Johannes: Um uns eine unerwartete Freude zu machen, wenn wir unsere Eltern zu sehen kriegten, ohne daß wir es vorher gewusst hatten. [53]

Für Campe ging es darum, den Kindern anhand dieser Beweisführung zu verdeutlichen, dass der liebe Gott seine „weisen und guetigen Ursachen [hatte], warum er die ganze Schiffsgesellschaft umkommen, und nur allein den *Robinson* am Leben lies".[54] Ohne auf den Inhalt der Argumentation einzugehen, kann man zeigen, dass diese Art der Gesprächsführung darauf angelegt ist, *eine* bestimmte Lösung plausibel zu machen. Die in diesem Falle mögliche Anfrage im Sinne der Theodizee soll durch die Argumentation gerade ausgehebelt werden. Auf der methodischen Ebene zeigt es sich, wie sehr diese Vorgehensweise im Grunde doch ausgelegt ist auf eine eher kleine Gesprächsrunde. Bei einem Klassengespräch ist es kaum möglich, die Einwände einer größeren Zahl von Schülern so aufzunehmen, dass alle den Lernfortschritt mitmachen. Jürgen Baumert meint darüber hinaus, dass diese Vorgehensweise eigenständiges Denken der Schüler geradezu verhindert. Sind ihre Vorschläge originell, aber nicht in den Argumentationsplan der Lehrperson passend, dann wer-

[52] Rohbeck (2000), 153.
[53] Campe (1799), 47.
[54] Ebd., 48.

den sie abgewiesen. An falschen Antworten können die Schüler ebenfalls nicht lernen, weil sie ebenfalls nicht aufgenommen werden. Denn die Schüler sollen einen Argumentationsgang mitgestalten, „dessen Ziel sie nicht kennen. Die Folge: Man testet sich mit assoziativen Beiträgen an die Vorstellungen der Lehrkraft heran, bis die Glieder des Reißverschlusses einrasten und Teilschritte abgearbeitet werden können. [...] Die Dramaturgie der ‚geschlossenen Gestalt' begünstigt wahrscheinlich die häufig anzutreffende schrittweise Trivialisierung des Frage- und Antwortspiels."[55] Interessanterweise entwickelt Baumert seine Argumentation auf der Grundlage seiner Beobachtungen in den Naturwissenschaften und Mathematik. Das heißt er kritisiert den impliziten Platonismus des fragend-entwickelnden Gesprächs an einer Materie mit vordergründig objektiven Richtigkeiten. Um wie viel mehr gilt seine Kritik dann für Fächer, deren zu erarbeitenden Ergebnisses selber „konstruiert" sind in dem Sinne, dass sie ihren Wahrheitsanspruch sowieso nur im Kontext alternativer Deutungen entfalten können.
Doch Johannes Rohbeck gibt zu bedenken, dass das sokratische Gespräch zumindest innerhalb der philosophischen Tradition eine Metamorphose durchgemacht hat und mit einem jeweils veränderten Wahrheitsansprüchen verknüpft wird:

> Im Zuge der pragmatischen Wende ist aus der *einen* Wahrheit der dialogisch konstituierte Konsens geworden. Und seit der Idee des ‚herrschaftsfreien Dialogs' wird auf die Gleichberechtigung der Dialogpartner Wert gelegt, so dass sich der Gesprächsleiter möglichst zurückhalten und alle Äußerungen aus der Gruppe gelten lassen soll. Heute [...] wird nicht nur der Lehrerin und dem Lehrer mehr Fachautorität zugebilligt; es ist auch zu fragen, ob der angestrebte Konsens wirklich so zwingend ist. Demgegenüber ist auch das Modell des reflektierten *Dissenses* vertretbar. Immerhin verbindet sich damit das Unterrichtsziel, die jeweils unterschiedlichen Auffassungen zu verstehen und zu dulden. Ein so verstandener Dissens, der zur Toleranz erzieht, ist nicht weniger ethisch als der versöhnlich stimmende Konsens.[56]

Es ist klar, dass eine solche Strategie ein anderes Vorgehen auch im Hinblick auf das Fragen impliziert. Wichtig scheint eine klare Differenzierung: Schüler brauchen ein Materialangebot auf der einen Seite und die Vermittlung von Zugangswegen auf der anderen. Letztere sollten eher in Form von Anweisungen und Hinweisen erfolgen als in Form von Fragen.[57] Fragen sollten in der Regel offen sein und mehrere Antwortmöglichkeiten implizieren, die dann auch die Chance haben sollten, im weiteren Unterrichtsverlauf aufgenommen zu wer-

[55] Baumert (2002), 145.
[56] Rohbeck (2000), 154f.
[57] Vgl. Mendl (2010), 316-321 sowie Englert (2010), 330-341.

den. Lehrervorträge sollten dann auch welche sein und gut präsentiert werden und nicht mit Fragen durchsetzt sein. Differenzen sollten wahrgenommen und geklärt werden, auch durch legitime Nachfragen. Ein sokratisches Gespräch mag in der Kleingruppe als Argumentationsstrategie ab und an angemessen sein, für den Unterricht im Klassenverband taugt es eher nicht. Dies gilt alles für den Unterricht im Allgemeinen, für einen der kindertheologische Prinzipien im Sinne hat, gilt es allemal.

Literatur

Baumert, Jürgen: Deutschland im internationalen Bildungsvergleich, in: Kilius, Nelson u.a. (Hg.): Die Zukunft der Bildung, Frankfurt am Main 2002, 100-150.

Biewald, Jörg: Zwischen zwei Göttern? Das doppelte Gottesbild bei Kindern und Erwachsenen, in: JaBuKi 7 (2008), 91-110.

Brunner, Judith: „Der Jesus kann auch gut mit Kindern umgehen." Christologie der Vorschulkinder, in: Büttner, Gerhard / Thierfelder, Jörg (Hg.): Trug Jesus Sandalen?, Göttingen 2001, 27-71.

Bucher, Anton A.: „Wenn wir immer tiefer graben... kommt vielleicht die Hölle." Plädoyer für die erste Naivität, in: KatBl 114 (1989), 654-662.

Bucher, Anton A.: Doch mehr als ein Mensch?, in: JRP 25 (2009), 24-37.

Büttner, Gerhard: Der Heilige Geist als „Gottes Gedanken", in: entwurf 1 (2003), 40-42.

Büttner, Gerhard: In der Deismusfalle!, in: KatBl 133 (2008), 369-373.

Büttner, Gerhard: Jesus hilft!, Stuttgart 2002.

Büttner, Gerhard: Strukturen menschlicher Argumentation – Versuch einer Kartografie der Kindertheologie, in: JaBuKi 5 (2006), 56-68.

Büttner, Gerhard / Rupp, Hartmut (Hg.): Theologisieren mit Kindern, Stuttgart u.a. 2002.

Campe, Johann Heinrich: Robinson der Jüngere (1799), Stuttgart 2000.

Englert, Rudolf: Ein Lehrer, der lehrt – schockierend?, in: KatBl 135 (2010), 330-341.

Faust-Siehl, Gabriele u.a. (Hg.): 24 Stunden Religionsunterricht, Münster 1995.

Freudenberger-Lötz, Petra: „Auf den Herzen der Kinder lag eine andere Frage...", in: entwurf 1 (2005), 15-18.

Freudenberger-Lötz, Petra: Theologische Gespräche mit Kindern, Stuttgart 2007.

Fricke, Michael: „Wenn Gott der Bestimmer wäre..." Eine Schülergruppe spricht über die biblische Schöpfungsgeschichte, in: JaBuKi 2 (2003), 46-53.

Foerster, Heinz von: Lethologie. Eine Theorie des Erlernens und Erwissens angesichts von Unwißbarem, in Voß, Reinhard (Hg.): Die Schule neu erfinden. Systematisch-konstruktivistische Annäherung an Schule und Pädagogik, Neuwied ^{4}2002, 14-32.

Heinzel, Friederike: Qualitative Interviews mit Kindern, in: Friebertshäuser, Barbara / Prengel, Annedore (Hg.): Handbuch qualitative Forschungsmethoden in der Erziehungswissenschaft, Weinheim / München 1997, 396-413.

Hirschfeld, Lawrence A. / Gelman, Susan A. (Hg.): Mapping the mind. Domain specificity in cognition and cultur, New York 1994.

Höfner, Markus: Krankheit und Gebet, in: Thomas, Günter / Karle, Isolde (Hg.): Krankheitsdeutung in der postsäkularen Gesellschaft, Stuttgart 2009, 464-488.

Jabłoński, Przemysław / Lans, Jan van der / Hermans, Chris: Children's interpretations of biblical narratives. Archiv für Religionspsychologie Bd. 22, hrsg. u.a. von Nils G. Holm, Göttingen 1997, 28-47.
Kammeyer, Katharina: Lieber Gott, Amen!, Stuttgart 2009.
K., Nora / Hösle, Vittorio: Das Café der toten Philosophen, München 1996.
Laeuchli, Samuel: Das Spiel vor dem dunklen Gott, Neukirchen-Vluyn 1987.
Lamneck, Siegfried: Gruppendiskussion. Theorie und Praxis, Weinheim 1998.
Mendl, Hans: Warum Instruktion nicht unanständig ist, in KatBl 135 (2010), 316-321.
Moritz, Karl Philipp: Anton Reiser (1785), Stuttgart 1986.
Nipkow, Karl Ernst: Bildung als Lebensbegleitung und Erneuerung, Gütersloh ^{2}1992.
Oberthür, Rainer: Kinder und die großen Fragen, München 1995.
Oser, Fritz: Wieviel Religion braucht der Mensch?, Gütersloh ^{2}1990.
Ritter, Werner H. / Hanisch, Helmut / Nestler, Erich / Gramzow, Christoph: Leid und Gott. Aus der Perspektive von Kindern und Jugendlichen, Göttingen 2006.
Ritz-Fröhlich, Gertrud: Kinderfragen im Unterricht, Bad Heilbrunn 1992.
Rohbeck, Johannes: Methoden des Philosophie- und Ethikunterrichts, in: ders. (Hg.): Methoden des Philosophierens, Dresden 2000, 146-174.
Roose, Hanna: Wer kommt (nicht) ins Paradies?, in: entwurf 1 (2010), 24-29.
Schiefer Ferrari, Markus: Auf der Suche nach der verlorenen Naivität. Erwachsene begegnen Kinder als Exegeten, in: Schmeller, Thomas (Hg.): Neutestamentliche Exegese im 21. Jahrhundert. Grenzüberschreitungen (FS Joachim Gnilka), Freiburg im Breisgau 2008, 278-295.
Schweitzer, Friedrich: Was ist und wozu Kindertheologie?, JaBuKi 2 (2003), 9-18.
Smith, Christan S. / Denton, Melinda L.: Soul Searching. The religious and spiritual lives of American teenagers, New York u.a. 2005.
Tietz, Christiane: Was heißt: Gott erhört Gebet?, in: ZThK 106 (2009), 327-344.
Zimmermann, Mirjam: Kindertheologie als theologische Kompetenz von Kindern, Neukirchen-Vluyn 2010.
Vygotskij, Lev S.: Mind in society. The development of higher psychological processes, Cambridge MA ^{2}1979.

Hans-Bernhard Petermann

Der Mensch als Fragewesen

„Ich bin gefragt" – mit diesem einladenden Titel machte seit 1996 eine bemerkenswerte Ethik-Schulbuch-Reihe auf sich aufmerksam.[1] Der Titel erweist sich bei näherem Hinsehen freilich als doppeldeutig: Einerseits wird damit das Ich ernst genommen als Subjekt einer aus der Frage hervorgehenden Handlung wie auch als Subjekt des diese Handlung hervorrufenden Fragens selbst – so die programmatische Intention für ein Ethik-Buch in philosophisch-aufklärerischer Tradition, der es mit Sokrates und Kant um Selbstdenken und autonomes Handeln als Primat sich bildender Auseinandersetzung geht. Das Ich kann in diesem Satz jedoch ebenso als passiv angesprochenes, von einem Anderen Gefragtes verstanden werden; das eigene Fragen würde sich demnach gründen auf ein diesem voraus liegendes Gefragtsein. Mein Hinweis auf diese zweite Verständnismöglichkeit führte seinerzeit bei den Herausgebern zu einer gewissen Verunsicherung, scheint dies doch die Idee der Autonomie unseres Handelns und auch menschlicher Existenz überhaupt zu brechen.
Wenn es um Schülerfragen im Religionsunterricht geht, ist diese Differenzierung bedeutsam. Denn dahinter zeigt sich ein Verständnis von Religion, wonach es, so jedenfalls meine Auffassung, im Religiösen stets um Auseinandersetzung mit einem vorgängig zur Erfahrung Gebrachten geht, dessen Subjekt damit auch ich als Fragender zunächst nicht selbst bin. Der wohl berühmteste katholische Theologe des 20. Jahrhunderts, Karl Rahner, hat für diese elementare Struktur menschlicher Religiosität programmatisch den Titel „Hörer des Wortes" geprägt.
Im Horizont eben dieser These bewegt sich mein Beitrag und wird das durch sechs Überlegungen erläutern: Zunächst ist als grundsätzliche Zielsetzung zu klären, warum (1) bei diesem Verstehen des zu Hörenden das Fragen elementar zum religionsunterrichtlichen Geschehen gehört. Ein kürzerer Abschnitt wird dann differenzieren, auf welchen Ebenen (2) im engeren und im weiteren Sinne überhaupt von Fragen die Rede sein kann, um religionsunterrichtliches Fragen

[1] Ich bin gefragt. Ethik (1996ff), Berlin: Volk und Wissen. – [Bände 1/2 (1996); 3/4 (1996); 5/6 /1997; 7/8 (1998); 9/10 (2001)].

in seiner Besonderheit einordnen zu können. Diese Sichtung leitet unmittelbar über zu der für meinen Beitrag zentralen anthropologischen Überlegung, warum der Mensch wesentlich ein fragender ist (3); das ist mit Verweis auf mehrere Autoren in fünf Punkten durchzugehen. Auf Grundlage der so erläuterte These vom Menschen als Fragewesen ist dann das Besondere der religiösen Frage (4) in den Blick zu nehmen, unter Verweis auf einschlägige biblische Belege. Die Erläuterung meiner Sicht von Philosophie als systematischer Methodik des Fragens (5) bereitet schließlich den Weg, mit vier Thesen didaktische Konsequenzen zu ziehen (6) für Formen des Fragens, Fragenstellens, Befragens und Erfragens im schulischen Unterricht.

1 Warum überhaupt gehört Fragen zum Religionsunterricht?

Ich gehe aus von der These, dass die unterrichtliche Vermittlung von Religion nur Sinn macht, wenn sie im Horizont des bereits skizzierten Verständnisses von Religiosität geschieht, das Religion als Antwort auf etwas mich in meinem Leben wesentlich Bestimmendes und Tragendes versteht. Die Vermittlung von Religion in diesem Sinne hat sich entsprechend zu begreifen und darzustellen als Verstehen-Lernen und damit auch erschließendes Befragen jener aller gelebten Religion vorgängigen religiösen Erfahrung wie auch der daraus sich eröffnenden Antwort-Möglichkeiten.

Wissenschaftlich beruht Religionsdidaktik darum auf Theologie in dem doppelten Sinn, der aller (guten) Theologie eignet: Religionsunterricht bezieht sich auf Theologie zum einen als auf ihre wissenschaftliche Leitdisziplin, nämlich auf die im genitivus obiectivus menschlich und rational mögliche Rede von Gott und Religion. Zum andern bezieht er sich damit gegenständlich auf Theologie im genitivus subiectivus als Summe der Rede Gottes an uns, worin alle wissenschaftliche Theologie ihrerseits ihre Grundlage hat. Beide Perspektiven zur Sprache zu bringen, ist Aufgabe von Theologie wie auch von religiösem Unterrichten. Konkreter: Aufgabe aller Theologie ist die logische (was meint vor die Vernunft gebrachte) Auslotung des Gehörten sowie darauf erfolgter Antworten, noch genauer, wie jede (religiöse) Antwort als Antwort auf jenen vorgängigen Anspruch zu verstehen ist und wie umgekehrt ein vorgängiger Anruf als mich herausfordernder Anspruch aufzufassen ist. Eine solche Beanspruchung kann aber nicht durch schlichte Kenntnisnahme, sondern allein in fragender Auseinandersetzung erfasst werden.

Daraus ergeben sich zwei didaktische Abgrenzungen: Gerade weil Religionsunterricht, aber auch Ethikunterricht im Bereich der Thematisierung von Religion, auf wissenschaftlicher Auseinanderset-

zung mit Religion beruht, kann die Vermittlung von Religion nicht auf bloß informative Religionskunde reduziert werden. Auch für den Ethikunterricht greift eine lediglich faktizitäre Information über historische, geografische, kultursoziologische Daten zu kurz, wenn es um das Feld des Religiösen geht. Vernünftige, an Wissenschaft gebundene Religionsdidaktik darf aber ebenso wenig verwechselt werden mit gemeindlicher Katechese, der Einbindung in eine konkrete Glaubensgemeinschaft, eben weil sie die mit gemeindlicher Realisation von Religion nicht identische verständige Auseinandersetzung mit dem Religiösen zum Gegenstand hat.
Gegenüber beiden Positionen hat Religionsunterricht seine Basis im Verstehen von Religion. Religion ist zu verstehen, aber nur im Ernstnehmen und im erläuternden Nachvollzug erstens ihrer Ansprüchlichkeit, zweitens ihres Herausforderungscharakters, drittens ihrer Orientierungsleistung. Diese drei Ebenen spielen sich alle auf der Ebene eines sich auseinandersetzenden Fragens ab. Sie differenzieren zudem genauer jene anfänglich genannte These vom „Ich bin gefragt". Fraglichkeit scheint mithin ein Grundelement der Bildung im Religiösen zu sein, weil es ein Grundelement von Religion ist, so dass es pädagogisch darum zu gehen hat, vor allem diese Fraglichkeit zur Erfahrung und zur Sprache zu bringen, wenn es darum geht, sich über Religion zu verständigen. Eben dies ist meine These.
Konsequenzen hat dies auch für das Verstehen von Glauben in Abhebung von Religiosität: Bezeichnet Religiosität jene grundsätzliche Ebene von Fraglichkeit oder von Gefragtsein angesichts einer unserer Individualität stets schon vorausgehenden sowie sie transzendierenden Frage, so ist Glaube die je persönliche Realisation jener Religiosität oder auch die aktive und gezielte Auseinandersetzung mit der eigenen Fraglichkeit. Auch (oft vermeintlich als fester angesehener) Glaube darf in dieser Perspektive a) nicht missverstanden werden als blinder Glaube, der auf bloße Akzeptation des zu Glaubenden aus ist, sondern ist wesentlich zur aktiven Auseinandersetzung hin offener Glaube; b) darf Glaube nicht aufgefasst werden als faktizitär dimensionierter, gar als ungenaues, vages Wissen, bezeichnet vielmehr eine intentional auf seinen Gegenstand ausgerichtete Beziehung; und c) ist Glaube keine dogmatische, auf feste Formeln festzulegende Einstellung, sondern bewegt sich im Raum ständiger Prüfung, auch des Zweifelns, der kritischen Unterscheidung und Entscheidung.

2 Welche Fragen sind wirklich Fragen?

Nach den thetischen Bemerkungen zur religionsdidaktischen Einordnung meines Themas und vor Verhandlung der eigentlichen Frage

nach der Begründung menschlichen Fragens ist nunmehr unsere Themenstellung genauer zu betrachten, was also genauer wir meinen, wenn wir fragen und Fragen stellen.
Schon der Blick auf das Symposiums-Thema führt zu einer interessanten zumindest vierfachen Differenzierung: Zum einen ist das Wort „fragen" mehrdeutig, für den Leser auffallend durch den eingeklammerten Bindestrich „Schüler(-)fragen": Sind es die Fragen als Substantive, mithin die im Unterricht aufkommenden Schülerfragen, die nach Raum, Menge, Wertung zu evaluieren und zu erläutern sind – einige Symposiums-Beiträge scheinen vor allem dies im Blick zu haben? Oder geht es (auch) um das Fragen als Verb, also um den Prozess, die innere Bewegung des Fragens bei Schülern, die es zu erläutern, bewusst zu machen und zu bilden gilt? Und wenn wir auf einer zweiten Ebene den Titel „Schülerfragen" zu dem Satz auseinander ziehen „Schüler fragen", sind wiederum zwei Richtungen der Auseinandersetzung auszumachen: Zielt das Interesse auf die Fragen, die die Schüler stellen, implizit oder explizit, sei es hinsichtlich ihrer Anzahl oder ihrer Zuordnung zu bestimmten Fragetypen, sei es hinsichtlich der darin zum Ausdruck kommenden Fragehaltung oder des Frageprozesses? So verstanden wäre das Wort „Schüler" in unserem Satz als Subjekt zu lesen. Es kann aber ebenso als Objekt gesehen werden. Dann würden uns die Fragen interessieren, die wir Lehrenden den Schülern stellen, wiederum unterschieden nach bestimmten Fragetypen oder auch nach den darin bewussten oder unbewussten Fragehaltungen. – Diese sprachliche Differenzierung ist kein Glasperlenspiel (was der Philosophie zuweilen vorgeworfen wird), sondern differenziert, wonach genauer wir fragen wollen, wenn wir nach Schülerfragen fragen, und macht zudem deutlich, dass die hier kurz skizzierten Ebenen zwar voneinander geschieden betrachtet werden können, in konkreten zu untersuchenden Fragen aber wohl eher miteinander eine Rolle spielen, warum eben dieses Zusammenspiel beziehungsweise die wechselseitige Einwirkung genauer zu erläutern wäre.
Ein zweiter für unsere Frage interessanter Blick ist zu werfen auf das Wortfeld „fragen", um zur Sprache bringen und erläutern, was jeweils genauer wir tun, wenn wir fragen, anfragen, befragen, erfragen, Fragen stellen, gegenfragen, hinterfragen, infragestellen, leise fragen oder laut, nachfragen, offen fragen, querfragen, rhetorisch fragen, spitz und überspitzt fragen, tendenziös fragen, tiefer fragen, eine Urfrage stellen, verfänglich fragen, wild fragen, zielgerichtet fragen usw. Ebenso wäre zu erläutern, was eigentlich das Fragen unterscheidet vom Prüfen, vom Untersuchen, Informieren, Erkunden, Bitten, Urteilen, Erörtern usw., natürlich auch worin die Pointe besteht des deutschen Wortes „Frage" zu den auch als Fremdwort benutzten und

abgeleiteten Formen von (Inter-)Rogatio, Quaestio, Disputatio, Inquisitio usw. – Man sieht schnell, dass weitere Überlegungen in diese Richtung die im pädagogischen Diskurs oft leichtfertig zu Paradigmen hochstilisierten Typen etwa des „Lehrer-Schüler-Fragens" oder auch des „Fragen entwickelnden Unterrichts" in der Unklarheit ihrer Problemstellung schnell blass werden lassen.
Für den hier interessierenden Zusammenhang scheint es mir zunächst auszureichen, wenige Grundtypen des Fragens zu unterscheiden, um in diesem Raster thetisch die spezifisch religiöse Frage und das im engeren Sinn philosophische Fragen zu verorten:

1. Auf einer Ebene unterhalb des eigentlichen Fragens stehen zunächst die in eher beiläufigen Bemerkungen oder Bitten versteckten Fragen, die aber gar nicht unbedingt als Anfragen an einen anderen gemeint sein müssen. Sie finden sich zuweilen durchaus in Frageform (zum Beispiel in Bemerkungen „Wie geht's?" oder „Alles klar?"), eher aber in allenfalls implizit fragenden Bekundungen (wie bereits im ganz unbestimmten „Oh!" oder auch im bestimmteren „Schöner Tag heute!"). Für uns wichtig ist diese Ebene, sofern hinter solchen, auch hinter im Unterricht (scheinbar) bloß technischen Bemerkungen (wie „Das habe ich nicht verstanden", aber auch „Gib mir mal ein Blatt") sich Fragen verbergen, die es gewinnbringend herauszuarbeiten lohnte.
2. Auf der Ebene eigentlichen und dann auch expliziten Fragens scheinen mir dann zwei grundlegend verschiedene Typen auszumachen zu sein, einerseits die auf Information ausgerichteten, andererseits die auf Orientierung ausgerichteten Fragen. Die informativen Fragen zunächst gehorchen allesamt der Form, etwas in der Regel recht Konkretes und Bestimmtes zur Kenntnis bringen zu wollen, das man noch nicht weiß oder noch nicht versteht. Ihnen eigentümlich ist die bereits in der Fragestellung gezielte und auch bewusste Ausrichtung auf eine klare und die Frage befriedigende Antwort, auch und gerade wenn ich die Antwort noch nicht kenne und selbst dann, wenn eine bestimmte Antwort nicht möglich ist. Die Antwort hätte dann die Struktur von „so und so ist es" oder auch „das weiß ich nicht", auch „das kann man nicht wissen", wofür jeweils für den Frager einleuchtende Begründungen angegeben werden können.
3. Wesentlich davon zu unterscheiden sind die auf Orientierung und Sinn ausgerichteten Fragen. Sie erheischen nicht eine Antwort nach dem Muster „So ist es", sondern wollen mit dem, was sie erfragen und dann auch mit der Erkenntnis, dass sie überhaupt fragen, zurechtkommen. In diesen Fragen äußert sich insofern eher eine recht unbestimmte Ahnung davon, dass die Dinge, die Verhältnisse, die Welt, die Lebensbezüge nicht einfach so sind, wie sie sind, sondern als mir entgegentretende und notwendig auf mich bezogene

allererst erfasst werden müssen. Erst durch die Konfrontation mit ihnen wird mir bewusst, dass die mich umgebende Wirklichkeit wie auch ich selber nur in sich auseinandersetzender Beziehung sind, was sie sind beziehungsweise ich bin. Die Frage zielt mithin auf die Beziehung zu allem, genauer, diese Beziehung zu Bewusstsein und zur Sprache zu bringen.
Es liegt auf der Hand, dass die philosophisch interessanten und auch die religiösen Fragen dieser letzten Ebene zuzuordnen sind. Warum das aber so ist, warum von diesem letzten Typ Fragen her aber auch die zuvor skizzierten in ihrem Fragecharakter deutlicher werden, das führt uns zur nächsten Überlegung:

3 Warum überhaupt fragt der Mensch?

In Erläuterung dieser Frage komme ich zum Zentrum meines Beitrags: Es geht um nicht weniger als eine grundlegende anthropologische Aufklärung der These, die bereits im Titel enthalten ist, dass der Mensch nicht nur irgendwie oder hier oder da fragt und als Fragender sich durch Leben und Welt bewegt, sondern dass dieses Fragen wesentlich sein Menschsein ausmacht, warum ich ihn als Fragewesen bezeichne.[2]

3.1

Ich verschärfe zunächst den Blick darauf, warum für uns vor allem der zuletzt skizzierte Fragetyp von Interesse ist. Ein frühes Exempel, um uns den Anspruch und die Notwendigkeit orientierenden Fragens vor Augen zu führen, zeigt Platon in seinem Lehrdialog „Menon“[3]. Menon, ein Schüler der sophistischen Schule, die das gezielte und einstudierte Fragen und Nachfragen zur Methode erhoben hat, dieser Menon versucht, mit seinem Gesprächspartner Sokrates die Frage nach der Grundlegung von Gutsein zu erörtern, ob man Gutsein nämlich lehren und lernen könne, oder ob es eher eine Sache der Übung, sprich des Trainings und der Erfahrung sei, oder ob man von

[2] Diese Bezeichnung des Menschen als Fragewesen habe ich so explizit bei keinem der nachfolgend einschlägig zitierten Autoren gefunden. Wenn heute im Kontext der Kinderphilosophie-Bewegung zuweilen vom Menschen als Fragewesen die Rede ist, wird meist auf meine eigene Einlassung zum Thema (Petermann (2002), 95-127.) verwiesen. In der Tat habe ich dort diese These in einem gesonderten Abschnitt explizit ausgeführt und erläutert, und beginne diesen darum programmatisch mit der so möglicherweise erstmalig formulierten These „Der Mensch ist ein Fragewesen.“ (Ebd., 101).
[3] Platon (1994).

Natur aus gut sei oder aufgrund einer anderen Begründung (Men 70a). Durch den elenchos, das kritische Nachfragen und Prüfen bringt Sokrates den Menon zunächst weg von allerlei unergiebigen Definitionsversuchen hin zu der Einsicht, man müsse zunächst einmal untersuchen, was denn überhaupt Gutsein sei, bevor man nach seiner Lehrbarkeit fragen könne. Natürlich kann dieser Versuch nur aporetisch enden. Menon jedenfalls fühlt sich davon vollkommen verhext und betäubt, weil er scheinbar bar aller Voraussetzungen gar nicht mehr weiß, nicht nur wie, sondern auch was er eigentlich fragen und untersuchen könne und solle. Und damit kommt die für uns zentrale Wendung ins Gespräch, als Sokrates dem Menon Mut macht, trotzdem weiter zu fragen, obwohl er nicht einmal wisse, was Gutsein überhaupt sei. Die prompte und dem unbefangenen Leser und Hörer unmittelbar einleuchtende Erwiderung des Menon lautet: „Und auf welche Weise wirst du die Suche auf etwas richten, von dem du nicht einmal weißt, was es ist? Wie soll denn das, was du nicht kennst [eigentlich wieder „nicht weißt"] und was du dir zum Suchen aufgibst, beschaffen sein? Oder wie wüßtest du, wenn du zufällig darauf kämest, daß es das ist, was du nicht wußtest?" (Men 80d). Damit ist die Bruchstelle fragender Auseinandersetzung benannt, weil hier wie sonst nicht deutlich wird, worauf die philosophische Frage zielt: Menon verharrt in seinem Fragen ganz und gar auf der Ebene des informativen Fragens. Sokrates hingegen konfrontiert ihn mit der Notwendigkeit, zunächst über die Möglichkeit des Fragens überhaupt nachzudenken und dieses reflexive Fragen dann als Basis auch für informatives Fragen zu verwenden. Darum hält Sokrates von dem zunächst einleuchtenden Einwand des Menon rein gar nichts, sondern outet ihn als einen logos eristikos (Men 80e), als ein nur künstlich Streit hervorrufendes Argument, das in Wahrheit davon ablenke, sich auf eine problematische und möglicherweise unlösbare Frage einzulassen. Philosophisches Fragen aber riskiert dies und dreht das Schein-Argument um: Der Mensch kann nicht nur, nein, er muss sogar, um Mensch zu sein, seine Suche auch auf etwas richten, was er bereits weiß, weil er es eben nur meint zu wissen, zumindest in seinem Gewusstsein noch nicht oder nicht genau genug weiß; und ebenso kann und muss er die Suche richten auf etwas, was er nicht weiß, weil es eben nicht stimmt, dass er nicht wüsste, worauf er seine Suche richten sollte; gerade im Nichtwissen des Gewussten weiß er vielmehr, dass er es zu einem Gewussten machen will.

Wie aber ist dieser unsichere Schwebezustand tieferen menschlichen Fragens genauer zu verstehen, worin ist er begründet? Sokrates ist dieser Frage auf der theoretischen Ebene nicht weiter nachgegangen, sondern hat es bei der ständigen Praxis des elenchos gegenüber seinen unterschiedlichen Gesprächspartnern belassen. Und darin hat er immer wieder Nachfolger gefunden wie etwa Hume, dem die Enthüllung menschlicher Blindheit und Schwäche als Ergebnis der Philosophie genug war, oder Wittgenstein, dem die logische Klärung der Gedanken höchster Zweck der Philosophie war, der die Darstellung der logischen Form selbst jedoch für nicht mehr darstellbar hielt.

3.2

Im Versuch, der Fraglichkeit des Fragens trotz der Wittgensteinschen Warnung näher zu kommen, greife ich zunächst auf die Differenzierung der drei oben skizzierten Fragetypen zurück. Ernst Bloch hat ihr Zusammenspiel im dritten der meist recht kurzen essayistischen Abschnitte seiner Philosophie-Einleitung eindrücklich zur Sprache gebracht.[4] Mit diesem Abschnitt „Das fragende Staunen" beschließt er zugleich thetisch den ersten mit „Zugang" zur Philosophie betitelten Teil seiner Schrift. Und in eben diesem Abschnitt taucht erstmalig und hervorgehoben auch das Wort „fragen" auf, das somit als entscheidender, das philosophische Denken in Gang setzender „Zugang" zur Philosophie behauptet wird.

Ausgangspunkt für das Thema „Frage" bildet für Bloch „ein tieferes Suchen", tiefer, da über die unmittelbare Konfrontation unseres Daseins mit seinem Mangel und seiner Not hinausgehend. Dieses tiefere Suchen, auch „Verwundern, Staunen", bricht auf, so Bloch, in zunächst ganz harmlosen, einfachen, alltäglichen Eindrücken, die etwas „fragend zu sagen, sagend zu fragen scheinen". Diese Formulierung spiegelt exakt wieder, was ich eben als Charakteristikum der so genannten Orientierungsfragen festzuhalten versucht habe: Die Welt und ich werden in diesen Eindrücken in Beziehung gesetzt derart, dass diese Beziehung hier allererst bewusst wird, so dass die Welt mir und ich mir selbst als fragende Herausforderung deutlich werden. Bei Bloch ist nun interessant, dass er dieses orientierende Fragen eher mit dem von mir als ersten Fragetyp bezeichneten flüchtigen Eindruck in Verbindung bringt. Das ist aber kein Widerspruch: Das von mir als noch uneigentliches Fragen bezeichnete Fragen erweist sich in seiner Tiefenstruktur (durch die Brille des reflektierten Fragens) als das, was Bloch das „erste Fragen" oder auch das „Grundfragen" nennt, das unfertig bleibt und unruhig. Unter dieser Voraussetzung gerät für Bloch dann auch der zweite oben skizzierte Fragetyp ins Licht philosophischen Fragens, wenn nämlich das ursprüngliche Fragen sich fülle „durch ganz und gar nicht vages Fragen, kausal angesetzt und mit empirischen Handhaben". Das informative Fragen hat somit, so Bloch, seinen Grund darin, wenn „das Unnach-

4 Bloch (1963).

laßliche des ersten Anfragens oft zugedeckt" werde, und zwar durch die „bestimmtere wie so viel engere Frage", die sich am „greifbare(n), lieferbare(n) Stoffe" festmache. Als Beispiel nennt Bloch, wenn das staunende Fragen, dass es regne und warum, übergehe in das enge empirische, wie Regen entstehe. „Alle einzelnen, jeweiligen, empirischen Fragestellungen sind" darum für Bloch „Abwandlungen aus dem einen Anstoß der staunenden Grundfrage." Sofern aber im empirischen Fragen das erste Grundfragen bewusst bleibe, könne es genau zu dem werden, was als eigentlich philosophisches Fragen uns interessiert, zu einem reflexiven Fragen, wenn es nämlich „mit seinem Allem überall, nicht auf Gewordenes letzthin [scil. das empirisch fassbare Stoffliche] bezogen [sei], sondern auf ein Fragen selber, das ungeworden und ungelöst durch die Welt geht".
Warum aber ist der Mensch überhaupt ein fragender, gleich auf welcher Ebene, warum also gerät er überhaupt ins Staunen und in die Verwunderung, fragt bestimmter empirisch nach fassbaren Stoffen und vermag schließlich reflexiv sein Fragen zu befragen? Dass dies so ist, weiß Bloch: „Ein Grundfragen des Existere selber tönt hier an". Und er markiert dieses Existential auch in der alten Grundfrage „Warum ist etwas und nicht nichts?" Auf die Frage aber, warum dies so ist, äußert sich Bloch eher ahnend-poetisch. Sein Eingangsabschnitt ist überschrieben mit „Aus sich heraus" und endet mit der These „Dazu sind wir unterwegs und gehen durchaus mit uns selber heraus." Der Mensch wird mithin als ein Wesen beschrieben, das zu sich selbst unterwegs ist, das nicht einfach ist, was es ist, sondern durch dieses Unterwegs erst zu sich wird. „Ich bin. Aber ich habe mich nicht. Darum werden wir erst.", so lauten programmatisch die oft zitierten ersten Sätze von Blochs Philosophie-Einleitung. Dieser notwendige Weg aus sich heraus zu sich selbst zurück, ist offenkundig ein suchender und damit ein wesentlich fragender. Soweit eine erste Antwort auf unsere Frage, warum der Mensch frage.

3.3

Unter den Philosophen, die sich ausdrücklich mit dem Wesen menschlichen Fragens beschäftigt haben, ragt der gegenüber Bloch vier Jahre jüngere Martin Heidegger heraus. Im ersten Kapitel seines Hauptwerks „Sein und Zeit"[5] exponiert Heidegger nicht nur die Seinsfrage, sondern mit ihr auch die Struktur menschlichen Fragens. Die Zielsetzung, „das Fragen sich […] selbst durchsichtig"[6] werden zu lassen, gipfelt in der These, dem Fragen selbst Seinsmodus zu

[5] Heidegger (1979).
[6] Ebd., 5.

unterstellen.[7] Den Gedankengang und die Pointe dieser These gilt es in gebotener Kürze nachzuzeichnen:

Gleich mit den ersten Überlegungen seines Buchs wendet Heidegger die Frage nach dem Sein zur Frage nach der Fraglichkeit als Struktur von Sein. In kurzer Kritik verschiedener Positionen, warum die Frage nach dem Sein überflüssig sei beziehungsweise nicht sinnvoll gestellt werden könne, kehrt Heidegger im §1 die Einwände gegen die Frage um in Argumente für die Frage: Gerade die Dunkelheit, ebenso die Undefinierbarkeit und schließlich auch die vordergründige Selbstverständlichkeit des Seins „dispensiert nicht von der Frage nach dem Sein, sondern fordert dazu gerade auf“[8]. Weil aber der Gegenstand des Fragens, das Sein, zunächst „in Dunkel gehüllt ist“[9], könne und müsse eben das Fragen selbst durchsichtig gemacht werden, so die These des §2. Diese (ebenso knappe) Untersuchung aber ergibt, dass die unterschiedlichen „Verhaltungen“ des Fragens sich als „Seinsmodi“ erweisen: Im Suchen, im ausdrücklichen Fragestellen, im Hinsehen auf, im Verstehen von, im Erfassen des Sinns, auch in der Differenzierung nach dem Gefragten in der Frage (dem Sein, das alles Seiende bestimmt), nach dem Befragten in der Frage (das Seiende selbst, das auf sein Sein hin abgefragt wird) und schließlich nach dem Erfragten in der Frage (dem der Frage nach dem Sein zugrunde liegenden und es ermöglichenden Sinn von Sein), in all diesen Fragestrukturen wird letztlich das Sein als Grund allen Fragens freigelegt, womit umgekehrt das Fragen nach dem Sein als Grundstruktur von Sein und allem Seienden erwiesen wird. Heidegger buchstabiert diese Fragestruktur nicht weiter aus, leitet aber aus ihr im §4 direkt ab, was Leitmotiv des gesamten Buchs wird: „Die Frage nach dieser [scil. nach der ontologischen Struktur der Existenz als dem Sein, zu dem sich alles Dasein verhalte] zielt auf die Auseinanderlegung dessen, was Existenz konstituiert. Den Zusammenhang dieser Strukturen nennen wir die Existenzialität.“[10]

Vereinfacht zusammengefasst: Die als terminus technicus in die Philosophie eingegangene heideggersche „Fundamentalontologie“ als „existenziale Analytik des Daseins“[11] baut auf auf der Einsicht in die Fragehaltung, Fraglichkeit und Fragbarkeit alles Seienden. Und dies hat wiederum seinen Grund in der Fraglichkeit des Seins, auf das alles Seiende wesentlich fragend bezogen ist: Dasein sei also aufzufassen, fungiere „als das grundsätzlich vorgängig auf sein Sein zu be-

[7] Vgl. ebd., 5/7/8.
[8] Ebd., 4.
[9] Ebd.
[10] Ebd., 12.
[11] Ebd., 13.

fragende Seiende"[12]. Mit dieser Ontologisierung geht Heidegger über Blochs anthropologische Begründung menschlichen Fragens hinaus.

3.4

Der dritte hier kurz darzustellende Philosoph menschlichen Fragens ist wiederum gut vier Jahre jünger als Heidegger. Karl Rahner legt in seiner ursprünglich als philosophische Dissertation geplanten Schrift „Geist in Welt" von 1939[13] mit seiner metaphysischen Fundierung eine Analyse menschlichen Fragens vor, die nicht nachmetaphysisch im anthropozentrischen Binnenraum bleibt, noch einen reontologisierenden Entwurf vorlegt, sondern zielbewusst die mit der sokratisch-platonischen Kritik am logos eristikos formulierte Ambivalenz des Fragens austariert. Was Heidegger noch eigentümlich klärend wie verschleiernd „eine merkwürdige ‚Rück- oder Vorbezogenheit' des Gefragten (Sein) auf das Fragen als Seinsmodus des Seienden" nannte,[14] formuliert Rahner kritisch aus, wenn er als die „Schwebe" metaphysischen Fragens festhält: „Es läßt sich gar nicht in einem sagen, wo von dieses Fragen ausgeht [...] Ausgangspunkt ist der fragende Mensch, der als solcher schon ganz beim Sein im Ganzen ist."[15] Zielpunkt für den Theologen Rahner ist dabei ganz wie für seinen geistigen Lehrer Thomas von Aquin nicht eine heimliche Retheologisierung menschlichen Fragens, sondern eine radikale Sicht auf Menschsein, die menschliches Dasein als unverrückbare Basis auch aller Theologie ernst zu nehmen versucht. Äußerer Ansatzpunkt der Rahnerschen Untersuchung ist Thomas' Formel von der conversio ad phantasma.[16] Sie legt Rahner aus als durch den Menschen zu vollziehende und ihn wesentlich ausmachende fragende „Zukehr zum hic et nunc"[17] beziehungsweise fragendes „Eingehen in das Da und Jetzt"[18]. Dezidiert und programmatisch wie kein anderer Autor bestimmt er von daher schon im Eingangssatz seines Buchs den Menschen als fragendes Wesen: „Der Mensch fragt. Dies ist ein Letztes und Irreduktibles."[19]

[12] Ebd., 14.
[13] Rahner (1996).
[14] Vgl. ebd., 8.
[15] Ebd., 56 (74).
[16] Rahner bezieht sich damit auf die Thomas Summa Theol. I, a.7, q.84, in dem Thomas untersucht, „Utrùm intellectus possit actu intelligere per species intelligibiles quas penès se habet, non convertendo se ad phantasmata".
[17] Rahner (1996), 59 (77).
[18] Ebd., 300 (407).
[19] Ebd., 54 (71).

In den ersten Überlegungen scheint Rahner sich zunächst ganz im Horizont Heideggers zu bewegen: „Im Sein der Frage, das der Mensch ist […] kündigt sich das erfragte Sein selbst an“[20]. Und doch geht er radikaler vor als Heidegger, wenn er, nun eher wie Bloch, die Notwendigkeit menschlichen Fragens als Ausgangspunkt allen Fragens nach dem Sein festhält: „So ist zunächst die Frage das einzige Müssen, die einzige Notwendigkeit, die einzige Fraglosigkeit, an die der fragende Mensch gebunden ist“[21]. Wie Bloch ist Rahner radikal daran interessiert, im menschlichen Fragen selbst die Fraglichkeit von Menschsein zu ergründen. Und in der Tat wird durch die „reflexe Artikulation“ der Seinsfrage[22] dem Menschen deutlich: Indem er in der Seinsfrage „sich selbst fragend anblickt, enthüllt sie [scil. die Seinsfrage] sich als ein Wissen des Menschen um sein eigenes fragendes Wesen“[23]. Als fragender sieht der Mensch sich zurückgeworfen auf das Seiende, das (wie bei Heidegger) er natürlich immer auch selbst ist. Und im Stellen der Fragen nach diesem und jenem und allem findet der Mensch sich „in der Welt“ vor, gebunden an die Welt. Doch in eben diesem Sich-Vorfinden weiß er sich zugleich „gerufen“[24], diese Frage auch bewusst zu stellen. In dieser doppelten Gebundenheit an die Welt, ganz bei ihr zu sein und sich herausgefordert zu sehen, sie und sich selbst zu befragen, sieht Rahner den Menschen als Fragewesen, „ein wissendes Bei-der-Welt-Sein. In diesem allein ist der Mensch vor das Sein im Ganzen gerufen.“[25]

Metaphysik ist dies für Rahner, insofern der Mensch in dieser Gebundenheit an Seiendes zugleich über das Seiende hinaus ist, da er es befragt.[26] Den Grund dafür sieht er konsequent im Sein selbst, das er seinerseits als Fragbarkeit behauptet,[27] erneut unter Berufung auf Thomas: „Sein ist Erkanntseinkönnen“ („Quidquid enim esse potest, intelligi potest“).[28] Menschliches Fragen ist also, so sehr es stets „vom Menschen her fragt“[29], in diesem metaphysischen Horizont gegründet: „Indem wir nach der vom Menschen erkannten Welt fragen, ist sie und der fragende Mensch schon in ihren absoluten Grund zurückgefragt, in einen Grund, der immer jenseits der vom Menschen

20 Ebd.
21 Ebd.
22 Vgl. ebd., 55 (72).
23 Ebd., 56 (74).
24 Ebd., 57 (75).
25 Ebd.
26 Vgl. ebd. 299 (405).
27 Vgl. ebd. 61f. (81).
28 Ebd.
29 Ebd., 298 (405).

aus erreichbaren Grenzen liegt, jenseits der Welt."[30] Insofern der Mensch sich von diesem Horizont aber nicht nur begrenzt, sondern zugleich getragen fühlen darf, auch in seinem Fragen, kann Rahner diesen gründenden Horizont mit Thomas dann auch „Gott" nennen. Und der Mensch kann von dieser Einsicht her den Grund seines Fragens im Hören sehen, mit dem er auf das Sprechen Gottes reagiert.[31]

3.5

Mit einem eher spekulativen Blick auf einen weiteren philosophisch-theologischen Beleg sei unsere Untersuchung nach dem Woher menschlichen Fragens abgerundet: Die erste Frage der Bibel wird im zweiten, dem sogenannten jahwistischen Schöpfungstext der Bibel von der Schlange gestellt (Gen 3,1). Mit der Frage wird der Mensch hinausgetrieben aus dem fraglosen Zustand des Paradieses in das alltäglich vorzufindende Dasein. Anders: Die Frage verdeutlicht zugleich die Trennung von einem Zustand, in dem Fragen nicht nötig sind. Die Frage impliziert darum notwendig das Bewusstwerden eines Mangels, dass etwas so ist wie es ist, aber anders sein könnte. Hölderlin spricht in einem frühen Fragment von einer Ur-Teilung, die dem Menschen im fragenden Urteil, letztlich in jedem ausgesprochenen Satz bewusst werde. Und natürlich enthält diese Frage zugleich die Sehnsucht, diese Trennung zu überwinden. Dazu aber muss der Mensch tätig werden. Klar wird ihm das im mythischen Schöpfungstext Gen 3,8 durch die Fundamentalfrage Gottes: „Adam, wo bist du?" Durch den Anruf Gottes, der dem Menschen in der Fraglichkeit des Seienden bewusst wird (er muss sich verstecken!) sieht sich der Mensch nicht nur mit allem Seienden, sondern auch mit sich selbst konfrontiert, mit seiner eigenen Fraglichkeit. Und die sogenannte Strafe für den sogenannten Sündenfall ist philosophisch nichts anderes als die Einsicht in die conditio humana, das Sosein menschlichen Daseins, in dem wir uns unterwegs zu uns selbst und auf der Suche nach dem Grund unserer Existenz bewegen.

4 Was ist das Besondere der religiösen Frage?

Das Besondere der religiösen Frage ist durch die letzten Hinweise im Grunde schon geklärt: Auch und gerade die religiöse Frage gehört in den Typ existentieller Orientierungsfragen. Natürlich kommt es auch

30 Ebd.
31 Ebd., 300 (407).

im Bereich der Religion zu rein informativen Sachfragen. Sie haben aber, und das ist didaktisch bedeutsam, keinen Wert in sich, jedenfalls nicht hinsichtlich religiöser Bildung, sondern bleiben auf der Ebene historisch und kultursoziologisch interessanter Kontexte. Um nun diese These genauer zu erläutern, dass die Ebene des Religiösen zwar historische und soziokulturelle Bezüge hat und auch nur in diesem Rahmen lebendig ist, dass aber ihr spezifisch religiöser Sinn nur in der darüber hinaus gehenden Tiefenschicht des Existentiellen zu suchen ist, was darum auch bei aller Bildung im Religiösen zu berücksichtigen ist, dazu ist ein weiterer Blick in ausgewählte Belege im Bereich des Religiösen nützlich.

Auch die viele Symposiums-Beiträge leitende Frage aus Dtn 6,20 (Wenn dich morgen dein Sohn fragt…) kann nicht eingeordnet werden in den Bereich bloßer Informations- oder Kenntnis-Fragen. Fragen wird und soll der Sohn gewiss nicht nach einzelnen Bestimmungen, die der Frager etwa noch nicht kennen könnte, sondern gezielt nach ihrem Wie und Warum: „ti estin“ übersetzt die Septuaginta ganz philosophisch das hebräische „mh“: Nicht auf das bloße Aufzählen bestimmter Traditionen zielt die Frage, sondern darauf, was es ist, was es für einen Sinn macht, dass uns diese Traditionen als stets neu nachzuerzählende überliefert sind. Bewusst ist darum zu fragen nicht schlicht nach besonderen Bestimmungen der Tora, sondern den Sinn der dreifachen Auslegung von tora in (e)dut, chokim, mispat befragend und hinterfragend, also warum die Bestimmungen und Erzählungen der Tora den Wert elementarer Zeugnisse, grundlegender Statuten oder Beschlüsse, orientierender Urteile oder Rechtssprüche haben.[32]

Zwei weitere Beispiele belegen nicht nur die Fragehaltung biblischen Glaubens, sondern kommentieren zugleich seine Fragestruktur, und legen damit jedenfalls indirekt eine Art Hermeneutik religiösen Fragens vor:

Die herausragende Rolle des Fragens fällt zunächst auf bei den Leitfiguren biblischen Glaubens. Der Urvater biblischen Glaubens, Abraham, gilt zwar oft als Beleg für ein sich schlechthin dem Willen Gottes ausliefferndes Vertrauen, deutlich durch Luthers zugespitzte Auslegung der von Paulus in Röm 4 an Abraham festgemachten Glaubensgerechtigkeit, noch klarer vielleicht durch die Identifikation Abrahams als erstem musliman, einem sich dem Willen Gottes unter-

[32] Gefragt werden soll in der Tat ganz explizit nach dem Sinn der Tora in den Perspektiven von ^{e}dut, chkm, mspt, Zeugnissen, (Bundes-Be)schlüssen, Rechts-Urteilen. Die Septuaginta setzt für diese Begriffe konsequent „martyria“, „dikaiômata“, „krimata“. Einzig Buber überträgt hier wirklich angemessen in „Vergegenwärtigungen“, „Gesetze“, „Rechtsgeheiße“.

werfenden Gläubigen im Koran (2:124ff). Zu kurz kommt in dieser Sicht freilich, dass Abram in seinem Glauben Gott nie einfach blind folgt, sondern (jedenfalls nach den biblischen Zeugnissen) stets nachfragt, ja verhandelt und durch den Glauben sogar in eine existentielle Auseinandersetzung hineingeführt wird (vor allem Gen 22), warum denn Abram auch den Namen Abraham erhält. – In dieser Perspektive fällt auch der Stammvater Israels, Jakob, auf als keineswegs schlicht folgsamer Glaubender, sondern, kulminierend in seiner Namensgebung Gen 32, als Prototyp des um Gott und seinen Glauben ringenden Menschen. – Der Typos eines sich auseinandersetzenden Glaubens kulminiert schließlich in Mose in seinem zweifelnden und auch sich selbst und seinen Glauben in Frage stellenden Nachfragen. In seiner in der Geschichte vom brennenden Dornbusch bildhaft verdichteten fundamentalen Glaubenserfahrung Ex 3ff liefert die Bibel zugleich jene bereits angedeutete Hermeneutik und auch Didaktik eines nachfragenden Glaubens: Den Ausgangspunkt bildet ein öffnendes Erstaunen (Ex 3,2f.), das sich zum Hören eines Anrufs konzentriert (3,4); die Antwort ist zunächst einmal ein völliges Sich-Einlassen und darum auch (im Ablegen der Schuhe und Verhüllen des Gesichts) Lassen äußerer Daseinsfundamente (3,5f.); diese lassende Einlassung erst ermöglicht es, den Anruf als Zuspruch und auch persönliche Handlungsanweisung zu verstehen (3,6-10); doch zugleich konfrontiert dies den Glaubenden mit einer zuvor nicht erahnten Auseinandersetzung mit sich selbst; das „Wer bin ich?" (3,11) lese ich fundamental: Mose wird hier durch die Glaubenserfahrung sich selbst zur Frage (wohingegen er in 3,4 noch gar nicht weiß, was er sagt, wenn er antwortet: „Hier bin ich"); doch diese Auseinandersetzung mit sich selbst führt keineswegs direkt und unvermittelt zum Glauben und zur Tat, anders, ist trotz des Zuspruchs „Ich bin mit dir" (3,12) noch nicht ganz verstanden, sondern provoziert eine klärende Nachforschung nach dem Grund solcher Auseinandersetzung; die Nachfrage des Mose „Wie heißt er?" (3,13) kann auch gelesen werden als ein ebenso fundamental nachfragendes „Und wer bist du denn, dass du mit mir bist?"; selbst die nochmalige Bestätigung und Verallgemeinerung im „ich bin" (3,14) muss aber nicht nur für das Volk, auch für Mose nochmals sich zeigen lassen, sichtbar zur Erscheinung kommen (4,3) – vergleich hier die thomasische Überlegung der conversio ad phantasma (!) – und auch gesondert zur Sprache gebracht werden (4,10), ja sogar noch kommunikativ mit anderen geteilt werden (in der Begleitung durch Aaron 4, 13ff), bevor es schließlich zum glaubenden Handeln kommt, indem die Brüder erst auf dem Hintergrund solcher Auseinandersetzung zum Pharao gehen und das Volk in den Raum des Glaubens führen können (5,1).

Dass dieses vergleichsweise komplexe, intensive, auf Tiefensinn gehende gestufte Fragen sich in weiteren Gestalten der Bibel bis hinein ins Neue Testament bruchlos fortführt (man denke nur an die feinsinnige Auslotung der Glaubenskämpfe des Simon Petrus, nicht zu vergessen natürlich auch den zweifelnden (!) Thomas), das hat eindrucksvoll Ruben Zimmermann in seinem Beitrag zur Fragehaltung Jesu erläutert.

Auch mein zweites Beispiel zur Erläuterung der Eigenart religiösen Fragens stammt aus dem Neuen Testament. Längst dürfte exegetisch geklärt sein, dass es sich in den Eingangskapiteln des Lukasevangeliums nicht um eine Erzählung faktizitär-realer Ereignisse handelt – die beginnen erst mit Jesu Auftreten in Galiläa –, sondern eher um eine komplex komponierte Anleitung, jene pragmata, die Lukas in 1,1 aufzuschreiben ankündigt, recht zu lesen und zu verstehen.[33] Dazu gehört auch die eigentümliche Gegenüberstellung der Engelsverkündigungen an Zacharias, den Vater des Johannes, und an Maria, die Mutter Jesu. Beide Offenbarungsszenen arbeiten bewusst mit einem Frage-Antwort-Spiel. Verwunderlich aber ist, dass Maria den Engel zweifelnd befragen darf (1,34), Zacharias jedoch nicht – auf seine Nachfrage hin muss er verstummen (1,20). Aufzuklären ist dieser scheinbare Widerspruch durch den Versuch, genauer die Struktur der jeweiligen Fragen zu beleuchten: Oberflächlich scheinen die beiden Szenen ganz parallel zu sein, vom Ablauf bis hin zu einzelnen Formulierungen: In beiden Fällen erscheint zunächst der Engel Gottes, Zacharias wie Maria reagieren auf diese Anmutung erschüttert (etaráchthê 1,12, bei Maria verstärkt zu dietaráchthê 1,29), was in beiden Fällen seitens des Engels aufgelöst wird durch den Zuspruch mê phóbou und die Verkündigung eines Sohnes mit der gleichlautenden Anweisung, ihm den Namen Johannes beziehungsweise Jesus zu geben (1,13 und 1,31). Warum dann gleichwohl die deutliche Unterscheidung der beiden Figuren? Dafür als Grund die Hierarchisierung Jesu gegenüber Johannes anzugeben, als ob die Parallelführung der beiden Kindheitsgeschichten keinen anderen Sinn hätte, als das Überragende an Jesus herauszustellen, leuchtet nicht recht ein, bleibt zumindest unbefriedigend. Schauen wir darum genauer auf die Reaktionen des Zacharias und der Maria: Beide verwenden in ihrer Nachfrage Worte aus dem Stamm des griechischen gnônein, welches das ganze Feld von kennen, verstehen, erkennen, einsehen abdecken kann. Zacharias nun formuliert seine

[33] Vgl. dazu meine kürzlich veröffentlichten Einlassungen (Petermann (2010), 136-178.), in denen ich auf Seite 169ff vorschlage, die ersten Kapitel des Lukasevangeliums als eine Art Negative Theologie oder Reflexion zu lesen über die Schwierigkeiten, jene Pragmata in Sprache zu fassen.

Nachfrage sehr direkt: „kata ti gnôsomai touto" (1,18), was wohl soviel meint, dass er für diesen Zuspruch des Engels keine nachweisbaren, zur Kenntnis zu nehmenden, und insofern zu wissenden Indizien ausmachen kann. Die Vulgata übersetzt das „gnôsomai" darum auch konsequent mit „sciam". Und Zacharias bringt in 18b darum auch Einwände auf der Sachebene. Sein Nachfragen scheint sich daher eher auf der Ebene des sogenannten informativen Fragens zu bewegen. Maria hingegen wendet gegenüber dem Engel ein: „pôs estai touto, epei andra ou ginôskô" (1,34). Raffiniert verlegt Lukas das auf Kenntnis und Sachinformation ausgerichtete Fragen in den argumentativen Nebensatz; im entscheidenden Hauptsatz aber verwendet er das fundamental fragende Wort „pôs estai", das – ich nehme an nicht ganz unbeabsichtigt – das philosophische „ti estin" assoziiert, also fragt, wie das Zugesprochene sein könne oder solle. Die Frage der Maria ist mithin keine Nachfrage nach weiteren Informationen oder Argumenten, um den Zuspruch wirklich erkennen zu können, sondern eine grundlegend Orientierung suchende Verständnisfrage, die sowohl die Zusage des Engels als auch die eigene Nachfrage Mariens zur Reflexion bringen möchte. Bestätigt wird diese Lesart durch die jeweilige Erwiderung des Engels: Zacharias wird durch den Engel zurechtgewiesen, dass er den Worten (logoi) nicht geglaubt habe (1,20), also nicht nach dem die eigene Existenz eröffnenden Tiefensinn gefragt habe, sondern an der Oberfläche des Wortverstehens hängen geblieben sei. Maria hingegen erhält vom Engel die Auskunft, dass sein an sie ergangenes Wort (logos, 1,29) eine durch den Geist aufgeladene Botschaft enthält, also ein Zuspruch ist (rhêma, 1,37); und für dieses rhêma hat Maria sich bereits gleich zu Beginn geöffnet, erschrickt sie doch nicht lediglich über das Wort (etarachthê wie Zacharias 1,12), sondern lässt sich durch das Erschrecken durch und durch erschüttern, daher dietarachthê (1,29) und überlegt, besinnt konsequent sofort den Sinn des ergangenen Wortes: dielogizeto (1,19). Durch diese Öffnung für den Zuspruch aber ist sie bereit, fundamental auf Orientierung ausgerichtet, nachzufragen und kann deswegen dem Engel antworten: „genoito moi kata to rhêma sou", „mir geschehe nach deinem Zuspruch" (1,38). Darum auch ist sie es, die hervorgehoben vor allen anderen die Geburt Jesu als Erfüllung dieses rhêma verstehen kann und verstanden hat, zumindest für Lukas, der ihr als Orientierung unterstellt, sie habe durch die Erfahrung des göttlichen Zuspruchs bis hin zur Geburt all diese Worte (panta ta rhêmata) bewahrt (synetêrei, also in der theologisch hervorzuhebenden Fähigkeit der subjektiv seelischen Realisierung, vielleicht noch besser des tieferen Einsehens des Geglaubten) und in ihrem Herzen zusammengefasst, verdichtet (symballousa) (2,19). Zacharias kommt ebenfalls zur Einsicht des

Zuspruchs, aber erst und nur dadurch, dass er sich dem Zuspruch des Engels öffnet, indem er den Namen Johannes bestätigt (1,63), woraufhin er in der Lage ist, nicht nur zu sprechen, sondern damit die Tiefenstruktur des ergangenen Wortes realisierend, warum er „eulogôn“, lobend und preisend spricht (1, 64). Zu Herzen nehmen Zacharias und die Menschen, die dies gesehen und gehört haben, sich diese Erfahrung auch (1,66), doch zu einer einsehend vernehmenden Verdichtung wie bei Maria führt das noch nicht, sie bleiben beim bloßen Ergreifen dieser Erfahrung, warum auch die panta ta rhêmata an dieser Stelle wohl gehört und gesagt (dielaleito) werden, noch nicht aber, wie bei Maria subjektiv per syntêresis vernommen und eingesehen sind.[34]

5 Zu welchen Differenzierungen kommt das Fragen in philosophiedidaktischer Perspektive?

Angesichts der zuletzt an biblischen Leitfiguren skizzenhaft belegten Komplexität und existentiellen Intensität der religiösen Frage wirken viele didaktisierende Versuche, dies unterrichtlich zur Sprache zu bringen, vergleichsweise blass. Auch ein Blick in die philosophiedidaktischen Diskussionen und Veröffentlichungen zeigt, dass zwar die meisten damit professionell befassten Kolleginnen und Kollegen das Fragen und Staunen als wesentliches Element nicht nur des Philosophierens, sondern von Philosophie überhaupt ansehen. Doch oft bleibt es beim schlichten Verweis auf die alte, bei Platon und Aristoteles zu belegende These, die Philosophie habe ihren Anfang und ihre Grundlage im staunenden Fragen[35], oder es werden bis hin zu Buchtiteln eher additiv, nicht aber systematisch verschiedene Formen des Zweifelns, Fragens, Staunens benannt.[36] Demgegenüber

[34] Zur von Lukas gezielt eingeführten Differenz von logos und rhêma; vgl. Petermann (2006), 19; unter Bezug auf Folkers (2002), 105-131.

[35] Hier wird zum einen verwiesen auf Aristoteles' These in Met 982b, wiederholt 983a, im beziehungsweise durch das thaumadsein, meist übersetzt durch das Staunen sei die archê, die Grundlage des Philosophierens gelegt. Diese Stelle wird aber in der Literatur ebenso wenig weiter ausgelegt wie die eher mythologisch-genealogische bei Platon, der im „Theaitetos“ den Sokrates das Staunen als pathos, grundsätzliche Befindlichkeit des Philosophen herausarbeiten lässt (155d), ausgehend vom Staunen seines Gesprächspartners Theaitet über den plötzlichen und Schwindel erregenden Einblick in die Gewordenheit und das Werden alles Seienden, was im Erkennen festzuhalten so viel Mühe macht, und das in der Gestalt des Thaumas seinen mythisch personifizierten Ursprung habe. Auch diese Stelle wird in der Literatur zum Philosophieren mit Kindern nur benannt, nicht aber differenziert erläutert und ausgelegt.

[36] Diese Kritik ist zu äußern sowohl gegenüber (im Prinzip gleichwohl verdienstvollen, da für die Bewegung des Philosophierens mit Kindern förderlichen) Veröf-

kommt es darauf an, mit dem Anspruch der Philosophie ernst zu machen, auch die eigene Tätigkeit des philosophierenden Fragens differenzierter zu erläutern, unterschiedliche Stufen oder Ebenen des Fragens auszumachen, ihre jeweilige Pointe genauer zu erläutern und daraus eine systematisch geordnete Methodik des Philosophierens zu entwickeln.

In Weiterentwicklung früherer Modelle[37] schlage ich hier für das philosophische Fragen eine Differenzierung in drei Ebenen vor, die des vorreflexiven Fragens, des verstehenden Fragens und des reflexiven Fragens. Für jede dieser Ebenen unterscheide ich in Orientierung an Hegels Gedankenfortschritt vom Allgemeinen übers Besondere zum Einzelnen beziehungsweise vom An-sich- über das Für-sich- zum An-und-für-sich-sein wiederum je drei Stufen. Somit ergeben sich zumindest neun Frageformen: Erstauntwerden, Verwunderung, Sich-Wundern, Fragenstellen, In-Frage-Stellen beziehungsweise Zweifeln, Untersuchen, Selbsterforschung, Herausgefordertsein, existentielle Fraglichkeit. Zur Erläuterung:

(A) Auf der Ebene des vorreflexiven Fragens, auf der das Fragen überhaupt erst zur Frage wird, die Frage als Ebene von Weltverhalten, also als Fraglichkeit zur Erfahrung zu bringen ist, auf dieser ersten Ebene beginnt unser Fragen (1) mit der Konfrontation mit der Fraglichkeit des in Frage Stehenden wie auch des Fragenden selbst. Sie ist am ehesten zu benennen mit dem, was die Griechen das thaumazein nannten, also mit dem *Erstauntsein* oder noch sinnlicher dem Erschüttertwerden, das uns noch ganz passiv und ohne subjektiv realisierten Bezug darauf mit der Fraglichkeit alles Seienden konfrontiert. Eine erste diese Fraglichkeit am Gegenstand festmachende

fentlichungen wie Daurer (1999), die das Staunen, Zweifeln, Betroffensein ohne klare innere Differenzierung zur Methode hochstilisiert. Aber auch das deutlich methodisch-systematisch angelegte Werk von Brüning (2003) kommt im 2. Kapitel nicht über das Benennen verschiedener Tätigkeiten des Philosophierens hinaus, des Staunens, Fragens, Nachdenkens, Zweifelns, Weiterdenkens, Infragestellens; in dieser Reihenfolge leuchten sie nicht recht ein, weil ihre jeweiligen Pointe, vor allem aber die aufeinander aufbauenden Stufung nicht klar genug erläutert werden.

37 In meinem Buch „Kann ein Hering ertrinken“ (Petermann (2007)) habe ich im 2. Kapitel unter Bezug auf die Metaphysik des Aristoteles die Bewegung vom Staunen zum Denken als systematisch aufeinander aufbauende und die verschiedenen Stufen zumindest im Ansatz auslotende erläutert. In meinem Aufsatz (2008), Seite 32-55 habe ich sodann, erneut ausgehend von Aristoteles und in Differenzierung der didaktischen Formel „sehen – urteilen – handeln“ eine Liste von zwölf aufeinander aufbauenden philosophischen Tätigkeiten als Schlüsselkompetenzen für Bildung überhaupt behauptet: In jeweils dreifacher Differenzierung der Grundtypen des Wahrnehmens, Deutens, Erkennens, Handelns schlage ich vor die Ebenen erfassen, erfahren, erfühlen, durchdringen, verstehen, reflektieren, beurteilen, einsehen, entscheiden, umsetzen und handeln, ins Leben integrieren, im Lebensvollzug verflüssigen und relativieren (ebd., 51).

Absonderung folgt (2) mit dem *Verwundern*, das am deutlichsten sich in den berühmten kindlichen Warum-Fragen allem und jedem gegenüber äußert. Uns bewusst wird hier die Eigentümlichkeit, dass alles eben so ist, wie es ist, und zwar in Unterscheidung zu anderem, wodurch alles auch ganz anders sein könnte. In dieser verwundernd fragenden Konfrontation wird dann die Verwunderung umschlagen (3) auch in die Verwunderung über sich selbst und wird ein *Sich-Wundern.* Denn im Äußern der Warum-Frage erfährt der Fragende auch sich selbst als Akteur des Fragens, also auf einer ersten vorreflexiven Stufe Fraglichkeit als eine Dimension seiner selbst, bei Kindern in der Entdeckung des Ich-Sagens, der Subjektivität aller Beziehungen zu Welt und Leben.

(B) Damit hat sich das Fragen zu einem bewussten Fragen emanzipiert, das dem Fragen als Form der Auseinandersetzung mit Welt ausdrücklich Gestalt zu geben vermag. So äußert es sich vor allem als ein Verstehen-Wollen. Auch diese Ebene lässt sich wiederum in drei Stufen differenzieren, lateinisch wäre das ein Verstehen als informatio, als dubitatio und als quaestio. Die informatio ist auf der hier ersten Stufe (4) das Verstehenwollen als ein *Fragenstellen.* Als noch ganz allgemeines ist es ausgerichtet auf Information, die mittels Fragens die Wirklichkeit zur Kenntnis nehmen will. Als Antwort wird ein „so ist es“ erwartet. Elaborierter wird das Fragenstellen (5) im Zweifel, der dubitatio, das als Fragen auch ein *In-Frage-Stellen* genannt werden kann, die kritische Überprüfung von Phänomenen, Sachverhalten, Zusammenhängen. Diesen Zweifel am Sosein hat Descartes in seinem methodischen Skeptizismus zum Prinzip alles Philosophierens erhoben hat. Seinen Grund aber hat der Zweifel bereits in der berühmten sokratischen Frage „ti estin“, „was ist eigentlich…“. Diese Frage will Wirklichkeit nicht nur zur Kenntnis nehmen, sondern im eigentlichen Sinne verstehen, warum etwas genau so ist oder mir erscheint, und damit zugleich Begründungen für Wirklichkeit und das Zurechtkommen mit ihr zur Sprache bringen. Diese Haltung kann diszipliniert und systematisiert werden, womit das verstehende Fragen sich zur Stufe (6) der quaestio emanzipiert, genauer der quaestio disputata, der zergliedernden und methodisch geplant vorgehenden, das Pro und Contra und jeweilige Argumente systematisch abwägenden *Untersuchung.*

(C) Durch die letzte Stufe der systematischen Untersuchung kann sich das Fragen schließlich lösen von der Bindung an den zu verstehenden Gegenstand und als Gegenstand ganz die Reflexion auf die Struktur des Fragens selbst in den Blick nehmen. Damit befindet es sich auf der dritten Ebene des Fragens, die sich in der Logik des von Aristoteles als eigentlichem Gegenstand der Philosophie beschriebenen noûs noêseôs versteht, dem Denken des Denkens, oder dem, was Hegel Geist nennt. Dieser Nous aber kommt wiederum auf drei Ebenen zum Ausdruck, als Nous des fragenden individuellen Subjekts, als Nous des dieses Subjekt befragenden Gegenübers, sowie als innerer geistiger Bewegungsprozess des Nous selbst. In der Auslotung zunächst (7) der Subjektivität des Fragens wird in dem anfänglichen zitierten Titel „Ich bin gefragt" das „Ich" betont, eine Reflexion, die, wie im letzten Abschnitt ausgeführt, eine Anthropologie menschlichen Fragens als eigentümlich menschlicher Daseinsform erstellt, anders, das jeweilige Ich als Akteur des Fragens erläutert. In einem anderen Sinn von Untersuchung, nämlich den subjektiven Prozess des Untersuchens auslegend, heißt dies im Lateinischen inventio; im Deutschen vielleicht am ehesten einzufangen als *Selbsterforschung.* Wie wir ebenfalls im letzten Abschnitt gesehen haben, führt eine solche Selbstreflexion konsequent zur Konfrontation (8) mit dem Gefragtsein als Voraussetzung allen menschlichen Fragens, weil es durch dieses Gefragtsein allererst zum Fragen herausgefordert wird. Betont wird hier das zweite, das *Herausgefordertsein* des Fragens beziehungsweise seine Passivität betonende Wort „bin" des Titels „Ich bin gefragt": Als Fragender kann ich nur fragen im Bedenken, als Voraussetzung allen Fragens je schon zum Fragen herausgefordert zu sein. Diese Einsicht aber kann nur kulminieren in der letzten Stufe (9) der Existentialität des Fragens überhaupt: *Fraglichkeit* als solche kann erst hier als Grundstruktur aller Wirklichkeit, der uns entgegenstehenden Phänomene, Tatsachen, Situationen, Beziehungen, wie auch unserer selbst erfasst und festgehalten werden. Im Titel „Ich bin gefragt" betont diese letzte Stufe insofern das „gefragt".

6 Welche Konsequenzen hat die Philosophie menschlichen Fragens für das Fragen im (Religions-)Unterricht?

Die Konsequenz dieser Systematik philosophischen Fragens ist deutlich: Die Philosophie ist nicht nur diejenige Disziplin, die Fraglichkeit als Grundstruktur von Menschsein aufzuzeigen und zu erläutern hat, sondern bietet damit auch eine Methodik, wie und hier noch konkreter auf welcher Ebene und in welcher Form diese Fraglichkeit zur Artikulation kommt und gebracht werden kann. Daraus ergeben sich unmittelbar pädagogische Konsequenzen, zu denen ich mit vier Thesen meine Überlegungen schließe:

1. Basis zur Entwicklung und Förderung von Schülerfragen im Religionsunterricht ist für mich, zunächst seitens der Lehrenden eine Sensibilität zu entwickeln für das Elementare in Schülerfragen. Für die Kinder und Jugendlichen bedeutet das, eine für sie selbst zu-

nächst gar nicht bewusste Frage und Nachfrage auch in scheinbar beiläufigen Bemerkungen zu Bewusstsein zu bringen und den Fragecharakter solcher Bemerkungen durch Gegenfragen und Weiterfragen herauszuarbeiten. Das bedeutet weiterhin, in der Inszenierung und Gestaltung des schulischen Unterrichtsgeschehens, für das ja in erster Linie die Lehrenden Verantwortung tragen, gegen den Trend einer zeitlich wie inhaltlich perfekt durchgeplanten Stunde stets einen Raum freizuhalten, anzubieten und zu öffnen für die Entfaltung eben solcher Bemerkungen oder scheinbar belangloser Fragen hin zu Sinn problematisierenden Fragen der Nachdenklichkeit.

2. Eine zweite Bemerkung ist ein schon konkreter methodischer Hinweis: Zur Förderung wirklicher Schülerfragen ist es notwendig, die vorderhand bloß informative oder technische Struktur vieler Fragen als Schein zu entlarven und mittels des sokratischen Elenchos in wirkliche Fragen zu überführen. Das kann geschehen in dreifacher Form:

a) durch Destruktion vorgeblichen Wissens als unverstandenes oder unverdautes Wissen und auch durch Destruktion der Konstruktionen, durch die Alltagswissen oder Vorwissen als aufzuklärendes Vorurteil oder unreflektierte Kenntnis zum Verständnis gebracht werden kann, (was mir im religiösen Bereich besonders wichtig zu sein scheint, wo insbesondere auf der sprachlichen Ebene die Gefahr groß ist, durch lange Tradition und vielfältige Erfahrung aufgeladene und verdichtete Begriffe mit Worten aus der alltäglichen Lebenswelt zu verwechseln[38]),

b) durch Aufbau von Einsicht in das Nichtwissen des Gewussten, hinsichtlich der Grenze von Wissen, des Anerkennens des Nicht-Verstehens und im Sinne der Provokation zum tieferen Einsehen des Gewussten, durch Destruktion auch der eben nur vorgeblich eigenen Fragen, die in Wirklichkeit oft bloß übernommene sind,

c) durch Destruktion schließlich auch der Form bloß informativen Wissenserwerbs mittels der Provokation zum Weiterfragen, zum Fragen danach, was ich nicht weiß, vor allem aber mittels der anfänglich ganz naiven, für den fortgeschritten Wissenden aber schwerer zu entwickelnden Lust am Fragen und Weiterfragen.

3. Die dritte Forderung schließt unmittelbar an den letzten Gedanken an: Zur Förderung von Schülerfragen ist es unerlässlich, das Fragen zunehmend zur Haltung werden zu lassen, genauer, das

[38] Dazu Petermann (2004), 76-92.; vgl. auch meine Kritik eines theologischen Gesprächs mit Kindern (Petermann (2002), 114f) sowie die gesamte symboldidaktische Bewegung, die in meinen Augen missverstanden wäre, würde sie ihren Gegenstand allein in offenkundigen Symbolen sehen; vielmehr geht es darum, religiöse Sprache überhaupt als symbolisch verdichtete ernst zu nehmen und zu dechiffrieren.

Fragen als interessierendes, wörtlich dabei seiendes, stets mich selbst involvierendes Fragen zu entwickeln. Gelingen kann dies nach meiner Erfahrung am besten,

a) wenn nicht nur Fragen, sondern zugleich die in den Fragen enthaltene Problemstellung formuliert wird[39] (unterrichtlich merkt das der Beobachter an der Schwierigkeit von Lehranfängern, nicht nur Handlungsanweisungen, sondern wirklich zielorientierte Fragen zu stellen),

b) wenn zugleich auf der reflexiven Ebene neben dem Fragen die Fraglichkeit einer Frage erläutert wird (was zum Beispiel geschehen kann durch die von mir zuweilen in Klausuren gestellte Aufgabe, nicht bestimmte Tatbestände aufzuzählen und zu erläutern, sondern zu formulieren und diese Formulierung zu begründen, welche Fragen ich stellen muss, um einen bestimmten Sachverhalt, eine Tatsache oder ein Problem zu erfassen),

c) wenn es nicht nur für die Lehrenden, sondern auch die Kinder und Jugendlichen zur Aufgabe gemacht wird, im Frageprozess mich selbst zu befragen, also was mit mir geschieht, wenn ich frage, nachfrage, in Frage stelle, und auch diese Reflexion auf das Fragen artikuliert und formuliert wird.

4. In diesem Sinne geht es in meinen Augen nicht so sehr darum, um auf eine Bemerkung vom Anfang meines Beitrags zurückzukommen, im Religionsunterricht Kinder zu Theologen zu erziehen oder ihnen ihr theologisches Potential erfahren zu lassen, sondern darum, im Religionsunterricht Raum zum Philosophieren zu schaffen und Theologisches philosophisch zur Frage werden zu lassen.[40]

Literatur

Bloch, Ernst: Tübinger Einleitung in die Philosophie, Frankfurt am Main 1963.

Brenifier, Oscar: Glück – Was ist das? Philosophieren mit neugierigen Kindern, Köln 2010.

[39] Ein in meinen Augen auch dazu sehr gut geeignetes Modell hat Oscar Brenifier vorgelegt mit seiner Reihe „Philozenfants"; an der deutschen Ausgabe unter dem Titel „Philosophieren mit neugierigen Kindern" (Brenifier (2010)) war ich selbst als Fachberater beteiligt. Die zu den Themen „Ich", „Glück", „Gut und Böse", „Leben", Gefühle", „Freiheit", „Zusammenleben", „Wissen", „Schönheit und Kunst" herausgekommenen Einzelbände gehen in jeweils 6 Kapiteln von Leitfragen aus, zu denen wiederum kurze Statements geliefert werden, die jedoch gleich zu neuen „Ja-aber-Nachfragen" überleiten. So führt Brenifier die lesenden Mit-Frager zu stets weiterem Nachdenken und so zu dem, was Philosophie auszeichnet und von langweiliger Kenntnisnahme oder Auswendiglernen unterscheidet: zum Begreifen von Problemen, die uns täglich berühren, mit denen wir uns aber zu selten wirklich kritisch nachdenkend auseinandersetzen.

[40] Vgl. dazu unter Bezug auf Ekkehard Martens meine Bemerkungen in Petermann (2009), 130.

Brüning, Barbara: Philosophieren in der Sekundarstufe, Weinheim 2003.
Daurer, Doris: Staunen, Zweifeln, Betroffensein. Mit Kindern philosophieren, Weinheim 1999.
Folkers, Horst: Synteresis und Symbolon als Elemente lukanischer Hermeneutik, in: Röllicke, Hermann-Josef (Hg.): Auslegung als Entdeckung der Schrift des Herzens, München 2002, 105-131.
Gerhard / Rupp, Hartmut (Hg.): Theologisieren mit Kindern, Stuttgart 2002.
Heidegger, Martin: Sein und Zeit, Tübingen 1979.
Petermann, Hans-Bernhard: "This story wants to make us think … Opportunities for Theologising Philosophising with Children, in: Iversen, G.Y. / Mitchell, G. / Pollard, G. (Hg.): Hovering over the face of the deep. Philosophy, theology and children, Münster 2009, 129-145.
Petermann, Hans-Bernhard: „…man hat immer ein Stück Gott in sich…" Von der Macht des göttlichen Wortes, in: Büttner, Gerhard / Schreiner, Martin (Hg.): „Man hat immer ein Stück Gott in sich." Mit Kindern biblische Geschichten deuten, Stuttgart 2006.
Petermann, Hans-Bernhard: „…noch über Gott in eine Wüste ziehn…". Derridas negative Theologie am Rande der Sprache, in: Röllicke, Hermann-Josef (Hg.): Denken der Religion, München 2010, 136-178.
Petermann, Hans-Bernhard: Kann ein Hering ertrinken? Philosophieren mit Bilderbüchern, Weinheim 2007.
Petermann, Hans-Bernhard: Philosophieren und kompetenzorientierte Bildung, in: Rohbeck, Johannes (Hg.): Hochschuldidaktik Philosophie, Dresden 2008, 32-55.
Petermann, Hans-Bernhard: Wer Ohren hat zu hören, der höre!, in: Thomas, Philipp / Martens, Ekkehard (Hg.): Religionsphilosophie. Praxishandbücher Philosophie / Ethik, Hannover 2004, 76-92.
Petermann, Hans-Bernhard: Wie können Kinder Theologen sein? Bemerkungen aus philosophischer Perspektive, in: Büttner, Gerhard / Rupp, Hartmut (Hg.): Theologisieren mit Kindern, Stuttgart 2002, 95-127.
Platon: Menon, zitiert in der Paginierung Stephanus, hier nach der Ausgabe M. Kranz, Stuttgart 1994.
Rahner, Karl: Geist in Welt, Freiburg 1996.

Kerstin Michalik

Waren Adam und Eva Vormenschen? – Zur Bedeutung philosophischer Fragen für den Unterricht

Das Philosophieren mit Kindern lässt sich kurz und knapp definieren als ein pädagogischer und methodischer Ansatz, der darauf abzielt, selbstständiges Denken im Austausch mit Anderen zu fördern, um Nachdenklichkeit als individuelle Haltung sowie Gesprächsfähigkeit und Gesprächskultur zu entwickeln.
Das Philosophieren mit Kindern als eine pädagogische Bewegung kann auf eine inzwischen mehr als vierzig jährige Tradition zurückblicken, in der sich verschiedene Formen des Philosophierens herausgebildet haben.

1 Philosophieren als Unterrichtsprinzip

Für das Fragenstellen im Unterricht ist das Philosophieren mit Kindern als ein *Unterrichtsprinzip* von besonderer Bedeutung. Der Ansatz wurde vor allem für die Grundschule entwickelt, er lässt sich aber auch auf das Philosophieren mit Jugendlichen in der Sekundarstufe übertragen.[1] Was bedeutet Philosophieren mit Kindern als Unterrichtsprinzip?
Beim Philosophieren als Unterrichtsprinzip werden philosophische Gespräche mit Kindern in den Fachunterricht integriert. Das Philosophieren als Unterrichtsprinzip ist nicht verbunden mit der Einführung neuer Inhalte im Sinne eines neuen Fachs ‚Philosophie in der Grundschule', sondern es geht um andere, alternative Zugänge zu den herkömmlichen Gegenständen des Unterrichts. Das gemeinsame Nachdenken geht von den Inhalten eines Faches aus, es ist bezogen auf diese und greift philosophische Fragen auf, die sich aus den Unterrichtsgegenständen ergeben.
Der zentrale Grundgedanke lautet, *dass Schul-Unterricht durch die Berücksichtigung philosophischer Fragen (von Kindern) auf eine besondere Art und Weise bildungswirksam wird.* Unterricht dient damit nicht nur der Vermittlung von Wissen und fachbezogenen Kompetenzen, sondern bietet Raum und Zeit, um Fragen der Schüler nach

1 Vgl. Hößle/Michalik (2005).

Sinn und Bedeutung der Erscheinungen unserer sozialen, natürlichen und technischen Welt nachzugehen.
Einen besonderen Stellenwert haben Fragen und Impulse, die von den Kindern ausgehen, die im Unterricht allerdings häufig keine Beachtung finden. Was ist eine philosophische Frage?
Philosophische Fragen zeichnen sich dadurch aus, dass sie offen sind, das heißt, dass es keine eindeutigen Antworten, sondern verschiedene Antwort- und Deutungsmöglichkeiten gibt. Es sind Fragen, die mit den uns zur Verfügung stehenden Instrumenten der Wissenschaft nicht zu klären sind. Es sind Fragen, die unser Selbst- und Weltverhältnis betreffen.
Haben Kinder, Grundschulkinder bereits philosophische Fragen? Gertrud Ritz-Fröhlich hat in den 90er Jahren rund 1000 Fragen von Grundschulkindern erhoben. Ein großer Teil der Fragen bezog sich auf eigene Lebensprobleme, existentielle und metaphysische Fragen, Daseins- und Menschheitsprobleme.[2] Rund 15 % der Fragen wurden als „Sinnfragen" ausgewiesen,[3] hierzu gehören Fragen wie die Folgenden: Wieso bin ich auf der Welt? Was wird nach dem Tod sein? Warum gibt es Menschen? Gibt es Gott? Warum soll man nicht lügen? Können Pflanzen fühlen?
Eine kürzlich in Hamburg im Rahmen eines Seminarprojektes durchgeführte Erhebung in einer vierten Klasse, in deren Rahmen die Kinder eine Woche lang Fragen in einen Zettelkasten werfen durften, zeigt ebenfalls eindrucksvoll, mit welchen anspruchsvollen Problemen sich bereits Grundschulkinder beschäftigen: Was genau ist ‚die Natur'? Gab es Adam und Eva wirklich? Warum gibt es arme und reiche Menschen? Warum ist die Welt entstanden? Gibt es einen Teufel und warum ist er böse? Wird man bald Computerspiele und die Realität nicht mehr unterscheiden können? Leben Pflanzen wirklich?
Solche Fragen von Kindern werden im Unterricht oft übersehen oder einfach nicht aufgegriffen, weil sie nicht in die Unterrichtsplanung passen, oder aber weil es für im Philosophieren nicht geschulte Lehrkräfte schwierig ist, damit umzugehen. Dass Kinderfragen mit philosophischem Gehalt eher selten zum Gegenstand des Unterrichts gemacht werden, liegt auch an den allgemein vorherrschenden Interaktionsmustern im Unterricht, in denen die Schülerfrage im Unterschied zur Lehrerfrage eine nur sehr geringe Bedeutung hat. So hat Ritz-Fröhlich im Rahmen ihrer Untersuchung bezeichnenderweise herausgefunden, dass die meisten Schülerfragen nach Auskunft der Lehrkräfte nicht im Unterricht, sondern zwischen Tür und Angel, in

2 Ritz-Fröhlich (1992), 94f.
3 Ebd., 34.

den Pausen, auf Schulausflügen oder in besonderen Gesprächssituationen, zum Beispiel Gesprächskreisen gestellt werden.[4] Dies entspricht dem Forschungsstand zum Thema „Fragen im Unterricht“.

2 Forschung zu Fragen im Unterricht

Die Forschung zum Fragenstellen in unterrichtlichen Interaktionsprozessen ist nicht sehr reichhaltig und die meisten vorhandenen Studien sind auf Lehrerfragen konzentriert; Schülerfragen haben bislang wenig Berücksichtigung in der Forschung gefunden.[5]
Wie verschiedene Forschungsarbeiten zum Fragenstellen von Lehrern zeigen, dominiert zumeist *das konventionelle Interaktionsschema*: Lehrerfrage – Schülerantwort – Lehrerbewertung oder das „fragend-entwickelnde Lehrgespräch“, bei dem ebenfalls die Lehrer die Fragen stellen, um den Unterrichtsgegenstand auf der Grundlage der Antworten der Schüler zu entfalten – ein nach Dahms wenig fruchtbares Verfahren für die Denk- und Sprachentwicklung der Kinder.[6]
Lehrerfragen dominieren den Unterricht, sie haben dabei oft ein eher niedriges kognitives Niveau,[7] einen fixierenden und einschränkenden Charakter, indem sie auf bestimmte Begriffe oder vorab feststehende Antworten ausgerichtet sind. Lehrerfragen zeichnen sich häufig auch durch eine mangelnde Sensibilität für Bedenkzeiten der Schüler aus, das ist unter anderem daran erkennbar, dass Fragenketten formuliert werden, wenn das Antworten nicht sofort erfolgt.
Schülerfragen sind in schulischen Interaktionsprozessen eher selten und beziehen sich zudem weniger häufig auf die Unterrichtsinhalte, als auf die Arbeitsorganisation oder Aufgabenstellungen.[8] Unterricht, so lautet das Fazit, ist immer noch weitgehend so angelegt, dass das Fragenstellen von Schülern eher verhindert als befördert wird. Das ist problematisch, wenn man bedenkt, welche große Bedeutung das Fragenstellen der Kinder für Lern- und Verstehensprozesse hat.[9]
Dass dem Fragenstellen der Schüler im Unterricht so wenig Aufmerksamkeit geschenkt wird, hat Neil Postmann in seinem Werk „Die zweite Aufklärung“ besonders kritisiert. Das Fragen ist nach Postman „das bedeutsamste intellektuelle Werkzeug“, das dem Menschen zur Verfügung steht, es ist das beste Instrument, um Nachdenklichkeit, kritisches Denken, eine skeptische Haltung, Vernunft-

4 Ritz-Fröhlich (1992), 25f.
5 Vgl. Neber (2006), 50.
6 Dahms (1985), 68ff.
7 Vgl. Niegemann/Stadler (2001), 189f.
8 Niegemann/Stadler (2001).
9 Sembill/Gut-Sembill (2004); Neber (2006); Ritz-Fröhlich (1992).

gebrauch zu fördern.[10] Er fordert daher, Kindern die „Kunst und Wissenschaft des Fragenstellens“ beizubringen, auch wenn Schule traditionellerweise als ein Ort gelte, wo Schüler Antworten lernten, aber nicht die Fragen, denen die Antworten entsprängen.
Das Philosophieren mit Kindern verfolgt eben dieses Anliegen, es ist ein didaktischer Ansatz, welcher der Kinderfrage zu ihrem Recht zu verhelfen mag. Es geht darum, das Fragenstellen der Kinder zu ermutigen und zu fördern und ihnen zu zeigen, dass das gemeinsame Nachdenken über schwierige Fragen interessant und lohnenswert ist. Philosophische Gespräche mit Kindern und Jugendlichen zielen darauf ab, eine Fragekultur zu entwickeln und damit eine Kultur der Nachdenklichkeit zu etablieren.
Dieses Anliegen hat *eine bildungstheoretische Dimension*, die ich im Hinblick auf die Bedeutung der Frage im Gespräch im Allgemeinen und im Unterrichtsgespräch im Besonderen entfalten möchte. Es geht um die Chance, die der Schülerfrage für die Entwicklung des Unterrichts und für Bildungsprozesse von Kindern zukommt und um die besondere Bedeutung philosophischer, nachdenklicher Gespräche mit Kindern im Unterricht.

3 Die Bedeutung der Frage für das (philosophische) Gespräch im Unterricht

Ich gehe hier von einem Verständnis von Unterricht als einer dialogischen Praxis aus, die von Lehrenden und Lernenden gleichermaßen gestaltet wird und in dessen Zentrum das Gespräch als Mittelpunkt von Bildungsprozessen steht.
Der Philosoph und Schriftsteller Peter Bieri definiert Bildung als etwas, das Menschen mit sich und für sich machen: „Ausbilden können uns andere, bilden kann sich jeder nur selbst.“[11] „Eine Ausbildung durchlaufen wir mit dem Ziel, etwas zu können. Wenn wir uns dagegen bilden, arbeiten wir daran, etwas zu werden – wir streben danach, auf eine bestimmte Art und Weise in der Welt zu sein.“[12]
Bieris Konzept von *Bildung als Bestreben das eigene Selbst- und Weltverhältnis zu entwickeln*, ist auf das Engste mit der Fähigkeit zum Fragenstellen verknüpft. Denn Bildung beginnt nach Bieri mit Neugierde: „Man töte in jemanden die Neugierde ab, und man stiehlt ihm die Chance, sich zu bilden.“[13] Bildung beginnt mit Neugierde,

[10] Postman (1999), 202.
[11] Bieri (2005), 1.
[12] Ebd.
[13] Ebd.

mit einer Fragehaltung, mit dem Stellen von zwei fundamentalen Fragen: Was der Fall ist, und warum es der Fall ist. Bildung bedeutet, sich selbst, die Dinge um uns herum, unser Verhältnis zu den Dingen permanent in Frage zu stellen, unser Selbst- und Weltverhältnis immer wieder neu zu bestimmten: Was weiß und verstehe ich wirklich? Was kann ich wissen? Was für Belege habe ich für meine Überzeugungen? Was sind gute Argumente? Wie ist es dazu gekommen, dass wir so denken, fühlen und reden wie wir es heute tun? Bildung als Aufklärung heißt nach Bieri, zwei weitere Fragen so zu verinnerlichen, dass sie zur „zweiten Natur" werden: Es sind die Fragen: „Was genau heißt das? und „Woher wissen wir, dass es so ist?"[14] Bildung, sich bilden, bedeutet, die Dinge zu hinterfragen. Bei Bieri ist die Frage gewissermaßen eine Voraussetzung von Bildungsprozessen.

In einer anderen Hinsicht steht die Frage bei Hans-Georg Gadamer im Zentrum der Überlegungen. Er betrachtet die Frage als Ausgangssituation jedes Verstehensprozesses und bestimmt sie zum zentralen Strukturmoment der Ingangsetzung sowie Aufrechterhaltung des Gespräches. Die Frage ist zentral für den Verstehensprozess, sie ist von zentraler hermeneutischer Bedeutung, denn: „Einen Text verstehen, heißt die Frage verstehen, auf die der Text eine Antwort ist."[15] Ich sehe hier eine gewisse gedankliche Korrespondenz zu Postman, der beklagt, dass Schule ein Ort sei, wo Schüler Antworten lernten, aber nicht die Fragen, aus denen die Antworten entspringen.

Die Frage ist zugleich bei Gadamer *das dynamische Zentrum eines Gespräches*, denn die Frage verhindert eine Stagnation des Gespräches, indem etwas als noch klärungsbedürftig, offen, ungewiss in den Raum gestellt wird: „Fragen heißt Offenlegen und ins Offene stellen. Gegen die Festigkeit der Meinungen bringt das Fragen die Sache mit ihren Möglichkeiten in die Schwebe"[16]. Die Kunst des Fragens und Weiterfragens ist das zentrale Moment, „mit der die Entwicklung der Sache im Gespräch vorwärts geht"[17].

Für das Offenhalten und Inganghalten von Gesprächen hat der Erziehungswissenschaftler Rainer Kokemohr (1985) im Rahmen seiner Charakterisierung von Unterrichtsgesprächen die *sprachtheoretischen Kategorien der Modalisierung* entwickelt. Unter Modalisierung versteht Kokemohr die Öffnung des Gespräches hin zu konkurrierenden Lesarten, der Gegenbegriff der Validierung hingegen beschreibt den Prozess der Engführung des Gespräches, der vorschnel-

14 Ebd., 2.
15 Gadamer (1960), 375.
16 Ebd., 349.
17 Ebd.

len Vereindeutigung von Sachverhalten und damit Schließung des Gespräches. Während modalisierende Tätigkeiten den Spielraum von Sinn- und Deutungsoptionen für den Verstehensprozess offen halten, verengen validierende Tätigkeiten die Deutungs-, Antwort-, Äußerungsoptionen (im Sinne intersubjektiv sicheren Wissens).
Wie Kokemohr feststellt, werden Modalisierungsversuche im Sinne spielerisch-experimenteller Deutungsversuche von Wirklichkeit aufgrund des institutionell auferlegten Validierungszwanges im Unterricht kaum oder gar nicht zugelassen.[18] Sie werden aus der „Diskursöffentlichkeit" der Schule verbannt.[19] Damit werden wichtige Potenziale für Verstehensprozesse verschenkt, weil die Chance, thematische Gegenstände an die Erfahrungs- und Deutungshorizonte der Schüler zu knüpfen, häufig ungenutzt bleibt.

4 Philosophieren als Kunst des Fragenstellens

Unter anderem im Anschluss an Kokemohr hat Kolenda für die empirische Analyse von Unterrichtsgesprächen *den Fragetyp der elaborierenden Frage* entwickelt, um Potentiale, Bedingungen und Möglichkeiten von Schülerfragen für das Unterrichtsgespräch zu untersuchen.[20] Die philosophische Frage entspricht dabei weitgehend dem Typus der elaborierenden Frage, die Kolenda als wesentliches „Strukturelement bei der Aushandlung von Bedeutungen innerhalb der Dialogstruktur diskursiver Praxis" sieht.[21]
Elaborierende Fragen sind im Gegensatz zu fixierenden Fragen nicht auf bestimmte Begriffe und Antwortmöglichkeiten ausgerichtet (wie so häufig die von Lehrkräften gestellten Fragen), sondern sie lassen verschiedene Antworten, unterschiedliche Sinn- und Deutungsmöglichkeiten zu und initiieren einen dialogischen Aushandlungsprozess eines thematischen Gegenstandes.[22] Elaborierende Fragen[23] sind „entwicklungstreibende Fragen für Sinnverstehensprozesse", sie erschüttern vorhandene Denkstrukturen und vorhandenes Wissen und können damit auch Nicht-Verstehen aufbrechen und Modalisierungsprozesse im Sinne Kokemohrs auslösen. Elaborierende Fragen haben das Potenzial, neue Wendungen im Gespräch zu schaffen und damit den vom Lehrer geplanten Unterrichtsverlauf aufzubrechen, abzuwenden, zu unterbinden.

18 Kokemohr (1985), 178.
19 Ebd., 232.
20 Kolenda (2010), 87ff.
21 Ebd., 96.
22 Ebd., 87.
23 Vgl. ebd., 88; 96f.

Die folgenden Beispiele aus dem Sachunterricht der Grundschule machen deutlich, dass Kinderfragen mit philosophischem Gehalt in besonderem Maße den Kriterien für elaborierende Schülerfragen entsprechen.

Waren Adam und Eva Vormenschen?
Erdgeschichte ist Thema des Projektunterrichts in einer dritten Grundschulklasse in Hamburg-Wilhelmsburg. Es geht um die Entstehung der Erde, um den Urknall, den Kreislauf der Gesteine, Fossilien und die Entwicklung der Lebewesen. Die Studentinnen zeigen den Kindern ein Schaubild, das Stufen der Entwicklung des Menschen von affenähnlichen Lebewesen über den Urmenschen bis hin zum heutigen Menschen zeigt. Bei der Betrachtung der Abbildung werden von den Kindern spontan folgende Fragen gestellt: Waren Adam und Eva auch Vormenschen? Gab es Adam und Eva überhaupt? Ab wann ist man eigentlich ein Mensch?
Die Fragen und Gesprächsinteressen der Kinder spannen einen weiten Horizont auf. Es geht um den Zusammenhang oder auch Unterschied von Wissenschaft und Glauben, um Unterschiede zwischen Menschen und Tieren, um das Wesen und die Grenzen von Wissenschaft. Wer bestimmt eigentlich, wann das Menschsein beginnt, und auf welcher Grundlage? *Die Fragen der Kinder zeugen eindrucksvoll von dem Bedürfnis, dem Bestreben, ihr bisheriges Wissen einzuordnen, mit den dargebotenen Informationen zu verbinden, um ein in sich schlüssiges Bild zu entwickeln.* Wo befinden sich Adam und Eva auf den Stufen der Menschheitsentwicklung? Wie sind Evolutions- und Schöpfungstheorie, Wissenschaft und Glauben zusammen zu bringen? Diese interessanten und reichhaltigen Kinderfragen wurden in dem Unterrichtsbeispiel nicht aufgegriffen, sondern eher unauffällig überhört.

Wer war zuerst da, der Käfer oder das Ei?
Forschendes Lernen in einer zweiten Klasse, Mehlwürmer sind der Untersuchungsgegenstand. Die Kinder haben sich verschiedene Experimente ausgedacht, um Verhaltensweisen, Vorlieben und Abneigungen der Tiere zu erkunden. Abschließend wird der Entwicklungszyklus des Mehlkäfers thematisiert und auf einem Schaubild präsentiert. Ein Kind stellt spontan die Frage, wo eigentlich der Anfang des Kreises ist. Wer war zuerst da, der Käfer oder das Ei? Es werden folgende Antwortmöglichkeiten diskutiert:
- Das Ei, weil der Käfer sich aus dem Ei entwickelt hat.
- Der Käfer, weil das Ei ja vom Käfer stammt.
- Es müssen auf jeden Fall zwei Käfer am Anfang da gewesen sein.

– Weder der Käfer noch das Ei, weil der Käfer sich aus einem anderen Tier entwickelt hat.
– Allah hat alle Lebewesen auf die Erde heruntergeschickt.

Die Beschäftigung mit der Frage nach dem Ausgangspunkt des Zyklus zeigt den Kindern, dass Wissenschaft nicht auf alle Fragen eine Antwort hat, dass es Bereiche unseres Daseins gibt, die sich dem wissenschaftlichen Zugriff im Sinne einer eindeutigen Klärung von Sachverhalten und Phänomenen, entziehen.

Hat Gott den Urknall gemacht?

Am Ende des Projektes Erdgeschichte, eines nach allen Regeln der Kunst durchgeführten wissenschaftsorientierten Projektunterrichts, stellt ein Kind die Frage: Hat Gott den Urknall gemacht? Die Frage wird in einem philosophischen Gespräch aufgegriffen, das den Kindern Gelegenheit bietet, ihre eigenen Vorstellungen und Deutungen einzubringen. Dabei werden folgende Antwortmöglichkeiten formuliert:

– Gott hat den Urknall verursacht,
– Gott wurde durch den Urknall geschaffen,
– Gott hat nach dem Urknall die Tiere erschaffen, und danach haben sie sich weiter entwickelt zu Menschen,
– zuerst gab es nur Bakterien, und die haben sich ohne Gott weiter entwickelt, die Menschen aber dann mit Gott.

Die Gesprächsbeiträge zeigen sehr deutlich, dass die zuvor behandelten fachlichen Inhalte, die Ergebnisse der Wissenschaft, in den Köpfen der Kinder völlig unverbunden neben Alltagsvorstellungen und individuellen, subjektiven Deutungen stehen. Ein Unterricht, der solche Vorstellungen ignoriert, die auf die Sachverhalte auch religiös bezogen sind verfehlt sein Ziel, er verbleibt auf einer oberflächlichen Vermittlungsebene, die mit Verstehensprozessen nichts zu tun hat.

Die hier präsentierten Kinderfragen wurden spontan im Unterricht gestellt, in Unterrichtskontexten, die nicht auf das Philosophieren mit Kindern ausgerichtet waren. Sie machen deutlich, welche „entwicklungstreibende Kraft“ solchen Fragen innewohnt. Die von den Kindern gestellten Fragen haben das Potenzial, dem Unterricht beziehungsweise dem Unterrichtsgespräch eine neue Wendung zu geben, es produktiv mitzugestalten. Es sind Fragen, die über die Oberfläche der Phänomene hinausgehen und auf das Wesen der Dinge abzielen. Das Terrain des naturwissenschaftlichen, auf die Vermittlung von Fachwissen ausgerichteten Unterrichts, wird überschritten und für konkurrierende Deutungsmöglichkeiten, Sinnoptionen, übergreifende Sinnzusammenhänge und damit auch ein tieferes Verständnis des Sachgegenstandes geöffnet. Denn was Naturwissenschaften, was Wissenschaft ist, lässt sich ja auch und insbesondere in Abgrenzung zu anderen Formen der Weltdeutung entwickeln, dies auch im Sinne eines mehrperspektivischen, fächerübergreifenden Unterrichts.[24] *Philosophische Fragen sind an sich fachübergreifend* und lassen sich nur jenseits der durch Wissenschaftsdisziplinen und Schulfächer gezogenen Grenzen erörtern.

Die Beispiele zeigen, welche Produktivität Kinderfragen für die Fortentwicklung und Generierung von Sinn und Bedeutung in der nachdenklichen Auseinandersetzung mit den Unterrichtsgegenständen haben können. *Ich verstehe das Philosophieren mit Kindern als Unterrichtsprinzip auch als Element einer subjektorientierten Didaktik, weil es hier darum geht, die eigenen Erfahrungen, Gedanken, Assoziationen, Fragen, Vorstellungen, Phantasien und Deutungen der Kinder in die sach- und wissenschaftsorientierte Auseinandersetzung mit Welt einzubringen und für das Weltverstehen und Weltverständnis der Kinder zu nutzen.* Hierzu gibt es bereits Forschungsbefunde. Die pädagogische und didaktische Annahme, dass Lernprozesse dann besonders erfolgreich, effektiv und sinnvoll sind, wenn die alltäglichen, subjektivierenden, intuitiven oder symbolischen Zugänge zu den Phänomenen im Unterricht nicht nur geduldet, sondern zum Gegenstand expliziter Reflexionen gemacht werden, ist an der Universität Hamburg im Arbeitsbereich Biologiedidaktik durch Interventionsstudien bereits empirisch fundiert worden.[25]

Es konnte gezeigt werden, dass die Berücksichtigung der bei den Schüler vorhandenen subjektiven Bedeutungen von Lerngegenständen sich positiv auf die Aneignung fachwissenschaftlicher Inhalte, nachhaltiges Lernen und die Lernmotivation auswirkt und auch dazu beiträgt, das Lernen für die Schüler subjektiv bedeutsam zu machen. Grundlage des Ansatzes ist die Überzeugung, dass die Rationalität des wissenschaftlichen Zuganges zu den Phänomenen und die Vorstellungen, die aus dem Alltag und der Lebenswelt der Lernenden stammen, verschiedene Formen des Versuches sind, Phänomene der Welt zu verstehen. *Die objektivierende Aneignung der Dinge muss sich auf die subjektivierenden Sinnentwürfe des Alltages stützen, weil die Verschränkung beider Zugänge für erfolgreiche Lern- und Verstehensprozesse konstitutiv ist.*[26]

Im Unterricht muss es folglich darum gehen, philosophische Fragen von Kindern aufzugreifen oder/und systematisch mit den Kindern offene Fragen zu generieren, die einen philosophischen Kern haben beziehungsweise auf übergreifende Zusammenhänge abzielen. Ziel ist es, einen kontinuierlichen Gesprächszusammenhang herzustellen,

[24] Vgl. Michalik (2009a).
[25] Vgl. Gebhard (2007); Born (2007); Monetha (2009).
[26] Vgl. Gebhard (2007).

in dem ein Netz von Sinnzusammenhängen gewebt wird, das mit jedem neuen Unterrichtsthema weiter ausgebaut und verdichtet werden kann.

5 Voraussetzungen und Chancen der Integration philosophischer (Kinder-)Fragen in den Unterricht

Beim Philosophieren mit Kindern als Unterrichtsprinzip geht es darum, Fragen der Kinder aufzugreifen und die Fragehaltung der Kinder in allen Unterrichtsfächern und Lernbereichen zu fördern und zu kultivieren, um bildende Gespräche im Unterricht zu ermöglichen.[27]
Auf Seiten der Kinder sind die Voraussetzungen dafür gegeben, denn wie gezeigt werden konnte, haben bereits Grundschulkinder viele philosophische Fragen, über die es sich gemeinsam nachzudenken lohnt.

Wie sieht es aber auf Seiten der Lehrer, der Schule aus? Was sind Rahmenbedingungen, die das Fragenstellen der Kinder ermutigen, was sind Voraussetzungen, damit diese Fragen produktiv in das Unterrichtsgespräch eingebracht werden können? *Die Integration philosophischer, bildungswirksamer Gespräche in den Unterricht ist nicht nur eine Frage von Richtlinien, Ausbildung, Unterrichtsmethodik oder Gesprächstechnik, sondern vor allem eine Frage der Haltung des Lehrers.*

Philosophische Gespräche im Unterricht bedürfen erstens einer gewissen Haltung der Offenheit gegenüber dem Neuen, Anderen Fremden, Nicht-Kalkulierbaren, Nicht-Planbaren. Philosophische Gespräche sind nur begrenzt planbar, ihr Verlauf und ihre Ergebnisse sind offen. Wer philosophische Gespräche mit Kindern führt, muss bereit sein, sich selbst auf das Abenteuer philosophischen Nachdenkens einzulassen.

Philosophische Gespräche im Unterricht erfordern zweitens eine gewisse Flexibilität hinsichtlich des eigenen Rollenverständnisses als Lehrer. Im philosophischen Gespräch ist der Lehrer selbst ein Unwissender, ein Suchender, der sich als mitlernender Gesprächspartner in die Forschungsgemeinschaft einbringt. *Philosophische Gespräche bedürfen damit einer bestimmten pädagogischen Grundhaltung.* Sie vermindern das Machtgefälle zwischen Lehrern und Schülern, im Idealfall heben sie es sogar zumindest phasenweise auf.

Das setzt voraus, dass die Kinder als gleichwertige Gesprächspartner ernstgenommen werden, anerkannt werden, als gleichberechtigte Teilnehmer an den Entwicklungs- und Sinnverstehungsprozessen ei-

[27] Vgl. Michalik (2009b); Michalik/Schreier (2006).

nes Sachverhaltes. Partizipation ist ein wichtiges Unterrichtsprinzip. Damit tragen philosophische Gespräche mit Kindern nicht nur zur Förderung von eigenständigem Denken und von Gesprächskultur bei, sondern auch zur Entwicklung von Demokratieverständnis.

Welche Chancen hat das Philosophieren mit Kindern als ein Unterrichtsprinzip im gegenwärtigen Bildungsdiskurs? Neil Postmann zeichnet in seiner „zweiten Aufklärung“ ein pessimistisches Bild hinsichtlich der Möglichkeit, die Kinder in der Schule das Fragen zu lehren. *Präsidenten, Erziehungsminister, Schuldirektoren, so Postman, wollen Antwortengeber, nicht Fragensteller erziehen, die Quantität der Antworten, nicht die Qualität der Fragen messen.*[28] Postman vermutet hier die Wirkung des impliziten Wissens, dass eine ernsthafte Beschäftigung mit der Kunst des Fragenstellens politisch explosiv sei.[29]

Lernen wird derzeit in der Tat überwiegend von den Resultaten her betrachtet, es sind die *Outcomes* oder *Outputs*, die im Fokus der Aufmerksamkeit stehen, verstärkt durch die Bedeutung, welche internationale und nationale Vergleichsstudien finden. Beim Philosophieren mit Kindern steht der Prozess des Nachdenkens und des Verstehens im Mittelpunkt. Dass die Berücksichtigung der inhaltsbezogenen Vorstellungen, Phantasien, Deutungen, Fragen von Schüler im Unterricht dem Lernen keinesfalls abträglich oder gar eine Zeitverschwendung, sondern Verstehensprozessen in besonderem Maße förderlich ist, konnte bereits dargelegt werden.

Praktische Konsequenzen sind erst ansatzweise erfolgt. Ein positives Beispiel stellt der Hamburger Rahmenplan für den Sachunterricht dar, der bereits seit 2003 das Philosophieren mit Kindern („Förderung des Reflexionsvermögens“) zu einem zentralen Grundsatz der Unterrichtsgestaltung gemacht hat. Sachunterricht ist hier nicht nur ein sachbezogenes Wissen und sachbezogene Kompetenzen vermittelnder Unterricht, sondern explizit auch ein *Ort, um Fragen der Kinder nach Sinn und Bedeutung von Dingen, Mensch und Welt in gemeinsamen Gesprächen nachzugehen.*[30] Das Philosophieren als ein Unterrichtsprinzip hat im neuen, 2010 veröffentlichten kompetenzorientierten Rahmenplan für den Sachunterricht eine weitere Akzentuierung erfahren, indem der Beitrag philosophischer Fragen und Gespräche für die Kompetenzentwicklung der Kinder, zum Beispiel im Bereich der Urteilsbildung, deutlich herausgearbeitet worden ist.[31]

[28] Postman (1999), 204.
[29] Ebd., 203.
[30] Rahmenplan Sachunterricht (2003).
[31] Rahmenplan Sachunterricht (2010), 13; 15.

Dass das Philosophieren mit Kindern als Unterrichtsprinzip als Methode, um das Fragenstellen der Kinder in den Mittelpunkt des Unterrichtsgeschehens zu rücken, insgesamt erst in bescheidenen Ansätzen aufgegriffen worden ist, mag daran liegen, dass sich philosophische Gespräche nur sehr schwer in Standards pressen oder kompetenzorientiert operationalisieren lassen. Beim Philosophieren werden Kompetenzen gefördert, die mit herkömmlichen Verfahren der Leistungsmessung und -beurteilung kaum zu erfassen sind. *Philosophische Gespräche liegen quer zu einem standardisierten Unterricht, der auf mess- und vergleichbare Lernergebnisse ausgerichtet ist.*
Das kann man angesichts der gegenwärtigen bildungspolitischen Diskussion und deren zunehmenden Einfluss auf die Praxis des Unterrichtes als ein Problem betrachten. Man kann es aber auch als eine besondere Chance verstehen, um im gegenwärtigen Trend der Standardisierung von Unterricht ein Gegengewicht zu schaffen, um verstärkt das Kind mit seinen Frage- und Weltklärungsbedürfnissen in das Zentrum der Bildungsbemühungen zu stellen. Man kann das Philosophieren mit Kindern als Reich der Freiheit verstehen, vielleicht auch als eine Art subversives Element. Dazu bedarf es keiner Unterrichtsreform, sondern es ist eine Frage der eigenen Haltung des Lehrers zum Kind, zur Sache und auch zur eigenen Person.

Abstract
Philosophische Gespräche mit Kindern und Jugendlichen zielen darauf ab, eine Fragehaltung zu entwickeln und damit eine Kultur der Nachdenklichkeit zu etablieren, indem der Kinderfrage nach Sinn und Bedeutung von Unterrichtsinhalten und letztlich von Mensch und Welt ein zentraler Stellenwert im Unterricht eingeräumt wird. Es geht darum, das Fragenstellen der Kinder zu ermutigen und zu fördern und für Lern- und Bildungsprozesse nutzbar zu machen.

Literatur

Bieri, Peter: Wie wäre es, gebildet zu sein? Festrede an der Pädagogischen Hochschule Bern, 04.11.2005.

Born, Barbara: Zum Einfluss von Alltagsphantasien auf das Lernen. Studien zur Schul- und Bildungsforschung, Wiesbaden 2007.

Dahms, Günter: Nachdenken im Unterricht. Fragemethode und Anleitung zum argumentierenden Gespräch, Berlin [2]1985.

Gadamer, Hans-Georg: Wahrheit und Methode. Grundzüge einer philosophischen Hermeneutik, Tübingen 1960.

Gebhard, Ulrich: Intuitive Vorstellungen bei Denk- und Lernprozessen: Der Ansatz der „Alltagsphantasien“, in: Krüger, Dirk / Vogt, Helmut (Hg.): Theorien in der biologiedidaktischen Forschung, Berlin 2007, 117-128.

Hößle, Corinna / Michalik, Kerstin (Hg.): Philosophieren mit Kindern und Jugendlichen. Didaktische und methodische Grundlagen des Philosophierens, Hohengehren 2005.

Kokemohr, Rainer: Modalisierung und Validierung in schulischen Lehr-Lernprozessen, in: Kokemohr, Rainer / Marotzki, Winfried (Hg.): Interaktionsanalysen in pädagogischer Absicht, Frankfurt am Main 1985, 177-235.

Kolenda, Sandy: Unterricht als bildendes Gespräch. Richard Rorty und die Entstehung des Neuen im sprachlichen Prozess, Opladen 2010.

Michalik, Kerstin: Die Kunst zu fragen. Methoden der Gesprächsführung und Impulsgebung, in: Grundschule 12 (2008), 16-17.

Michalik, Kerstin: Philosophieren mit Kindern als Unterrichtsprinzip und die Förderung von Wissenschaftsverständnis im Sachunterricht, in: Michalik, Kerstin / Müller, Hans-Joachim / Nießeler, Andreas (Hg.): Philosophie als Bestandteil wissenschaftlicher Grundbildung? Möglichkeiten der Förderung des Wissenschaftsverständnisses in der Grundschule durch das Philosophieren mit Kindern, Berlin 2009a, 27-42.

Michalik, Kerstin: Wieso? Weshalb? Warum? Förderung der Frage- und Gesprächskompetenz, in: Weltwissen 2 (2009b), 38-39.

Michalik, Kerstin / Schreier, Helmut: Wie wäre es, einen Frosch zu küssen? Philosophieren mit Kindern im Grundschulunterricht, Braunschweig 2006.

Monetha, Sabrina: Alltagsphantasien, Motivation und Lernleistung, Opladen 2009.

Neber, Heinz: Fragenstellen, in: Mandl, Heinz / Friedrich, Helmut Felix (Hg.): Göttingen u.a. 2006, 50-58.

Niegemann, Helmut: Lernen und Fragen: Bilanz und Perspektiven der Forschung, Unterrichtswissenschaft 32 (2004), 345-356.

Niegemann, Helmut / Stadler, Silke: Hat noch jemand eine Frage? Systematische Unterrichtsbeobachtung zu Häufigkeit und kognitivem Niveau von Fragen im Unterricht, in: Unterrichtswissenschaft 29 (2001), 171-192.

Postman, Neil: Die zweite Aufklärung, New York 1999.

Rahmenplan Sachunterricht: Bildungsplan Grundschule, hrgs. von der Behörde für Bildung und Sport der Freien und Hansestadt Hamburg, Hamburg 2003.

Rahmenplan Sachunterricht: Bildungsplan Grundschule, hrgs. von der Behörde für Schule und Berufsbildung der Freien und Hansestadt Hamburg, Hamburg 2010.

Ritz-Fröhlich, Gertrud: Kinderfragen im Unterricht, Bad Heilbrunn 1992.

Sembill, Detlef / Gut-Sembill, Kathrin: Fragen hinter Schülerfragen – Schülerfragen hinterfragen, in: Unterrichtswissenschaft 32 (2004), 321-333.

Autorinnen und Autoren

Gerhard Büttner

geb. 1948, Dr. theol. em. Professor für Religionspädagogik und Didaktik des Religionsunterrichts am Institut für Evangelische Theologie der TU Dortmund, Studium der Evangelische Theologie, Politikwissenschaft und Geschichte in Freiburg/Brsg. und Heidelberg, Lehrer am Gymnasium in Stuttgart und Osterburken, StR a.e.H. PH Heidelberg, seit 1999 Professor TU Dortmund, Promotion PH Weingarten, Habilitation PH Karlsruhe.
Arbeitschwerpunkte: Kindertheologie, Konstruktivistische Religionsdidaktik, Religionspädagogik und Entwicklungspsychologie.

Ina Karg

geb. 1949, seit 1999 Professorin für Didaktik der Deutschen Sprache und Literatur an der Universität Göttingen; zuvor Gymnasiallehrerin in Bayern und im Auslandsschuldienst, Promotion an der Universität Tübingen mit einer Arbeit zu Wolframs Parzival, Habilitation an der Universität Bamberg mit einer Schrift über neue Literaturdidaktik und ältere Texte.
Arbeitsschwerpunkte: Verstehen und Umgang mit älterer Literatur; Aufsatz und Schreiben sowie zukunftsfähige Konzepte muttersprachlichen Deutschunterrichts.

Rainer Lachmann

geb. 1940, Professor Dr. theol. Dr. theol. habil. Dr. h.c., Pfarramts- und Lehramtsstudium in Marburg, Berlin und Bern, 1965 theologisches Examen, 1967 1. Staatsexamen mit den Fächern Evangelische Religion, Geschichte, Pädagogik und anschließend Referendariat für das gymnasiale Lehramt mit 2. Staatsexamen 1970. 1970-1974 Assistent und Gymnasiallehrer in Marburg. Ende 1971 Promotion über das religionspädagogisches Thema „Der Religionsunterricht Christian Gotthilf Salzmanns". Seit WS 1974 Akad. Rat/Oberrat an der Evangelisch-theologischen Fakultät der Universität Erlangen-Nürnberg, betraut mit der religionspädagogischen Ausbildung künftiger Gymnasiallehrer. 1978 Habilitation an der Erlanger Fakultät mit der praktisch-theologischen Arbeit „Ethische Kriterien im RU". 1979 Ruf auf den Lehrstuhl für „Evangelische Theologie mit Schwerpunkt Religionspädagogik und Didaktik des RU" an der Fakultät „Pädagogik/Philosophie/Psychologie" der Universität Bamberg. Dort bis zur Emeritierung 2005 Lehre für künftige Religionslehrkräfte an Grund-, Haupt-, Real- und Berufsschulen. Am 30. Oktober 2009 Ehrenpromotion durch die Erziehungswissenschaftliche Fakultät der Universität Erfurt.
Arbeitsschwerpunkte: Didaktik und Methodik des RU, konzeptionelle Grundlagentheorie (Ökumenischer RU!) und Geschichte des RU und der Religionspädagogik.

Heike Lindner

geb. 1961, verheiratet mit Paul Lindner, Studium an der Rheinischen Friedrich-Wilhelms-Universität Bonn und an der Musikhochschule Köln, 1. und 2. Staatsexamen

für Evangelische Religionslehre und Musik am Gymnasium, Promotionsstudium in Bonn, Thema der Dissertation: „Musik im Religionsunterricht. Mit didaktischen Entfaltungen und Beispielen für die Schulpraxis“ (Münster 2003), Habilitation in Bonn zum Thema „Bildung, Erziehung und Religion in Europa. Politische, rechtshermeneutische und pädagogische Untersuchungen zum europäischen Bildungsauftrag in evangelischer Perspektive“ (Berlin / New York 2009), 1989-2001 Studienrätin am Gymnasium, Mitarbeit in der Richtlinienkommission des Landes NRW und dem Lehrbücherausschuss der Landeskirchen in NRW, Lehraufträge an der Universität zu Köln für Schulpraktische Studien, 2001-2008 Dozentin für Evangelische Theologie/Religionspädagogik an der Pädagogischen Hochschule Heidelberg, 2008 Vertretungsprofessur an der Universität zu Köln, seit 2009 Universitätsprofessorin am Institut für Evangelische Theologie der Universität zu Köln.
Arbeitsschwerpunkte: Ästhetisches Lernen im Religionsunterricht, Allgemeine Didaktik und Fachdidaktik, Bildungstheorie und Evangelischer Bildungsauftrag, Internationalität der Religionspädagogik.

Gesa Menzel

geb. 1984, Besuch der Rudolf Steiner Schule, Studium Evangelischen Theologie und Germanistik an der Universität Bielefeld, 2008 Bachelorabschluss für das Lehramt an Grund-, Haupt- und Realschulen mit dem Thema „Verstehst du auch was du liest? – Theologisieren mit Jugendlichen über Jes 53f. und Apg 8,32-35.“ Ab 2008 Masterstudium Erziehungswissenschaften, davon ein Jahr in Wien. Im Sommer 2010 Masterabschluss mit einer Arbeit zu „Schülerfragen im Religionsunterricht”.

Kerstin Michalik

geb. 1963, Professorin für Erziehungswissenschaft an der Universität Hamburg, Studium der Geschichte, Philosophie, Religion und Erziehungswissenschaft an der Universität Hamburg und an der Université de Paris – Sorbonne, Promotion in Mittlerer und Neuerer Geschichte, Staatsexamen für das Höhere Lehramt an Gymnasien und für das Grundschullehramt in Hamburg, Juniorprofessorin an der Universität Hamburg (2002-2007), Professorin für Erziehungswissenschaften an der Université du Luxembourg (2007-2010), Professorin für Erziehungswissenschaft unter besonderer Berücksichtigung der Didaktik des Sachunterrichts an der Universität Hamburg (seit 2010).
Arbeitsschwerpunkte: Didaktik des Sachunterrichts, Philosophieren mit Kindern, Frühkindliche Bildung.

Karl Ernst Nipkow

geb. 1928, Prof. em. Dr. phil. Dr. theol. h.c. (Helsinki), 1965-1968 Prof. für Pädagogik an der Pädagogischen Hochschule Hannover, 1968–1994 Prof. für Praktische Theologie (Religionspädagogik) an der Evangelischen-theologischen Fakultät und kooptiertes Mitglied für Pädagogik an der Fakultät für Sozial- und Verhaltenswissenschaften der Universität Tübingen, 1968-1983 Tätigkeit im Ökumenischen Rat der Kirchen, 1985-1991 Mitglied der Synode der EKD, 1991-2003 Vorsitzender der Bildungskammer der EKD Träger des Bundesverdienstkreuzes 1. Klasse.
Arbeitsschwerpunkte: Grundlagenprobleme der Religions- und Gemeindepädagogik, Friedenspädagogik.

Hans-Bernhard Petermann

geb. 1952, Philosoph, Theologe (katholisch und evangelisch), Erziehungswissenschaftler, lehrt seit 1997 an der Pädagogischen Hochschule Heidelberg im Fach

Philosophie/Ethik (als AOR); zuvor 21 Jahren Gymnasiallehrer für Katholische Religion/ Philosophie. Zahlreiche Veröffentlichungen (über 100 philosophische, theologische, didaktische Titel), unter anderem: „Kann ein Hering ertrinken? Philosophieren mit Bilderbüchern“ (2004/2007); „Religion zur Erfahrung bringen. Bausteine einer Didaktik des Religiösen“ (2003). Umfangreiche Fortbildungs- und Vortragstätigkeit.
Arbeitsschwerpunkte: Kompetenzorientierte Didaktik der Philosophie, interkulturelle Religionsphilosophie, Leseförderung.

Wilfried Plöger

geb. 1952, nach dem Lehramtsstudium über 10-jährige Tätigkeit an Hauptschule und Gymnasium (Deutsch, Physik, Chemie). Habilitation 1991 an der Universität Münster. Professuren an der PH Heidelberg, Universität Erfurt und (seit 1994) an der Universität Köln (Allgemeine Didaktik und die Pädagogik des Gymnasiums).
Arbeitsschwerpunkte: Wie Novizen und Experten Unterricht analysieren.

Daniel Scholl

geb. 1978, Studium der Pädagogik, Philosophie und Soziologie in Köln, Promotion 2008 zur Theorie des Lehrplans, seit 2009 Akademischer Rat am Institut für Allgemeine Didaktik und Schulforschung der Universität zu Köln.
Arbeitsschwerpunkte: Analysekompetenz von Lehrpersonen – Diagnose und Entwicklung (gemeinsam mit Prof. Dr. Wilfried Plöger, DFG gefördertes Projekt) und Theorie der Didaktik (Habilitationsprojekt).

Michael Tilly

geb. 1963, Studium der Evangelischen Theologie in Mainz und Heidelberg, 1993 Promotion zum Dr. theol. (Neues Testament), 2001 Habilitation (Judaistik) in Mainz, 1991-1997 Wissenschaftlicher Mitarbeiter im Seminar für Judaistik an der Universität Mainz, 1997-2001 Wissenschaftlicher Assistent an der Universität Mainz. Seit 2001 Lehrbeauftragter an der Universität Koblenz-Landau, 2001-2002, Lehrbeauftragter an der PH Schwäbisch Gmünd, 2002-2007 Hochschuldozent für Judaistik an der Universität Mainz, 2002 Vertretung der Professur für Neues Testament an der Universität Jena, 2003 Vertretung der Professur für Neues Testament an der Universität Saarbrücken, 2006 Lehrbeauftragter an der KiHo Wuppertal, 2007 Gastdozent für Judaistik, Dormition Abbey, Jerusalem, Verleihung der Bezeichnung „Außerplanmäßiger Professor“ (Universität Mainz). Seit Sommersemester 2007 Dauervertretung der Professur für Neues Testament und Biblische Didaktik an der Universität Koblenz-Landau, Campus Landau.
Arbeitsschwerpunkte: Neutestamentliche Zeitgeschichte, 1. Korintherbrief, 1. Makkabäer, Septuaginta, Tosefta.

Peter Weber

geb. 1957, 1976-1983 Studium Germanistik und Katholische Theologie an den Universitäten Bonn, Freiburg und Münster (Lehramt S I und II), 1987-2007 Lehrer am Berufskolleg, 2007-2011 abgeordneter Lehrer am Institut für Deutsche Sprache und Literatur II (Universität zu Köln), Projekt: Promotion zum Thema „Verkaufsgespräche führen lernen in der Schule. Eine linguistische Untersuchung“ an der Universität zu Köln bei Prof. Dr. Michael Becker-Mrotzek.
Arbeitsschwerpunkte: Angewandte Linguistik, Sprachdidaktik mit dem Schwerpunkt Förderung der Gesprächskompetenz.

Mirjam Zimmermann

geb. 1969, Studium der evangelischen Theologie, Germanistik, Pädagogik. Aufbaustudium DaF und Diakoniewissenschaft mit Diplomabschluss 1996, Promotion im Bereich medizinischer Ethik an der Universität Heidelberg 1997, Referendariat und zehn Jahre Tätigkeit als Studienrätin an der Schule, 2007-2010 abgeordnete Lehrerin für Religionspädagogik an der Universität Bielefeld; Habilitation im Bereich Religionspädagogik an der TU Dortmund 2009. Fachleitung in Bad Kreuznach ab dem Sj 2010/11, Professorin für Religionspädagogik an der Universität Siegen ab dem WS 2011/12.
Arbeitsschwerpunkte: Kindertheologie, (Jugend-) Literatur im Religionsunterricht, Bibeldidaktik, Ethisches Lernen, kreatives Schreiben im Religionsunterricht.

Ruben Zimmermann

geb. 1968, Studium der Evangelischen Theologie und Diakoniewissenschaft, 1996-1999 Vikariat und Ordination zum Pfarrer der Evangelischen Landeskirche in Baden, 1999 Promotion im Bereich Neues Testament an der Universität Heidelberg (Geschlechtermetaphorik und Gottesverhältnis); 2003 Habilitation an der LM-Universität München (Christologie der Bilder im Johannesevangelium), 2005-2009 Professur für Evangelische Theologie und ihre Didaktik, Schwerpunkt Altes und Neues Testament an der Universität Bielefeld, seit 2009 Professur für Neues Testament an der Johannes Gutenberg-Universität Mainz.
Arbeitsschwerpunkte: Gleichnisse, Johanneische Schriften, Methodik und Hermeneutik des Neuen Testaments, Ethik, Bibeldidaktik.

Bibelstellen (Auswahl)

Namen und Sachen (Auswahl)